Forschung und Praxis

Band T 35

Berichte aus dem

Fraunhofer-Institut für Produktionstechnik und Automatisierung (IPA), Stuttgart

Fraunhofer-Institut für Arbeitswirtschaft und Organisation (IAO), Stuttgart

Institut für Industrielle Fertigung und Fabrikbetrieb (IFF) der Universität Stuttgart, und

Institut für Arbeitswissenschaft und Technologiemanagement (IAT) der Universität Stuttgart

Herausgeber: H. J. Warnecke und H.-J. Bullinger

IPA-/IAO-Forum
4./5. Februar 1993

Virtual Reality

Anwendungen und Trends

Herausgegeben von H.J. Warnecke
H.-J. Bullinger

Springer-Verlag
Berlin Heidelberg GmbH 1993

Dr. h. c. mult. Dr.-Ing. H. J. Warnecke
o. Professor an der Universität Stuttgart
Fraunhofer-Institut für Produktionstechnik und Automatisierung (IPA), Stuttgart

Dr.-Ing. habil. Dr. h. c. H.-J. Bullinger
o. Professor an der Universität Stuttgart
Fraunhofer-Institut für Arbeitswirtschaft und Organisation (IAO), Stuttgart

ISBN 978-3-540-56516-1   ISBN 978-3-642-88650-8 (eBook)
DOI 10.1007/978-3-642-88650-8

Dieses Werk ist urheberrechtlich geschützt. Die dadurch begründeten Rechte, insbesondere die der Übersetzung, des Nachdrucks, der Entnahme von Abbildungen und Tabellen, der Funksendung, der Mikroverfilmung oder der Vervielfältigung auf anderen Wegen und der Speicherung in Datenverarbeitungsanlagen, bleiben, auch bei nur auszugsweiser Verwertung, vorbehalten. Eine Vervielfältigung dieses Werkes oder von Teilen dieses Werkes ist auch im Einzelfall nur in Grenzen der gesetzlichen Bestimmungen des Urheberrechtsgesetzes der Bundesrepublik Deutschland vom 9. September 1965 in der Fassung von 24. Juni 1985 zulässig. Sie ist grundsätzlich vergütungspflichtig. Zuwiderhandlungen unterliegen den Strafbestimmungen des Urheberrechtsgesetzes.

© Springer-Verlag Berlin Heidelberg 1993
Ursprünglich erschienen bei Springer-Verlag Berlin Heidelberg New York 1993

Die Wiedergabe von Gebrauchsnamen, Handelsnamen, Warenbezeichnungen usw. in diesem Werk berechtigt auch ohne besondere Kennzeichnung nicht zu der Annahme, daß solche Namen im Sinne der Warenzeichen- und Markenschutz-Gesetzgebung als frei zu betrachten wären und daher von jedermann benutzt werden dürften.

Sollte in diesem Werk direkt oder indirekt auf Gesetze, Vorschriften oder Richtlinien (z. B. DIN, VDI, VDE) Bezug genommen oder aus ihnen zitiert worden sein, so kann der Verlag keine Gewähr für Richtigkeit, Vollständigkeit oder Aktualität übernehmen. Es empfiehlt sich, gegebenenfalls für die eigenen Arbeiten die vollständigen Vorschriften oder Richtlinien in der jeweils gültigen Fassung hinzuziehen.

Gesamtherstellung: BOLAY DRUCK, 7303 Neuhausen

Vorwort

IPA/IAO Forum Virtual Reality

Seit Ende der 80er Jahre ist **Virtual Reality** bzw. **Cyberspace** durch die Medien bekannt geworden: eine vollkommen neue und faszinierende Technologie zur Wahrnehmung und Manipulation computergenerierter künstlicher Welten. Virtual Reality soll in Zukunft zu einem komfortablen Planungs- und Gestaltungsinstrument z. B. für Architekten, Konstrukteure, Planer und Gestalter werden. Durch den Einsatz der entsprechenden Technik werden künftig Gebäude, Räume, Arbeitsplätze, Maschinen, Einrichtungen und technisch-wissenschaftliche Komplexe sinnlich erlebbar, bevor sie real existieren. Konzepte und Entwürfe lassen sich bereits im Planungsstadium erproben, verändern und optimieren.

Dies sind attraktive, aber auch hochgesteckte Ziele. Wie sehen nun die kurz-, mittel- und langfristigen Einsatzmöglichkeiten und Anwendungen von Virtual Reality aus? Die angekündigte Forumsveranstaltung wird erstmals in Deutschland ein breites Spektrum von Anwendungen, Produkten und Forschungsarbeiten der Öffentlichkeit und Vertretern von Unternehmen zugänglich machen und dabei die technischen, wirtschaftlichen und sozialen Perspektiven dieser neuen Technologie darstellen. Sie wendet sich gerade auch an Vertreter aus Wirtschaft und Industrie, die sich über die Anwendungspotentiale von Virtual Reality informieren wollen.

Neben den Einsatzgebieten von Virtual Reality werden die Fachvorträge über den Stand der Technik und laufende Entwicklungsarbeiten informieren. Die rasante Entwicklung der Grafikrechner, die erforderlichen Technik- sowie Softwarekomponenten werden in den Vorträgen vorgestellt.

Neben Fachvorträgen wird eine Ausstellung für Produkte und Applikationen den Rahmen für die Forumsveranstaltung abrunden.

Stuttgart, im Februar 1993   H.-J. Bullinger

                                   H.J. Warnecke

Inhalt

Virtual Reality – Anwendungen und Trends
H.J. Warnecke   9

Super Vision – A Parallel Architecture for Virtual Reality
Ch. Grimsdale   17

Future trends in VR-Technologies for Workstations
J. Mogal   27

VR-Demonstration 1
VR4RobotS – Virtual Reality for Robot Systems
E. Degenhart, J. Neugebauer, M. Wapler   39

VR-Demonstration 2
VILAGE – Virtueller Layoutgestalter
W. Bauer, O. Riedel, S. Setzer   47

Boxer – ein schnelles Verfahren zur Darstellung dreidimensionaler Körper
P. Krummhauer   61

Agentenunterstützte interaktive Exploration von virtuellen Gebäuden
J. Emhardt   71

Die Rolle von VR in der Visualisierung von Daten aus Wissenschaft und Medizin
W. Krüger   83

Virtual Reality im Unterricht
R. Schroeder   101

Einflüsse taktilen Feedbacks bei primär visuellen Tracking-Aufgaben
J. Springer   115

Direkte und übergeordnete Steuerungsebene in der Sensomotorik des Menschen
P. Lässig   131

Virtuelle auditive Umgebung mittels binauraler Raumsimulation
H. Lehnert   143

Fortschritte bei der Computersimulation von Schallfeldern
U. Stephenson   153

Integration akustischer Effekte und Simulationen in VR-Entwicklungsumgebungen
P. Astheimer   187

Techniken zur Navigation durch virtuelle Welten
M. Göbel   209

Uncreating reality rather than recreating
L. Sala
223

VIRUSI – Virtual User Interface – Icon-orientierte Benutzerschnittstelle für VR-Applikationen
O. Riedel
227

Die Rolle von Virtual Reality in der Produktionstechnik
W. Strommer
245

The GLAD-IN-ART Projekt
M. Bergamasco
251

Die Anwendung von Virtual Reality bei Telerobotik
H.J. Claßen
259

Virtual Reality am Beispiel einer fünf-kanaligen LKW-Fahrsimulation
R. Schmidt
271

VODIS – Virtual Office Design – Ein Systemkonzept für die ganzheitliche Bürogestaltung
W. Bauer
281

Einsatz von Transputersystemen zur Simulation und Steuerung von Industrierobotersystemen
T. Flaig
299

Die Erweiterung der VPL VR-Umgebung um alternative Rendering-Technologien
H. Tramberend
313

GENESIS – Eine interaktive Forschungsumgebung zur Entwicklung effizienter und parallelisierter Algorithmen für VR-Anwendungen
S. Müller
321

Virtual Reality - Anwendungen und Trends

Dr.-Ing. H. J. Warnecke
o. Prof. Dr. h.c. Dr.-Ing. E.h.
Leiter des Fraunhofer-Instituts für Produktionstechnik und
Automatisierung (IPA)
Nobelstr. 12
7000 Stuttgart 80

Seit Ende der 80er Jahre ist Virtual Reality (VR) durch die Medien bekannt geworden: Eine vollkommen neue und faszinierende Technologie zur Wahrnehmung und Manipulation computergenerierter künstlicher Welten. So schwierig es ist, eine allgemeingültige Definition für diesen Begriff zu finden, ist es zum jetzigen Zeitpunkt nahezu unmöglich, das Einsatzpotential von Virtual Reality vollständig zu erfassen. Trotzdem lassen sich jetzt bereits Erfahrungen auf dem deutschen, europäischen und japanischen Markt sammeln, die den Schluß zulassen, daß künftig in vielen technischen und wissenschaftlichen Disziplinen diese Technik erfolgreich eingesetzt wird. Die Erfahrungen am Fraunhofer-Institut für Produktionstechnik und Automatisierung (IPA) und eine Initiative der Fraunhofer-Gesellschaft sollen im folgenden einen ersten Überblick vermitteln.

Virtual Reality im Überblick
Die Ursprünge von Virtual Reality und die Idee, die Verzahnung von Mensch und Computer enger zu gestalten, lassen sich bereits in den 60er Jahren in den USA ausmachen. I. E. Sutherland präsentierte seine Ideen vom "Ultimate Display" und dem Eintauchen mit neuartigen Ein/Ausgabegräten in eine simulierte Computerwelt im Jahre 1965, doch sollten noch etliche Jahre verstreichen, ehe die Computer für derartige Simulationen weit genug entwickelt waren. Viele kostenintensive Entwicklungen von Computersimulationen mit fortschrittlichen Ein/Ausgabegeräten wurden zunächst in den militärischen Bereichen vorgenommen, um realistische Flugsimulatoren und intelligente Cockpits zu realisieren.

Als erste öffentliche Institution demonstrierte die NASA ein Virtual Reality System der interessierten Öffentlichkeit. Die nur wenige Meilen von NASA Ames entfernte kalifornische Firma VPL ist als erstes Unternehmen mit Produkten auf den Markt gegangen. Firmengründer Lanier erfand den Datenhandschuh, ein mit Sensoren bestückter Handschuh, der Hand und Fingerbewegungen erfassen und zu einem angeschlossenen Computer übertragen konnte. Seit 1989 bietet diese Firma komplette Systeme für virtuelle Welten an. Auch in Europa gibt es inzwischen kommerzielle Anbieter von Virtual Reality Systemen. Britische Unternehmen wie

Division oder Virtual Presence bieten ihre Produkte auf dem europäischen Markt an.

Die enge Verknüpfung der NASA mit den großen amerikanischen Universitäten und Forschungseinrichtungen (Stanford, MIT) spiegelt sich auch in den Forschungsaktivitäten zu Virtual Reality wieder. Neben der Erforschung der Grundlagen widmet man sich dort zunehmend den Anwendungen dieser neuen Technik: Seit NASA Ames ihr System der Öffentlichkeit präsentiert hat, haben viele Besucher mit ihren Ideen und Fragestellungen das Anwendungspotential aufgezeigt. Konzentrieren sich die Ziele der NASA auf weltraumspezifische Anwendungen wie Telepräsenz, Strömungssimulation und Bedienerüberwachung von autonomen Systemen, sind weltweit inzwischen viele andere Anwendungen in der Konzeption und Entwicklung. Betroffen sind dabei insbesondere die Bereiche

- Konstruktion und Design
- Architektur/Innenarchitektur,
- Robotersimulation,
- Teleoperation
- Medizintechnik
- Moleküldesign
- Flug- und Fahrsimulatoren.

Inzwischen gibt es auch erste kommerzielle Anwendungen. Ein japanischer Küchenmöbelhersteller bietet seinen Kunden an, deren zukünftige Küchen bereits virtuell zu begehen, Farb- und Formvarianten vorab zu erproben. Dazu verwendet dieses Unternehmen ein Produkt der Firma VPL. Das britische Unternehmen W-Industries bietet seit Anfang der 90er Jahre das Virtuality System an, ein Spielgerät mit dem der Kunde sich in virtuelle Flugzeuge oder Abenteuerwelten begeben kann.

Der Trend von zunehmenden Forschungs- und Entwicklungsarbeiten für Methoden und Anwendungen von Virtual Reality ist auch in Deutschland zu verzeichnen. Die Themenbereiche umfassen die Schwerpunkte Robotertechnik, Büromöbelgestaltung, Architektur und Scientific Visualization.

Ein Beispiel aus der Produktionstechnik
Durch den Druck seitens der japanischen und anderer asiatischer Konkurrenten sind die deutschen und europäischen Unternehmen, insbesondere kleine und mittlere Unternehmen, zusehends gezwungen, durch modernste Verfahren zur Planung, Entwicklung und Fertigung von Produkten den Wettbewerbsvorteil aus Fernost zu kompensieren. Dieser Trend läßt sich u. a. sehr leicht an den stark zunehmenden Einsätzen von CAD-Systemen unterschiedlichster Art nachvollziehen. Um die Wettbewerbsfähigkeit

dieser Betriebe zu gewährleisten, muß einerseits ein schnelles und flexibles Planen der Produkte, andererseits ein schnelles und flexibles Planen, Programmieren und Bedienen der Fertigungseinrichtungen möglich sein, damit neue Produkte schnell und kostengünstig auf den Markt eingeführt werden können.

Schnelles und flexibles Planen, Programmieren und Bedienen läßt sich durch eine komfortable, den menschlichen Fähigkeiten angepaßte Mensch-Maschine-Schnittstelle wirkungsvoll unterstützen. Virtual Reality und deren Verwendung für diese Aufgaben ist die konsequente Fortsetzung bekannter Techniken für Mensch-Maschine-Schnittstellen (z.B. Fenstersysteme bei Computerarbeitsplätzen) und eröffnet dem Benutzer neue Möglichkeiten, die im Rechner simulierten Modelle von Produkten und Fertigungsvorgängen interaktiv zu erfahren. Als konsequente Fortsetzung des Prozesses des flexiblen Planens, Programmierens und Bedienens der Fertigungseinrichtung ist ein frühzeitiges Planen des Produktes im Sinne einer integrierten Produkt- und Fertigungsplanung zu erstreben. Technische Produkte und Fertigungsmittel können so bereits in einem frühen Stadium auf ihre Funktionalität und Tauglichkeit getestet und optimal aufeinander abgestimmt werden. Rapid Prototyping erhält so eine neue Qualität.

Für produzierende Unternehmen ist die flexible Automatisierung der Fertigung von besonderer Bedeutung. Zunehmende Verwendung von Industrierobotern und automatisierten Anlagen sind hier der vorherrschende Trend. Um die Verwendbarkeit und die Vorteile von Virtual Reality in diesem Bereich am Beispiel des Industrieroboters zu analysieren, wurden 1991 erstmalig institutsintern Virtual Reality Techniken zur Simulation und Steuerung eingesetzt. Dazu wurden zunächst die kommerziellen Hardware- und Software-Komponenten eines Unternehmens aus den USA verwendet.

Nachdem sich herausstellte, daß nur ein geringer Teil der Anforderungen, die sich im Automatisierungsbereich stellen, mit diesem System realisiert werden konnten, wurde konsequent mit der Entwicklung eines eigenen Virtual Reality Systems begonnen. Die Arbeiten führten im Februar 1992 zur Fertigstellung des Prototypen einer Virtual Reality Workstation, die neben der Rechner-Hardware und kompletter Software aus einer Bedienstation und einem realen Industrieroboter besteht.

Mit dieser Workstation kann der Bediener in einer virtuellen Welt agieren. Die Kopf- und Handbewegungen werden über Sensoren erfaßt und in Echtzeit in die Simulation einbezogen. Die von den Graphikrechnern erzeugten Bilder werden direkt von den Kopfbewegungen des Bedieners gesteuert und auf das tragbare Stereodisplay übertragen, so daß er die simulierte Welt stereoskopisch erfassen und begreifen kann. Mit einer 6D-

Steuerkugel kann sich der Bediener in der virtuellen Welt bewegen, ohne seinen (realen) Platz verlassen zu müssen. Die Handbewegungen des Bedieners können mittels Datenhandschuh direkt in Sollbahndaten für einen virtuellen Roboter umgesetzt werden. Darüber hinaus ermöglicht ein Interface zum realen Roboter die Bewegungen des Bedieners via Datenhandschuh direkt auf den Industrieroboter zu übertragen. Dadurch können beliebige und komplizierte Bahnen in allen 6 Freiheitsgraden in Echtzeit erzeugt werden. Herkömmliche Teachpanels und aufwendige Bahnprogrammierung des Roboters entfallen. Anwendungsgebiete für das System sind die Bereiche Einsatzplanung von Industrieroboteranlagen, Off-line-Programmierung von Industrierobotern und Teleoperation von Robotern.

Der lauffähige Prototyp (VR4RobotS) wurde im Rahmen einer Pressekonferenz und auf Messen wie CeBit 92, Hannover Messe Industrie 92 und der CAT 92 in Stuttgart der interessierten Öffentlichkeit präsentiert. Gegenwärtig werden an diesem System Hard- und Software-Erweiterungen vorgenommen, um weitere Einsatzbereiche zu erschließen. Der Einsatz von Transputertechnologie ermöglicht eine weitere Leistungssteigerung des Systems.

Das Demonstrationszentrum der Fraunhofergesellschaft für Virtuelle Realität

Das ungewöhnlich große Interesse seitens der Öffentlichkeit und Unternehmen an Virtual Reality wurde auch anderen Fraunhofer-Instituten zuteil, die sich mit dieser innovativen Technologie auseinandersetzen. Die Fraunhofer-Gesellschaft hat sich der Herausforderung dieser neuen Technik gestellt und engagiert sich nun, um dieses Potential in den Unternehmen verfügbar zu machen. Dieses Vorhaben soll mit einem Demonstrationszentrum für Virtuelle Realität wirkungsvoll unterstützt werden, an dem mehrere Fraunhofer-Institute beteiligt sind. Im Januar 1993 nimmt diese Einrichtung ihren Betrieb für einen Zeitraum von 5 Jahren auf.

Zielsetzung und Aufgaben des Demonstrationszentrums

Die Einrichtung des FhG-Demonstrationszentrums Virtuelle Realität soll die neuen Techniken von Virtual Reality den kleinen und mittleren Unternehmen (kmU) präsentieren, die Berührungsängste zwischen der industriellen Praxis und der VR-Forschung reduzieren und in praxisnaher und anschaulicher Weise VR-Anwendungen prototypisch aufzeigen. Durch eine intensive Verbreitung des VR-Wissens und der verfügbaren technischen und personellen Resourcen soll in eine verstärkte Zusammenarbeit zwischen Fraunhofer-Instituten und kleinen und mittleren Unternehmen resultieren, mit der Zielsetzung diese Unternehmen bei der rascheren Anwendung dieser Technik zu unterstützen.

Durch die Einrichtung des Demonstrationszentrums wird die in den Fraunhofer-Instituten vorhandene Forschungsinfrastruktur effizienter und konsequenter zur Verbesserung der Rahmenbedingung und zur Stärkung der Wettbewerbsfähigkeit für die mittelständische Wirtschaft eingesetzt.

Das Leistungsangebot des Demonstrationszentrums
Für das Demonstrationszentrum ist folgendes Leistungsangebot vorgesehen:

<u>Verbreitung des verfügbaren Wissens über Virtual Reality</u>
Um die Methoden, Verfahren, Anwendungen und Techniken von Virtual Reality verfügbar zu machen, werden Seminare, Workshops und Inhousedemonstrationen veranstaltet. Weiterhin sollen Vorträge auf Tagungen und Teilnahme auf Messeveranstaltungen dazu beitragen, dieses Thema sachlich und fundiert der Öffentlichkeit zu präsentieren.

<u>Schulung und Training des Personals von interessierten Firmen</u>
Firmen, die an der neuen VR-Technologie interessiert sind, können ihre Mitarbeiter an der Hardware und Software des Demonstrationszentrums schulen. Der Umgang mit den neuen Bedienkonzepten kann an den VR-Aufbauten des Demonstrationszentrums trainiert werden. Dazu werden spezifische Schulungs- und Trainingskonzepte erstellt. Workshops und Tutorien runden das Schulungsangebot ab.

<u>Präsentation von Demonstrationsgeräten und Verfahren</u>
Um den kleinen und mittleren Unternehmen den aktuellen Stand der Technik präsentieren zu können, wird das Demonstrationszentrum kommerzielle und eigenentwickelte Komponenten präsentieren. Wichtig in diesem Zusamemenhang ist, daß neben den High-End-Systemen und -Anwendungen auch preisgünstige Komponenten präsentiert werden sollen.

<u>Firmenberatung</u>
Im Rahmen des Demonstrationszentrums können Firmen über den Stand der Technik beraten werden und firmenspezifische Geräte-Kombinationen zusammengestellt werden. Beratung kann darüber hinaus auch für die Software-Entwicklung geleistet werden. Speziell bei der Anschaffung und Einführung von VR-Komponenten durch Firmen können gemeinsam mit dem Demonstrationszentrum Kosten-/Nutzenrechnungen durchgeführt werden, um Investitionen optimal zu tätigen und VR zügig in die Fertigungsbetriebe einzuführen.

<u>Applikation und Test von neuen und bereits auf dem Markt befindlichen Geräten</u>
Das Demonstrationszentrum bietet im Zusammenhang mit bestehenden internationalen Kontakten zu Komponentenherstellern und anderen VR-Entwicklern und Forschern die Möglichkeit, neue Entwicklungen zu testen und auf die firmenspezifische Tauglichkeit hin zu überprüfen. Den kleinen

und mittleren Unternehmen können so die optimalen Komponenten zur Verfügung gestellt werden.

<u>Entwicklung und Demonstration von Beispielanwendungen</u>
Um die Vorteile der neuen Technik wirklichkeitsnah präsentieren zu können, sind anschauliche Beispielanwendungen unerläßlich. Diese Beispielanwendungen, die im Auftrag von Anwendern erarbeitet werden, sollen im Rahmen dieses Demonstrationszentrums präsentiert werden.

Struktur des Demonstrationszentrums
Erstmals wird ein solches Demonstrationszentrum der Fraunhofer-Gesellschaft aus mehreren Instituten bestehen. Neben dem Fraunhofer-Institut für Produktionstechnik und Automatisierung (IPA) sind das Fraunhofer-Institut für Arbeitswirtschaft und Organisation (IAO), das Fraunhofer-Institut für Graphische Datenverarbeitung und das Fraunhofer-Institut für Bauphysik beteiligt. Bild 1 zeigt den organisatorischen Aufbau des Demonstrationszentrums.

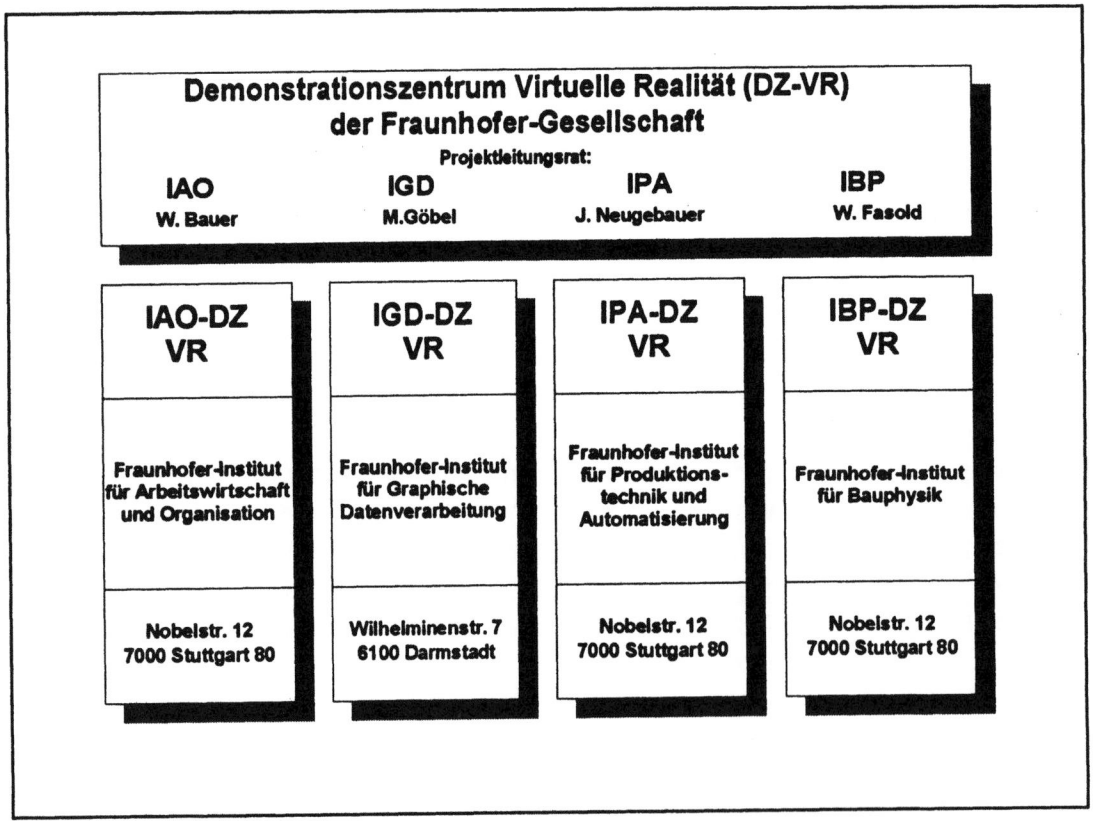

Bild 1: Das Demonstrationszentrum für Virtuelle Realität

Die Vorteile einer solchen Vorgehensweise lassen sich wie folgt aufzeigen:

Durch die Einbindung mehrerer Fraunhofer-Institute lassen sich synergetische Effekte erzielen, welche den gesamten Umfang des Einsatzpotentials von Virtual Reality abdecken und dabei die spezifischen Stärken der beteiligten Institute konsequent nutzen. Es erschließen sich so vielfältige Einsatzgebiete von Virtual Reality wie z. B.:

- Computational Sciences
- Materialprüfung und Strukturanalyse
- Integrierte Produkt- und Fertigungsplanung
- Medizintechnik
- Umweltverträglichkeit und Infrastrukturplanung
- Architektur und Innenarchitektur
- Bürogestaltung und Arbeitsplatzgestaltung
- Konstruktion und Design
- Fahrzeug und Fahrerplatzsimulation
- Robotik und Telemanipulation
- Audio-visuelle Simulation
- Lärmimmisionsprognosen
- Optimierung von Auditorien, Konzertsälen, Fabrikhallen

Weiterhin werden neben den Synergieeffekten im Kompetenzbereich durch die unterschiedlichen Fachbereiche weit mehr kmUs erreicht, als es bei nur einem beteiligten Institut möglich wäre.
Die beteiligten Institute verfügen über eigene lokale Räumlichkeiten und Labors, in denen die Dienstleistungen angeboten werden.

Literatur

Bricken, W.
Directions of Groth
Notes from the SIGGRAPH '90 panel

Krueger, M.
Artificial Reality II
Adision-Wesley, Reading, Messachusetts, 1991

McGreevy, M.
Virtual Reality and Planetary Exploration
Proceedings 29th AAS Goddard Memorial Symposium
March 1991, Washigton, D.C.

Neugebauer, J.
Industrial Applications Of Virtual Reality:
Robot Application Planning
Proceedings Conference Virtual Reality 92, London, England

Rheingold, H.
Virtuelle Welten
Rowolt Verlag GmbH 1992

Robinett, Holloway, Fuchs
Virtual Worlds Research at the University of North Carolina at Chapel Hill
Proceedings Computer Graphics Conference,
November 1991, London

Schraft, Strommer, Neugebauer:
A Virtual Reality Testbed For Robot Applications
Proceedings International Symposium for Industrial Robots (ISIR 92)
Barcelona, Spain

Sutherland, I. E.
The Ultimate Display
Proceedings IFIP Congress 1965

Strommer, Neugebauer
Robot Simulation with Virtual Reality
Proceedings ESA Workshop on Simulators for the European Space Programmes 1992
ESA/ESTEC, Noordwijk, Netherlands

SuperVision
A Parallel Architecture for Virtual Reality

Charles Grimsdale (Managing Director)

DIVISION Limited,
Quarry Road,
Chipping Sodbury,
Bristol, BS17 6AX,
UK

ABSTRACT

For Virtual Reality to realize its potential requires a paradigm sufficiently flexible and scalable to meet an unlimited requirement for computation. DIVISION's contribution to this field has been the development of the the underlying parallel model, and parallel processing hardware, to help realise this potential.

This paper discusses the architecture of **SuperVision** a next generation parallel virtual reality system, and the underlying concepts of *dVS*, the first dedicated operating system for Virtual Reality. The various levels of parallelism exploited within this system are presented and discussed.

A Parallel Approach

Given the real time demands of advanced 3D computing systems it is essential to define a model which will scale with increasing demands for resolution and environment complexity. Therefore we need to establish a unified model for such systems which can exploit the natural parallelism inherent within the problem of Virtual Environment Simulation.

I present a simple model of four **levels** of parallelism.

Environment	E		
Entity	human	cat	rat
Element	visual	audio	behaviour
Primitive	render hand	render head	render torso

At the highest level, the so called **Environment** level, we can independently simulate different environments. This may be particularly valuable whilst supporting multiple users active within one or more environments. For example two engineers working on a common design problem.

The environment can then be subdivided into a number of autonomous **Entities**. These Entities typically represent high level 3D Objects, which encapsulate all of the state required to define, visual attributes, audio attributes, behaviour, etc.. of an Object. Each Entity can then be processed in parallel, enabling us to build very realistic Environments in which large numbers of Objects/Entities participate. The VEOS operating system under development at the University of Washington exploits exactly this principle, with different entities in the Virtual Environment modeled in parallel [Bricken 1990].

Entities posses a range of attributes or **Elements**, such as *position, behaviour, constraints, visual, audio, tactile, force, collision*, etc.. If each of the Elements of an Object as described above is independent then this also forms the foundation for a data parallel decomposition of Entity control processing. We can consider processing the *visual* Elements of the Environment in parallel with the *audio* Elements, we can acquire *speech* Elements in parallel with *gesture* Elements. So the problems of image generation, audio processing, collision detection, gesture recognition etc.. can all be performed in parallel. Several groups have looked at exploiting this level of data parallelism, ([Roskos 1991], [Dan Ling 1991], [Grimsdale 1991]).

This level of parallelism is going to be essential to realize the performance required by many potential applications. A block diagram representing a simple parallel architecture is illustrated below.

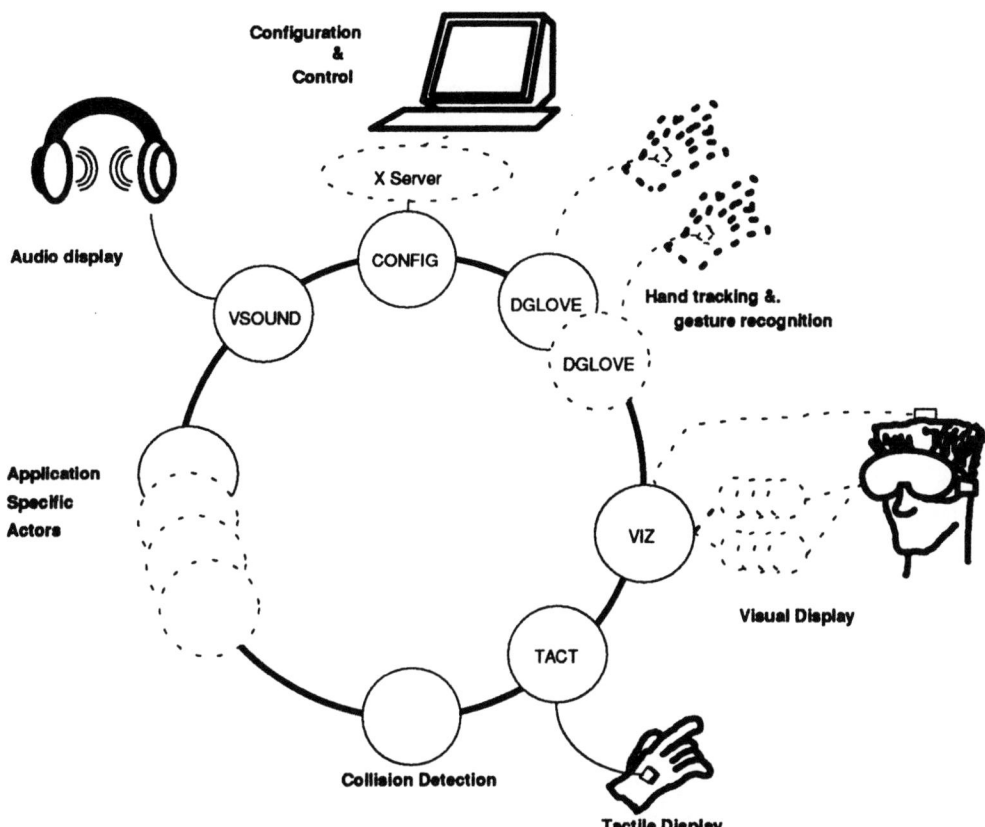

Example Parallel System

This model in which different Elements of the Virtual Environment are maintained by different autonomous processes or Actors, running in parallel forms the foundation of the dVS operating system developed by DIVISION.

dVS overview

dVS is a complete distributed Virtual environment operating System based upon the general principles described above. This development was initiated on the recognition that we must realize more parallel models for Virtual Environment Simulation in order to achieve the levels of performance, scalability and flexibility required of future Virtual Reality systems. The dVS software has been developed over the last two years and was first released in August 1991. This software is now in everyday use in a wide range of application areas, and forms the core system software for DIVISION's *Vision* range of Parallel Virtual Reality systems.

The key features of this software include: parallel process model; object oriented API, hardware independence; scalability; open system; support for multi participants. It therefore offers a well established foundation for creating very powerful Virtual Environment Simulation scenarios.

dVS was designed to support a range of different parallel architectures, including loosely coupled networks, closely coupled shared memory multi-processors, and distributed memory multi-processors. First implementations were completed for the distributed memory parallel computers (ProVision, and SuperVision) developed by DIVISION for Virtual Environment simulation.

dVS is a system architecture which supports a highly parallel model of computation designed to facilitate the building of advanced user interfaces. It combines the requirements of both distributed event simulation, and real world control, into a single well defined package for distributed Virtual Environment Simulation. It encourages the application developer to consider the inherent parallelism within their problem domain, and enables the development of a parallel solution to match. This ensures that processing resource can be dedicated to different elements of the overall environment simulation as and where it is required.

The dVS architecture is completely open, allowing developers to create new specialized Actors to address given application demands. However it also greatly encourages the development of general purpose Actors which can then be re-used in a wide range of applications. So for example a general purpose collision detection Actor, or Newtonian mechanics Actor. It also enables developers to incorporate existing simulation systems through the simple addition of dVS compatible interface calls. An existing simulation code can then be used to control Objects within the environment. So for example an existing flight dynamics package can be used to control the dynamics of an aircraft within the Environment. This can be implemented as a separate Actor, keeping the whole implementation very clean and maintainable.

The dVS software has been designed to support a single distributed Virtual Environment shared amongst a large number of participants. The consistency and temporal coherence of this shared Environment is achieved at the operating system level alleviating all responsibility from the programmer. Whilst it is possible to support networked systems with large transport delays, for example a WAN, it must be appreciated that this can lead to coherence problems. This does not effect local performance for individual participants, but causes problems when participants attempt to interact. The networking problem has been addressed from the outset in dVS by providing a framework in which the Environment database is distributed amongst multiple Actors, which may be located on different machines, even in different locations. To ensure that each participants' experience is truly interactive, requires that we dedicate visual processing, collision detection, and body tracking functions to the local participant. To overcome the problems created by transport delays, and low band width connections between machines, dVS supports the notion that multiple Actors can maintain the same Element of the Environment. So two Actors located on different machines could both simulate the dynamics of an Object, and confer at regular intervals to ensure approximate coherence of events. The frequency of such updates will vary according to communications band width, and latency of the transport.

dVS provides a consistent set of services to all Actors. The application programming interface for dVS is called VL. This is an object oriented Virtual Environment Control Interface which enables different Actors to share Elements of the Virtual Environment in a consistent way. VL is essentially a distributed database access library, it enables different Actors running in parallel to share data and maintain the consistency of this data.

Higher level functions are provided in the form of an object based toolkit called VCTools. This toolkit provides functions to change the *visual* properties of Objects, e.g. colour, texture, position, visibility; functions to change the *audio* properties of Objects, e.g. frequency, sample type, envelope, position etc; functions to create cameras, lights, and to monitor collisions, and many other functions.

The VL and VCTools libraries are both written in 'C'. An Actor written in some high level language can therefore communicate with other Actors by making system calls through these libraries. It can also access any of the standard language runtime functions, or operating system calls. So for example an Actor can change the colour of selected Objects in the Virtual Environment by making VCToolkit calls, and read data from a database using standard 'C' runtime file i/o calls (fread()), and display information in an X window, whilst also communicating results to another UNIX process via a socket. The basic configuration of the various software layers is illustrated below.

```
                 ┌─────────────────────────────────────────────────────────┐
                 │                      Actor  code                         │
                 ├───────────────────┐                                      │
                 │ VCTools library   │                                      │
                 ├───────────────────┴──┬──────────────────┬───────┬────────┤
                 │ VL library           │ language runtime │ X Lib │ other  │
                 ├──────────────────────┘                  │       │libraries│
                 │ dVS Agent layer      │
  user level     └──────────────────────┘
  - - - - - - - - - - - - - - - - - - - - - - - - - - - - - - - - - - - - -
  kernel level   ┌─────────────────────────────────────────────────────────┐
                 │                  UNIX  or dNet  kernel                   │
                 └─────────────────────────────────────────────────────────┘
```

The Vision range of Parallel Accelerators

DIVISION have developed the only dedicated parallel computing system for Virtual Reality. There are two basic models which address different application requirements. Both systems are based on a distributed memory architecture and combine the unique I/O capability of the Inmos transputer and the floating point performance of the Intel i860. The basic architecture dedicates a single processing Cluster (either transputer or i860) to each of the main tasks in the system. A separate Cluster is dedicated to each of the main 3D peripherals, so for example a transputer is used to control the tracking system and gesture recognition for the VPL DataGlove. If the the user needs to add a second DataGlove then the system can be upgraded with a second DataGlove control transputer. The main application tasks run on separate transputer, or i860 Clusters, and truly parallel applications can be run on a multi Cluster system.

There are a number of clear advantages to using a dedicated parallel system of this type and these include: support for dedicated I/O control; guaranteed real time response; and a high degree of flexibility and expand ability.

SuperVision

SuperVision is a high performance parallel visualization system. It combines the flexibility of a multi transputer architecture with the performance of the Intel i860 to provide dedicated stereo visualization.

The system is comprised of a control front end, and a dedicated parallel graphics sub-system. The control front end is based upon the standard *PROvision* system, with multiple transputers providing data acquisition and control. The graphics subsystem employs multiple (1 - 32) i860's connected by a high performance scalable interconnect (200 Mbyte/Sec). Each i860 compute board has its own local memory and is connected to every other via a dedicated point to point link. Each board can communicate concurrently, so that the bandwidth of the system scales linearly with the number of compute processors. Image generation is provided by the PAZ parallel renderer, running on multiple i860's. This means that a very flexible and expandable system can be constructed, with 1 to 32 i860's computing an image in parallel. The SuperVision system is software compatible with the lower cost *PROvision* system, running the dVS operating environment.

This represents a new generation of parallel visualization system. It is a highly scalable software solution, which can therefore be programmed to satisfy a number of specialized requirements, in areas such as telepresence, volume visualization, and multi-channel image generation.

SuperVision a system Overview

The SuperVision system can be broadly subdivided into two functional blocks. The control front end is a dedicated parallel Virtual Environment simulation system based predominantly on Inmos transputers. The basic architecture is outlined below:

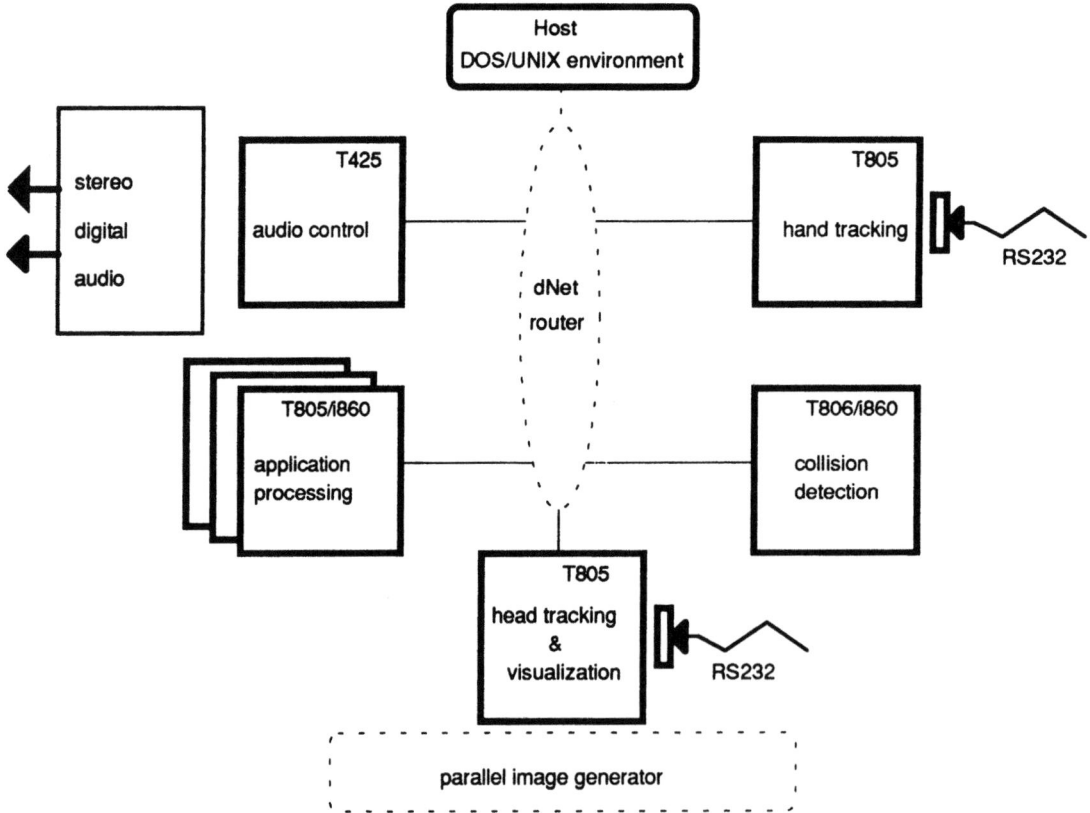

Different transputers are dedicated to specific acquisition, and display processing tasks. This provides distributed processing of 3D position data, gesture data, etc. with guaranteed response times to local peripherals, and localized 3D transformation of this incoming data. Incoming hand and head positions, and hand gesture can then be distributed to other processes which require this information. A separate transputer provides control of a dedicated digital audio system called Vsound. This provides independent stereo or quad audio display capability. Within the Vsound system a separate transputer with 4Mbyte sample store drives two/four 16 bit DAC's, and up to 8 independent samples can be replayed at 44.4 KHz, with localization in each of the four channels. This system can be further extended with a dedicated 3D audio processor called the Convolvotron™ [Wenzel 1988]. This takes up to 4 independent audio inputs from the Vsound system and localizes these inputs in space.

A message passing kernel called dNet provides a virtual routing system, which allows a process to communicate with any other regardless of target processor. Intel i860's have been integrated into this system by providing each i860 with its own local i/o transputer. The dNet kernel running on the i/o transputer provides message passing services to any process running on the i860. So application code can be developed for either transputer, or i860 with a common dNet message passing interface.

In this way floating point intensive problems can be addressed by the addition of dedicated i860's. So for example collision detection performance can be increased by replacing transputer with i860. Also application processes can be developed for one or more i860's, or transputers as required.

Whilst the underlying architecture of the SuperVision system is essentially a distributed memory message passing multi-processor, a higher level of abstraction is provided by the dVS operating environment built upon this system. This enables sequential or parallel applications to gain access to the services provided by standard Actors for visual processing, audio processing, collision detection, etc.. without recourse to direct communication. As described above the VL library provides a general purpose data management system in which Actors communicate implicitly by virtue of sharing instances of an Element (or data type). This greatly simplifies the task of application development, and ensures portability of application Actors across a wide range of target machines.

The various levels of parallelism described above can be exploited within this system. Firstly <u>Environment</u> level parallelism is achieved by dedicating separate machines to different users, each exploring their own perspective upon a shared environment. A parallel application can be developed for this system in which different <u>Entities</u> are processed in parallel by multiple application Actors running on different processors. For example a complex animation in which the inverse kinematics of different objects are processed by different Actors. The different <u>Elements</u> of an Entity are automatically processed in parallel by the standard services (Actors), for visualization, audio synthesis, collision detection, etc. Finally the parallel image generator developed for the SuperVision system exploits <u>Primitive</u> (as well as other) levels of parallelism to provide a scalable system for real time image generation.

A Unique architecture for Stereo Visualization

The SuperVision image generator is based upon two high speed communication rings, each of which provides an interconnection between 1 to 16 compute cards. Each compute card combines a single 40MHz Intel i860, with 4/8/16 MBytes of local memory. Each of the compute cards operate in parallel to compute a fraction of the 2D frame, the pixel data for a given frame is then combined for display in a remote frame store which also sits on the communication ring. Other high performance acquisition systems, such as a 24 bit frame grabber are supported so that live video images can be combined in real time with computer generated images to produce a composite image.

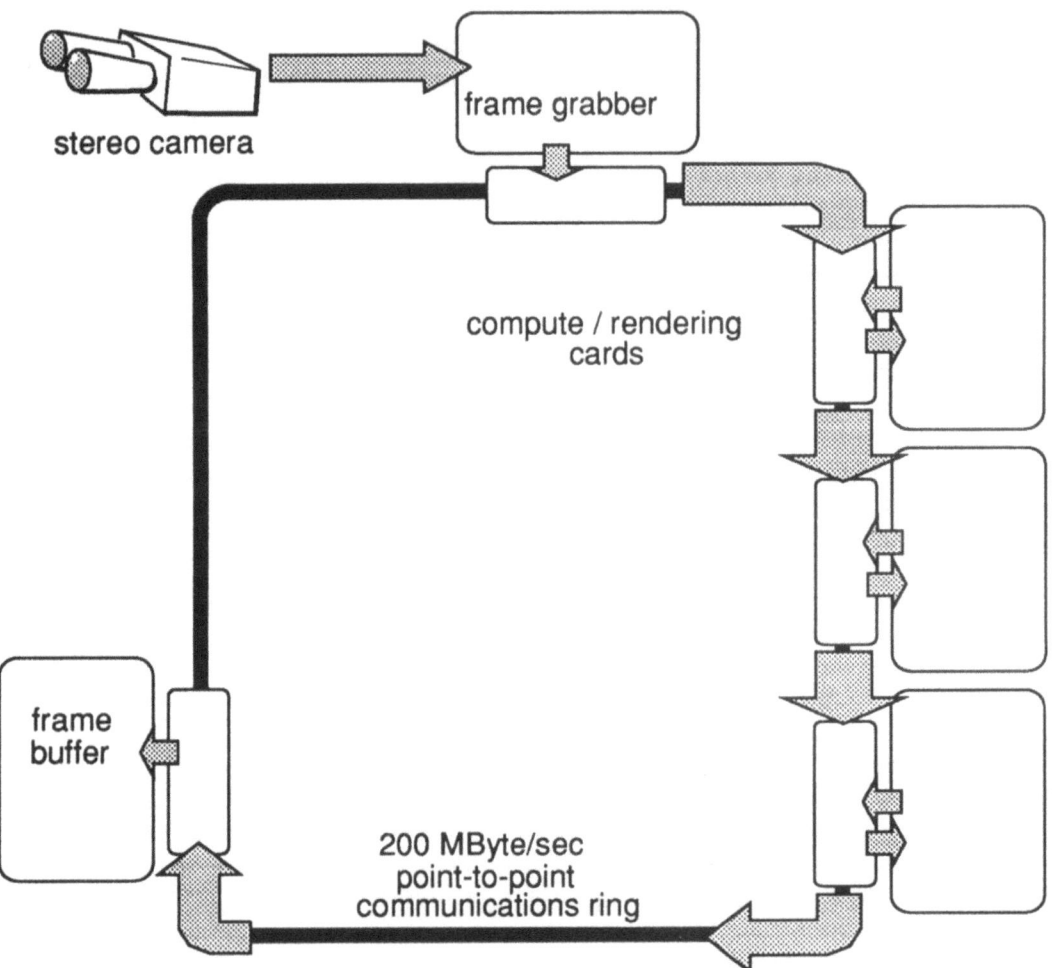

SuperVision Image Generator (mono)

The communication system is a point to point link, with a worm hole router which will route data packets from any processor on the ring to any other. This is a general purpose communication system which has been designed to provide high band width low latency communication between large numbers of microprocessors, frame buffers, and frame grabbers. Each processing Cluster on the ring has a dedicated input and output port which run concurrently, so input and output transfers run in parallel. This communication system can be used for any data type, not exclusively pixel data. So for example, live video from a frame grabber can be used as a dynamic texture within a computed frame, whilst Object geometry updates are broadcast, and transformed polygon data is transferred between compute boards.

Therefore this system forms the foundation of a highly parallel image generator, in which different distribution schemes can be adopted to optimise performance for different problems.

The PAZ renderer

PAZ is a high-level PHIGS-like renderer, which runs on all of the current DIVISION systems. It is a parallel renderer which has been developed to exploit the scalable performance of the SuperVision system. PAZ also provides direct support for multiple views, and so stereo images are easily generated and synchronised. PAZ has a high level object based application programming interface, under which the application manipulates OBJECT instances within one or more defined SCENES. The application maintains only OBJECT instance I.D and OBJECT space transformation matrix, for each object. It does not typically modify OBJECT geometry which is defined when the OBJECT is created. Geometry updates are supported, but not essential, so the application interface is a low band width interface and is typically addressed from a remote processor.

The main aims of the PAZ design have been to **maximise:** hardware utilisation; and multi-processor scalability, and **minimise:** rendering latency; clipping operations; application to PAZ band width, whilst **ensuring:** generality; and portability.

A number of different approaches have been explored in our attempts to produce an efficient implementation of PAZ for the SuperVision system. The most consistently productive approach involves a combination of object space, and 2-D screen space sub-division in a multi-pass algorithm. This approach is very similar to that adopted for Pixel Planes 5 [Fuchs et al 1989] and tends to perform well regardless of the number of objects and their average screen coverage. As always a constant compromise must be made, between complex load balancing which typically consume time and band width, and maximising data coherence on a given processor thus minimising communication and latency, to provide the best performance for any problem.

CONCLUSIONS

The SuperVision system represents a unique architecture for Virtual Environment simulation. It exploits several levels of parallelism to maximise functionality and performance. Highly parallel applications can be developed to provide what I referred to as Entity level parallelism. The Elements of these Entities are then automatically processed in parallel by multiple Actors which form a standard core of this system. Finally the graphics sub-system exploits what I have called Primitive level parallelism to provide highly cost effective and expandable image generation capability.

REFERENCES

Bricken, W. (1990). *Virtual Environment Operating System: Preliminary Functional Architecture.* Human Interface Technology Lab. TR-HITL-M-90-2, Univ. Washington, Seattle, 1990.

Fuchs, Henry, J. Poulton, J. Eyles, T. Greer, et al. (1989). *A heterogeneous multiprocessor graphics system using processor enhanced memories.* Computer Graphics: Proceedings of Siggraph '89.

Grimsdale, C. (1991). *dVS - Distributed Virtual environment System.* Proceedings of Computer Graphics '91 Conference, London. ISBN 0 86353 282 9

Dan Ling, Bryan Lewis, et al (1991). IBM internal Research Report *An Architecture for Virtual Worlds.* RC 16446(#73023) 1/10/91, IBM Research Division T.J Watson Research Center, Yorktown Heights, NY 10598

Roskos, E. (1991). *Towards a Distributed, Object-Oriented Virtual Environment.* Report to the National Science Foundation, NSF Grant CCR89-09197, 18pp, Nov. 1991.

Wenzel, E.M, F. Wightman, & S. Foster (1988). *A virtual display system for conveying three-dimensional acoustic information.* Proc. Hum. Factors Soc., 32,86-90.

FUTURE TRENDS IN VIRTUAL REALITY TECHNOLOGIES FOR WORKSTATIONS

Joshua S. Mogal
Product Manager
Advanced Graphics Division
Silicon Graphics Computer Systems

Specialized computer and software architectures are just now coming into existence to support generalized immersive visualization applications. These systems carry on a long tradition of evolving the field of effective communication of complex concepts through imagery. Combining core visualization computers and graphics systems with new software techniques and specialized peripherals, immersive visualization, or VR, systems enable users to immerse themselves into computer generated visualizations of real or imagined places or abstract representations of data.

These systems must evolve over time to treat the requirements of immersive applications as core functions rather than peripheral add-ons. Even today, some of the more advanced computer graphics systems are incorporating functions and meeting performance criteria which are critical to the particular needs of immersive applications, supporting multiple outputs, stereo or spatial audio generation, and incorporating real-time capabilities for both computation and scene rendering.

Realism in computer graphics is important for some VR applications, less so for others, but nonetheless, high-end graphics architectures across the computer graphics industry are starting to incorporate real-time texture mapping and anti-aliasing as core functions. Video, image processing, audio, and 3D graphics must all be combined in an interactive, stereoscopic environment to meet the broader requirements of immersive applications. Advancements in processor technology for more complex and effective simulations will combine with digital media technologies to create immersive applications where users can operate as comfortably as they do today in their normal working environments.

Before we can set out to solve the technical challenges of immersive visualization, we must first understand what the goals of immersion *are* and what technical challenges exist which are, at present, preventing us from meeting those goals.

Introduction

Computer system architectures have evolved over the past decade to include increasingly advanced graphical interfaces. The simple goal behind the development of these interfaces has been that of making the computer less of a specialized tool reserved for highly trained and sophisticated users and more accessible to a broader audience. Identifying the market value of such an improved interface, Apple Computer utilized its graphical user interface (GUI) to contrast itself with its competitors in the personal computer market, calling its Macintosh™ product "the computer for the rest of us". Yet even though most people believed that computers held the potential to help us process and analyze massive amounts of data more rapidly, effectively realizing this potential required the birth of yet another new concept, visualization. The theme behind the use of graphical visualization techniques is simple; "a picture is worth a thousand words". The mind absorbs information most effectively through visual interfaces which allow the user to spend more time absorbing and comprehending data and less time interpreting abstract (textual and numerical) representations of data.

Focus

Combining an effective user interface with intuitive, graphical representations of data offers users the quickest path to comprehension and enlightenment. The key is focus. Visualization systems must provide users with the ability to focus on their data and not upon the medium being used to deliver or represent that data. Any aspect of the visualization system that distracts the user from their focus on the data can significantly impact the effectiveness of the visualization process.

To understand the direction in which development will proceed for general- purpose graphics workstations and graphics supercomputers, it is critical to keep in mind the basic goals of visualization and focus. The performance requirements of these systems will be dictated by the scale of the data that must be represented in the various applications to which immersive visualization techniques are applied and by certain criteria derived from the simulation industry.

Simulators

The most important early lessons in effective, focused computer generated visualization were learned not in the general purpose computing world by scientists and engineers, but rather in the world of visual simulation by aircraft pilots and ship captains. Using sophisticated (and extremely expensive) computer image generators (CIGs), flight simulators were built to meet very strict performance requirements.

These requirements were developed to insure that adequate training value was derived from the simulators, enabling pilots to focus on their tasks and upon the input they receive from the visual system. New terms came into effect to describe the parameters of these requirements, describing the number of times the system could render the synthetic scene per second (frame rate or update rate) or the time delay from when the pilot moves the controls to when they see the visual result (latency).

The primary value in these systems is in accurately simulating the aircraft and its environment, providing both realistic input to the pilot as well as realistic responses to the pilots actions. By faithfully performing this type of simulation, the simulation system enables the pilot to develop the right intuition and automatic responses to a variety of situations which they may have to face in a real aircraft at some time in the future. Failure to provide a realistic simulation results in "negative training" by training the pilot to react to events that would not proceed similarly in reality or by having a time-lag in the simulation that encourages the pilot to either overcompensate for a slow reacting system or undercompensate for an overly sensitive simulator.

Overcompensation

This time-lag, or latency, can cause the pilot to develop the wrong responses by forcing them to overcompensate in their movements. When the pilot moves the control stick to the right to begin a banking maneuver, they look to the outside-world view to indicate that the simulated plane is reacting as expected to their action. If the out-the-window view being rendered by the simulator does not update right away with a view that takes the motion of the stick into account, the pilot believes that they must move the stick even farther to initiate the roll, even though the initial motion was really enough and has simply not been processed fast enough to provide the correct visual cues to the pilot in real-time.

Beyond the issues of negative training, failure to meet certain basic performance parameters can result in significant adverse physical effects to the users of the system. When the frame rate is too low, the user can notice a stepping effect, as each frame of the scene is refreshed to the display multiple times until a new frame is ready. This would be the case for a simulator with a frame rate of 15 frames per second but with a display system refresh of 60 frames per second. Thus, the user loses focus, noticing the stepping of the rendering system, not the environment being simulated.

When the latency is too great, other problems occur. Since the user's entire world is represented by the synthetic imagery produced by the image generator, it is critical that the user feel comfortable with the synthetic environment in which they are immersed. If they are flying a plane and they rapidly push the stick down, their expectation would be to see the visual scene instantly adjust to a more downward facing view as the aircraft follows the direction of its controls. If the movement is delayed, even by as much as a quarter of a second, the expectation of the brain and the reality of what the eye is seeing move out of sync and the user can experience an effect known as "simulator sickness", a malady unfortunately made even worse in immersive visualization systems based upon head mounted displays (HMDs).

SECTION I - Requirements of Immersive Systems

Immersive systems must worry about latency in even more ways than the old simulator-in-a-dome systems did. Excessive latency while rendering to a head-tracked HMD will result in visual scene movement noticeably delayed from the user's head movement. When the inner ear tells the brain the head is moving, but the eyes say "no, not yet", "simulator sickness" is drawing near. Effective use of immersive techniques in visualization thus beg for certain minimally acceptable performance criteria before immersive systems become more widely accepted. To meet these criteria, immersive visualization systems must be sensitive to performance metrics derived from the Visual Simulation market. These metrics must be applied to each component of a total system architecture which would include some or all of the items in the following list:

- Computational Subsystem
- Graphics/Rendering Subsystem
- Head Tracker
- Binocular Display
- 6 Degree Of Freedom (DOF) Input Device
- 3D Audio System

While immersive visualization techniques can offer users improved focus on the data being analyzed, they most certainly will not be widely adopted across the broad range of 3D applications until Visual Simulation performance criteria are met. Each component of an immersive visualization system architecture must take responsibility for minimizing its latency and maintaining its frame rate. While the system must maintain a balance, a good rule of thumb is that the component with the lowest frame rate defines the overall system frame rate; the system latency is additive across all components.

Frame Rate

Frame rate is governed first by the slowest component of the overall system architecture. Thus it will serve no purpose to assemble a system with a rendering engine capable of updating views of the database at 60 frames per second if the displays only refresh at 30 frames per second. Likewise, no additional benefit would be derived from a head tracker sampling at 240Hz unless sample averaging is desired to get the tracker rate down to the frame rate of the renderer.

Within the graphics system, the frame rate for any particular database will be determined largely by comparing the complexity of the database with the overall rendering capacity of the hardware.

While a given database will always run faster (increase the frame rate) on a high-end graphics system than on a low-end graphics system, it is always possible to create a database that will slow down (reduce the frame rate of) even the fastest machine.

Database

To insure a constant frame rate (usually 20-30Hz, 60 if possible), the database being visualized should be designed such that in all possible conditions and from all possible viewpoints, the rendering time never exceeds the allocated, per-frame time, e.g. 1/20th, 1/30th, or 1/60th of a second. Thus, while a graphics system like the IRIS RealityEngine has the capacity to render 600,000 textured, anti-aliased, shaded polygons per second, the per-frame polygonal complexity for a 30Hz frame rate should not exceed 20,000 triangles. If one graphics system is being used to draw both the right- and left-eye views for a stereoscopic display, this number would be reduced again to 10,000 polygons at 30Hz per eye.

Many other parameters of the rendering process will also affect system throughput. In particular, the throughput of a graphics pipeline must be measured both in terms of the front-end geometric complexity that the pipeline can sustain as well as the back-end pixel drawing load. Graphics pipelines take in three dimensional geometric data which gets transformed through the pipeline into two dimensional screen space geometry, then eventually pixels which can be rendered into the frame buffer, or raster.

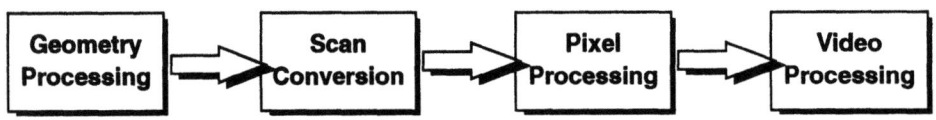

Figure 1. Graphics Pipeline Processing Stages

In the front end of the graphics pipeline, the geometry engine processors can sustain a certain capacity of polygonal data. In a RealityEngine, this is 600,000 textured, anti-aliased, shaded, fogged polygons per second. In the back end of the pipeline, the pixel processors can render up to 320 million pixels per second. If the pixel fill limit is reached before the polygon transformation limit, the pipeline would be effectively limited to a fewer number of polygons. Thus, the critical nature of understanding the anticipated load on each stage of the graphics pipeline to avoid overload conditions which could adversely affect the frame rate.

We can draw some techniques from the simulation world which enable us to increase the usable size of databases designed to operate at a particular frame rate. The most basic of these is culling to the view frustum. This scene management technique culls away any objects or polygons which do not lie in the current field of view (FOV), rendering only that which would be potentially visible to the viewer.

Even potentially visible objects can drag down the performance of the pipeline if those objects were designed with a great deal of geometric detail. If the object is far from the viewer, however, it may only subtend three or four pixels, yet when that same object is nearby, it might cover several hundred thousand pixels. For this reason, we can create several levels of detail for this one object such that when it is far away, it is represented by perhaps five to ten polygons, yet when it looms large in the foreground, it could utilize 1000 or more polygons to provide sufficient detail.

A Scene Manager knows the locations of all the objects in the scene along with the various sizes at which their levels of detail must switch. Combined with knowledge of the position and orientation of the viewer, this enables the Scene Manager to select the appropriate level of detail for each object in the scene and to cull away any polygons outside the current field of view. The Scene Manager also takes on the role of overload management.

When the rendering time for a particular frame comes too close to the time limit determined by the desired frame rate, the Scene Manager can switch to lower levels of detail closer to the eyepoint to keep the rendering performance up, staying within the allotted drawing time and maintaining the desired frame rate.

IRIS Performer™

Silicon Graphics IRIS Performer simulation toolkit was designed to handle the machine-specific scene management by traversing, culling, and rendering databases for real-time simulation and immersive visualization applications. Based upon the IRIS Graphics Library (GL™) and the REACT™ real-time extensions to the UNIX™ operating system, IRIS Performer was designed to enable the use of general purpose visualization techniques within a simulation environment. IRIS Performer handles the front-end object processing which traditional image generation systems performed in hardware. The software has been implemented as a function library, providing an adaptable and expandable framework which can be utilized by any application required high-performance real-time graphics. Using the REACT real-time and multiprocessing functions of the operating system (IRIX), IRIS Performer splits into multiple processes so that the processing of the application, culling, and drawing can run in parallel. This increases frame rates by insuring the maximum possible data throughput.

Flexibility is the key to a general platform for visualization, thus IRIS Performer can be configured according to the particular needs of each application. Focus can be placed upon maximizing throughput (number of polygons rendered) or upon minimizing latency (the time from the end of application processing through to the completion of the rendering). Polygon throughput is maximized by allowing each process to run as long as the allotted frame time. This yields a latency of two frames. If, however, the focus is upon reducing latency, the number of polygons within the field of view must be limited to ensure that both the cull and render processing can take place in less than a single frame time. To determine the total latency after both processes have completed, a screen refresh time must be added, typically 1/60th second. Figure 2 illustrates the use of parallel processors in a Symmetric Multi-Processing (SMP) environment to achieve a 1 frame (+ 1 refresh) latency.

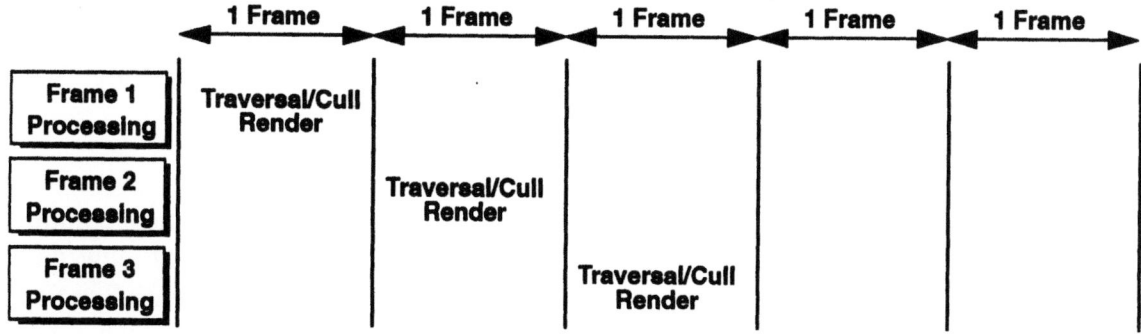

Figure 2. One Frame Latency for Less Complex Databases

If the database being rendered is sufficiently complex that it cannot be culled and rendered in a single frame time, IRIS Performer can split processes onto processors even further to enable greater throughput, yet a 2 frame (+ 1 refresh) latency.

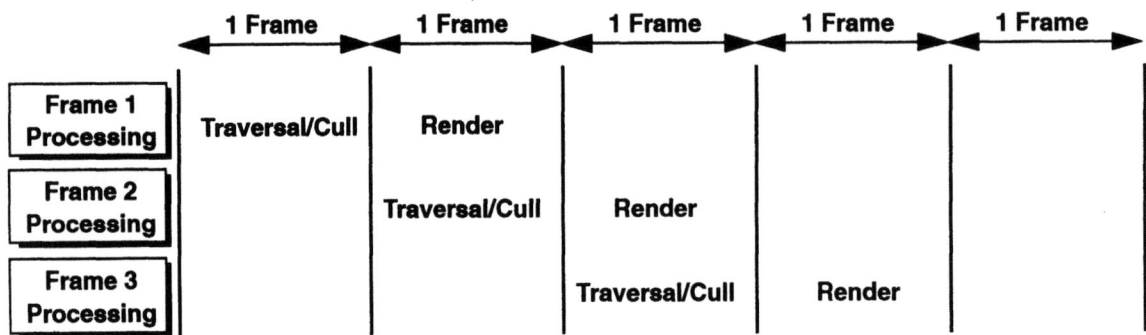

Figure 3. Two Frame Latency for Complex Databases

Simulation systems have always focused on system performance parameters such as high, steady frame rates; low throughput latency; and high scene complexity through prodigious quantities of polygons and extensive use of techniques like texture mapping and atmospheric effects. For pilots sitting in mock-up cockpits in the middle of a dome, this type of system offers a true immersive experience. Unfortunately, these systems are too restrictive to be useful to the broad range of applications that also utilize 3D databases like CAD/CAM, Animation, Molecular Modeling, Computational Fluid Dynamics, Geophysics, and Architecture.

These applications largely reside upon workstations today and provide interactive 3D visualization, although few offer immersive interfaces. To take this next step, immersive visualization systems must offer clear benefits without major disadvantages or stumbling blocks to implementation. A number of technologies must advance before immersive visualization enters the mainstream. These include the tracking, rendering, and display technologies.

Tracking

Until recently non-mechanical tracking devices have hindered the development of effective head-tracked HMDs due to excessive latency and insufficient range from the transmitters to the receivers. New technologies like the Polhemus FastTrak offer the potential of removing this technological stumbling block and putting the pressure on the other component manufacturers to speed their solutions to the other key technical challenges.

The Fake Space Labs Binocular Omni Orientational Monitor (BOOM) utilizes mechanical linkages with fast opto-encoders for positional information, while most of the other tracking technologies utilize either magnetic fields (AC or DC), Acoustics, or Infrared sources and sensors. For the time being, the opto-encoders offer the greatest accuracy and lowest latency, while the IR sensor systems offer the fewest encumbrances and thus are the least intrusive.

Displays

Fortunately or unfortunately, the resolution of the eye is far greater than that of most computer displays. While the eye can resolve down to 1 arc-minute of the total visible field of view, current immersive displays offer resolutions which resolve from 6 to 25 arc-minutes. With 8 arc-minutes standing as the reference for legal blindness, this is clearly an area where there is much opportunity for technological advancement.

The call for improvement should not, however, be regarded as a statement that the existing technologies are not useful. Indeed they are, but before anyone can truly expect to visualize anything even remotely close to "reality", the displays must allow the eyes to operate in their full resolution and color ranges. Current workstation displays typically display 1280x1024 pixels of resolution. This equates to approximately 6 arc-minutes of resolution when used as a reference for a single eye view in a binocular display.

Rendering Systems

General purpose rendering systems of today are out-performing many of the special purpose image generation systems as they ride the technology wave of advancing microprocessors and increased ASIC densities. Silicon Graphics RealityEngine™ represents the first of this new generation of machines squarely targeted at solving the problem of high frame rate database rendering into stereoscopic displays. General programmability through both the GL and IRIS Performer provide the basis for development of the entire range of immersive visualization applications.

RealityEngine combines off the shelf parts like the Intel i860XP processor with 180 custom ASICs and 160MB of frame buffer memory to create a highly parallelized platform for effective rendering of immersive scenes. A programmable video formatter enables the use of the system to drive any resolution from NTSC (TV) to HDTV (1920 x 1035) or even field-sequential video running at 180Hz. This is the kind of back end required to support both the range of display devices which are currently available and those due in the coming years, guaranteeing a longer useful life for the entire graphics system.

SECTION II - Computer Technology Directions

There one basic tenet for the evolution of technology: everything tends to get faster and less expensive. Certainly there are a great number of companies that are either producing or working to produce low-cost VR systems. The question must be put forth then as to whether it is acceptable to reduce or eliminate quality, performance, or features to satisfy a price point or whether certain price points must wait until the cost of reaching a certain level of features and performance is within financial reach.

The primary areas of focus for technology developments in computers and graphics systems will be:

- reducing the cost achieving existing performance and feature levels
- advancing performance and features to enable new applications

Even today, as new technologies emerge, new applications are starting to appear that were not even feasible just a few years ago. For this reason, there will always be demand for ever-higher performing systems.

Cost Reduction

The natural evolution of the computer industry as a whole supports rapid cost reduction for immersive visualization workstations and graphics super- computers. Every two to four years, memory chip densities are quadrupling, dramatically multiplying the amount of memory that can be offered in a compact system package. Likewise, CPU technology is boosting processor performance an order of magnitude every five years. Compacting technology in this way offers a bright future for desktop and even personal immersive systems.

A perfect example would be the IRIS 4D/210GTX. This high-end product was introduced in 1989. Offering 20MIPS and 135K Gouraud shaded triangles per second, it commanded a fair price at the time of approximately $100K (US). In January of 1992, Silicon Graphics introduced the Indigo Elan desktop workstation, with over 30MIPS of compute power and over 250K triangles per second for $27K (US), just over one quarter the price of the original GTX.

This trend is likely to continue, with advanced graphics workstation performance and features making their way down into inexpensive desktop systems at an approximate 4X reduction in price at approximately 3 to 4 year intervals. This is accomplished thanks both to the reduced cost and improved power and density of standard memory and CPUs and to the increased integration possible on high-density sub-micron application specific integrated circuits (ASICs). Current Reality-Engine ASICs have been developed with 0.8 micron technology while it is likely that the next generation, in 1994, will utilize 0.6 micron technology for higher levels of integration, lower power, less heat, smaller packaging, and lower cost.

Volume also helps. As the popularity of immersive simulation and visualization grows, the demand for systems will rise, enabling cost benefits from the economies of scale. Massive amounts of memory are required to store image and texture data and thus the cost of memory is almost always key to the cost of the graphics visualization system. Volume purchases drive the per-megabyte cost down, creating dramatic savings when spread across thousands of systems.

Performance Improvement

To more fully address the requirements of the various immersive visualization markets, workstations must evolve to include standard support for immersive devices. This means that graphics workstations and supercomputers must have a built-in knowledge of tracking, display, and 3D input devices. Beyond that, there must be an adequate software development environment for accessing these devices and generating output for them.

Today, these devices adhere to few, if any, standards, making them all incompatible with one another. This makes it difficult for the manufacturers of computer and graphics hardware and system software to build in support, as there is no way to cover the spectrum of input and output devices with a single set of software drivers. The best that can be done from a systems perspective is to be flexible enough to drive a range of different output devices, allowing developers to write custom drivers as new display devices are developed, to incorporate high bandwidth standard busses and I/O ports to support any input devices or haptic interfaces that are developed.

On the software side, the operating system must move towards having an understanding of databases which must be simulated and rendered, both visually and acoustically, and allow for both visual and acoustic input as well in terms of video feeds from disk or live input devices and audio feeds like microphones for voice input and control.

Building Database Concepts into the Operating System

By incorporating software like IRIS Performer, Operating Systems can handle the visual traversal of 3D databases via simple positional cues from an application, while the application tells the database traversal software how and when to move or modify the geometric elements of the database. This software must move into the OS domain to insure that maximum performance is attained and that simple system services can be called upon to enable multiple processes either on the same machine or across the network can interact with one another in the same dataspace.

Multi-participant immersive applications enable people who are physically disjoint to work together on common projects. Much as E-mail has connected computer users the world over, multi-participant immersive spaces will exist for both communication, research, and engineering activities, using the computer as the common ground for the meeting. For this reason, it is critical that systems supporting immersive, multi-participant applications have the ability to provide all of the necessary media needed to communicate and interact.

These digital media will include live or stored video, 2D images, 3D volume data sets, 3D graphics, text, and audio sources. All of these media must be combined in the digital arena to provide a multi-sensory experience for those immersed in the simulated dataspace. The following section summarizes the various areas in which attention must be paid to create a suitable general purpose architecture for immersive applications across the market spectrum.

Digital Media Technologies for Immersive Applications

Video

Video plays a key role in communicating information to people effectively, combining professionally and personally produced work. Unlike still images, video carries dynamicism and time into the equation, and serves to capture people's attention. To mix video media into immersive 3D applications, it is important that the graphics computer have the ability to capture, store, and replay video in a digital format to enable the combination of video with 3D graphics, annotation, and key it into informational and graphical databases.

- Live video input, multiple sources, multiple formats (NTSC, PAL, S-Video, SECAM, HDTV)
- Live video across the network to and from other users (need for compression)
- Live video to and from disk or archival storage

Audio

There are many ways in which audio plays a part in immersive and non-immersive applications. One the one hand, audio can exist for its own sake, like a musical piece, to be played back by the system. More likely however, is the integration of audio into the 3D simulated environment. Acoustic cues associated with movement or activity of objects can help a user to both understand what is happening based upon the sound and pitch and can draw attention to something that might currently be out of the field of view of the person immersed in the virtual space.

Audio input can be used to annotate pieces of data or to communicate with other users or, as some new technology is making more feasible, to control actual applications through voice recognition.

- Live audio input/output, multiple sources, multiple channels (stereo, quad), CD quality
- Live audio across the network to and from other users (need for compression)
- Live audio to and from disk or archival storage
- Voice recognition

Texture Mapping

Making real-world simulations appear more real requires us to understand what makes our world appear real to us and then simulate that. The fact is that surfaces in the real world are not smooth or monochromatic like flat or Gouraud shaded polygons. It is critical that we be able to support the rendering of both photographic image-based textures onto 3D surfaces in real-time to better simulate carpet, wood, concrete, logos, fabrics, but also bump maps which allow varying normals across the surface being rendered to create better simulation of surface roughness like sandpaper, oranges, etc.

To eliminate the limitations on the number of allowable textures, the next generation of immersive-oriented computer systems must be able to page textures in and out of texture memory in real-time, enabling a virtual texture space limited only to disk storage space. Disk technologies are evolving quickly, with current 3.5 inch SCSI drives offering over 1GB of storage capacity. New SCSI II interfaces and Fast and Wide SCSI with disk striping offer disk I/O throughput over 20MB per second. When this bandwidth has been improved by an order of magnitude, the prospect for real-time texture paging using low-cost SCSI devices will become more real.

Likewise, these systems must be able to support the application of video to 3D surfaces as texture in real-time. This capability is only now becoming available, but must be more integral in the future, as there are no screens in a virtual space, the video source or sources must be capable of being displayed anywhere within the 3D scene.

While 2D texture mapping and bump mapping supports the realm of still and dynamic 2D imagery, texture mapping must also be able to support the rendering of 3D volume data such as MRI medical scans and seismic data. All of these data types must be combined in the same environment to leverage the true value of digital media, since it is not possible to so easily blend multiple types of data and imagery in real life.

- Must apply 2D images to surfaces in real-time, no artifacts (use Mip Mapping)
- Must apply live or stored Video to surfaces in real-time, no artifacts
- Must support Bump Mapping for more realistic rough surfaces
- Must be able to page textures in real-time to support huge virtual texture space (multi-gigabyte)

Networking

To take full advantage of the power of these digital media immersive computers, it is critical that it be possible to tie the system into a high-bandwidth network. This is as much true for the access the network provides to far-flung data sources as it is for the connectivity which it provides between distant users who would be brought closer together to share and communicate data and insights and break down the barriers of distance and time.

- Must be able to transmit voice, video, 3D graphics, database information at real-time rates
- Must have minimal latency (time lag) to assure that multiple participants see the same event at the same time
- Must be standards-based to assure connectivity between heterogenous platforms

Computation

These systems must truly be systems, not just a front-end processor with attached graphics and audio processors. The integrated general-purpose computational subsystem must have enough power not only to support the graphics subsystem, but to handle the physical simulation of the behavior of objects in the virtual space. these objects may have very complex rules governing their behavior and how they interact with other objects in the database.

This computational demand will be relative to the type of work that the system is used for, so there will naturally be a demand for a range of systems with scalable compute power, just as there is today for standard graphics workstations. The problems are a little more complex in an immersive space, however, as the simulation of all objects *must* occur at a regular frame rate as indicated in earlier discussions of the minimal performance criteria for immersive systems.

- Must be closely integrated with the visual and audio processors to assure high overall system performance
- Must have minimal latency (time lag) to assure that user is not encouraged to compensate for system limitations which would not be there in other, lower-latency systems
- Must be standards-based to assure connectivity between heterogenous platforms

Summary

The power of visualization to communicate complex concepts has proven itself throughout history, from pre-historic cave paintings to supercomputers for scientific visualization. Thirty years of flight simulation has provided more than sufficient proof that immersive techniques can improve the ability of the user to focus on both the content and behavior of the data in their visual database.

If the mind is enabled to focus and on the data itself, tapping into intuition and deeper thought processes, learning can be enhanced and time spent performing visualizations can be more fruitful. Immersive Visualization systems must strive to allow users to obtain and maintain this focus. To that end, certain performance criteria must be considered and utilized to assure that the mess-age of visualization is not lost in the medium.

VR4RobotS

Virtual Reality for Robot Systems

Anwendungen von Virtual Reality für Industrieroboter

VR-Demonstration 1

Dr.-Ing. E. Degenhart
Dipl.-Ing. J. Neugebauer
Dipl.-Ing. M. Wapler

Fraunhofer-Institut für Produktionstechnik und Automatisierung
Nobelstr. 12, 7000 Stuttgart 80

VR4RobotS

Virtual Reality (VR), die neue Generation von Mensch-Maschine-Schnittstellen, bildet die Basis für neue Steuerungs- und Bedienkonzepte für Roboter und Automaten. Zur Realisierung dieser Konzepte wurde am IPA eine VR-Workstation entwickelt. Diese Workstation besteht aus einem Industrieroboter mit konventioneller Steuerung, 2 Graphikrechner in Verbindung mit einem Transputersystem und den neuen Bediener-Schnittstellen bestehend aus Datenhandschuh, 6D-Steuerkugel und einem am Kopf tragbaren Stereodisplay. Bild 1 zeigt die Bedienstation.

Bild 1: Die Bedienstation der VR-Workstation

Mit dieser Workstation kann der Bediener in einer virtuellen Welt agieren. Die Kopf- und Handbewegungen werden über Sensoren erfaßt und in Echtzeit in die Simulation einbezogen. Die von den Graphikrechnern erzeugten Bilder werden direkt von den Kopfbewegungen des Bedieners gesteuert und auf das tragbare Stereodisplay übertragen. Über Gesten mit dem Datenhandschuh und Steuerbefehlen mit der 6D-Steuerkugel kann sich der Bediener in der virtuellen Welt bewegen, ohne seinen (realen) Platz verlassen zu müssen. Die Handbewegungen des Bedieners können mittels Datenhandschuh direkt in Sollbahndaten für einen virtuellen Roboter umgesetzt werden. Darüber hinaus ermöglicht ein Interface zum realen Roboter die Bewegungen des Bedieners via Datenhandschuh direkt auf den Industrieroboter zu übertragen. Dadurch können beliebige Bahnen in allen 6 Freiheitsgraden in Echtzeit erzeugt werden. Herkömmliche Teachpanels und aufwendige Bahnprogrammierung des Roboters entfallen. Bild 2 zeigt einen Ausschnitt aus einer simulierten Roboterwelt.

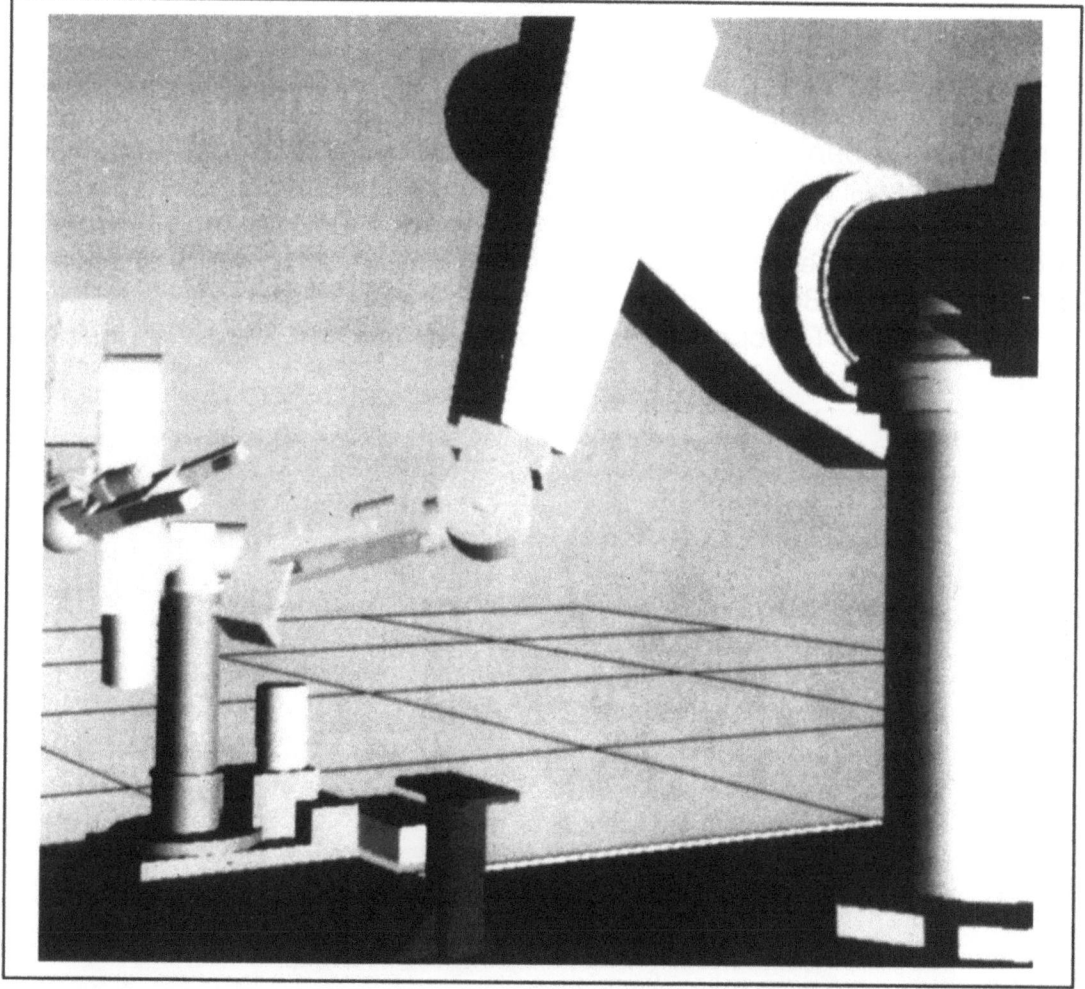

Bild 2: Virtuelle Roboterwelt

Es erschließen sich folgende Anwendungen mit diesen Bedienkonzepten:

1) Simulation zur Einsatzplanung von Industrierobotern
Planung von zukünftigen Produktionsabläufen mit Robotern wird mit Virtual Reality verbessert. Durch virtuelles Teachen der Roboter lassen sich schnell Tauglichkeit und Effizienz der Arbeitszelle überprüfen. Stichworte: Rapid Prototyping, Simultaneous Engineering.

2) Off-line Programmierung/Teachen von Industrierobotern

Off-line lassen sich die Bahndaten der Roboter nicht nur wie bisher durch Anklicken mit der Maus auf dem Bildschirm vorgeben, sondern völlig frei durch Handbewegungen des Bedieners (in allen 6 Freiheitsgraden) in der 3D-Simulation. Kollisionserkennung kann durch die 3D-Wiedergabe und dem dadurch verbesserten räumlichen Vorstellungsvermögen visuell erfolgen. Die Zeit zur Programmierung der Roboterbahnen läßt sich durch die vereinfachte Bahnvorgabe reduzieren.

3) Teleoperation von Robotern

Durch Verwendung von Datenhandschuhen oder Free Flying Joysticks ergeben sich wesentlich bessere Steuerungsmöglichkeiten für Roboter. Erfahrungen haben gezeigt, daß mit dieser Technik der Roboter wesentlich besser beherrschbar ist und komplizierte Bewegungen leichter zu realisieren sind, da alle Handbewegungen des Bedieners in Echtzeit auf den Roboter übertragen werden. Anwendungen in für den Menschen nicht zugänglichen Bereichen sind damit einfacher realisierbar.

Bild 3 zeigt eine Teleoperationsumgebung (Hannover Messe Industrie 1992).

Bild 3: Teleoperation mit Virtual Reality

Systemkomponenten:

- Stereodisplay, 6D Steuerkugel, Datenhandschuh
- Graphikrechner
- Transputersystem
- Industrieroboter mit konventioneller Steuerung
- Räumlich frei beweglicher Joystick

Bedienmerkmale:

- "Erleben" der Robotersimulation in 3D
- Freies Bewegen in der virtuellen Welt
- Teachen von Industrierobotern mittels Datenhandschuh
- Freies Teachen von Robotern in Simulation
- Räumliches Erfahren von Computermodellen auf CAD-Basis

Software-Eigenschaften:

- Modellierung der virtuellen Welten mittels DXF, IGES und STEP-Schnittstellen erlauben die Verwendung kommerzieller CAD-Systeme
- Virtuelle Menues zur einfachen Bedienerführung
- Schnelle Realtime Grafiken durch fortschrittliche Datenstrukturen zur dynamischen Modellreduktion
- Beliebige Kinematik-Strukturen, inverse Kinematiken
- Visualisierung von vorhandenen CAD-Datensätzen
- Texturemapping
- Kollisionserkennung

Hardware-Eigenschaften

- Transputertechnologie mit skalierbarer Leistung
- Parallele Verarbeitung von komplexen Berechnungsprozessen
- Schnittstellen zu Sensordaten und weiterer Peripherie beliebig erweiterbar
- Optimales Echtzeitverhalten
- Supergrafik-Computer

Einsatzgebiete:

- Einsatzplanung von Industrieroboteranlagen
- Off-line-Programmierung von Industrierobotern
- Teleoperation von Robotern in unzugänglichen Bereichen
- Visualisierung von bestehenden CAD-Datensätzen

Zusammenfassung:

Die am IPA entwickelte VR-Workstation liefert den Nachweis, daß mit den neuen Benutzerschnittstellen wie Stereodisplay und Datenhandschuh die Simulationen und Steuerungen im industriellen Bereich eine neue Qualität erhalten.

Die interaktive Visualisierung von Industriedaten, die in Form von CAD-Daten vorliegen, stellt eine leistungsstarke Entscheidungshilfe für die Produktgestaltung, besondere im Hinblick auf die spätere Fertigung, dar. Das Potential dieser neuen Technik liegt insbesondere in der besseren Erfahrbarkeit der vorhandenen Informationen, da diese räumlich und realistisch präsentiert werden. Die so gewonnenen Erfahrungen lassen sich zur Entscheidungsfindung bei der Produktgestaltung und -Fertigung nutzen.

Diese Vorteile lassen sich auch im Bereich Industrieroboter einsetzen. Die Einsatzplanung von Industrierobotern läßt sich aufgrund der verbesserten räumlichen Darstellungen und dem schnellen Erzeugen von Roboterbewegungen schneller und zuverlässiger durchführen.

Die Off-line-Programmierung wird durch Virtual Reality ebenfalls verbessert. Bei der graphischen Erstellung von Roboterprogrammen am Computerarbeitsplatz wird insbesondere die zeitaufwendige Bahnprogrammierung deutlich vereinfacht, weil zum einen die Bewegungen und die Peripherie des Roboters räumlich erfahrbar werden und die Erzeugung der Bewegungen durch ein intuitives Interagieren mit der Simulation erfolgen kann.

Die intuitive Interaktion in der Simulation zur räumlichen Wahrnehmung und zur Erzeugung der Roboterbewegungen ermöglichen darüber hinaus eine On-line-Ansteuerung von Robotern zur Teleoperation. Es konnte der Nachweis erbracht werden, das in diesem Teleoperationsmodus berührende Aufgaben in der realen Welt ausgeführt werden können, die von einem Bediener in einer virtuellen Umgebung ausgeführt werden. Dadurch erschließt sich eine Vielzahl von Anwendungsgebieten der Teleoperation mit Robotern, wie z. b. Weltraum oder Nuklearbereiche.

Literatur

Neugebauer, J.
Industrial Applications Of Virtual Reality:
Robot Application Planning
Proceedings Conference Virtual Reality 92, London, England

Schraft, Strommer, Neugebauer:
A Virtual Reality Testbed For Robot Applications
Proceedings International Symposium for Industrial Robots (ISIR 92) Barcelona, Spain

Strommer, Neugebauer
Robot Simulation with Virtual Reality
Proceedings ESA Workshop on Simulators for the European Space Programmes 1992
ESA/ESTEC, Noordwijk, Netherlands

VILAGE
Virtueller Layoutgestalter

Ein Beispiel für die nächste Generation der Raumplanung und -gestaltung

VR-Demonstration 2

Dipl.-Ing. **Wilhelm Bauer**
Dipl.-Ing. **Oliver Riedel**
Dipl.-Ing. **Steffen Setzer**

Fraunhofer-Institut für Arbeitswirtschaft und Organisation (IAO)
Nobelstr. 12, 7000 Stuttgart 80

Im Rahmen der VR-Demonstration 2 vorgestellte Anwendungsbeispiele

1   VILAGE   Virtuelle Lauoutgestaltung

Büroarbeitsplatzgestaltung mit dem Büromöbelprogramm ISI 4 der Firma WINI Büromöbel

2   CeBIT '92   Planung eines Messestandes

Interaktive Planung und Gestaltung des CeBIT-Messestandes der Firma SiliconGraphics

3   VR-Labor   Virtuelle Raumgestaltung im VR-Labor

Büroarbeitsplatzgestaltung und Gebäudevisualisierung im Fraunhofer-Institut IAO am Beispiel des VR-Labors

4   Lightart   Lichtmuseum

Lichteffekte und Beleuchtungsplanung in einem Lichtmuseumsgebäude mit Beleuchtungseinrichtungen der Firma Zumtobel

5   Architektur   Häuser und Industriebauten

Architektur und Raumerleben in einem Einfamilienhaus, einer Kraftwerkshalle und einer Maschinenhalle mit Unterstützung der Firma RIB

Fotos zur VR-Demonstration 2

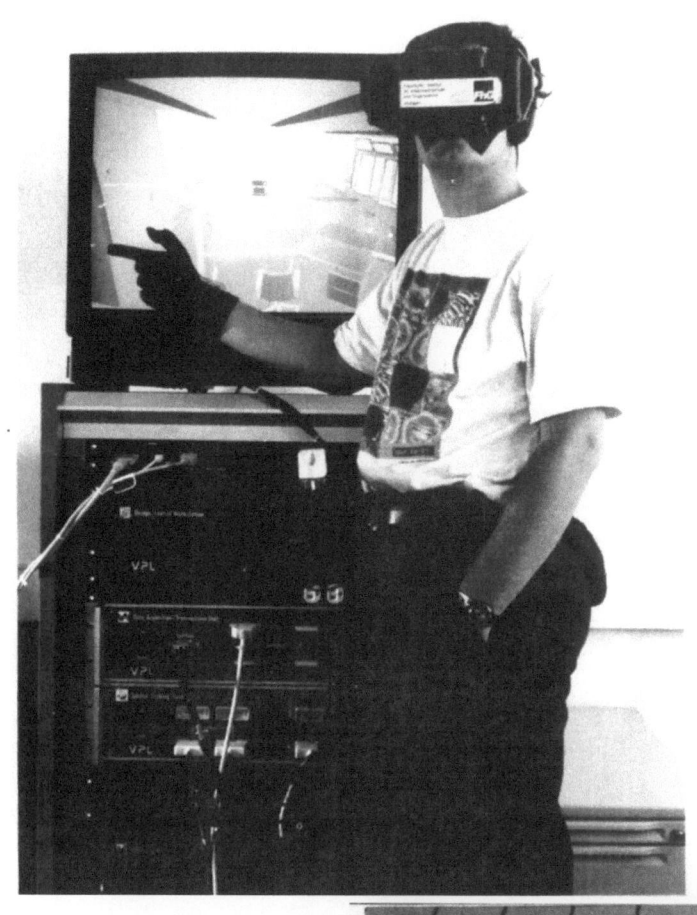

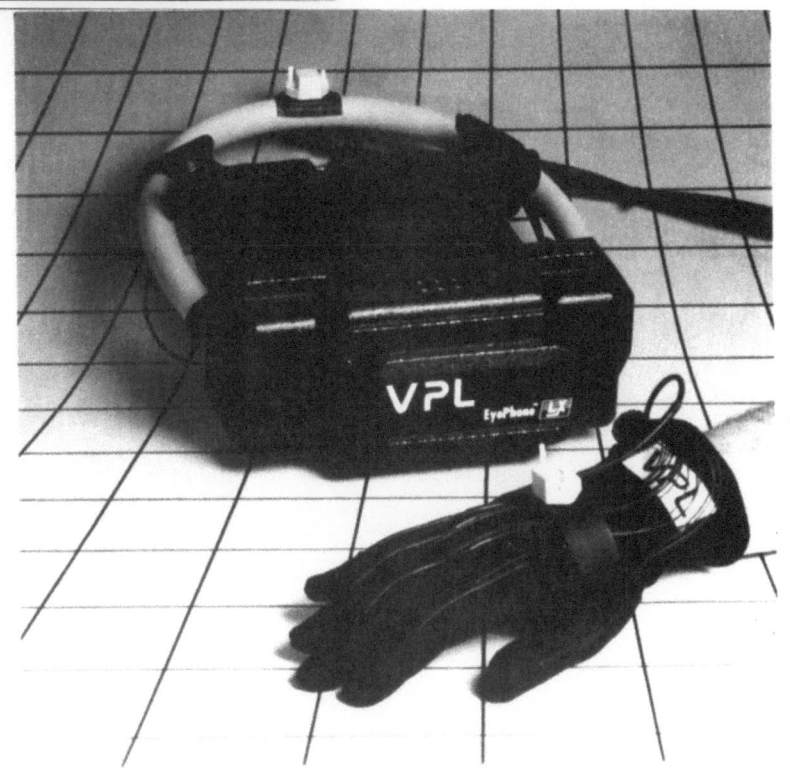

Einführung in Virtuelle Realität

Für viele Entwürfe im Bereich Gestaltung und Design werden aufwendige Modelle des zukünftigen Objekts erstellt. Selbst kleine Modifikationen im Entwurf führen oft zu zeitraubenden und teuren Änderungen am Modell oder zu einer kompletten Neuanfertigung. Auch bleiben die meisten Modelle - speziell im Bereich der Innen- und Außenarchitektur - durch ihre maßstäbliche Verkleinerung weit hinter der Wirklichkeit zurück.

Bedingt durch die Fortschritte in der Computertechnik stehen heute CPU- und Grafikleistungen zur Verfügung, die gerade im Bereich der visuellen Simulation vollkommen neue Perspektiven eröffnet. Mit Hilfe dieser neuen Computer kann die reale Umwelt in eine künstliche dreidimensionale Welt - die *Virtuelle Realität (VR)* - abgebildet werden.

Das Erlebbarmachen von Gebäuden, Räumen und Gegenständen, die im Computer mit Hilfe entsprechender Grafik- und Designprogramme erzeugt werden, war schon lange der Wunsch von Computerentwicklern und -anwendern. Herkömmliche Computersysteme erlaubten bisher nur durch ein Bildschirmfenster die Sicht auf die im Rechner erzeugten und auch veränderbaren Objekte. Der Wahrnehmungseindruck beim Betrachten von 3-D-Computerbildern war bislang noch sehr eben, also mehr oder weniger zweidimensional. Akustische Eindrücke fehlten meist gänzlich. Die virtuelle Welt befindet sich bei solchen Systemen im Computer. Der Betrachter oder Gestalter befindet sich außerhalb.

Eine neue Generation von Benutzerschnittstellen macht es nun möglich, diese Beschränkungen aufzuheben. Die *Virtuelle Realität* - oder auch *Virtual Reality* bzw. *Cyberspace* im englischsprachigen Raum - bietet die Lösung für dieses Wahrnehmungsproblem und eröffnet ganz neue Möglichkeiten.

VR als Interaktions- und Darstellungsverfahren bietet dem Anwender der Computergrafik die Möglichkeit, seine im Computer dreidimensional generierten Welten zu begehen, zu begreifen, zu manipulieren, mit ihnen zu interagieren und sie letztlich erlebbar zu machen.

Die wesentliche Charakteristik von VR ist das Eintauchen in die computergenerierte Welt. Virtuelle Realität versetzt den Teilnehmer direkt in die vorhandene Information. Die Situation einer Präsenz innerhalb einer von Grafik-Computern generierten, künstlichen 3-D-Welt ist erlebbar. Der VR-Benutzer, auch Cybernaut genannt, setzt sich eine Spezialbrille auf und zieht einen Datenhandschuh an. Die Brille (EyePhone) besteht aus zwei Farb-LCD-Bildschirmen mit je einer Linse, die das Schirmbild direkt vor die Augen projiziert. Durch diese Anordnung ist stereoskopisches Sehen möglich, welches dadurch noch verstärkt wird, daß das dargestellte Bild von der Blickrichtung des Benutzers abhängig ist und somit dem Benutzer die Vorstellung verschafft, als ob er sich in einem Raum bewegen würde. Mit Hilfe des Datenhandschuhs (DataGlove), der mit einer Glasfaser-Messoptik versehen ist, um die Gelenkstellung der Finger aufzunehmen, kann sich der Cybernaut durch die Welt navigieren und mit ihr interagieren. Zwei an Hand und Kopf befestigte Positionsaufnehmer melden dem Computer stets die Position und Orientierung von EyePhone und DataGlove, so daß eine Simulation von 360-Grad-Bildern möglich ist.

Stand der Technik

Virtuelle Realität ist kein vollkommen neues Konzept. Myron Krueger führte 1983 den Begriff "artifical reality" ein. Sutherland erarbeitete 1965 die Grundkonzepte zum Eintauchen in eine simulierte Welt sowie ein vollständiges Ein- und Ausgabekonzept, das noch heute Grundlage der VR-Forschung ist. Am Massachusetts Institute of Technology (MIT) wurde zu Beginn der 80er Jahre ein begrenzter dreidimensionaler virtueller Arbeitsraum entwickelt, in welchem der Nutzer 3D-Grafikobjekte im Raum mit der Hand bewegen konnte. 1984 begann die NASA das Projekt VIVED (Virtual Visual Environment Display) und später das Projekt VIEW (Virtual Interactive Environment Workstation). Die Anwendungsgebiete, auf die sich die NASA konzentriert, sind Telepräsenz, Überwachung und Management von großen Informationssystemen sowie arbeitswissenschaftliche Forschung.

Seit 1989 ist VR auch in der zivilen Forschung präsent. Vor allem die beiden amerikanischen Firmen VPL und AUTODESK sind mit Produkten auf den Markt gekommen, mit denen industrielle und kommerzielle VR-Anwendungen möglich werden. Europäische Hersteller beginnen sich zu etablieren (z. B. DIVISION Ltd.). Virtuelle Realität hat auf der ganzen Welt durch diese neuen Entwicklungen ein erhebliches Interesse geweckt. Insbesondere in Japan sind die Potentiale von VR sehr früh erkannt worden, weshalb gerade dort - nach dem Herkunftsland USA - bereits mit Abstand die meisten Hardware-Plattformen für VR installiert sind.

Prinzipielle Anwendungsgebiete der Virtuellen Realität

- Produktgestaltung
- Integrierte Produkt- und Fertigungsplanung
- Planung von Produktionssystemen
- Einsatzplanung von Industrierobotern
- Fahrerplatz-Simulation

- Gebäudeplanung
- Innenraum- und Bürodesign
- Raumakustische Planung
- Außenbereichgestaltung

- Sichtsimulation
- Computational Sciences

- Exploration, Fernerkundung
- Medizin

- Ausbildungs- und Trainingssysteme

VR-Arbeitsgebiete am IAO

■ **Planung und Gestaltung von Arbeitsplätzen, Arbeitsräumen und Arbeitsumgebungen für Industrie- und Verwaltungsanwendungen**
- Anthropometrische Arbeitsplatzgestaltung,
- Arbeitsplatzlayout, Raumaufteilung,
- Arbeitsablauf und Arbeitssystemsteuerung,
- Möblierung,
- Akustik- und Beleuchtungssimulation,

■ **Produktgestaltung und -design**
- Handhabungs- und Bediengerechtheit,
- Ergonomische Gestaltung,
- Ästhetik und Design,

■ **Fahrzeug- und Fahrerplatzsimulation**
- Sichtuntersuchungen,
- Schnittstellengestaltung (Bedien- und Stellteile, Anzeigesysteme etc.),
- Zugangssysteme (Türen, Aufstiege, Fußtritte etc.),
- Anthropometrie in der Fahrerkabine und Fahrgastzelle,
- Ästhetik und Design.

Die zu entwickelnden Methoden sollten zu folgenden Aufgabenstellungen Bezug nehmen und geeignete Verfahren anbieten:

- Konzeption und Planung von Systemen/Objekten,
- Evaluation und Bewertung,
- Interaktive Testanwendung,
- Anwendungssimulation.

Literaturhinweise zum Stand der Technik

Airey, J.; Rohlf, J.H.; Brooks, Jr F.P. (1990): Towards Image Realism with Interactive Update Rates in Complex Virtual Building Environments, Proceedings ACM Siggraph Symposium on Interactive 3D Graphics, 1990, 24(2), pp 41-50.

Astheimer, P.; Encarnacao, J.L., Felger, W.; Frühauf, M.; Göbel, M.; Karlsson K. (1992): Interactive Modeling in High Performance Scientific Visualization, to be published in: Computers in Industry, 1992, North-Holland.

Bauer, W., Bullinger, H.-J., Riedel, O. (1993): Virtual Reality as a Tool for Office Design Applications - Visions and Realities. To be published in: Human Computer Interaction, Orlando, Florida, USA, August 8-13, 1993.

Bauer, W. (1992): Der intelligente Arbeitsplatz - Szenarien für innovative Büroarbeitsplätze, In: Building-Automation 92, Forum Büroplanung, Tagungsunterlagen zum Facility-Management-Congress 92, Wiesbaden 6. - 7. Mai 1992.

Bauer, W., Riedel, O. (1993): New Techniques for Interaction in Virtual Worlds - Contents of Development and Examples. To be published in: Human Computer Interaction, Orlando, Florida, USA, August 8-13, 1993.

Beaton, R.J.; DeHoff, R.J.; Weimann, N.; Hildebrandt, P.W. (1987): An evaluation of input devices for 3-D computer display workstations, Proc. SPIE 761, 1987, pp.94-101

Borchers, U. (1992): Dialog mit simulierten Welten. Der Fraunhofer 2/1992, S. 28 - 31.

Bricken, W. (1990): Virtual Reality: Directions of Growth, Notes from the Siggraph 1990 Panel, usenet paper, gruop sci. virtual-worlds, Nov 1990.

Brooks, Jr F.P. (1986): Walkthrough - A Dynamic Graphics System for Simulating Virtual Buildings, Proceedings 1986 ACM Workshop on Interactive Graphics, Oct 23-24 1986, pp 9-21.

Brooks, Jr F.P. (1988): Grasping Reality Through Illusion - Interacting Graphics Serving Science, Proceedings CHI 88, May 15-19 1988, pp 1-11.

Chung, J.C.; Harris, M.R.; Brooks, Jr F.P.; Fuchs, H.; Kelley, M.T; Hughes, J.; Ouhyoung, M.; Chung, C.; Halloway, R.L.; Pique, M. (1989): Exploring Virtual Worlds with Head-mounted Display, Non-Holographics True 3-Dimensional Display Technology, SPIE Proceedings, Vol 1083, Los Angeles CA, January 15-10 1989.

Fisher, S.S.; McGreevy, M.; Humphries, J.; Robinett, W. (1986): Virtual Environment Display System, Proceeding 1986 Workshop on Interactive 3D Graphics, ACM, pp 77-87.

Foley, van Dam, Feiner, Hughes (1990): Computer Graphics, Principles and Practice, Second Edition, Addison-Wesley (1990).

Franke, H. W. (1992): Welten aus Bits und Bytes. VDI nachrichten magazin 9/1992, S. 13 - 17.

Furness, T.A. (1987): Designing in Virtual Space, Chapter in "System Design", Editors: Rouse W.B., Boff K.R., North-Holland, pp 127-143.

Iwata, H.; (1990): Virtual Reality with Force-feedback: Development of Desktop Virtual Space with Compact Master Manipulator, Proceeding SIGGRAPH 1990, Vol 24(4) pp 165-170.

Jackoby, R. (1990): More Virtual Reality Work at NASA ames, usenet paper, group sci.virtual-worlds, Nov 1990.

Krueger (1983): Artificial Reality, Addison-Wesley.

Neugebauer, J.G.: Industrial Applications of Virtual Reality: Robot Employment Planning, Proceedings of the Second Virtual Reality Conference '92, 1.- 2. April 1992, London.

Riedel, O.; Bauer, W.: Virtuelle Realität als Werkzeug für die Bürogestaltung. Office Design 1/1992, S. 36 - 41.

Schmandt (1983): Spatial Input/Display Correspondence in a Stereoscopic Computer Graphics Work Station., Proceedings of ACM SIGGRAPH'83, 17(3).

Schraft, R.D.; Strommer, W.M.; Neugebauer, J.G.: Virtual Reality Applied to Industrial Robots, Proceedings of Interface to real & virtual worlds, 23.- 27. März 1992, Montpellier.

Stewart D. (1991): Through the Looking Glass into an Artificial World -- Via Computer., Smithonian Magazine, 21(10), January 1991, pp 36-45.

Sutherland, I.E. (1965): The Ultimate Display, Proceedings IFIP Congress 1965

Zeltzer, D. (1990): Task-level Graphical Simulation; Abstraction, Representation, Control, Chapter in Making them Move. Mechanics, Control, And Animation of Articulated Figues, Editors: Badler N.I, Barsky B.A, Zeltzer D., Morgan Kaufmann Publishers, 1991.

BOXER - ein schnelles Verfahren zur Darstellung dreidimensionaler Körper

1. Ziel der Entwicklung

Die herkömmlichen Verfahren für die Darstellung dreidimensionaler Körper arbeiten im allgemeinen mit einer in Polygone - meist Dreiecke oder Rechtecke - zerlegten Oberfläche (Bild 1). Für komplexe Körper werden hierfür

Bild 1   Herkömmliche Darstellung mit Hilfe von Polygonen

eine große Anzahl von Polygonen - oft mehrere Tausend - benötigt, für die im allgemeinen jeweils die folgenden Schritte durchgeführt werden müssen:

- Transformation der Koordinaten der Polygoneckpunkte

- Ermittlung der sichtbaren Polygone (hidden - surface - Algorithmen, z.B durch Aufbau aller Polygone von hinten nach vorne)

- Ermittlung der Helligkeit der sichtbaren Polygone unter Berücksichtigung der Lage der Lichtquelle

- Beseitigung der Polygonkanten durch Interpolation zwischen den Polygonen (shading - Algorithmen)

- Glättung der Kantensprünge an den Körperrändern (durch antialiasing - Algorithmen)

Alle diese Berechnungen (vor allem die hidden surface Algorithmen) sind so rechenintensiv, daß die Visualisierung komplexer bewegter Körper in realtime - wie sie für Virtual Reality benötigt wird - selbst auf leistungsstarken Rechnern nur mit hilfe sehr teuerer Spezialhardware möglich ist.

Das Ziel der Entwicklung von BOXER war, ein Verfahren zu schaffen, das vom Ansatz auf fast alle oben genannten Prozeduren verzichten kann, so daß für eine Visualisierung entweder wesentlich geringere Hardwareanforderungen oder - bei ähnlichem Hardwareaufwand - deutlich kürzere Rechenzeiten erreicht werden können.

2. Allgemeine Vorgehensweise

Bild 2 zeigt die allgemeine Funktionsweise des Verfahrens:

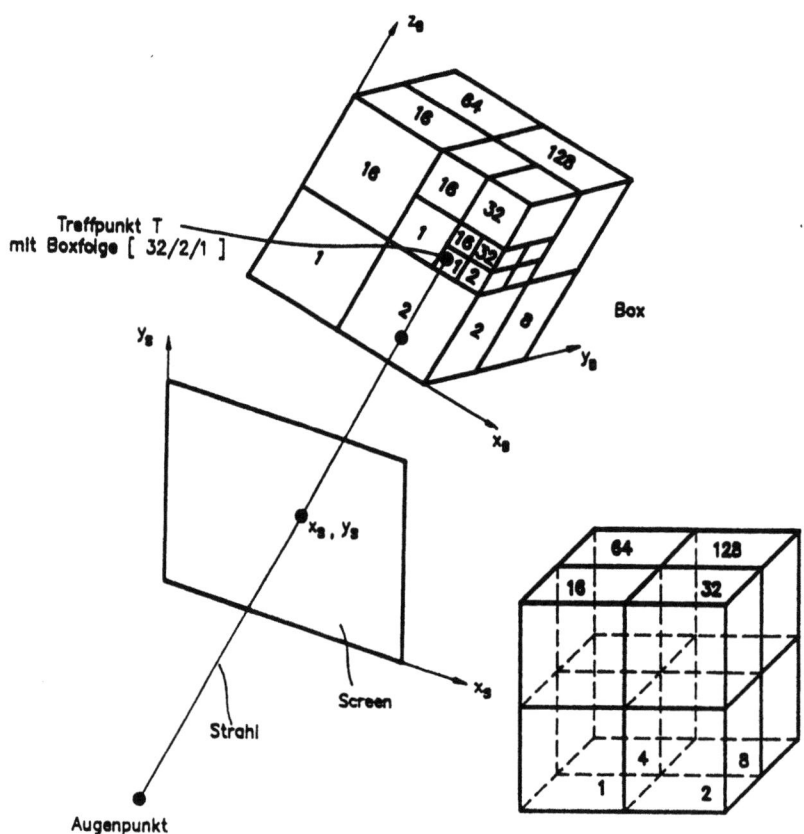

Bild 2   Allgemeine Funktionsweise des Darstellungsverfahrens

Von einem 'Augenpunkt' gehen Strahlen durch jeden Bildpunkt (x_s, y_s) eines gedachten Bildschirms (Screen) und treffen auf eine 'Box' (hieraus leitet sich der Namen des Verfahrens ab), die den darzustellenden Körper enthält. In dieser Box sind alle Oberflächenkoordinaten des Körpers in Form eines 'Octrees' gespeichert: Die Box ist aufgeteilt in 8 Unterboxen - mit den Nummern $2^0 = 1$ bis $2^7 = 128$. Jede der Unterboxen, die Oberflächeninformation enthält, hat den Status 1, alle anderen den Status 0, so daß zu jeder Box ein Oberflächenbyte zugeordnet werden kann. Jede Unterbox mit dem Status 1 wird wieder in 8 Unterboxen mit Oberflächenbytes aufgeteilt, so daß sich eine Baumstruktur - der Octree - ergibt, der für jede Tiefe die Oberflächenbytes enthält und damit die Lage jedes Oberflächenpunkts bestimmt (Bild 3).

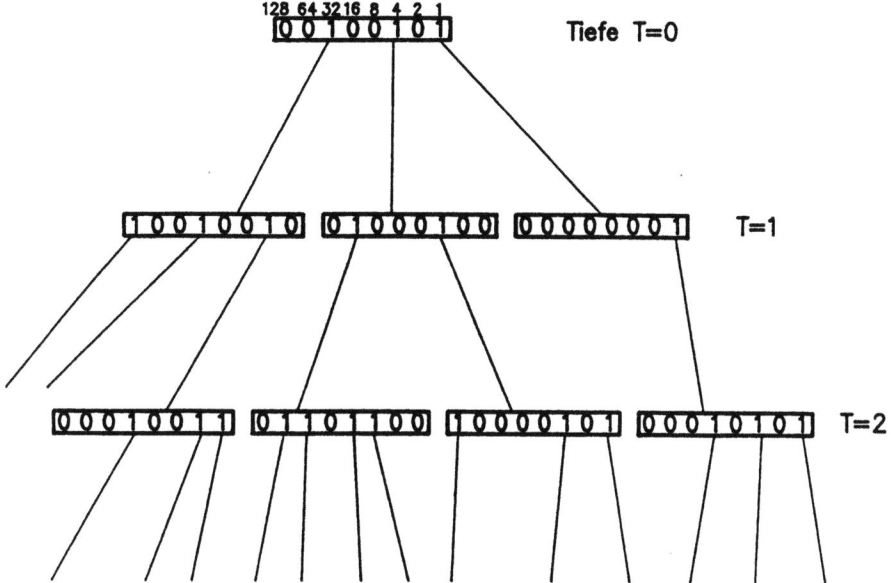

Bild 3 Aufbau des Octrees

Die Oberfläche des Körpers kann von unterschiedlicher Art sein:

- Körperoberflächen aus einer Liste von Grundkörpern, wie Quader, Kugel, Zylinder, Kegel oder Torus

- Spline- Oberflächen

- 'Punktwolken', die sich ohne einen analytischen Zusammenhang aus einer Liste von Oberflächenkoordinaten ergeben (z.B. aus gemessenen Koordinatenwerten)

Alle verschiedenen Oberflächen sind in einer Liste mit Listen- Nr. und allen relevanten Parametern der Oberfläche gespeichert. Für eine Kugelfläche ist z.B. der Mittelpunkt, der Radius, die Farbe, die Reflektivität usw in der Liste hinterlegt. Bild 4 zeigt, wie diese Oberflächen- Nr. im Octree des Körpers gespeichert ist: Diejenige Unterbox, die zum ersten Mal in weiteren Tiefen nur noch die gleiche Oberflächen- Nummern enthält, erhält diese eingeschrieben. Der Strahl, der durch den Octree läuft, weiß daher immer, zu welcher Oberfläche der Treffpunkt gehört. Die einzige Ausnahme liegt dann vor, wenn der Treffpunkt auf einer Schnittlinie zwischen zwei Oberflächen liegt. In diesem Fall kann die Schnittlinie als schwarze Linie gekennzeichnet werden.

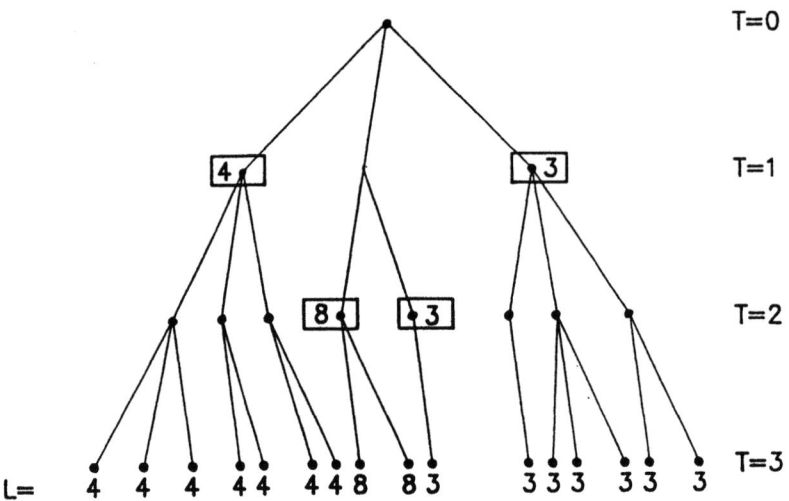

Bild 4   Einschreiben der Oberflächen- Nummer in den Octree

3. Ermittlung des Treffpunkts

Die Bildung des Treffpunktes von Strahl und Oberfläche wird in Bild 5 erläutert: Der Strahl tritt im Bodenpunkt P_0 in die Box ein und verläßt sie wieder im Deckenpunkt P_2. Dazwischen liegt der Mittenpunkt P_1, in dem der Strahl die Mittelebene der Box passiert. Bild 6 zeigt, wie aus den Koordinatenwerten der Punkte die Information gewonnen wird, welche der Unterboxen vom Strahl getroffen werden.

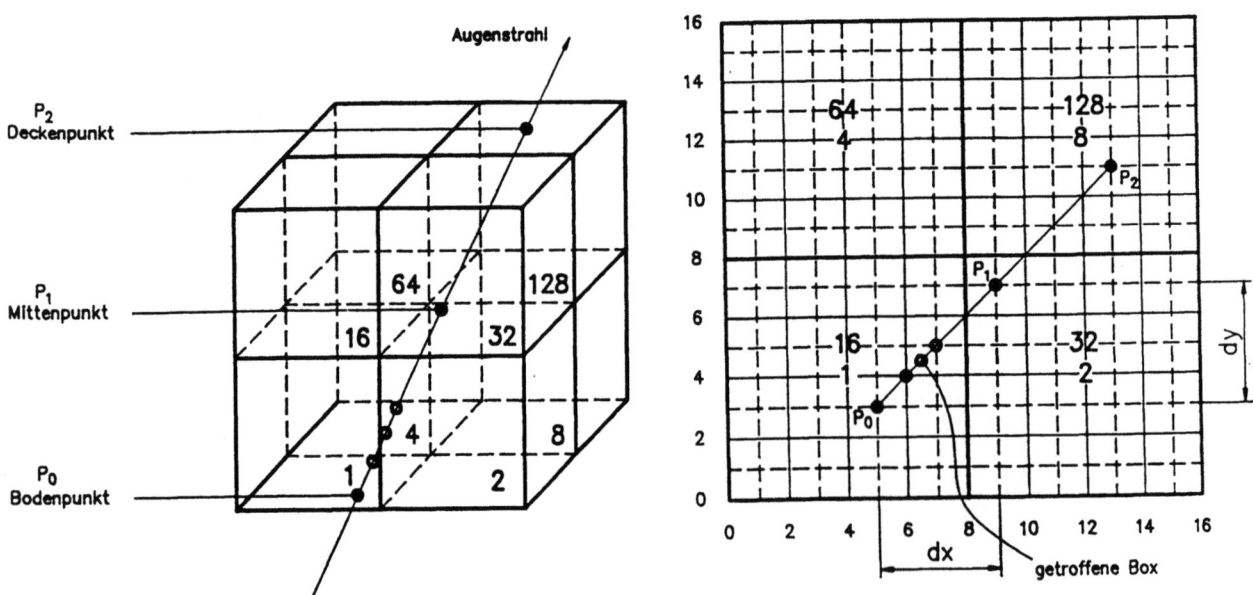

Bild 5   Bildung des Treffpunkts

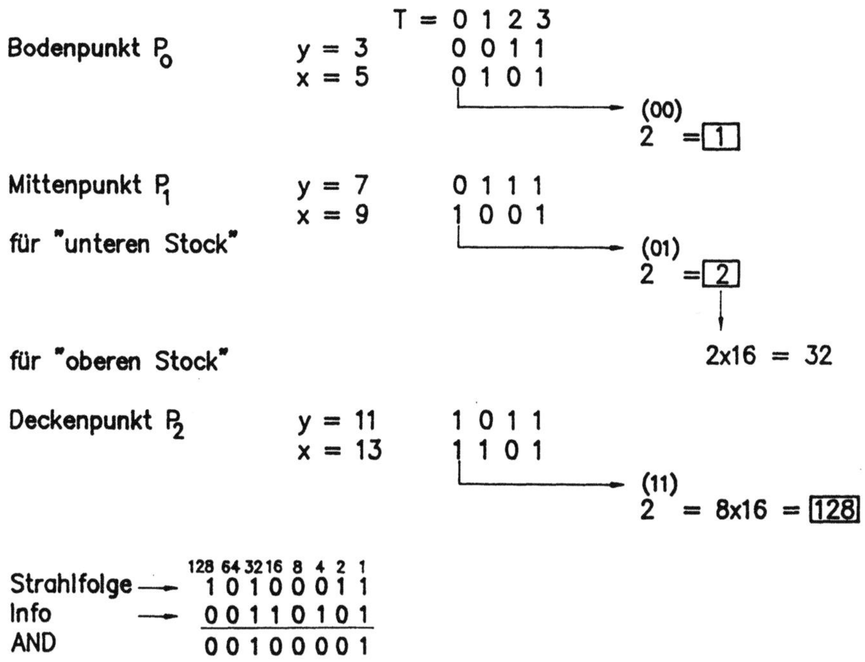

```
Bodenpunkt P₀        T = 0 1 2 3
                y = 3    0 0 1 1
                x = 5    0 1 0 1
                         └──────→ (00)
                                  2    = [1]

Mittenpunkt P₁  y = 7    0 1 1 1
                x = 9    1 0 0 1
für "unteren Stock"      └──────→ (01)
                                  2    = [2]
                                         ↓
für "oberen Stock"                    2x16 = 32

Deckenpunkt P₂  y = 11   1 0 1 1
                x = 13   1 1 0 1
                         └──────→ (11)
                                  2    = 8x16 = [128]

              128 64 32 16 8 4 2 1
Strahlfolge →   1  0  1  0 0 0 1 1
Info        →   0  0  1  1 0 1 0 1
AND             0  0  1  0 0 0 0 1
```

Bild 6 Ermittlung der vom Strahl getroffenen Unterboxen

Erläutert werden soll dies am Beispiel des Mittenpunktes P_1 mit den Koordinaten y = 7 (binär 0111) und x = 9 (1001). Jeder Binärwert der Koordinaten entspricht einer Tiefe; aus den ersten Bits 0 und 1 wird die Information gewonnen, daß der Strahl durch die Unterbox $2^{(01=1)} = 2$ geht. Da alle Unterboxen des 'oberen Stockwerks' eine um den Faktor $2^4 = 16$ höhere Nummer haben, ergibt sich aus den Koordinatenwerten des Mittenpunkts gleichzeitig, daß auch die Unterbox $2^{(01)+4} = 32$ von dem Strahl getroffen wird. Genauso ergeben die Koordinaten des Bodenpunktes und des Deckenpunktes, daß die Unterboxen 1 und 128 getroffen werden, so daß sich als Strahlfolge das Byte 10100011 ergibt.

Wird nun dieses Byte mit dem INFO- Byte der Box (im Bild = 00110101) durch eine AND- Verknüpfung verbunden, ergibt sich aus dem AND- Wert 00100001, daß der Strahl zuerst in der Unterbox 1 (und dann später in der Unterbox 32) auf Oberfläche trifft. (Bild 5) Da die Unterbox 1 in der 'unteren Etage' liegt, bleibt der Bodenpunkt erhalten, der Mittenpunkt wird neuer Deckenpunkt dieser Unterbox und der neue Mittenpunkt muß neu gebildet werden, indem die alten dx- und dy- Werte halbiert und zu den Koordinaten des Bodenpunktes addiert werden. Genauso wird jetzt aus den Punktkoordinaten die Strahlfolge der Unterbox 1 und durch AND- Verknüpfung mit ihrem INFO- Wert die Unterbox der nächsten Tiefe bestimmt, in der der Strahl auf Oberfläche trifft. Auf diese Weise wird der Treffpunkt des Strahls mit der Körperoberfläche ermittelt.

Um diesen Vorgang zu beschleunigen wird dieser Algorithmus in einer

Tabelle abgebildet. Hierzu werden alle benötigten Binärwerte (6 Koordinaten- Bits und 8 Bits des INFO- Bytes) zu einer Adresse zusammengefasst, unter der in einem Byte alle benötigten Informationen enthalten sind (z.B. das Flag 'Sprung', das anzeigt, ob der Treffer in der oberen oder der unteren Etage liegt). Durch die Tabellenzugriffe wird der Algorithmus wesentlich beschleunigt; diese Technik wird daher im BOXER- Verfahren immer angewendet, wenn komplexe Prozeduren häufig durchlaufen werden müssen.

4. Ermittlung des Farbwerts für den Treffpunkt

Um den Farbwert für den Treffpunkt zu ermitteln, muß die Oberflächennormale am Treffpunkt bekannt sein. Hierfür wird im allgemeinen Fall der Normalenwert aus den Treffpunktkoordinaten und den Oberflächenparametern bestimmt. Die Lage der Lichtquelle(n), der Normale und des Strahls ergibt dann den Farbwert, der diesem Treffpunkt (und damit dem Screenpixel x_s, y_s, durch den der Strahl durchtritt), zugeordnet wird. Auf die gleiche Weise können Spiegelungen und Brechungen an Körpern erzeugt werden (Bild 7). Um komplexe und rechenintensive Berechnungen zu vermeiden, werden alle diese Ermittlungen über Tabellen durchgeführt.

Bild 7   Beispiel für Spiegelungen

Bei nichtanalytischen Körpern kann die Oberflächennormale nicht über Parameter ermittelt werden. Hier werden die Normalenwerte entweder in den Unterboxen gespeichert (als Vorteil ergibt sich hierbei eine kurze Darstellungszeit, als Nachteil eine starke Vergrößerung des Speicherbedarfs) oder sie werden aus den in der Screen hinterlegten Koordinatenwerten der Treffpunkte ermittelt.

5. Drehen der Box

Da der Körper fest der Box zugeordnet ist, bedeutet eine Drehung oder Bewegung des Körpers zum Betrachter eine Drehung und Verschiebung der Box zur Screen. Für die Strahlen ergibt sich hieraus, daß der Bodenpunkt P_0 und der Deckenpunkt P_2 neuberechnet werden muß (Bild 5) - durch Bildung des Schnittpunkts eines Vektors mit einer windschiefen Ebene. Da dies für jeden Strahl (es können einige 10.000 sein) durchgeführt werden muß, ergibt sich hieraus ein erheblicher Rechenaufwand. Eine Ermittlung der Werte über Tabellen ist in diesem Fall wegen der großen Zahl der Eingangsgrößen nur durch Hintereinanderschalten vieler Tabellenzugriffe zu erreichen.

Es wurde daher ein Algorithmus eingeführt, der die Ermittlung aller Werte durch Additionsbildung durchführt. Gesucht sind für eine festgelegte Stellung der Box die Koordinaten des Boden- und des Deckenpunkts in Abhängigkeit von den Screenkoordinaten also z.B. die Funktion $x_0 = f(x_s, y_s)$ (Bild 8). Da diese Funktion stetig ist, kann sie als dreidimensionale kubische Funktion über 16 Stützwerte definiert werden.

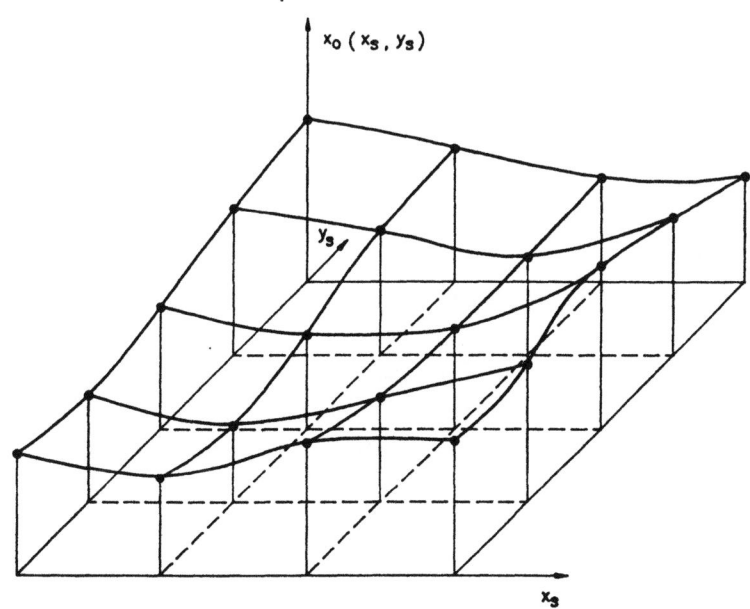

Bild 8 $x_0 = f(x_0, y_0)$ als kubische Funktion

Bild 9 zeigt an einem Beispiel, wie eine kubische Funktion über Additionen abgebildet werden kann. Die Funktion ist durch 4 Startwerte K,L,M,N definiert, die aus den Polynomkoeffizienten oder aus Stützstellenwerten ermittelt werden. Die Startwerte entsprechen den Differenzenquotienten 0.ter (= Funktionswert) bis 3.ter Ordnung. Durch Addition der Startwerte ergeben sich dann jeweils die Startwerte der nächsten Koordinate (4+6=10, 6+10=16, 10+6=16). Der Wert des Startwerts N bleibt konstant.

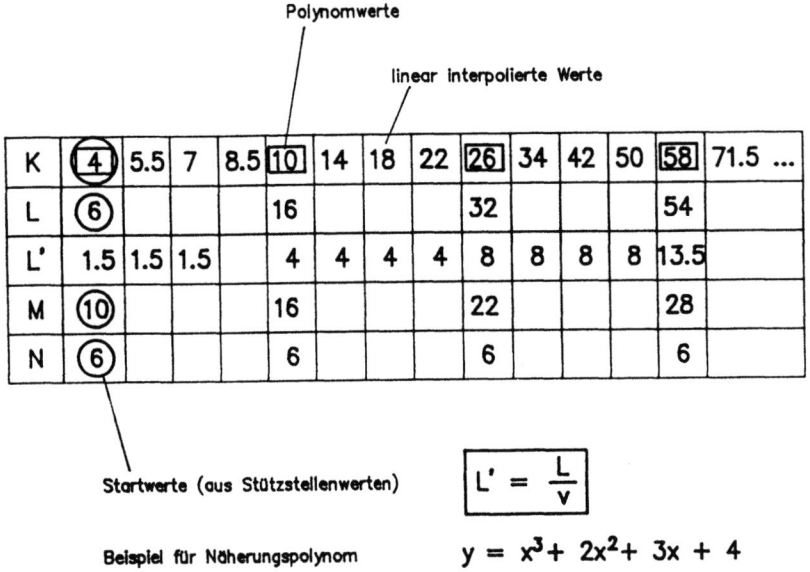

Bild 9 Darstellung einer kubischen Funktion über Additionen

Durch jeweils 3 Additionen entstehen so die Polynomwerte 10,26,58 usw. Da der Startwert L dem Differenzenquotienten 1.ter Ordnung (der Steigung) entspricht, kann er dazu dienen, z.B. jeweils 3 Zwischenwerte durch Addition von L/4 zu erhalten. Auf diese Weise kann die Gesamtfunktion durch jeweils 1 bzw. 3 Integeradditionen pro Funktionswert erzeugt werden.

6. Szenerie mit mehreren Boxen

Der Augenpunkt und die Screen ist Teil der Weltszenerie, in der beliebig viele Boxen enthalten sein können. Diese können verschiedene Größen haben und können sich sogar überschneiden. Alle Boxen werden durch Hüllkugeln umschlossen, die mit dem Augenpunkt Hüllkegel bilden, die wiederum auf der Screen Hüllkreise abbilden. Liegt ein Screenpixel innerhalb von zwei oder mehr Hüllkreisen, wird der Treffpunkt für jede der dazugehörigen Boxen gebildet und hieraus der nächstligende Treffpunkt ausgewählt. Auf diese Weise können Objekte mit sich zueinander bewegenden Teilen (z.B. ein Kran mit einer Lafette und einem sich dazu drehenden Turm) durch mehrere getrennte Boxen erzeugt werden.

7. Erzeugung der Körper

Die Körper werden in der Konstruktionsphase durch Bool'sche Operationen (z.B. AND, OR oder ANDNOT) aus Grundkörpern, aus Körpern mit Splineflächen oder aus Körpern mit nichtanalytischen Oberflächen zusammengesetzt. Hierbei werden die Oberflächenkoordinaten der erzeugenden Körper benutzt, die wiederum die Oberflächenkoordinaten des zusammengesetzten Bool'schen Körpers ergeben.

Auch hier wird das Octree- Konzept genutzt: Nur diejenigen Unterboxen werden miteinander verknüpft, in denen in beiden zu verknüpfenden Körpern relevante Oberflächeninformation vorliegt.

8. Ergebnisse

Im Vergleich zu herkömmlichen Darstellungsmethoden ergeben sich durch das BOXER- Verfahren die folgenden Vorteile:

- Die Darstellungszeit ist weitgehend unabhängig von der Komplexität der Körper.

- Durch den fast ausschließlichen Einsatz von einfachen RISC- Befehlen (wie SHIFT, AND usw), durch den Ersatz komplexer Algorithmen durch Tabellen und durch die Erzeugung von Funktionen über Integeradditionen wird die Rechenzeit so stark gesenkt, daß auch komplexe Abbildungen mit Mehrfachspiegelungen oder Brechungen auf dem PC in relativ kurzer Zeit dargestellt werden können. (Bild 7 mit einer Auflösung von 640*480 Pixeln benötigt auf einem 486 DX PC mit 33 MHz 110 sek.). Einzelkörper mit einer Boxauflösung von 128^3 Voxeln benötigen (bei ausschließlicher Verwendung von Primärstrahlen) ca. 5 sek. inklusive beliebiger Drehung.

- Durch die Verwendung der mathematischen Parameterdaten sind Normalen, Spiegelungen oder Schnittkurven mathematisch exakt.

- Durch die Erzeugung der Oberflächen über Körper lassen sich beliebige Schnitte oder andere Bool'sche Operationen - wie Bohrungen - erzeugen (Bild 10).

- Geringer Datenbedarf durch ausschließliche Verwendung von Oberflächendaten. Die Körper in den Bildern 7 und 10 enthalten beispielsweise ca. 50 kByte Daten

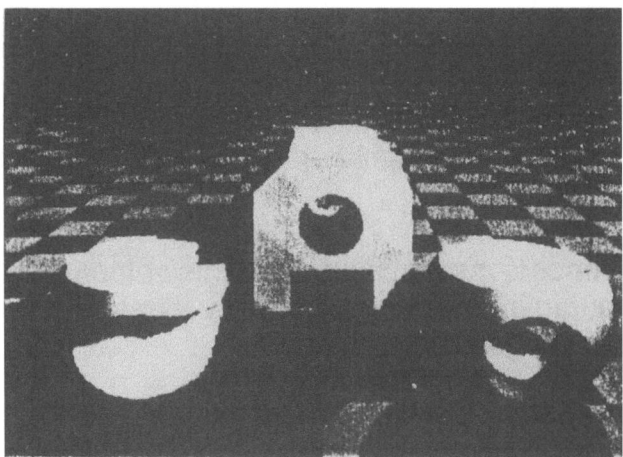

Bild 10 Beispiel für Bool'sche Körper

Da der Octree an beliebiger Stelle abgeschnitten werden kann, kann die Auflösung der Körper frei gewählt werden, ohne den Datensatz zu verändern. Befindet sich ein Körper z.B. in großer Entfernung von der Srceen, benötigt man daher nur wenig Daten und das Treffermodul hat nur wenig Tiefen zu durchlaufen. Auf der anderen Seite ist es möglich Schnittkanten mit höherer Auflösung zu erzeugen und damit die Bildqualität zu steigern, ohne die Rechenzeit stark zu erhöhen.

Mögliche Einsatzgebiete für BOXER ergeben sich überall dort, wo die Darstellung möglichst schnell erfolgen soll, wo jedoch gleichzeitig komplexe Körper vorliegen. Dies ist z.B. vor allem im CAD- Bereich, bei Simulatoren oder für Vitual Reality der Fall.

8. Zusammenfassung

Im Gegensatz zu den herkömmlichen Darstellungsverfahren stellt das neue BOXER- Verfahren Oberflächenpunkte direkt - ohne hidden surface und shading- Algorithmen - dar. Ein weiteres Merkmal ist die fast ausschließliche Verwendung von Integergrößen und RISC- Befehlen und der Ersatz komplexer Algorithmen durch Tabellen und Additionsverfahren. Aus diesen Gründen ist es in der Lage, auch komplexe Körper in relativ kurzer Zeit zu visualisieren oder - in einer zukünftigen Anwendung im Rahmen der Virtual Reality - bewegte Szenen in realtime mit relativ einfacher Hardware zu realisieren.

Prof. Dr.- Ing. Peter Krumhauer
Technische Fachhochschule Berlin

Agentenunterstützte interaktive Exploration von virtuellen Gebäuden

Jürgen Emhardt

In diesem Artikel stellen wir eine Software-Architektur vor, die eine aufgabenbezogene Benutzerführung in virtuellen Gebäuden erlaubt. Diese Benutzerführung wird durch Agenten ermöglicht, mit denen der Benutzer einen kommandoorientierten Dialog führen kann und die hierzu eine anwendungsneutrale Toolbox, den Hyper-Renderer, verwenden. Als Fallstudie erläutern wir einen prototypischen Erkundungsagenten, der dem Benutzer den Weg von einer Stelle in einem Gebäude zu einer anderen zeigt. Hierbei navigiert der Benutzer selbst, wobei der Agent geeignete Hinweisschilder generiert. Im Ausblick werden weitere aufgabenorientierte Agententypen, die sich zur Zeit in der Implementierungsphase befinden, vorgestellt.

Dipl.-Math. Jürgen Emhardt

Wissenschaftlicher Mitarbeiter im Institut für Wissensbasierte Systeme (IWBS) der IBM in Heidelberg.
Zur Zeit Wissenschaftlicher Mitarbeiter in der Arbeitsgruppe Interaktive Systeme an der Freien Universität Berlin.

1. Einführung

In den letzten Jahren sind viele Systeme zur interaktiven Navigation in virtuellen Gebäuden entwickelt worden (siehe z.B. Silicon Graphics Performer 10/92 [11]). Ein wünschenswertes Ziel liegt hierbei in der Realisierung der interaktiven Navigation in Echtzeit. Dies wird heute durch Vorverarbeitung des Modells (siehe Teller und Sequin [14], sowie Airey et al. [2]) und durch extrem leistungsfähige Hardware, die auch Texturen verarbeitet, annähernd erreicht (z.B. mit der RealityEngine von Silicon Graphics).

Mit diesen Systemen kann sich der Benutzer zwar durch sehr komplexe virtuelle Welten hindurchbewegen, es wird aber i.a. keine Benutzerunterstützung in Form eines Auskunfts- oder Informationssytems angeboten, mit dessen Hilfe sich der Benutzer in seiner komplexen virtuellen Umwelt besser zurechtfinden kann. Insbesondere ist es im allgemeinen nicht möglich, daß der Benutzer mit dem System einen Dialog führt über das, was momentan sichtbar ist oder um Informationen über seine virtuelle Umgebung zu erhalten. Ein weiterer Nachteil dieser Systeme liegt darin, daß kein „Wissen" über Objekte vorhanden ist, sondern die Objekte lediglich mit Texturen dargestellt werden. So kann es zum Beispiel bei der Möblierung eines Gebäudes sinnvoll sein, ein Critiquingsystem zur Verfügung zu haben. Fischer et al. [7] beschreibt den Critiquingansatz bei wissensbasierten interaktiven Systemen und stellt ein prototypisches Critiquingsystem zum Design von Küchen vor.

In diesem Beitrag stellen wir daher eine Architektur vor, die eine *aufgabenbezogene Benutzerunterstützung* in VR Systemen ermöglicht. Hierzu definieren wir *aufgabenorientierte Agenten*, die mit dem Benutzer kommunizieren und hierzu eine anwendungsneutrale Toolbox, den Hyper-Renderer, verwenden. Der Hyper-Renderer berechnet Informationen, die im Gegensatz zum eigentlichen Renderingprozess nicht nur zur Darstellung des Bildes verwendet, sondern auch dem Benutzer und anderen Programmen zur Verfügung gestellt werden (siehe Emhardt und Strothotte [3]). Mit dem Hyper-Renderer als Toolbox gelingt es, die aufgabenbezogene Benutzerunterstützung unter Verwendung von Standardsoftware zu realisieren.

Der Beitrag ist wie folgt gegliedert: In Kapitel 2 erläutern wir verwandte Arbeiten. Danach stellen wir in Kapitel 3 die Softwarearchitektur vor und fassen die Funktionsweise des Hyper-Renderers kurz zusammen. In Kapitel 4 beschreiben wir einen prototypischen *Erkundungsagenten* und geben ein Beispiel. Schließlich stellen wir einige weitere Anwendungen vor, die sich zur Zeit in der Implementierungsphase befinden.

2. Verwandte Arbeiten

Sowohl Teller und Sequin [14] als auch Airey et al. [2] haben Verfahren zur Sichtbarkeitsvorverarbeitung für interaktive Walkthroughs durch komplexe virtuelle Gebäude entwickelt. Airey et al. verarbeitet darüber hinaus auch die globale Illumination durch Radiosität vor. Diese Methoden unterteilen das Gebäude in achsenparallele Zellen, verwenden aber keine symbolischen Namen für die Objekte. Diese Systeme besitzen auch kein „Wissen" über Objekte (im Sinne der Artificial Intelligence) und deren Funktionalität. So würde zum Beispiel in dem Verfahren von Teller ein Spiegel als Einrichtungsgegenstand zusätzliche Objekte reflektieren, die von dem Algorithmus nicht erfaßt werden.

Benutzerführungen durch virtuelle Gebäude können auch mit Multi-Media Systemen realisiert werden. Ein Beispiel hierfür findet man in de Mey et al. [9], sowie in Tsichritzis und Gibbs [15]. Hier handelt es sich um ein „Virtuelles Museum", in dem dem Benutzer zwei- und dreidimensionale Gegenstände gezeigt und mit Hilfe von Videosequenzen erläutert werden. Das „Museum" ist in sensitive Regionen unterteilt, die die Präsentationen der Gegenstände und die Animationen dann initiieren, wenn der Benutzer die Region betritt. Allerdings sind derartige Systeme vom Informationsfluß her relativ statisch. So hat der Benutzer keinen Dialogpartner zur Verfügung, der ihm spezielle Fragen über die Gegenstände, die sichtbar sind oder Fragen, die sich auf den Weg zu einem bestimmten Ort beziehen, beantworten könnte.

In diesem Zusammenhang sind in den USA eine Reihe von wissensbasierten Systemen entwickelt worden, die Benutzern die Durchführung von einfachen Aufgaben im dreidimensionalen Raum mit Hilfe von automatisch generierten Präsentationen zeigen. Die Systeme von Feiner [4], Seligmann und Feiner [10], sowie von Karp und Feiner [8] generieren statische und bewegte Graphiken; das System von Feiner und McKeown [5] generiert Multimedia Präsentationen. Das System IBIS (Intent-Based Illustration System) von Seligmann und Feiner steht nun auch im VR Modus zur Verfügung, d.h. der Benutzer trägt ein monokulares Display am Kopf, welches die Objekte, die der Benutzer real sieht, mit generierten Graphiken überlagert. Eine Anwendung dieses Systems besteht in der Wartung und Reparatur von Laserdruckern. Der Techniker kann nun zum Beispiel das Innere des Geräts mit Hilfe der generierten Graphiken sehen (siehe Feiner et al. [6]).

Zusammenfassend läßt sich sagen, daß eine größere Flexibilität im Hinblick auf die Gestaltung eines Mensch-Maschine-Dialogs auch im Bereich der Virtual Reality wünschenswert ist. Gerade wenn es darum geht, zusätzliche Informationen über (sichtbare und nicht sichtbare) Objekte zu erhalten, erscheint uns die Möglichkeit, mit der Anwendung einen Dialog zu führen, wesentlich. Vorarbeiten sind hierzu im zweidimensionalen von Strothotte [12] geleistet worden. Sein System generiert bildhafte Erklärungen zu chemischen Prozessen und kann zum Beispiel Fragen wie „Wie wird N_2 produziert?" beantworten. Die vorliegende Arbeit versucht demgemäß, die Kluft zwischen generierungsorientierten Systemen, die kanonische Lösungen erzeugen, und dialogorientierten Systemen auf dem Gebiet der Virtual Reality zu schließen.

3. Benutzerführung in VR Systemen

3.1 Architektur

Abbildung 1 zeigt eine Software-Architektur für die agentenunterstützte Erkundung in VR Systemen. Der innere Kreis symbolisiert die *Manipulation des Modells* (z.B. kann der Benutzer durch Manipulation der Kameraparameter navigieren) und die anschließende Visualisierung des Resultats. Als API (Application Program Interface) für die Implementierung kann z.B. die Graphics Library oder die OpenGL verwendet werden.

Der äußere Kreis symbolisiert die *Kommunikation* mit einem *Agenten*. Der Agent verwendet eine anwendungsneutrale Toolbox, den Hyper-Renderer, der Informationen, wie sie zum Beispiel im Renderingprozess berechnet werden, über eine bidirektionale Programmschnittstelle explizit zur Verfügung stellt. Der Agent hat somit sämtliche Informationen über das, was der Benutzer sieht, zur Verfügung. Zum Beispiel kann der Agent als Antwort auf eine Anfrage des Benutzers nach dem Weg entsprechende Hinweisschilder präsentieren. Der Hyper-Renderer versorgt den Agenten hierbei mit Informationen über das, was der Benutzer gerade sieht.

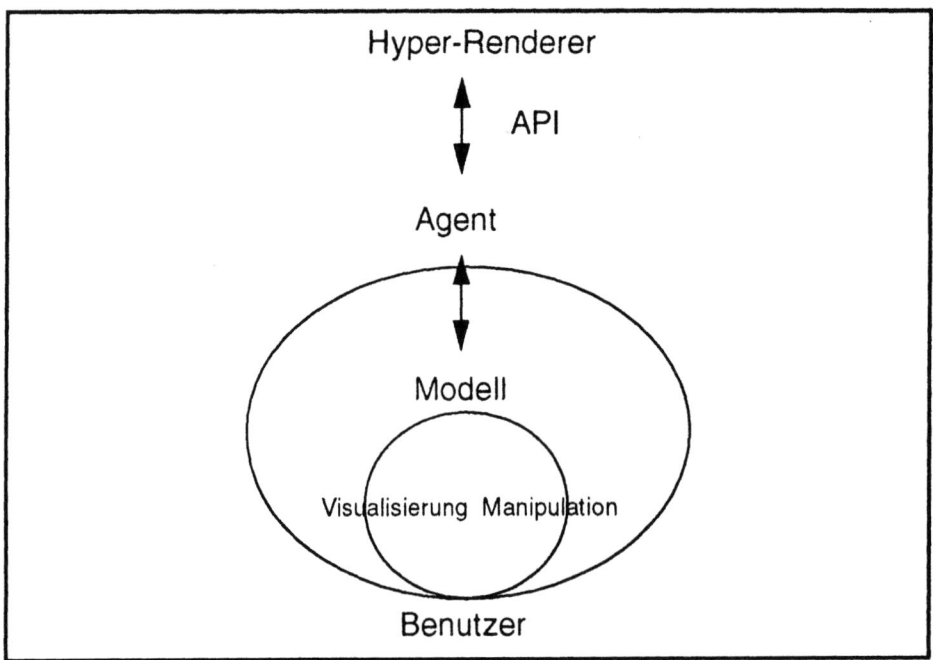

Abbildung 1: Eine Softwarearchitektur für die agentenunterstützte Benutzerführung in VR Systemen. Der innere Kreis stellt die Manipulation des Modells dar, der äußere Kreis die Kommunikation des Benutzers mit einem Agenten.

3.2 Der Hyper-Renderer

Eine ausführliche Beschreibung der Konzeption und Implementierung des Hyper-Renderers findet sich in Emhardt und Strothotte [3]. Diese Toolbox bietet mehr als 40 verschiedene Kommandos und Anfragen, die einerseits vom Benutzer direkt über die Tastatur eingegeben, andererseits aber auch in jedes C Programm eingebettet werden können. Die bidirektionale Programmschnittstelle des Hyper-Renderers liefert als Resultat jeweils einen Zeiger auf eine entsprechend definierte Datenstruktur. Die Kommunikation mit dem Hyper-Renderer kann auch über Dateien erfolgen. Diese Möglichkeit ist dann sinnvoll, wenn Makros programmiert werden sollen. Hiermit lassen sich auf flexible Art und Weise verschiedene *Dialogformen* realisieren, die über eine einfache Frage-Antwort Strategie hinausgehen. Abbildung 2 stellt die wichtigsten Hyper-Renderer Kommandos und Anfragen zusammen. Abschließend sei bemerkt, daß wir auch einen Hyper-Ray-Tracer implementiert haben, der zum Beispiel auch über Objekte, die in einem Spiegel sichtbar sind, Auskunft geben kann.

Visualisieren der Objektwelt	Draw. Show wires. Show [object]. Show [object, object, ...] in glass. Show [object] from [x][y][z].
Navigieren der Kamera	Move camera into [object]. Move camera to [x][y][z]. Move camera to showing [object]. Rotate camera [angle] [x][y][z] around [object].
Anfragen zur Szene	List names of defined objects. What is at [x][y][z] ? What is invisible ? What is on screen at [x][y] ? What is visible ?
Anfragen zu einzelnen Objekten	Centre of [object]. Is [object] visible ? List box of [object]. What objects are in [direction] of camera ? What surrounds [object] ? What is behind [object] ? What is in [object] ? What is in front of [object] ? Where is [object] ?

Abbildung 2. Übersicht über die wichtigsten Hyper-Renderer Kommandos und Anfragen.

4. Ein prototypischer Erkundungsagent

Eine Anwendung der oben dargestellten Architektur besteht in der Definition und der Implementierung von aufgabenorientierten Agenten in virtuellen Gebäuden. In diesem Kapitel stellen wir einen prototypischen *Erkundungsagenten* vor, der Benutzern den Weg in einem Gebäude zeigt. Hierbei navigiert der Benutzer selbst, und der Agent präsentiert geeignete Hinweisschilder an entsprechenden Stellen. Im Abschnitt 4.1 erläutern wir zunächst die symbolische Vorverarbeitung des Systems. Die Definition und Implementierung des Erkundungsagenten folgt in Abschnitt 4.2, und Abschnitt 4.3 enthält ein Beispiel.

4.1 Symbolische Vorverarbeitung und Navigation

Der Hyper-Renderer verwendet das „rib"-Format des RenderMan von Pixar als Eingabeformat des Modells („rib" ist die Abkürzung von „RenderMan Interface Bytestream"). Zusätzlich versehen wir die Objekte eines Gebäudes mit Namen (z.B. Raum_308, Gang_11 usw.). Die Namen der Objekte sowie die Gruppierung von mehreren Objekten in ein zusammengesetztes Objekt werden nun als Kommentar in die „rib"-Datei mit aufgenommen und vom Hyper-Renderer entsprechend verarbeitet. Hiermit ist es möglich, eine symbolische Vorverarbeitung der Sichtbarkeit vorzunehmen. Während eines Walkthroughs genügt es, lediglich diejenigen Teile einer „rib"-Datei zu laden, die potentiell sichtbar sind. Befindet sich der Benutzer zum Beispiel innerhalb eines Raumes mit geschlossener Tür, so genügt es, die Einrichtung des Raumes mitsamt den Objekten, die durch das Fenster sichtbar sind, darzustellen. Ist die Tür geöffnet, müssen die „rib"-Datei des angrenzenden Gangs und ggf. die Dateien von weiteren Räumen mit geöffneter Tür konkateniert werden. Der Agent kann mit Hilfe des Hyper-Renderers dynamisch ermitteln, ob eine Tür geöffnet ist oder nicht, indem er die Kamera z.B. in einer Ecke nahe der Tür plaziert und eine Sichtbarkeitsabfrage durchführt. Diejenigen Objekte, die von einem Raum aus durch das Fenster hindurch potentiell gesehen werden können, können mit Hilfe des Hyper-Ray-Tracers ebenfalls vorher ermittelt werden.

Benutzer können den Hyper-Renderer auch zur Navigation verwenden. Zum Beispiel eignet sich hierfür das Kommando „move camera to showing [object]". Die einzelnen Frames können dann mit dem RenderMan dargestellt werden. Eine andere Möglichkeit besteht darin, die Objekte in den „rib"-Dateien in das Eingabeformat der Graphics Library zu transformieren und unter Verwendung dieses API's zu navigieren.

4.2 Der Erkundungsagent

Wir definieren einen Agenten als einen *kommunizierenden interaktiven Prozeß*. Abowd [1] beschreibt eine Theorie derartiger Prozesse unter Verwendung der Formalismen Z und CSP (siehe hierzu auch Sufrin und He

[13]). Wir beschränken uns hier auf die Beschreibung der *Zustände* des Agenten. Seine *Stimuli* (Events) bestehen aus den Kommandos und Anfragen des Hyper-Renderers. Die oben beschriebene symbolische Vorverarbeitung und Navigation kann durch das folgende *Navigationsschema* NS beschrieben werden:

```
___ NS _____
  viewer_location: room(Name) I hallway(Name) I lobby I
                   outside_building
  camera: (Position, Direction, Roll)
  model_part: set_of(Parts)
  actual_path: ordered_list((Branching_point, Direction))
```

Die Parameter mit großgeschriebenem Anfangsbuchstaben sind Variable, die im Falle eines Navigationsevents geändert werden. In dem Schema sind der symbolische Name des Benutzerstandorts, die Kameraparameter und die Menge der konkatenierten Modellausschnittsdateien vermerkt. Ferner wird eine History über den Weg des Benutzers in Form von Verzweigungspunkten und die eingeschlagene Wegrichtung geführt.

An diesen Verzweigungspunkten soll der Agent Hinweisschilder als Navigationshilfe für den Benutzer aufstellen. In einer Umgebung dieser Verzweigungspunkte ändert sich die potentielle Bewegungsrichtung des Benutzers. Wir bezeichnen einen Verzweigungspunkt mit "G", wenn er in zwei oder mehr Gängen gleichzeitig liegt, mit "R", wenn er in der Umgebung einer Tür in einen Raum liegt, und mit "E", wenn er in der Umgebung eines Eingangs in das Gebäude liegt (siehe Abbildung 3). Solange sich der Benutzer innerhalb einer Sichtbarkeitsregion aufhält, zeigt ihm der Agent an demjenigen Verzweigungspunkt ein Hinweisschild, an dem sich die Bewegungsrichtung ändern sollte. In der Regel sind die Sichtbarkeitsregionen der Verzweigungspunkte innerhalb des Gebäudes die Gänge. Für den Fall, daß der Benutzer in die „falsche" Richtung sieht (z.B. in einen anderen Gang) präsentiert der Agent ein entsprechendes Stoppschild und teilt ihm die „richtige" Blickrichtung mit. Allerdings wird der Benutzer nicht gezwungen, in eine bestimmte Richtung zu gehen. Der Agent stellt die Hinweisschilder immer entsprechend dem Pfad des Benutzers auf. Das *Gebäudeschema* GS können wir nun wie folgt definieren:

```
___ GS _____
  hallway(Name): ordered_list((Branching_point,
                              Distance_to_successor))
  entrance(Name): Branching_point
  lobby: set_of(Branching_points)
  shortest_path: set_of((G1, G2, Distance, set_of(G, Direction)))
  connected: set_of((From_object, Towards_object, Branching_point,
                    Direction))
```

In dem Gebäudeschema ist eine Karte des Gebäudes mit seinen Verzweigungspunkten repräsentiert. Die Verzweigungspunkte der Gänge sind mit dem Abstand zu ihrem Nachfolger angegeben. Ferner sind sämtliche kürzesten Pfade zwischen zwei Verzweigungspunkten „G" abgespeichert. Diese Pfade können vorverarbeitet werden. Die Entfernung zu einem bestimmten Raum kann dann z.B. mit dem Abstandswert innerhalb von Gängen berechnet werden. Schließlich identifizieren wir aneinander anschließende Objekte (zum Beispiel kann man von der Lobby in den Raum_308 gelangen).

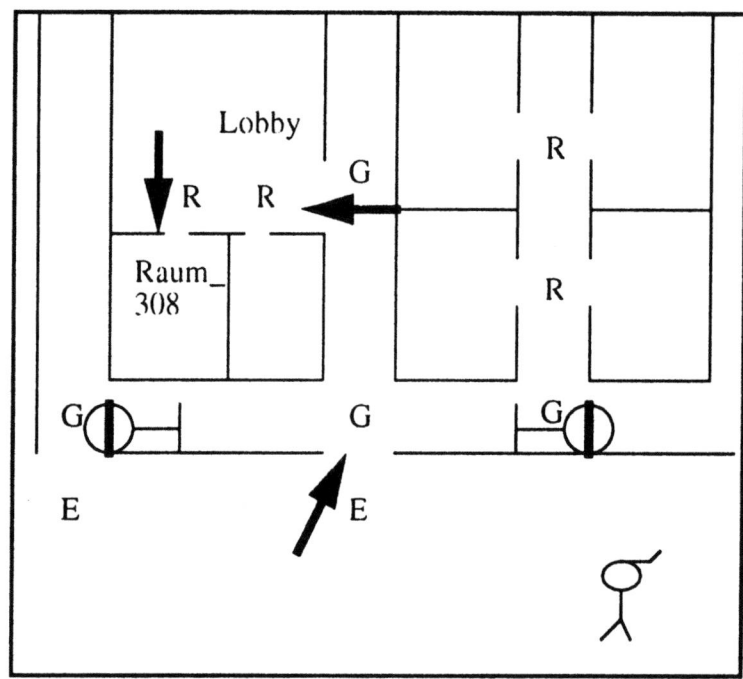

Abbildung 3: Verzweigungspunkte und Hinweisschilder in einem virtuellen Gebäude. Der Besucher steht vor dem Gebäude und wird von einem Erkundungsagenten zu seinem Ziel geleitet.

4.3 Ein Beispiel

Als Fallstudie erstellten wir ein Modell unseres Informatikneubaus mit dem RenderMan und implementierten einen Erkundungsagenten, der einem Besucher den Weg mit Hilfe von Hinweisschildern zeigt. Wie in Abbildung 3 gehen wir davon aus, daß der Besucher auf der rechten Seite vor einem Eingang des Gebäudes steht und den Weg zur Lobby nicht kennt.

```
Agent: Please describe task.
User:  I'd like to move to the lobby.
```

Der Agent ermittelt, in welcher Sichtbarkeitsregion sich der Benutzer aufhält und zeigt einen Pfeil in Richtung des nächstgelegenen Eingangs (siehe Abbildung 4, oben links).

Der Besucher navigiert nun durch den Eingang und steht vor der Entscheidung, geradeaus zu gehen oder sich nach links bzw. nach rechts zu wenden. Das Bild in Abbildung 4 oben rechts zeigt das Resultat, wenn der Besucher in einen „falschen" Gang hineinblickt. Zusätzlich teilt der Agent dem Besucher die korrekte Richtung mit.

```
Agent: Please move your head 90 degrees to the left!
```

Das zweite Bild auf der rechten Seite von Abbildung 4 zeigt den Pfeil an der nächstgelegenen Stelle, an der sich die Bewegungsrichtung des Besuchers ändern soll. Das Bild unten links zeigt die Ankunft des Besuchers in der Lobby. Der Besucher kann hier zusätzliche Informationen einholen, z.B. nach der Lage des Raumes 308 fragen.

```
Agent: What else can I do for you?
User:  Show room_308.
```

Das Resultat zeigt das Bild auf der rechten unteren Seite von Abbildung 4. Wichtig ist hierbei, daß das Hyper-Renderer Kommando "Show [object]" nicht nur dem Agenten, sondern auch dem Benutzer zur Verfügung steht.

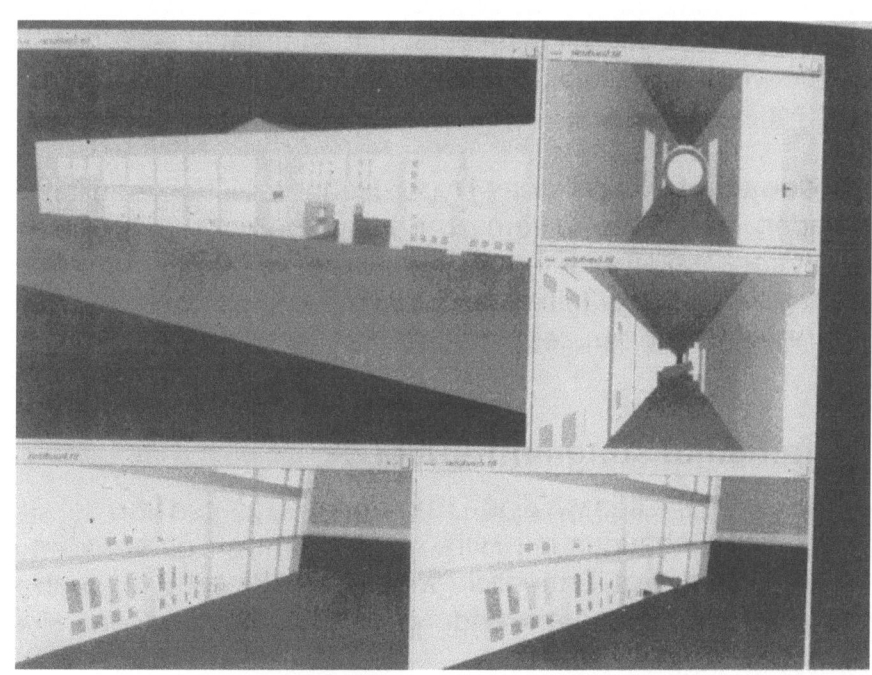

Abbildung 4. Ein Walkthrough durch ein virtuelles Gebäude mit Hinweisschildern

5. Weitere Anwendungen

In diesem Abschnitt beschreiben wir einige andere Anwendungen, die zur Zeit im Rahmen des „Hyper Walkthrough Projekts" unter Leitung des Autors an der Freien Universität Berlin implementiert werden. Dieser Überblick soll die Flexibilität und Tragweite unserer Architektur unterstreichen.

Der Reiseführer. Im Gegensatz zu dem hier vorgestellten Erkundungsagenten, bei dem der Benutzer selbst navigiert, präsentiert der Reiseführer Animationen, die ihm den Weg zeigen und erläutert die wichtigsten „Sehenswürdigkeiten".

Der Critiquingagent. Fischer et al. [7] stellt den Critiquingansatz für wissensbasierte interaktive Systeme vor und beschreibt ein Critiquing System für das (2D) Design von Küchen. Mit dem Hyper-Renderer ist es nun möglich, Critiquing auf 3D Modelle anzuwenden. Als Fallstudie sollen zum Beispiel die Lichteinwirkungen auf Möbel und die Lichtverhältnisse in Räumen mit Hilfe des Hyper-Ray-Tracers untersucht werden.

Der Präsentationsagent. In dieser Anwendung können Folien und Dias nicht nur erstellt, sondern auch in einem virtuellen Raum begutachtet werden. Hierbei kann der Benutzer zwischen virtuellen Räumen verschiedener Größe wählen und sich selbst auf verschiedene Plätze setzen. Auch für dieses System wird ein Critiquingagent implementiert, der das Layout der Folien beurteilt.

Der Blindenagent. Mit Hilfe des Hyper-Renderer ist es möglich, 3D Bilder auch blinden Rechnerbenutzern zu beschreiben. Im Rahmen des GUIB-Projekts (Graphical User Interfaces for Blind people) innerhalb des TIDE Programms (Technology Initiative for Elderly and Disabled People) soll der Reiseführer blinden Benutzern zugänglich gemacht werden.

6. Zusammenfassung und Ausblick

In diesem Beitrag stellten wir einen Erkundungsagenten vor, der Besuchern eines virtuellen Gebäudes mit Hilfe von dynamisch generierten Hinweisschildern den Weg zeigt. Ermöglicht wird diese Anwendung durch eine neuartige Architektur, die eine anwendungsneutrale Toolbox, den Hyper-Renderer, verwendet.

Die weiteren Arbeiten konzentrieren sich zum einen darauf, die oben vorgestellten Projekte zu integrieren und die Funktionalität zu erweitern. So soll die Kommunikation mit den Agenten auch durch Gesten möglich sein. Zum anderen wollen wir die formale Grundlage des Systems mit Hilfe der Sprachen Z und CSP weiter ausbauen.

7. Danksagungen

Matthias Lehmann und Dirk Krause implementierten das API des Hyper-Renderers und den Erkundungsagenten. Peter Binner implementierte den Hyper-Ray-Tracer und Ulrich Scheel die Sichtbarkeitsvorverarbeitung. Das Beispiel wurde von Andreas Raab und Martin Kurze vorbereitet. Ferner möchte ich Axel Perkhoff für die Durchsicht des Manuskripts danken.

Mein besonderer Dank gilt Herrn Prof. Dr. Th.Strothotte, der diesen Beitrag kritisch begutachtet hat.

8. Literatur

1. Abowd, G.D. Agents: Communicating interactive processes. In *Proc. IFIP TC 13 Third International Conference on Human-Computer Interaction (INTERACT'90)*, Cambridge, (1990), pp. 143-148.
2. Airey, J.M., Rohlf, J.H., Brooks, F.P. Towards image realism with interactive update rates in complex virtual building environments. *Computer Graphics, 24,* 2, (1990), pp. 41-50.
3. Emhardt, J., Strothotte, Th. Hyper-rendering. In *Proc. Graphics Interface'92,* Vancouver, (1992), pp. 37-43.
4. Feiner, S. APEX: An experiment in the automated creation of pictorial explanations. *IEEE Computer Graphics and Applications, 5,* 11, (1985), pp. 29-38.
5. Feiner, S., McKeown, K. Automating the generation of coordinated multimedia explanations. *IEEE Computer, 24,* 10, (1991), pp. 33-41.
6. Feiner, S., MacIntyre, B., Seligmann, D. Annotating the real world with knowledge based graphics on a see-through head-mounted display. In *Proc. Graphics Interface'92,* (1992), Vancouver, pp. 78-85.
7. Fischer, G., Lemke, A.C., Mastaglio, Th. Using Critics to empower users. In *Proc. CHI'90,* (1990), pp. 337-347.
8. Karp, P., Feiner, S. Issues in the automated generation of animated presentations. In *Proc. Graphics Interface'90,* (1990), Halifax, pp. 39-48.
9. De Mey, V., Breiteneder, C., Dami, L., Gibbs, S., Tsichritzis, D. Visual composition and multimedia. In *Proc. EUROGRAPHICS'92,* (1990), Cambridge.
10. Seligmann, D.D., Feiner, S. Automated generation of intent-based 3D illustrations. *Computer Graphics, 25,* 4, (1991), pp. 123-132.
11. Silicon Graphics Performer 10/92, special issue.
12. Strothotte, Th. Pictures in advice-giving dialog systems: From knowledge representations to the user interface. In *Proc. Graphics Interface'89,* (1989), London, Ontario, pp. 94-99.
13. Sufrin, B., He, J. Specification, refinement and analysis of interactive processes. In *Formal methods in Human Computer Interaction,* M.D. Harrison and H.W. Thimbleby, Eds. Cambridge University Press, Cambridge, (1990), pp. 153-200.

14. Teller, S.J., Sequin, C.H. Visibility preprocessing for interactive walkthroughs. *Computer Graphics, 25,* 4, (1991), pp. 61-69.
15. Tsichritzis, D., Gibbs, S. Virtual museums and virtual realities. In *Proc. of the International Conference on Hypermedia and Interactivity in Museums,* (1991), pp. 17-25.

Die Rolle von Virtual Reality in der Visualisierung von Daten aus Wissenschaft und Medizin

Wolfgang Krüger
Forschungsgruppe "Scientific Visualization"
des HLRZ, GMD, Pf 1316, 5205 St. Augustin

Zusammenfassung

Die Bedeutung der bildlichen Darstellung für die Interpretation und Übermittlung von Daten aus wissenschaftlichen Computersimulationen und Messungen ist seit langem unbestritten. Visuelle Daten zu interpretieren, ist eine zentrale Fähigkeit des Menschen. Die neuen Visualisierungstechniken für dreidimensionale Datenfelder erlauben einen globalen Eindruck vom Inhalt und von speziellen Srukturen, insbesondere, wenn die räumliche Perspektive der Darstellung variiert oder die zeitliche Entwicklung der Datenfelder als Computeranimation dargestellt wird.
In diesem Beitrag werden Aufgaben und Ergebnisse von Visualiserungen im Gebiet Wissenschaft und Technik vorgestellt, die gegenwärtig am Hochleistungsrechenzentrum der GMD realisiert werden. Wesentlicher Gegenstand der Forschungsprojekte ist die Ankopplung von moderner Graphik-Hardware und -Software an die massiv parallelen Supercomputer wie Connection Machine, Intel PARAGON und Kendall Square KSR. Neue Möglichkeiten zu erschließen, um dreidimensionale Welten interaktiv zu "erfahren" und zu manipulieren, ist das Credo der Virtual Reality-Technik. Die Forschungsgruppe arbeitet seit einem halben Jahr mit verschiedenen VR-Systemen wie BOOM und dem VPL-System u.a. auf dem Gebiet der interaktiven Auswertung von Daten aus Simulationen und Messungen im Bereich Physik und Computermedizin. Erste Ergebnisse und geplante Entwicklungen werden vorgestellt.

1. Einführung

Die Visualisierung wird künftig einen wesentlichen Beitrag bei der Auswertung von Großsimulationen auf Supercomputern leisten, beispielsweise in der Molekulardynamik, in der nichtlinearen Strömungsdynamik, der Meteorologie, der Geodynamik, der Vielteilchentheorie oder in den Gittereichtheorien, ebenso bei hochauflösenden Messungen, etwa in der Computer-Medizin, der Meteorologie, der Geodynamik und der Fernerkundung. Einige moderne Visualisierungsmodelle, insbesondere das Volume Raytracing-Verfahren, werden einleitend mit Beispielen vorgestellt und diskutiert. Allgemein läßt sich bei den neueren Visualisierungsmodellen ein Trend zur Berücksichtigung von Ergebnissen und Methoden aus Nachbargebieten wie Computer Vision, Pattern Recognition, Picture Processing, Remote Sensing, Streutheorie und Theorie der Wahrnehmung erkennen. Zunehmend wichtiger im Visualisierungs- und Dateninterpretationsprozeß wird auch der Einsatz von Methoden der Künstlichen Intelligenz werden, die die Modellierung der Visualisierungsobjekte unterstützen und (semi-)automatische Auswertungsverfahren bereitstellen können.

Anschließend werden drei gegenwärtige Visualisierungsszenarien für den Umgang mit großen Datenmengen aus Supercomputer-Simulationen oder Messungen vorgestellt. Sie beruhen im wesentlichen auf verschiedenen Verteilungen der Simulationen und der Visualisierungen zwischen den Supercomputern und modernen Grafik-Workstations. Die gegenwärtigen Ziele der Forschung auf dem Gebiet der Visualisierung sind neben Detailtreue und der sicheren Abbildung aller wesentlichen Dateninhalte die Möglichkeiten der Interaktivität und der Echtzeit-Bilderzeugung. Dies würde die schnelle und effektive Auswertung zukünftiger Simulationen und Messungen sehr unterstützen und vor allem auch den Einsatz von modernsten Multi-Methoden wie Stereo-Darstellung, Sound und Virtual Reality zur Dateninterpretation oder zur Ausbildung erlauben.
Innerhalb des Visualisierungslabs der GMD werden seit etwa einem halben Jahr die Einsatzmöglichkeiten von VR im Bereich interaktiver Visualisierung von großen dreidimensionalen Datenfeldern untersucht. Die Anwendungsszenarien für die eingesetzten VR-Systeme und die dabei auftretenden Probleme werden diskutiert. Anschließend werden einige spezifische Entwicklungsthemen wie verteilte Visualisierung (z.B. für Incremental Radiosity) und Simulationen von Bewegungen (Kollisionserkennung, Wegplanung) vorgestellt.

2. Visualisierung von Daten aus Wissenschaft und Medizin

Eine wesentliche Forderung der Anwender an ein Visualisierungsmodell ist die Existenz von eindeutigen Abbildungsregeln für die interessierenden Datenstukturen auf die einzelnen Visualisierungsmodule. Die Abbildungsvorschriften sollten allgemein verständliche ("physikalische") Wirkungen der Datenstrukturen auf die Bildintensität und -farbgebung repräsentieren. Innerhalb des wissenschaftlichen Visualisierungsprozesses müssen eindeutig definierte Bilder erzeugbar sein. Diese Grundforderung hebt die wissenschaftliche Visualisierung von der Computergraphik ab, bei der die Generierung von effektvollen, "naturalistischen" Bildern und Animationen im Vordergrund steht.

Die Entwicklung von Visualisierungsmodellen baut auf den modernen Graphikmodellen auf, die in den letzten Jahren auf Grundlage von "physikalischen" Gesetzen der Lichtausbreitung (Transporttheorie) entwickelt wurden. Die Anwendungsmöglichkeiten des Transporttheoriemodells im Bereich der Computergraphik wurden durch zahlreiche Arbeiten gezeigt. Methoden zur Erzeugung von "naturalistischen" Bildern mit Hilfe von aufwendigen Raytracing-Algorithmen, Visualisierungsmodelle für Volumeneffekte wie Wolken, Dunst und Nebel und Radiosity-Methoden beruhen alle auf speziellen Auswertungen der linearen Transporttheorie.

Das für die Visualisierung großer (zeitlich veränderlicher) dreidimensionaler skalarer Datenfelder aus Supercomputer-Simulationen oder Messungen bedeutendste Modell ist die Raytracing-Methode. Sie basiert auf dem Konzept, wesentliche Datenstrukturen mit Hilfe von "virtuellen" Testteilchen zu extrahieren, die während ihres Durchquerens des Datenvolumens mit den Daten "wechselwirken" und damit Informationen aufsammeln [1]. Der Ausdruck "virtuell" beschreibt die Tatsache, daß die simulierten Testteilchen als "Hilfsmittel" für die Visualisierung gemäß vorgegebenen physikalischen oder auch beliebigen, angepaßten Regeln mit dem Datenfeld wechselwirken können. Dieses Konzept verallgemeinert die Raytracing-Methoden für die Simulation der Lichtausbreitung in komplexen Raumkonstellationen,

die den modernen Computergraphik-Programmen zugrunde liegen. In diesen Bildsynthese-Routinen wird die Wechselwirkung von Lichtstrahlen mit den Objekten im Raum gemäß den (genäherten) Gesetzen der physikalischen Optik simuliert.
Beispiele für die mit Hilfe des Volume Raytracing-Verfahrens aus dem Bereich Computational Physics und Computer Medicine zeigen die Abb. 1 und 2.

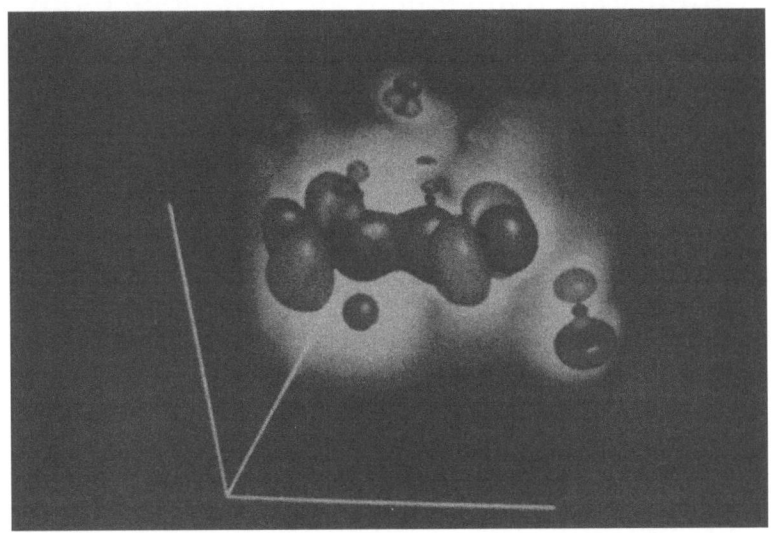

Abb. 1   Visualisierung von Volumedaten mit dem Raytracing-Verfahren (Supercomputer-Simulation der Schrödinger-Funktion eines Protein-Moleküls)

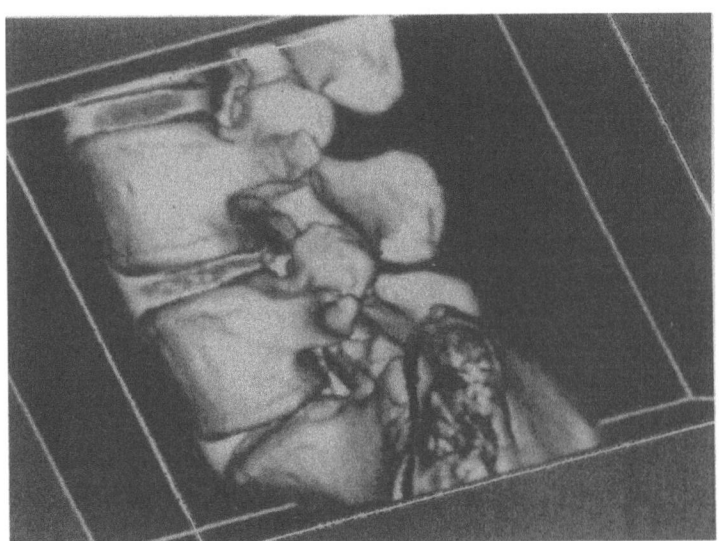

Abb. 2   Visualisierung eines medizinischen CT-Datensatzes mit dem Raytracing-Verfahren

Nachteil dieser Visualisierungsmethode ist der große Rechenaufwand. Für einen mittelgroßen Datensatz (128^3 Werte) werden auf einer modernen Workstation je nach Bildgröße 2-10 Minuten pro Bild benötigt. Will man Echtzeit-Visualisierung erreichen, muß die Auswertung der Transporttheorie auf dem Supercomputer selbst erfolgen. Der Algorithmus läßt sich sehr gut parallelisieren, z.B. durch Abbildung eines jeden Bildpunkts auf einen (virtuellen) Prozessor. Für die Berechnung der abgebildeten Beispiele (in Video-Auflösung) wurden auf der Connection Machine CM2 (16 K Prozessoren) etwa 2 - 4 Sekunden benötigt [2]. Auf den neuen Generationen von massiv parallelen Rechnern, die im Gegensatz zur CM2 auf das MIMD-Prinzip aufbauen, werden diese aufwendigen Volume Rendering Verfahren dann in Echtzeit ablaufen. Dem HLRZ in der GMD stehen ab 1993 u.a. eine CM5 von Thinking Machines, eine KSR von Kendall Square und die Intel PARAGON für Forschungsprojekte zur interaktiven Visualisierung zur Verfügung.

Schon heute kann (stereoskopische) Echtzeit-Visualisierung von Graphik-Primitiven wie polygonalisierten Oberflächen, Testeilchen, Stromlinien und Icons mit Hilfe moderner Graphik-Supercomputer wie der SGI SkyWriter erreicht werden. Viele wesentliche Inhalte in großen Datenfeldern wie Isoflächen und Oberflächen von Organen oder Knochen können durch Polygone beschrieben werden, die z.B. durch Verfahren wie Marching Cube erzeugt werden können. Wesentlich ist hierbei eine adaptive Polygonreduzierung, die die Polygonzahl um bis zu 80% vermindern kann. Nach unseren Erfahrungen sind z.Z. nur Welten von maximal 20 - 30 Tausend Polygonen mit der vorhandenen Hardware in Echtzeit darstellbar. Ein Beispiel aus einer (stereoskopischen) Darstellung von CT-Daten zeigt Abb. 3.

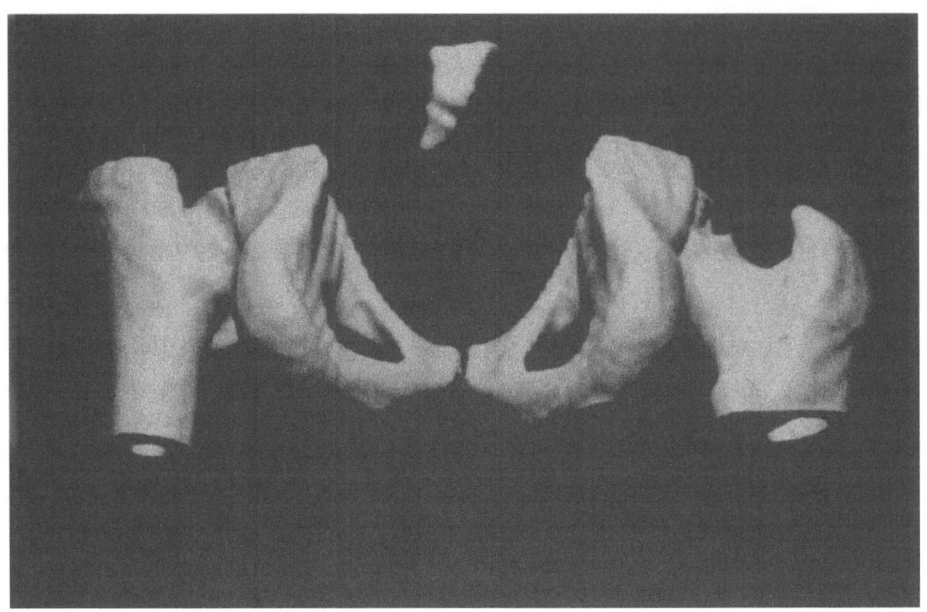

Abb. 3 Beispiel für interaktive (stereoskopsche) Visualisierung von charakteristischen Flächen in CT-Daten

3. Visualisierung in einer Umgebung mit massiv parallelen Rechnern

Gegenwärtige wissenschaftliche Arbeitsabläufe haben i.a. die Form: Modellbildung - Test des Modells mit Meßreihen oder durch Simulationen z.B. auf Supercomputer (im Batch-Mode) - Übertragung der anfallenden Datenmengen auf lokale (graphikfähige) Workstationen - Visualisierungen (2-dimensionale Graphiken, Volumendarstellungen in einzelnen Rasterbildern oder -bildsequenzen) - Interpretation der Ergebnisse - Veränderungen der Programme, einzelner Parameter oder des Modells selbst - erneute Simulation oder Messung.

Eine wesentliche Beschleunigung dieses Prozesses könnte erreicht werden, wenn sowohl die Ergebnisse via dreidimensionaler Visualisierung interpretiert, als auch die Erzeugung der Daten selbst, d.h. die Effektivität und Qualität der mathematischen Methoden, mit Hilfe der Visualisierungen kontrolliert und beeinflußt werden könnte (visual steering). Eine interaktive Manipulation setzt dabei die Möglichkeit der Visualisierung in Echtzeit voraus, eines der Hauptziele vieler gegenwärtiger Entwicklungen im SW/HW-Bereich. Solch eine "interaktive" Visualisierung würde bessere Analysemöglichkeiten und wesentliche Zeit- und Kostenersparnisse bedeuten.

Gegenwärtige Visualisierungsszenarien werden im wesentlichen durch die Art und Größe der auszuwertenden Daten, der Verfügbarkeit von Graphik-Hardware und der Möglichkeit der Nutzung von Supercomputern bestimmt.

Szenario I: Verteilte Visualisierung

Das "klassische" Visualisierungszenario besteht auf der (von der Datenerzeugung raum-zeitlich getrennten) Bildgenerierung auf Graphik Workstations (s. Abb. 4). Die "Übertragung" der Datensätze erfolgt über Bänder oder Ethernet-artige Kanäle.

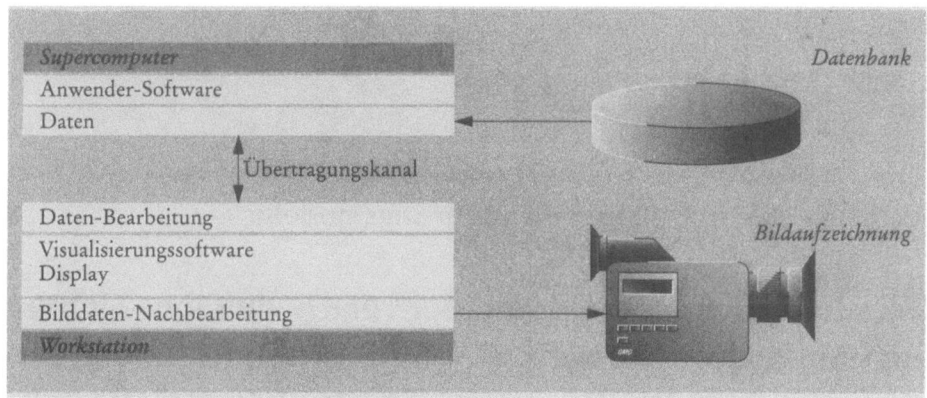

Abb. 4   Schema der verteilten Visualisierung

Vorteil dieser gegenwärtig meistgenutzten verteilten Visualisierung ist der einfache Einsatz moderner Graphik Workstations mit den auf ihnen vorhandenen kommerziellen Visualisierungswerkzeugen. Interaktive Visualisierung mit z.B. dem Raytracing-Verfahren und Manipulation der Datenerzeugung ist nicht möglich. Die Bearbeitung sehr großer, zeitabhängiger Datenfelder wird wesentlich von der Übertragungsbreite und den Speicherkapazitäten der Workstation begrenzt.

Szenario II: Hybrides Visualisierungsmodell

Bei vielen Supercomputer-Simulationen z,B. im CAD/CAM-Bereich oder in der Strömungsdynamik werden die Ergebnisse schon direkt im Rechner auf graphische Primitive wie Polygone, Icons oder Koordinaten von Testteilchen, z.B. mit Hilfe von Standard-Graphik-Werkzeugen, abgebildet. Diese komprimierte Form der Daten wird dann über Breitband- oder Ethernet-Kanäle auf graphikfähige Workstations übertragen und dort z.B. mit der Graphik-Hardware visualisiert (s. Abb. 5).

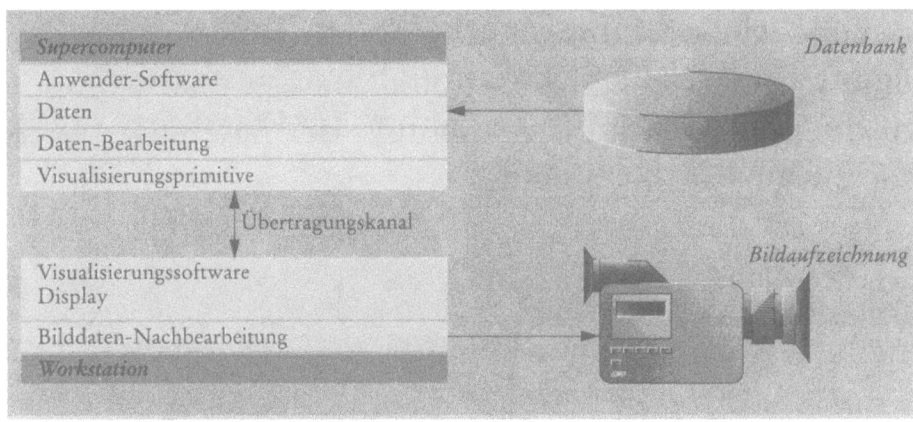

Abb. 5   Schema des hybriden Visualisierungsmodells

Vorteile dieses hybriden Modells sind der relativ einfache Gebrauch von graphischen Standardwerkzeugen, der mögliche Einsatz von einfachen graphikfähigen PC's und Workstations und die unkomplizierte Nutzung durch den Anwender selbst. Auf der anderen Seite sind die Visualisierungsmöglichkeiten begrenzt und die notwendigen Datenübertragungsbandbreiten sind stark von der Größe der primären Datenmengen abhängig.

Szenario III: Visualisierung als Teil des Simulationsprozesses auf Supercomputern

Insbesondere Visualisierungsmodelle für hochauflösende, detaillierte Darstellungen wie das Volumen Raytracing-Verfahren benötigen viel Rechenzeit und Speicherplatz, sind aber auch sehr gut parallelisierbar.

Ein adäquates Szenarium stellt deshalb die Visualisierung der erzeugten Datenmengen parallel zur Simulation auf dem Supercomputer oder einem seiner Prozessoren selbst dar (s. Abb. 6). Die erzeugten Rasterbilder werden auf einem Framebuffer ausgegeben und dann über Breitbandnetze (z.B. B-ISDN) zu den Graphik-Workstationen der dezentralen Anwender übertragen und dort ausgewertet. Die Steuerung der Simulationsprozesse kann dann vom Benutzer aus über Kanäle von Ethernet-Typ erfolgen. In diesem Szenarium erscheint der Visualisierungsvorgang als Subprozeß des eigentlichen Simulationsprozesses, d.h. zusätzliche Supercomputerzeit wird benötigt. Dafür ist für den Anwender eine einfache graphikfähige Workstation hinreichend.

Dieses Szenario wird in zukünftigen Anwendungen, insbesondere bei Simulationen auf der nächsten Generation massiv paralleler Systeme, immer mehr an Bedeutung gewinnen. Es erlaubt interaktives visuelles Steering der Modelle und der Rechenprozesse. Die Übertragungsbandbreite vom Supercomputer zu den Graphik Workstations der Anwender wird nur durch die Bildgröße (z.B. HDTV-Format) und nicht durch die Datenfeldgröße bestimmt.

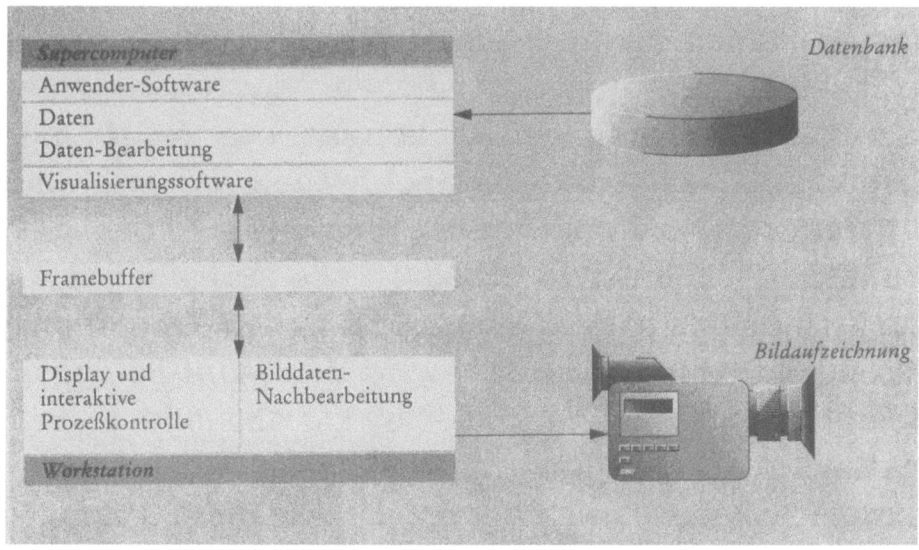

Abb. 6   Konfiguration für das Szenarium "Visualisierung als Teil des Simulationsprozesses"

Was verspricht die neue Generation von massiv parallelen Rechnern? Numerische Behandlung großer Systeme (Grand Challenges) in "endlichen" Zeiten, d.h. Erzeugung sehr großer (3+1)-dimensionaler Datenfelder. Die Anwendungsprogramme sollen unabhängig von der Prozessoranzahl generiert werden können und die Anwendungen skalieren (linear) in Abhängigkeit von der Prozessoranzahl und der Datengröße. Zunehmend wichtig ist die angepaßte Verteilung der Daten auf die Prozessorstruktur, Arithmetik ist "billig", aber z.B. globale Kommunikation ist zeitaufwendig. Der Einsatz von SIMD- oder MIMD-Architektur kann flexibel dem Problem angepaßt werden. Teraflop-Maschinen werden z.B. in FEM-Anwendung mehr als 10 Millionen Elemente pro Zeitschritt berechnen und mehr als 200 Millionen Graphikprimitive (z.B. Polygone) pro Sekunde erzeugen.

Dieser "unbegrenzten" Erzeugung von Daten stehen die begrenzten Auswertungskapazitäten des Menschen entgegen. Die Abbildung der Datenfelder auf Bildsequenzen auf dem Supercomputer selbst nach Szenario III wird zunehmend an Bedeutung gewinnen, einerseits um die Ergebnisse in anwendbare Erfahrungen umsetzen zu können und andererseits um die riesigen Datenmengen komprimiert speichern und übermitteln zuu können. Beispiele aus der Simulation dreidimensionaler nichtlinearer Strömungsprozesse belegen die Notwendigkeit der interaktiven Visualisierung. Dazu kommt die Möglichkeit, die Simulationsprozesse selbst komfortabel visuell steuern und damit besser optimieren zu können. Für die Forschung im Visualisierungsbereich entsteht dadurch die Aufgabe, "klassische" Visualisierungsmodell zu parallelisieren und in den Simulationsprozess zu integrieren, der Aufruf *visualize* wird den *print*-Befehl ersetzen. Dabei müssen die Daten auf Graphik-Objekte abgebildet werden, die dann in Lichtintensitätswerte übertragen werden können.
Forschungsprojekte befassen sich mit Fragen, wie diese Graphik-Objekte bzw. die sie repräsentierenden Bilder auf die einzelnen Prozessoren verteilt und schließlich auf einen gemeinsamen Framebuffer übertragen und gemischt werden sollen.

Die Forschungsgruppe testet Möglichkeiten der interaktiven Visualisierung auf massiv parallelen Systemen (Connection Machine CM2) und der visuellen Steuerung auf Graphik Workstations anhand einer Simulation der zeitlichen Entwicklung von dreidimensionalen Zellularautomaten. Die Simulation dieser Automaten, die Auswertung der Daten (Cluster-Analyse) und die Visualilsierung via Raytracing- und Splatting-Verfahren läuft dabei auf der CM2, nur die Bilder werden via Framebuffer auf das Fenster einer Graphik Workstation bzw. auf die stereoskopischen Displaysysteme der beiden eingesetzten VR-Geräte übertragen (s. Abb. 7). Von dort wird dann der gesamte Prozeß gesteuert und ausgewertet. Der gesamte Prozess läuft z.Z. mit ca. 10 Zeitschritten pro Sekunde.

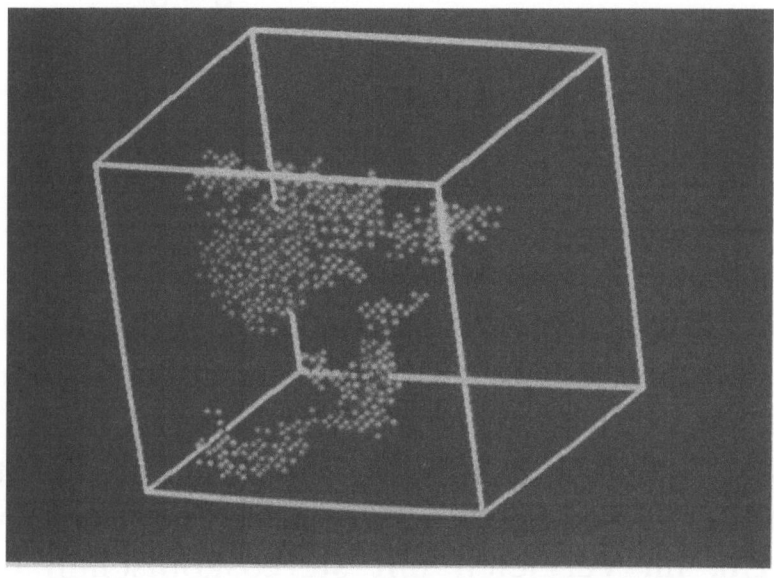

Abb. 7   Echtzeit-Visualisierung eines 3D-Zellularautomaten auf der Connection Machine

4. Einsatz von Virtual Reality

Allgemein ist zu beobachten, daß die "Technology of Immersion", d.h. ihre Einbeziehung des Benutzers in die synthetische dreidimensionale Welt mit Hilfe von Stereobrille und Datenhandschuh, bei gegenwärtigen Anwendungen im Vordergrund steht. Virtual Reality umfaßt aber einen viel weiteren Kreis von Techniken, wobei die Entwürfe von Myron Krueger [3] im Rahmen von "Responsive Environments" zukünftig immer mehr an Bedeutung gewinnen werden.

Bis vor kurzem war VR nur für sehr aufwendige Anwendungen im Bereich der Flugsimulation, Steuerung von Robotern in der Weltraumforschung und der Wehrforschung zugänglich oder wurde in Billigversionen für den Unterhaltssektor vermarktet. Seit Ende der 80ziger Jahre existieren Mögl.ichkeiten, die wesentlichen Aspekte von VR - Interaktivität und unmittelbare "Erfahrung" künstlicher dreidimensionaler Welten - mit Hilfe moderner Graphik-Workstations zu realisieren. Damit steht diese neuartige Technik für ein breites Spektrum von Anwendungen in FuE-Bereichen von Industrie und von wissenschaftlich-technischen Instituten zur Verfügung.

1) HW/SW-Installationen

Für den Einsatz bei unseren Forschungsprojekten benutzen wir zwei exemplarische VR-Systeme:

Das VPL RB2 System (EyePhone, DataGlove, Polhemus) erscheint dabei als typisches Beispiel für die "klassischen" immersiven Systeme. Es hat sich vor allem in Anwendungen in Architektur, Stadtplanung, Design und Robotik bewährt. Der Einsatz dieses Systems in der Visualisierung ergibt keine überzeugenden Resultate, z.B. im Vergleich mit stereoskopischen Großbilddarstellungen. Die geringe Auflösung unterdrückt wichtige Details, die mit hohem Aufwand aus den z.T. stark verrauschten Daten extrahiert wurden. Die Bewegungsstabilität irritiert ungeübte Benutzer. Die gesamte Steuerungs- und Kommunikationssoftware kann nicht als ausreichend ausgereift betrachtet werden. Die HMD-Technik bedarf einer wesentlichen Verbesserung, um von Anwendern in Wissenschaft und Medizin akzeptiert zu werden. Außer für Architekturanwendungen haben wir dieses System bisher nur bei der Darstellung von medizinischen CT-Daten getestet.

Das BOOM-System von Fake Space Research gekoppelt mit dem Cyberglove von Virtual Technologies hat für die Anwendungen in Wissenschaft und Medizin wesentliche Vorteile. Es hat eine hohe Auflösung (1240 x 1024), ist sehr bewegungsstabil, ist leicht von ungeübten Anwendern handhabbar, und vor allem sehr leicht integrierbar in eine Unix-Umgebung. Nachteil ist die Beschränkung auf S/W bzw. nur zwei Farben. Dieses System wird schon an einigen Visualisierungszentren (z.B. NCSA, NASA Ames) erfolgreich eingesetzt.

Für die Extraktion der relevanten Dateninhalte benutzen wir eigene Werkzeuge (Oberflächen-Polygonalisierung, Polygonreduzierung, Cluster-Algorithmen) und für Modellierungsaufgaben werden kommerzielle Produkte (Wavefront, SoftImage) eingesetzt. Die Bildgenerierungswerkzeuge (Scanline Renderer, Splatting, Raytracing, Radiosity) wurden von uns selbst entwickelt bzw. aus Public Domain Paketen übernommen und angepaßt. Wesentlich für unsere Entwicklungsarbeiten ist die Implementierung auf den massiv parallelen Systemen, z.B. dauert die Berechnung des Radiosity-Datenfeldes für eine Szene mit ca. 20.000 Polygonen 2 - 3 Minuten auf der CM2. Die Darstellung der Polygone erfolgt dann mit Hilfe der Hardware und Software von SGI in Echtzeit, insbesondere stereoskopisch auf dem Skywriter.
Besondere Probleme beim Einsatz von VR in der Visualisierung, die wir gegenwärtig untersuchen, sind:

- Definition von geeigneten Bezugssystem zur Orientierung in artifiziellen Welten (Bounding Cube, natürliche Oberflächen wie Haut, Hinzufügung von relevanten Objekten mit bekannter Größe und Form)
- Wahl eines angepaßten Rendering-Systems (Flat Shading oder Radiosity mit Schatten, Texturen), um die wesentlichen Inhalte der Daten hervorzuheben.
- Rolle von speziellen Perspektiven, z.B. Weitwinkel-Darstellungen
- Rolle von variabler Beleuchtung

Wesentliche Forschungsvorhaben an Höchstleistungsrechenzentren der GMD bezüglich der interaktiven Visualisierung beruhen auf dem Einsatz der massiv parallelen Rechner. Aufwendige Berechnungen, z.B. für Incremental Radiosity und Kollisionsberechnung, sollen auf ihnen im HIntergrund laufen und dann in den aktuellen Visualisierungsprozeß auf den Graphik-Workstations eingespeist werden (s. das Szenario der verteilten Visualisierung). Erste Tests für einen parallelen Collision Detection Algorithmus finden gegenwärtig statt.

2) Anwendungsprojekte

Die gegenwärtige Euphorie in der "Multi-Media-Gemeind" bezüglich dieser neuen Technik überdeckt oft die Fragen nach Effizienz, zusätzlichem Informationsgewinn und Akzeptanz. 3D-Film und -Fernsehen gibt es seit langem, ohne daß sich diese Techniken durchgesetzt hätten. Kosten und/oder zeitersparende Anwendungen im Konstruktions- und Designbereich oder der erweiterten Datenanalyse in Wissenschaft und Medizin werden in den nächsten Jahren das vorrangige FuE-Ziel sein.

Exemplarische Beispiele für den Einsatz der VR-Technik in diesen Bereichen sind interaktive Explorationsmodelle für die Ergebnisse von Supercomputer-Simulationen von Strömungsfeldernm (NASA Ames, Projekt "Virtual Wind Tunnel" [4]) und das "Walkthrough Environment" der University of North Carolina mit Anwendungen in Architektur und Medizin [5].

Erste Forschungs- und Anwendungsprojekte der Forschungsgruppe "Scientific Visualization" in der GMD befassen sich mit folgenden Themen:

a) Visualisierung medizinischer Meßdaten

Immer mehr neue bildgebende Verfahren in der Medizin (CT, MRI, NMR, PET, SPECT, Ultrasound usw.) erzeugen hochaufgelöste, dreidimensionale Bilddatenmengen von statischen und auch zunehmend

dynamischen Prozessen, z.B. von der Blutzirkulation im Gehirn oder im Herzen. Moderne Visualisierungsmodelle können die wesentlichen Inhalte dieser Volumendaten als dreidimensionale Objekte darstellen. Vorteile dieser dreidimensionalen Darstellungen und der Möglichkeit des interaktiven "Walkthrough" in dieser synthetischen Welt sind z.B.:
- Räumliche Darstellung von Knochen, Gewebetypen, Flüssigkeiten und Hohlräumen und ihrer (unscharfen) Abgrenzungen
- Genauere Lokalisierung von komplexen dreidimensionalen Tumoren, Liäsionen oder Haarrissen
- Genauere räumliche Planung von Eingriffen oder Bestrahlungen, z.B. im Gehirn oder an der Wirbelsäule
- Darstellung der Strömungsverhältnisse z.B. in den Herzkammern (Funktion von künstlichen Herzklappen)
- Verfolgung der raum-zeitlichen Verteilung von markierten Wirkstoffen
- Darstellung von Daten aus der Stereo-Mikroskopie

Die zusätzlichen Vorteile, die die VR-Technik zur interaktiven dreidimensionalen Auswertung beitragen kann, sind offensichtlich. Anwendungsszenarien für den Einsatz der VR-Technik im medizinischen Bereich sind u.a.:
- Training von komplizierten chirurgischen Eingriffen, z.B. im Hirn- oder Herzbereich
- Unterstützung der Berechnung von Bestrahlungsdosen und -richtungen
- Beobachtung des Fötus im Mutterleib
- Planung von individuell angepaßten Prothesen
- Ausbildung von Studenten an "Virtuellen" Körpern
- Exploration von Organen mit Hilfe von Sonden, die Mikro-Stereokameras tragen

Ein Beispiel für die Extraktion von Oberflächen aus medizinischen CT-Daten zeigt Abbildung 3. Der Einsatz des VR-Systems unterstützt in diesem Fall die Operations- und Prothesenplanung. In Vorbereitung ist die interaktive Visualisierung von Daten aus der Stereo-Mikroskopie, z.B. ein Walkthrough durch eine Leberzelle.

b) Visualisierung wisenschaftlicher Simulationsdaten

Anwendungsbereiche der Visualisierung im Bereich der Naturwissenschaften sind u.a.

- Mathematische Modelle, Computerprogramme, Datenstrukturen
- Ergebnisse aus dem Bereich der Computational Physics (Gittereichtheorien, Vielteilchentheorien, Strömungsdynamik, Molekulardynamik)
- Meteorologie und Umweltforschung (Entstehung von Tornados, Schadstoffverteilung, Ozonverteilung)
- Geologie und Lagerstättenkunde
- Bioinformatik
- 3D-Rekonstruktion von Planetenoberflächen aus Satelliten-Radardaten

Die interaktive Exploration dieser großen Datenfelder kann offensichtlich durch Methoden der VR-TEchnik wesentlich unterstützt werden, z.B. durch:

- Interaktiven Walkthrough in komplexen Molekülen oder in der Umgebung von Neutronensternen, Visualisierung kann ja Welten visuell darstellen, die keinem Meßinstrument zugänglich sind.
- Interaktive Erfahrung von Kraftgesetzen in Molekülen für die Arzneimittelforschung mit Hilfe von Force Feedback Systemen
- Interaktiven Test von Simulationsergebnissen, z.B. von den errechneten Werten in einem Windkanal.

Erste exemplarische Beispiele für Anwendungen von VR innerhalb unserer Projekte sind die interaktive Visualisierung von Isoflächen von Molekülpotentialen (s. Abb. 1) und von Partikelverteilungen (dreidimensionale Zellularautomaten (s. Abb. 7) und von komplexen Polymerstrukturen). Geplante Anwendungen sind die Visualisierung von Klima- und Satelliten-Daten.

6. Probleme - Entwicklungen

Die Erfahrungen mit unterschiedlichen VR-Systemen zeigen, daß es nicht das Problem ist, Teilnehmer in virtuelle Welten zu locken, sondern die aufwendige professionelle Technik zu entwickeln und geeignete Anwendungen zu finden.

Die allgemein diskutierten Probleme sind (siehe z.B. /6-8/):

- Die Hardware-Komponenten (Stereo-Brille, Datenhandschuh, Bewegungsmeßsystem) sind relativ primitiv konstruiert, im Gebrauch zu unkomfortabel und zu teuer für viele Anwendungsbereiche. Komponenten für das taktile Feedback und die räumliche Tonwahrnehmung befinden sich noch im Laborstadium /9/.
- Die Hauptaufgabe besteht in der Entwicklung von angepaßten Software-Werkzeugen für die schnelle und einfache Erstellung von komplexen Weltmodellen. Die Konstruktion von nichttrivialen Modellen ist gegenwärtig noch am zeit- und kostenaufwendigsten. Außerdem sollte ein interaktives Modellieren von Objekten, Formen, Farben, Texturen und Beleuchtungen angestrebt werden. Insbesondere ist die Einbeziehung von Beschreibungsmodellen für dynamische Verformungen und von Kollisionserkennungsmodellen notwendig. Wesentliche Impulse sind in dieser Hinsicht von KI-Methoden zu erwarten.
- Die Kommunikation mit entfernten Teilnehmern z.B. über Breitbandnetze ist noch völlig im Versuchsstadium.
- Die Berücksichtigung der menschlichen Wahrnehmungsgesetze, insbesondere die experimentellen Untersuchungen der Raumwahrnehmung, und die Einbeziehung von "natürlichen" Bewegungen gemäß den Naturgesetzen steht noch ganz am Anfang.

Die VR-Technik wird in Zukunft sehr viel größere Ressourcen an Rechenleistung, Speicherplatz und Kommunikationsbandbreite beanspruchen. Gegenwärtige Implementationen auf ausgebauten PC's oder auf VR-Spezialrechnern erscheinen im Hinblick auf Qualität,

Echtzeit und Einsatz von modernen Bildsynthese- und Modellierwerkzeugen wenig aussichtsreich. Die Aufgabe, zukünftige massiv parallele Rechner mit modernsten graphischen Frontendgeräten wie Reality Engine von SGI oder dem Freedom-System von SUN/E&S und hochqualitativen VR-Systemen zu koppeln, ist eine vielversprechende Herausforderung an die Medien-Informatik.

LITERATUR

[1] W. Krüger, "The Applicxation of Transport Theory to the Visualization of 3D Scalar Fields", Computers in Physics 5 (April 1991), 397-406

[2] P. Schröder, W. Krüger,. "Data Parallel Volume Rendering Algorithms for Interactive Visualization", in Proc. of GI-Workshop on Interactive Visualization, Bonn (June 1992), to appear in The Visual Computer (August 1993)

[3] M. Krüger, "Artifical Reality II", Addison Wesley, 1991

[4] S. Bryson, C. Levit, "The Virtuel Wind Tunnel", IEEE CG&A 12, No. 4 (July 1992)

[5] F. Brooks, "Walkthrough - A Dynamic Graphics System for Simulation Virtual Buildings", ACM Proc. of Workshop on 3D Graphics, Chapel Hill, Oct. 1987, 9-21

[6] ACM SIGGRAPH'91 Tutorial 3 "Virtual Interface Technology", Las Vegas, 1991

[7] D.B. Davies, "Reality Check", Computer Graphics World, June 1991, 49-54

[8] T.A. Furness, "Experiences in Virtual Spaces", Proc. of Human-Machine Interface for Teleoperations & Virtual Environments, Santa Barbara 1990

[9] E. Burdea, J. Zhueng, E. Rosteos, D. Silver, N. Lagrana "A Portable Dextrons Master with Force Feedback", Presence 1, Nr. 1 (Jan. '92), 18-28.

Virtual Reality im Unterricht: Eine Sozialwissenschaftliche Erörterung

Dr.Ralph Schroeder (mit Bryan Cleal und Warren Giles)
Lecturer in Sociology
Department of Human Sciences, Brunel University
Uxbridge, Middlesex UB8 3PH
Tel: 0985-274000 ext.3417

Dr.Schroeder ist Lecturer in Soziologie an der Brunel Universität in London. Sein Hauptforschungsgebiet ist zur Zeit die Virtual Reality Technologie. Bisherige Veröffentlichungen: 'Max Weber and the Sociology of Culture' (London, 1992).

Zusammenfassung: Die Anwendung von Virtual Reality Systemen im Unterricht wird anhand der Beispiele der beiden ersten Schulen, die diese Systeme angewandt haben (die West Denton High School in Newcastle und die Sommerschule des Human Interface Technology Laboratory in Seattle), untersucht. Dieser Aufsatz basiert hauptsachlich auf der Zusammenarbeit der Autoren mit der West Denton High School, auf den Resultaten von Befragungen der Schüler und Interviews mit Lehrern und auf veröffentlichtem Material. Nach einem Überblick über diese Quellen und einem Vergleich der verschiedenen Systeme dieser beiden Schulen, stellen die Autoren Überlegungen zu der enthusiastischen Reaktion auf diese Projekte an und versuchen die Fragestellungen zu umreissen, die sich aus der Einführung dieser Informationstechnologie in das Klassenzimmer ergeben.

Vortrag auf der Konferenz 'Virtual Reality: Anwendungen und Trends' am Fraunhofer Institut IPA, Stuttgart, 3-5.2.1992.

Virtual Reality im Unterricht: Eine Sozialwissenschaftliche Erörterung

1. Einleitung

Die rapide Entwicklung der Virtual Reality (VR) Technologien in den letzten Jahren bewirkt, dass nun mehrere Anwendungsarten ins Auge gefasst werden (Ellis, 1991). Eine Erfolgversprechende und interessante Anwendung von VR ist die im Unterricht. Soweit wir wissen, gibt es zur Zeit nur zwei Schulen die VR im Klassenzimmer angewandt haben, die West Denton High School in Newcastle und die Sommerschule des Human Interface Technology Laboratory in Seattle. Diese beiden kurzzeitigen Anwendungen der VR erlauben noch keine vollständige Beurteilung der Anwendung dieser neuen Informationstechnologie in dem Lehrmilieu. Aber, da diese Anwendungsmöglichkeit sich wahrscheinlich rasch erweitern wird - teilweise auch wegen den enthusiastichen Reaktionen auf diese beiden Projekte - scheint es nützlich einige vergleichende Überlegungen über die Erfahrungen dieser beiden Schulen, mit ihren unterschiedlichen VR Systemen, anzustellen, um neue Forschungsfelder zu erschliessen.

2. Virtual Reality in der West Denton High School und der Human Interface Technology Laboratory Sommerschule

- Die Human Interface Technology Laboratory Sommerschule

Das erste Experiment mit VR als einem Lehrinstrument hat an dem Human Interface Technology Laboratory (HITL) an der University of Washington in Seattle in Zusammenarbeit mit dem Pacific Science Center stattgefunden. An dem HITL wird in mehreren Gebieten der human-computer interaction geforscht und die Institution ist als kooperatives Unternehmen organisiert, in dem universitäre Wissenschaftler direkt mit Privatunternehmen zusammenarbeiten. Obwohl das HITL selbst ein Teil der Universität ist, werden die finanziellen Mittel teilweise von Unternehmen bereitgestellt, die an dem Fortschritt der VR Technology interessiert sind. Als eine der Institutionen, die führend in der VR Forschung ist, hat das HITL, das 1989 etabliert wurde, grosses öffentliches Interesse hervorgerufen.

Das erste Lehrprojekt fand im Sommer 1991 statt mit dem Ziel, 'to take a first step in evaluating the potential of VR as a learning environment' (Bricken und Byrne, 1992: 1). HITL und das Pacific Science Center haben eine Sommerschule arrangiert, in der Schüler gegen Entgeld eine Einführung in das VR erhalten konnten. Die Sommerschule bestand aus sieben einwöchigen Kursen, wobei in jeder Woche eine neue Schülergruppe in VR eingeführt wurde, so dass sie am Ende der Woche ihre eigenen Virtual Worlds erleben konnten. Eine zweite Sommerschule, die einer der Autoren (Schroeder) besuchen konnte, fand in ähnlicher Form im Sommer 1992 statt. Eine detaillierte Beschreibung und Beurteilung des ersten Sommerprojekts findet sich in der vom HITL veröffentlichten Literatur (Bricken und Byrne, 1992; Byrne, 1992; Bricken 1990). Wir wollen hier hauptsächlich einige Vergleichspunkte herausheben um einen Vergleich mit der West Denton High School anzustellen und einige generelle Fragen über VR im Unterricht zu erheben.

Die Schüler der beiden Sommerschulen waren zwischen 10 und 15 Jahre alt, überwiegend Jungen und aus der Umgebung von Seattle. Während der Schulveranstaltung 1992, zur Zeit von Schroeders Besuch, wurden 25 Schüler von 12 Lehrkräften betreut, die in kleinen Gruppen arbeiteten um einen Gruppenarbeitsstil zu fördern. Die Arbeit wurde tagsüber aufgetrennt in verschiedene Arbeitsgebiete, wie z.B. VR, Robotics, Graphik und Animation, Video Disc und elektronische Musik, und in diesen wechselten sich die Gruppen ab. Im Gegensatz dazu zielte das Programm im Sommer 1991 ausschliesslich auf das Erbauen von Virtual Worlds ab. Die Wochen waren jeweils so aufgebaut, dass die Teilnehmer in dieser Woche auf das Ziel der Erbauung einer Virtual World auf dem PC zusteuerten. Diese wurde dann am letzten Tag der Woche von jedem Schüler auf einem vollständig 'immersive' VR System einzeln mit einem 'head-mounted display' kurz 'erlebt'.

Der Kursus war so geplant, dass Schüler ihre Fähigkeiten eine Virtual World zu bauen, stufenweise aufbauen konnten, um dann die 'komplette' Welt erleben zu können. Im Sommer 1991 war das Studium auch so strukturiert, um die Beurteilung des VR Systems als Lehrinstrument durch die HITL Lehrkräfte zu erleichtern. Dazu wurden, abgesehen von den Beobachtungen der Lehrkräfte und Befragungen der Schüler, auch Videotapes von den Lehrtätigkeiten gemacht.

Was sofort an diesem Projekt auffällt, wie auch - wie wir sehen werden - an dem West Denton Projekt, ist, dass die Schüler sich wirklich so fühlten, als ob sie durch das Erforschen der Systeme lernen. Dies ist hauptsächlich darauf zurückzuführen, dass die Bestandteile des VR Systems für Lehrkräfte genauso neu waren wie für die Schüler (Bricken und Byrne, 1992: 3; Interviews mit Michael Clark, 1992). Die Schüler haben nicht nur grossen Einfallsreichtum beim bauen von Virtual Worlds demonstriert, sondern es erwies sich auch, dass das Verhältnis zwischen Schülern und Lehrern sowie die individuellen Lernprozesse stark von dem traditionellen Lernmodell abwichen, weil die Schüler mit den Lehrern und anderen Schülern zusammen auf die selben Probleme reagierten und die selben Entdeckungen machen mussten.

Andererseits ist es bei dieser Zusammenarbeit oft nur ein Lehrer oder Schüler, der an dem Keyboard arbeitet, und das heisst, dass die anderen in dieser Gruppe geraume Zeit sehr wenig tun und so Zeit verschwenden. So sind auch die Klassenzimmer in Seattle sowie in West Denton häufig angefüllt mit geschäftigem Treiben, das wenig mit lernen zu tun hat. Dies scheint hier sogar häufiger der Fall zu sein als in andern Klassenzimmern (obwohl dieser Eindruck durch systematische Vergleiche bestätigt werden müsste). Unser Eindruck war jedoch auch, dass die Schüler während der Arbeit völlig in das Virtual World Bauen vertieft sind und ein vergleichsweise sehr hohes Niveau von Interesse und Begeisterung vorherrscht. Der Enthusiasmus und die Konzentration waren noch ausgeprägter während dem 'immersion' Erlebnis der virtual world selbst, was man deutlich anhand der Videotapes von diesen VR-Erlebnissen sehen kann.

Den Schülern wurde ein bestimmter Betrag von Polygons (Computer Bausteine) für den Bau der Virtual World zur Verfügung gestellt. Damit haben, wie Bricken und Byrne feststellen konnten, die

Schüler innerhalb von einer Woche Kompetenzen auf mehreren Gebieten erzielt: Sie haben über VR Systeme selbst gelernt, über Design (und, teilweise 1991 und alle 1992, auch über Sound), sowie über das Bauen und begriffliche Denken in Virtual Worlds (1992: 10-11). Darüber hinaus waren die Schüler sehr kreativ bei ihrem Weltenbauen, was schon an den Namen der Welten - wie Mond Kolonie, Nachbarschaft, und mittelalterliche Raumstation (Mid-Evil Spacestation) - erkannt werden kann. Generell haben die Schüler gesagt, dass sie viel Spass beim lernen hatten (Bricken und Byrne, 1992: 10).

Die Begeisterung der Schüler wurde auch anhand der Befragungen festgestellt, die im Sommer 1991 ausgeführt wurden. Um Vergleiche zwischen Seattle und West Denton machen zu können, haben wir bei unserer Arbeit mit dem West Denton Projekt versucht eine vergleichbare Fragestellung zu benutzen. Deshalb werden hier einige der Seattle Resultate zusammengefasst, um später diesen Vergleich zu ermöglichen.

Die Befragung erhielt Antworten von 59 Schülern. Es gab drei Arten von Antwort: auf standardisierte, skalierte und offene Fragen. Ein Mangel, den die Forscher an der Befragung beklagten, war, dass die Auswahl der Befragten nicht repräsentativ war, und hauptsachlich aus weissen, männlichen Schülern bestand. (Zu Geschlechterfragen im VR, siehe Bricken, 1991). Die Antworten waren überwiegend positiv in Bezug auf VR. Zum Beispiel erhielt die skalierte Frage, ob VR ein gutes Spiel- und Lernmittel ist, Antworten die dem höchsten Grad der Skala zuneigten. So war es auch bei Antworten auf die standardisierte Frage, ob VR anderen Aktivitäten wie fernsehen oder Video games spielen, vorzuziehen sei. Die Schüler antworteten, dass sie im grossen und ganzen keine Orientierungsprobleme durch VR bekommen haben, ein erstaunliches Resultat, weil dieses Problem oft von VR Benutzern erwähnt wird.

Bricken und Byrne geben auch über die offenen Antworten eine Übersicht. Der wichtigste Befund hier ist dass Schüler generell mehr Möglichkeiten bei ihrem Weltenbau haben wollten, und dies meinen sie 'reflects the technical thrust of VR research'(1992: 9). Andererseits erwähnen die beiden Forscher, dass einige Merkmale der VR Systeme, wie zum Beispiel die Bildschirm Auflösung im HMD, noch viel zu wünschen übrig lässt.

Generell geben Bricken und Byrne den Eindruck dass das Projeckt im Sommer 1991 ein eindeutiger Erfolg war, und zwar sowohl vom Standpunkt der Beurteilung des Wertes der Benutzung der VR Systeme, als auch von Seiten der Antworten der Schüler und der Lernerfahrungen. Diesen Eindruck konnte Schroeder bei seinem Besuch im Sommer 1992 bestätigen. Die Veranstalter in diesem Jahr, Chris Byrne und Kelvin Chan, berichteten Schroeder über die Fortschritte die seit 1992, durch eine bessere Organisation sowie heterogenere Programmgestaltung, gemacht werden konnten. Während des Besuches waren die Schüler höchst enthusiastisch über VR und völlig in ihrer Arbeit gefesselt.

- Das West Denton VR Projekt

Das Virtual Reality Projekt an der West Denton High School hat

1991 begonnen, als der Rektor Michael Clark diese Technologie entdeckte, und anfing, Sponsoren anzusprechen, als auch eine Partnerschaft mit der Industrie zu etablieren und das nötige Zubehör und die Hilfskräfte zu beschaffen. Die Lehre mit VR hat jedoch erst im März 1992, mit mehreren Projekten, die seitdem laufen, angefangen. Bevor wir dieses Projekt beschreiben, wollen wir wiederum darauf hinweisen, dass unser Kontakt mit diesem Projekt viel intensiver als mit Seattle war. Giles hat acht Wochen lang an dieser Schule gearbeitet, Schroeder hat die Schule zweimal besucht und Cleal hat die Befragung und relevante Literatur analysiert.

Die West Denton Schule legt grossen Wert auf Informationstechnologien. Neben dem VR Projekt hat die Schule zum Beispiel Einrichtungen wie Satellit Fernseh Empfang, Computer-aided-design software, eine grosse Anzahl von PCs und Videosproduktionsanlagen. Dies ist um so erstaunlicher, wenn zugefügt wird, dass die Schule sonst nicht sehr gut mit Resourcen und anderen Einrichtungen ausgestattet ist, und das die Schule hauptsächlich Schüler betreut, die während der Grundschule Resultate unter dem Durchschnitt erzielt haben. Es kann jedoch darauf hingewiesen werden, das es Indikatoren dafür gibt, dass dieser Unterschied in den Resultaten im Laufe der Oberschule reduziert wird (City of Newcastle upon Tyne Education Department, 1991), was auf den Erfolg der Erziehungsziele der Schule hinzuweisen scheint.

Trotz dieser schlechten Ausgangssituation ist es Michael Clark, dank seines persönlichen Enthusiasmuses für die Benutzung von innovatorischen Informationstechnologien als Lernmitteln, gelungen, die rasche Einführung von VR Systemen zu bewirken. Überhaupt war unser Eindruck, dass das Projekt viel von der persönlichen Energie Michael Clarks und seiner Begeisterung für die Schaffung eines neuen Lernkontexts abhing. In seinen Worten, 'that is where the future lies...in the presentation and manipulation of information in as yet unknown ways...Give the tools to the young: before they are conditioned; before they are seduced and bemused. Technology is too important for Technologists just as Education is too important to leave to Educationalists'(Clark, 1992: 9). Wie wir schon gesehen haben, eignet sich das VR besonders gut eine solche Änderung im traditionellen Lehrer-Schüler Verhältnis herbeizubringen.

Die Schule selbst ist durchschnittlich gross und steht inmitten eines grossen sozialen Wohnungsbauviertels in West Denton etwas ausserhalb der Stadt Newcastle. Schüler kommen aus der näheren Umgebung und sind zwischen 13 und 19 Jahre alt. Sie bereiten sich anhand des üblichen staatlichen Lehrgangs vor, der mit dem Examen in mehreren von den Schülern gewählten Fächern beendet wird ('A' und 'O' levels). In der West Denton Schule neigen die Schüler dazu, diese Examen in Berufschulfächern zu wählen, wie z.B. Informatik und Kunst und Design. West Denton hat auch einige Schüler, die Kunst und Design Kurse bis zu einem Berufsschuldiplomniveau verfolgen (BTEC course). Diese stellten einen grossen Anteil der Benutzer der VR Systeme.

Drei Lehrer wurden beauftragt sich intensiv mit dem VR Projekt zu befassen. Ausserdem wurde das Projekt von einem Multimedia

Berater und anderen Lehrern betreut. Die Schüler neigten bei der Benutzung von VR zur Gruppenarbeit und weniger zur Einzelarbeit.

Die Ausstattung bestand aus dem VIRTUS Walkthrough Software package das auf einem Apple PC lief und dem Dimension Superscape System, das auf einem von Dimension zusammengestellten computer system lief. Beide Systeme waren vom Typus 'desktop VR', das heisst, ein desktop computer mit einer Maus oder einem 'Spaceball' Eingabegerät. Beide Systeme hatten vergleichbare Kapazitäten die das Design von Virtual Worlds relativ einfach machten. Mit anderen Worten, konnte die Ausführung des Weltenbaus, wie bei dem HITL Projekt, ohne vorheriges training und vergleichsweise schnell gelernt werden.

Hier muss kurz ein Exkurs eingefügt werden: Obwohl diese Systeme von den Herstellern und Benutzern als 'virtual reality' bezeichnet werden, würden einige diese Bezeichnung nur für 'immersive' VR Systeme anwenden, jene die einen 'head-mounted display' und ein 'glove' benutzen (zu den verschiedenen Arten von VR, siehe z.B. Ellis, 1991 und Rheingold, 1991). Da aber VR und die verwandte Soft- und Hardware sich noch in einem frühen Entwicklungsstadium befinden, und sich noch kein Standardsystem etabliert hat - sei es 'desktop', 'immersive', oder ein anderer Typus überhaupt (wenn es so einen Standard geben sollte: im Moment sieht es so aus als ob sich verschiedene Systeme entwickeln) - so werden hier die Bezeichnungen der Benutzer selbst hingenommen. Der technische Unterschied ist jedoch von grosser Bedeutung und wir werden darauf zurückkommen müssen.

VR im Unterricht sollte auf mehreren Gebiete angewandt werden: Im Sprachunterricht sollten die Schüler lernen sich mit einer 'Intelligent City' in einer anderen Sprache (Französisch) mittels von Ton input/output devices zu unterhalten sowie mit dieser Welt zu interagieren; eine 'Freiluft Skulpturen Gallerie' die beim Design und bei der Landschaftsgestaltung angewandt werden sollte, war geplant; und es gab den 'Gefährlichen Arbeitsplatz' in dem die Arbeitsfläche einer Fabrik mitsamt Sicherheitsvorrichtungen und funktionierenden Machinen. Letztere wurde in Kooperation mit NEI Parsons, einer Ingenieursfirma aus Newcastle, erstellt. Diese Zusammenarbeit beinhaltete auch einige Besuche der Schüler in der Firma sowie von Angestellten der Firma in der Schule. Gegen Ende des Schuljahres waren jedoch nur der 'Gefährliche Arbeitsplatz', der tonlose Teil der 'Intelligent City' und ein paar andere Experimente des Weltenbaus operationsfähig.

Das VR Projekt hat in einem fensterlosen Klassenzimmer stattgefunden, wo beide Systeme nebeneinander auf einem grossen Arbeitstisch benutzt wurden. Während die Systeme benutzt wurden, waren fast immer Lehrer dabei. Die Lehrstunden waren verschieden lang. Meistens betrug die Benutzung durch die Schüler zwischen 15 Minuten und einer Stunde. Die BTEC Schüler, deren Arbeit zum grossen Teil komplizierter war, waren auch diejenigen die das Dimension System benutzt haben (obwohl dies nicht so geplant war, sondern die Benutzung sich auf diese Art entwickelt hat). Dies wird sich später in den Antworten auf unsere Befragung widerspiegeln.

VR war daher in diesem Projekt nicht Teil eines auschliesslich auf VR oder auf Informationstechnologie ausgerichteten Lehrprogramms, sondern war ein Bestandteil des normalen Lehrplans der einige Stunden innerhalb einer Woche dauerte und zusammen mit anderen Fächern lief. Wie Michael Clark erklärte, steht noch nicht fest wie VR in den Lehrplan integriert werden soll, zumal es einige 'gewichtige Vorbehalte' gegenüber der Anwendung von VR von Seiten der für den staatlichen Lehrgang zuständigen Behörden gibt (Clark, 1992). Die VR Arbeit wurde jedoch partiell als Teil der 'A' level Prüfungen in Informatik und dem BTEC Diplom Informatik anerkannt. Es haben bisher ca. 35 Studenten an dem VR Projekt teilgenommen.

Die VR Systeme in den beiden Schulen sind also sehr verschieden: In der West Denton Schule wurde das Gefühl des 'Daseins' ('Presence') in der Virtual World hauptsächlich mittels von dreidimensionalen Bildschirmwelten erzielt, also die visuelle 'Ähnlichkeit' mit den Welten die repräsentiert werden und deren Manipulierbarkeit. Dies gilt auch für die Welten in der HITL Schule in der Phase des Weltenbaus, jedoch ist hier der Unterschied, dass die Schüler am Ende der Woche ihre Welten in einer 'immersive environment' 'erleben' können. Dieses 'immersive' 'Erleben' scheint einen grossen Teil der Begeisterung auszumachen, wie Chris Byrne feststellen konnte als sie einige der Studenten in der Mitte anstatt am Ende der Woche das 'immersive system' benutzen liess. Sie fand, dass die Schüler zur Arbeit als Weltenbauer viel begeisterter zurückkehrten, da sie wussten, zu welchem Ziel ihre Anstrengungen führen würden. Zur Zeit ist es noch schwer zu sagen, welches dieser beiden Systeme wertvollere Anwendungen haben wird. Offentsichtlich führt das HITL 'Erlebnis' jedoch zu einem stärkeren Eindruck von einem 'Dasein' in einer Virtual World.

Der zweite Unterschied liegt bei der Anwendungsart von VR in den Lehrplänen. In beiden Schulen ist VR Teil eines grösseren Plans für die Förderung von fortgeschrittenen Informationstechnologien. Während jedoch in der HITL Sommerschule 1992 das VR ein grosser Bestandteil eines intensiven einwöchigen Programms ist, dass auch andere Aktivitäten beinhaltet (siehe oben), so ist das West Denton VR Projekt eins von vielen Informationstechnologischen Lernprojekten in einer Schule die - abgesehen davon, dass sie einen grösseren Wert auf Informationstechnologien als andere Schulen legt - den üblichen Lehrplan einer Englischen Schule verfolgt. Hier ist VR ein Fach unter anderen während des ganzen Schuljahres.

Aufgrund der kurzen Erfahrung ist es sehr schwierig zu beurteilen, welcher der beiden Lehrpläne effektiver ist. Es scheint jedoch so zu sein, dass die HITL-Schüler stärker als die West Denton Schüler gespürt haben, dass sie VR benutzten. Da VR in der West Denton Schule als ein Fach unter vielen gelehrt wird, ist es andererseits möglich, dass es hier nicht als eine 'fortgeschrittene' Informationstechnologie angesehen wird, sondern eher als praktisches Werkzeug. Eins steht fest: In beiden Schulen haben die Schüler ohne viel Hilfe seitens der Lehrer sehr schnell gelernt die Systeme anzuwenden. Es ist sogar so, dass die Lehrer oft nicht imstande waren den Schülern zu helfen, da sie in Bezug auf technische Fähigkeiten nicht viel weiter als die Schüler waren und die Schüler oft mehr Phantasie als die Lehrer beim Weltenbauen vorwiesen. Darüber hinaus sind die Resultate in Seattle wie auch in West Denton sehr schnell erzielt worden, und diese Einfachheit des Gebrauchs und der Fähigkeit die Welt zu manipulieren, sowie auch die rasche Erfahrung etwas erreicht zu haben, tragen zu der begeisterten Reaktion auf VR bei.

Um zu erfahren, wie die Schüler auf das VR reagierten, haben wir, abgesehen von intensiver Beobachtung, eine Befragung durchgeführt. Hier, wie oben schon bemerkt, haben wir versucht der Befragung an der HITL Schule von 1991 zu folgen, um eine Basis für den Vergleich der Projekte zu schaffen. Es muss dabei aber betont werden, dass VR teil eines sehr unterschiedlichen Lehrplans war, dass die VR Systeme sehr unterschiedlich waren, und dass der Umfang der Befragung wie auch die Methode ihrer Ausführung - zumindest in der West Denton Befragung - keineswegs endgültige Schlüsse zulassen. Sie sollen eher als Wegweiser für künftige Forschung gelten, besonders weil es mit dieser Technologie erst geringe Erfahrung gibt.

Die West Denton Befragung setzte sich ebenso aus einer Mischung von skalierten, standardisierten und offenen Frgaen zusammen. Sie wurde zusammen mit einer anderen Untersuchung über Informationstechnologie ausgeführt, die von der Schule selbst organisiert wurde. Die Grösse der Auswahl von 70 Schülern erhielten wir, da wir willkürlich zu den 35 Schülern die VR benutzt hatten noch weitere 35 Schüler, die VR nicht benutzt hatten, beimengten (von einer Gesamtumfragegrösse von 300 Schülern). Die Schüler waren 13-15 Jahre alt, oder Schuljahr 9-10 in England, mit einem Durchschnitt von 14.25 Jahren. Die Schüler waren überwiegend männlich (82.4%) gegenüber einem geringeren Anteil der Männer (62.9%) unter den VR Nicht-Benutzern.

Als wir fragten, wieviele Stunden pro Woche die Schüler generell PCs benutzten, fielen über die Hälfte in die Gruppe 1-3 Stunden pro Woche und ungefähr ein Drittel in 0-1 Stunde pro Woche. Der Rest lag zwischen 4-5 Stunden und nur ein Schüler meinte dass er auf 6-10 Stunden Benutzung kam. Interessanterweise gab es fast keinen Unterschied zwischen Nicht-Benutzern und Benutzern von VR, abgesehen davon, dass einige Nicht-Benutzer sagten, dass sie fast niemals PCs benutzten. Fast zwei Drittel benutzten einen PC auch zuhause und auf die skalierte Frage 'Macht es dir Spass PCs zu benutzen?' war der Durchschnitt 5.6 auf einer Skala von 1-7, wiederum mit einem unerheblichen Unterschied zwischen Benutzern und Nicht-Benutzern.

Dieses Resultat zeigt, dass die Beschäftigung mit PCs ein beständiger und regulärer Teil der Woche ist, und es hier kaum nennenswerte Unterschiede zwischen Benutzern und Nicht-Benutzern gibt. Dies unterstützt einen früheren Kontrast mit der HITL Schule, da die Schüler, die die Sommerschule besuchten, sich aufgrund ihrer Begeisterung für Informatik freiwillig zur Teilnahme entschlossen (oder von ihren Eltern ausgewählt wurden). Dieser Unterschied wird sicherlich die Angaben beinflusst haben.

Wir fragten auch, welche Art von computer software die Schüler benutzten, ob wordprocessing, spreadsheet, database oder graphics-drawing packages. Die Antwort hier war, dass abgesehen des Gebrauchs von den meistgebrauchten wordprocessing

Anwendungen, die anderen Arten von packages von Benutzern von VR viel mehr benutzt wurden. Verblüffend war die Antwort auf die Frage (auf einer Skala von 1-7), ob 'Lehrer die Benutzung von PCs fördern?' die mit einem Durchschnitt von 2.91 beantwortet wurde, und damit wiederum keinen nennenswerten Unterschied zwischen Benutzern und nicht-Benutzern aufweist. Dies heisst, dass sich die Schülern in dieser Beziehung nicht als besonders 'gefördert' sahen.

Die anderen Fragen beantworteten nur die VR Benutzer, und hier können die Antworten wiederum in die Kategorien Benutzer des Virtus Systems, des Dimension Systems und von beiden eingeteilt werden. Die meisten hatten nur das Virtus System benutzt (81.8%) während 9.1% (3 Schüler) nur das Dimension System benutzt und wiederum nur 9.1% (3 Schüler) beide benutzt hatten. Leider kann, obgleich die Antworten von denjenigen die beide System benutzt hatten, auf höhere Begeisterung der Nutzung von VR hindeutete, und darüberhinaus die Antworten von den Dimension Benutzern manchmal von denen der anderen abwichen, auf diese Aufteilung nicht näher eingegangen werden, da die Auswahl hier zu klein ist.

Die durschnittliche Antwort auf die Frage 'Wie empfandest du die Anwendung von Virtual Reality?' war 4.74 auf einer Skala von 1 (= hat keinen Spass gemacht) bis 7 (= hat viel Spass gemacht). Auf die Frage 'Würdest du VR wieder benutzen wollen?' war der Durchschnitt 5.24 auf der Skala von 1 (= überhaupt nicht) bis 7 (= sehr gern). Diese Antworten kommen den Resultaten von Bricken und Byrne sehr nahe und bezeugen die grosse Begeisterung für VR, obwohl der Kontext, wie gesagt, ein sehr anderer war.

Zur Frage 'Würdest du lieber eine Virtual World erkunden ODER dein Lieblings Computer Spiel anwenden?' haben ungefähr zwei Drittel (67.6%) VR vorgezogen. Und wiederum genau zwei Drittel (66.66%) zogen vor VR zu erkunden, anstatt Fernsehen zu schauen. Schliesslich zogen 58.06% vor, eine neue Welt zu bauen, anstatt eine fertiggebaute zu erkunden. Diese Resultate sind nochmals denen von der HITL Schule sehr ähnlich, obwohl erwähnenswert ist, dass eine höhere Anzahl von HITL Schülern lieber eine neue Welt bauen wollten. Dies kommt sicherlich auch daher, dass die HITL Schüler ausdrücklich beauftragt waren, eine Welt zu bauen, während die West Denton Schüler nur an verschiedenen Phasen dieses Prozesses teilgenommen haben und nur im Ausnahmefall von Anfang bis Ende an diesem Prozesses teilgenommen haben. Es kann auch sein, dass dieser Unterschied auf das Erlebnis einer 'immersive environment' zurückgeführt werden kann. Obwohl es nicht direkt aus der Befragung hervorgeht, ist es wahrscheinlich, dass der HITL Auftrag eine ganze Welt von Anfang bis Ende zu bauen, eine lohnendere und fesselndere Aufgabe war.

Zusätzlich fragten wir drei offene Fragen. Auf die Frage 'gib bitte einige Gründe an warum du gern Computer benutzt oder warum nicht' (an Benutzer und nicht-Benutzer von VR gestellt) gab es vier häufige Antworten. Die populärste war, dass sie sich gut zum Computer-game spielen eignen. Andere Antworten waren, dass sie praktisch sind, dass sie die Qualität von schriftlichen Arbeiten erhöhen, und dass sie Arbeitszeit verringern können. Eine interessante Antwort die von weiblichen Schülern kam war dass sie nicht gern Computers benutzten, weil sie Angst hatten dass sie

sie kaputt oder Fehler machen könnten.

Als wir fragten, ob die beiden VR Systeme in etwa dem entsprachen 'was du von Virtual Reality erwartest hast?' (und hier war, wie gesagt, die Anzahl der Befragten kleiner) hat der grössere Teil diese Frage bejaht. Dies ist verblüffend, da unter VR oft nur der 'Immersion' Typus verstanden wird. Nur wenige, wenn auch hier nicht in negativer Weise, erwähnten das Fehlen von einem head-mounted display, und nur wenige kamen auf die schlechte Bildqualität ('poor resolution') zu sprechen.

Zum Schluss fragten wir, welche Art von Welt sie gerne erkunden oder bauen würden, und die Antworten konnten wir in drei Kategorien zusammenfassen: Futuristisch, heutige Utopie, und historische Umgebung. Fast alle Antworten liessen sich in diese drei einteilen, obwohl es einige wichtige Varianten gab, wie zum Beispiel dass einige der Futuristischen Welten auf der Erde waren während andere im Weltall stattfanden. Es kann vermutet werden, dass ungefähr zwei Drittel der Welten auf dem System von West Denton gebaut werden könnten, während für ein Drittel ein System mit weiteren Kapazitäten nötig wäre. Es ist sehr auffallend, dass obgleich die West Denton Schüler nur mit wenigen Welten, die von den Lehrzwecken abhingen, Erfahrung gemacht hatten, sie keine Hemnisse hatten über die Welten, die sie geschaffen hatten hinaus phantasiereich über andere mögliche Anwendungen der Technologie nachzudenken.

III. Zusammenfassung: VR im Unterricht - Einige Fragen und Ausblicke

Was an den beiden VR Projekten auffällt, ist, dass sie grosses Interesse hervorgerufen haben, ähnliche Projekte an anderen Orten einzuführen, sei es im normalen Schulbetrieb oder in der Form von Sommerschulen. Teils folgt dies aus der vielfältigen Aufmerksamkeit, die von den Massenmedien auf diese Projekte gelenkt wurde. VR wird als ausgezeichnete Gelegenheit für den Unterricht angesehen, obwohl wir noch sehr wenig über die Nützlichkeit von VR als Lerninstrument oder dessen Beitrag zum Lernen wissen.

Es scheint daher gut möglich, dass wie bei der Einführung des PC in den Unterricht, VR ähnlich rasch eingeführt wird, besonders wenn diese Systeme billig genug für weitverbreitete Anwendung werden, was durchaus wahrscheinlich ist. Diese Entwicklung allein muss nicht negativ bewertet werden, jedoch muss bedacht werden, dass die Einführung von PCs in das Klassenzimmer eine Entwicklung war - und vielleicht immer noch ist -, die grosse Probleme mit sich brachte. So gab es zum Beispiel einen ineffizienten Gebrauch der Ressourcen und weiterhin war die Reflektion über den erzieherischen Wert von PCs schlecht abgestimmt mit der Geschwindigkeit, mit der sie eingeführt wurden (siehe, z.B., Robins und Webster, 1989). In einem 'High-tech fix' (Robins und Webster, 1989) Zeitalter muss ein solcher Enthusiasmus wohl als unvermeidlich angesehen werden. Präziser formuliert bedeutet dies, dass in unserem Zeitalter fortgeschrittene Technologien, und hierbei vor allem Informationstechnologien, als Schlüssel für die Bewältigung einer ungeheuren Informationsflut angesehen werden können. Das technische 'know-how', dass durch die

Schulbildung vermittelt wird, soll deshalb Einfluss auf den Wettkampf zwischen den Industrienationen im High-Tech Bereich nehmen. Eindeutige Beweise für diese Argumentationsrichtung fehlen allerdings bis jetzt noch.

Es ist jedoch nicht Zweck dieses Aufsatzes gewesen, vor der allzu raschen Einführung von VR in den Unterricht zu warnen. Abgesehen davon, dass dies vergeblich wäre, wäre eine solche Warnung auch unangebracht, da VR Systeme zweifellos viele phantasiereiche und wertvolle Beiträge zu Vermittelung von Fähigkeiten und zur Informationsüberlieferung leisten können. Es ist jedoch hilfreich kurz einige Fragen aufzustellen, die angesprochen werden sollten, falls VR als Lerninstrument eingesetzt werden soll (sie sind hier nicht unbedingt in der Folge ihrer Dringlichkeit aufgezählt):

- Wir wissen immer noch sehr wenig über die psychologischen Einwirkungen, die interaktive Computer Medien auf den Benutzer ausüben. Dies mag auch bei PCs generell und bei anderen Medien der Fall sein, da aber VR ein so grosses Interesse bei der Öffentlichkeit hervorgerufen hat, und da VR für Benutzer so fesselnd ist - besonders weil diese Systeme so viel Spass machen und so viel Interaktion mit sich bringen - ist es umbedingt angebracht, eventuelle schädliche Wirkungen vorher abzuschätzen. Die Resultate der Befragungen so wie auch der Beobachtungen der Schüler, lassen darauf schliessen, dass dieses kein besonderes Problem in den beiden Schulen ist. Hier ist jedoch wichtig, dass keine Trugschlüsse gezogen werden, denn diese Erfahrungen fanden in einer höchst kontrollierten Situation statt und die Begeisterung der Schüler hätte sie leicht über die schädlichen Wirkungen hinwegtäuschen können. Auf jeden Fall sollten ihre Antworten von Psychologen und anderen überprüft werden. Eine verwandte Frage die von Sozialwissenschaftlern untersucht werden sollte, ist, bis zu welchem Grad die Virtual Worlds an die Stelle von anderer Formen inter-persönlicher Beziehungen und von Interaktion treten, besonders in einem so wichtigen Bereich wie dem des Lernens.

- Während die Anwendungsmöglichkeiten von VR im Lernprogramm praktisch grenzenlos sind, ist es dennoch notwendig zu ermitteln wo VR die nützlichste Rolle spielen kann, besonders um die Einführung von VR auf die Gebiete zu lenken, in denen diese Technologie besondere Vorteile aufweist. Diese Planungsaufgabe wird durch die rasche und unvorhersehbare Entwicklung der technischen Kapazitäten der VR Systeme fast unmöglich gemacht, und es ist darüberhinaus, ausgesprochen schwer abzuschätzen, ob das Potential von heutigen Systemen völlig in Anspruch genommen wird. Um es anders zu formulieren: Sollten wir auf stärkere und flexiblere Systeme warten, die zum Beispiel mehreren Benutzern erlauben zusammen eine Virtual World zu erleben, oder sollte das Lernen mit VR sich dem jetzigen Stand der Technik anpassen? Oder anders gesagt, ist VR am nützlichsten bei der Arbeit mit Design und dem Bauen von Virtual Worlds, oder gibt es andere Gebiete, wo es im Gegensatz zum Design, keine andere Werkzeuge oder Lehrhilfen gibt, wie etwa beim Sprachunterricht bei dem 'schüchterne' Schüler die Sprachübung in einer Französischen Virtual Welt erlangen können, wie es in West Denton anvisiert wird? Dies ist wiederum ein Gebiet, das mehr Informationen und weitere Projekte benötigt, um eine Reihe von Lehrarten mit VR versuchsweise auszuprobieren - bevor die Anwendungsart von dem technologischen 'Trieb' und von dem jetzigen Stand der Technologie sowie von dem Medieninteresse 'gehijackt' wird.

Wie unsere Diskussion gezeigt hat, haben beide Projekte grosse Begeisterung unter Schülern und Lehrern hervorgerufen. Die Beobachtungen, die wir anstellen konnten und die Resultate der Befragungen haben erwiesen, dass trotz der sehr unterschiedlichen Lehrumgebungen und VR Systeme, in beiden Fällen die Schüler schnell die Anwendung der Systeme erlernen und phantasiereiche Welten gestalten können. Es ist zu früh aufgrund dieser Erfahrungen den Wert der VR als Lernwerkzeug eindeutig festzulegen. Falls es nur das Ziel wäre, eine positive Einstellung zu dem Gebrauch von fortgeschrittenen Informationstechnologien - und speziell der VR - zu erzeugen, dann könnten beide Projekte als eindeutiger Erfolg bewertet werden. Viele schwierige Fragen, von denen hier nur einige erwähnt wurden, stehen noch bei der Anwendung von VR Technologie aus und bedürfen weiterer Analysen. Da die Technologie sich rasch entwickelt, kann erwartet werden, dass diese Fragen uns sehr bald, in der Erziehung wie auch bei anderen Anwendungen, beschäftigen werden. Wir hoffen dass wir durch unsere Arbeit dieser wichtigen Diskussion einen Anstoss gegeben haben.

Die Authoren wollen sich bei folgenden Personen bedanken: Den Lehrern und Schülern an der West Denton High School und der HITL Sommerschule, und besonders Chris Byrne und Ann Elias bei HITL und Michael Clark von West Denton. Vielen Dank auch an Thomas Heimer von der Interdisziplinären Arbeitsgruppe Technikforschung, Institut für Markt und Plan, Johann Wolfgang Goethe Universität, Frankfurt. Diese Studie wurde teilweise durch Mittel des Brunel University Research Initiate Enterprise Fund ermöglicht.

Literatur

Bricken, Meredith: 'A Description of the Virtual Reality Learning Environment', Human Interface Technology Laboratory Technical Report No. HITL-M-90-4, 1990.

Bricken, Meredith und Byrne, Chris: 'Summer Students in Virtual Reality: A Pilot Study on Educational Applications of Virtual Reality Technology', (unveröffentlichter Aufsatz, 1992).

Byrne, Chris: 'Students explore VR Technology', HIT Lab Review, ed. Bill Wiseman, no.1, winter 1992, pp.6-7.

Clark, Michael: 'Virtual Reality in Education and Training - Willing Prisoner of Its Own Flawed Metaphor', unveröfenlichter Vortrag der auf der Konferenz VR92 in London, Mai 1992, präsentiert wurde.

City of Newcastle upon Tyne Education Department: 'Educational Achievement 16-19, Examination Performance in Newcastle Schools' (unveröffentlichter Report: 1991).

Ellis, S.R: 'Nature and Origins of Virtual Environments: A Bibliographical Essay', in Computing Systems in Engineering Vol.2, No.4, pp.321-347, 1991.

Rheingold, Howard: 'Virtual Reality', (London, Secker & Warburg: 1991.

Robins, Kevin and Webster, Frank: 'The Technical Fix: Education, Computers and Industry' (Basingstoke, Macmillan: 1989).

Virtual Reality '93 - Anwendungen und Trends

Dr.-Ing. Johannes Springer[1], Dipl.-Ing. Matthias Göbel[1],
Dipl.-Ing. Volkmar Hedicke[2], Dipl.-Ing. Matthias Rötting[2]

[1] Institut für Arbeitswissenschaft, RWTH Aachen

[2] Institut für Arbeitswissenschaft, TU Berlin

Thema: Einflüsse taktilen Feedbacks bei primär visuellen Tracking-Aufgaben

Kurzfassung

Insbesondere bei dreidimensionalen Darstellungen und Eingabeoperationen im CAX-Bereich sowie Virtual Reality-Applikationen werden Defizite durch die in der Regel rein visuelle Informationsaufnahme deutlich, wenn Bewegungen im Raum nur auf visuellem Weg kontrolliert werden können und jegliches Gefühl für die eigene Position im Raum und die Möglichkeit des „Ertastens" von abgebildeten Elementen fehlt. Experimentell wurde daher untersucht, inwieweit eine taktile Informationsübertragung für die Mensch-Maschine-Interaktion bei VR-Applikationen eingesetzt werden kann und welche Wirkungen hiermit zu erzielen sind. Zur Untersuchung des Leistungsverhaltens bei Unterstützung durch taktile Rückmeldung wurde eine Versuchsreihe mit einer vereinfachten, eindimensionalen Maus-ähnlichen Eingabevorrichtung durchgeführt. Es zeigt sich, daß bereits mit dem sehr einfachen Versuchsaufbau der Einfluß einer zusätzlich angebotenen taktilen Information nachgewiesen werden kann.

Einflüsse taktilen Feedbacks bei primär visuellen Tracking-Aufgaben

Johannes Springer[1], Matthias Göbel[1],
Volkmar Hedicke[2], Matthias Rötting[2]

[1] Institut für Arbeitswissenschaft der RWTH Aachen
[2] Institut für Arbeitswissenschaft der TU Berlin

1. Einleitung

Im Zuge der Entwicklung von Virtual Reality(VR)-Anwendungen wird versucht, Realität bzw. Gegenstände oder Welten, die einmal Realität werden sollen (Prototyping), nachzubilden. Im Vordergrund technischen Bemühens steht dabei immer, Realität so gut wie technisch möglich und unter Berücksichtigung der zu untersuchenden Fragestellungen so gut wie nötig abzubilden.

Der Mensch als informationsverarbeitendes System besitzt unterschiedliche Möglichkeiten der Informationsaufnahme wie auch der Informationsabgabe. Realität in diesem Sinne bedeutet daher für einen Benutzer eines VR-Systems, daß, je nach Aufgabenstellung, die Sinne sowohl für die Informationsaufnahme wie auch die Informationsabgabe angesprochen werden, wie dies der Erfahrung des Benutzers und damit der Modellvorstellung, die sich der Benutzer von der Realität gebildet hat, entspricht. Sollen Benutzer Realität „verstehen", so müssen sie diese be"greifen" (Volpert 1992). Nun ist das Greifen zwar durch verschiedene EDV-Eingabemedien realisiert (z.B. Datenhandschuh), jedoch ist ein Greifen ohne zu Fühlen nur sehr eingeschränkt möglich.

Sind den Eingabeelementen technischer System feste Funktionen zugeordnet, so können durch Kräfte oder Momente, die von den Eingabeelementen an den Benutzer übermittelt werden, zusätzliche Informationen taktil oder kinesthetisch übermittelt werden, so z.B. Lenkkräfte beim Steuern eines Kraftfahrzeuges. In software-basierten Systemen variiert jedoch die Funktion der Ein- und Ausgabegeräte in Abhängigkeit der speziellen Anwendungssoftware, dem aktuellen Status des Anwendungsprogramms etc., so daß auf taktilem oder kinesthetischem Wege nur die Betätigung des Eingabegerätes selbst, der Eingriff, signalisiert werden kann. Die Reaktionen des technischen Systems erhält der Benutzer meist durch eine visuelle Informationsausgabe übermittelt. Dies führt beim Benutzer zu einer einseitigen Belastung einiger weniger Sinneskanäle, die bei komplexen Aufgaben sogar überlastet werden können, durch deren Belastung jedoch zumeist entsprechende Beanspruchungen verursacht werden, die häufig bei der Untersuchung von Bildschirmarbeitsplätzen aufgeführt werden (z.B. Beanspruchungen des visuellen Systems). Insbesondere bei VR-Applikationen wird dieses Informations-(Reiz-)Defizit deutlich, wenn Bewegungen im Raum nur auf visuellem Weg kontrolliert werden können und jegliche Information für die eigene Position im Raum (kinesthetisch) und die Möglichkeit des taktilen Wahrnehmens von abgebildeten Objekten fehlt.

Es soll daher untersucht werden, welche Vorteile eine zusätzlich zur visuellen Informationsausgabe präsentierte taktile Informationsübertragung bezüglich des Leistungsverhaltens und der Beanspruchung von Benutzern aufweist.

Zu berücksichtigen ist dabei auch, daß das taktile Wahrnehmungssystem einerseits passiv reagiert, d.h. das „Berührtwerden" durch einen äußeren Gegenstand signalisiert, und andererseits aktiv bei der Wahrnehmung von Gegenständen teilnimmt.

Ebenfalls zu berücksichtigen ist, daß sich taktiles und kinesthetisches Wahrnehmungssystem zwar physiologisch voneinander unterscheiden, bezüglich der Komplexität äußerer Reize jedoch häufig gemeinsam involviert werden, wenn beispielsweise ein Druckreiz von einer äußeren Kraft überlagert wird. Insbesondere das Einleiten von Kräften ist technisch jedoch nur mit hohem Aufwand realisierbar, da im Eingabegerät immer ein Kräftegleichgewicht erzeugt werden muß, was für größere Kräfte zu entsprechend aufwendig gestalteten und damit häufig nicht mehr handhabbaren (z.B. zu große Masse) Eingabesystemen führt. Eine weitere Fragestellung ist daher, inwieweit taktile Wahrnehmung auch „simuliert" werden kann, beispielsweise durch das Einleiten von Vibrationsreizen, bei denen die aufzubringenden Kräfte nur relativ klein sein müssen.

2. Mechano-Rezeption im Menschen

Die Mechano-Rezeption bildet mit der Thermo-Rezeption und der Nociception (Schmerzempfinden) die Hautsinne, da die für die Reizaufnahme zuständigen Rezeptoren in der Haut eingelagert sind. Hierfür existieren verschiedene je nach Hautschicht und behaarter bzw. unbehaarter Haut vorhandene Rezeptoren unterschiedlicher Eigenschaften. Die Mechano-Rezeption kann weiter in die Sinnesqualitäten Druck, Vibration und Berührung eingeteilt werden, die sich aus den Adaptationseigenschaften der Rezeptortypen, also dem dynamischen Reaktionsverhalten auf eine Reizänderung, erklärt (Hensel 1985).

Bei der Wahrnehmung von Drücken ist zu berücksichtigen, daß ein Reiz zu Beginn auch eine dynamische Komponente aufweist. Das äußert sich darin, daß bei konstanter Druckfläche eine Kraft, die zur Wahrnehmung aufzubringen ist, um so kleiner wird, je schneller die Belastung erfolgt (Hensel 1966). Die Fühlschwelle bezogen auf Druckreize variiert je nach Körperstelle. An der Hand schwankt sie zwischen Eindrucktiefen von 6 Mm bis 24 Mm (Schmidt 1980). Diese Werte gelten jedoch nur dann, wenn die Haut an der zu untersuchenden Stelle ausschließlich von einem Stößel berührt wird, der die entsprechende Eindrucktiefe in der Haut realisiert. Werden die Druckrezeptoren dagegen beim Berühren eines Gegenstandes schon angesprochen und dann ein zusätzlicher Druckreiz überlagert, so verschieben sich die Wahrnehmungsschwellen nach oben.

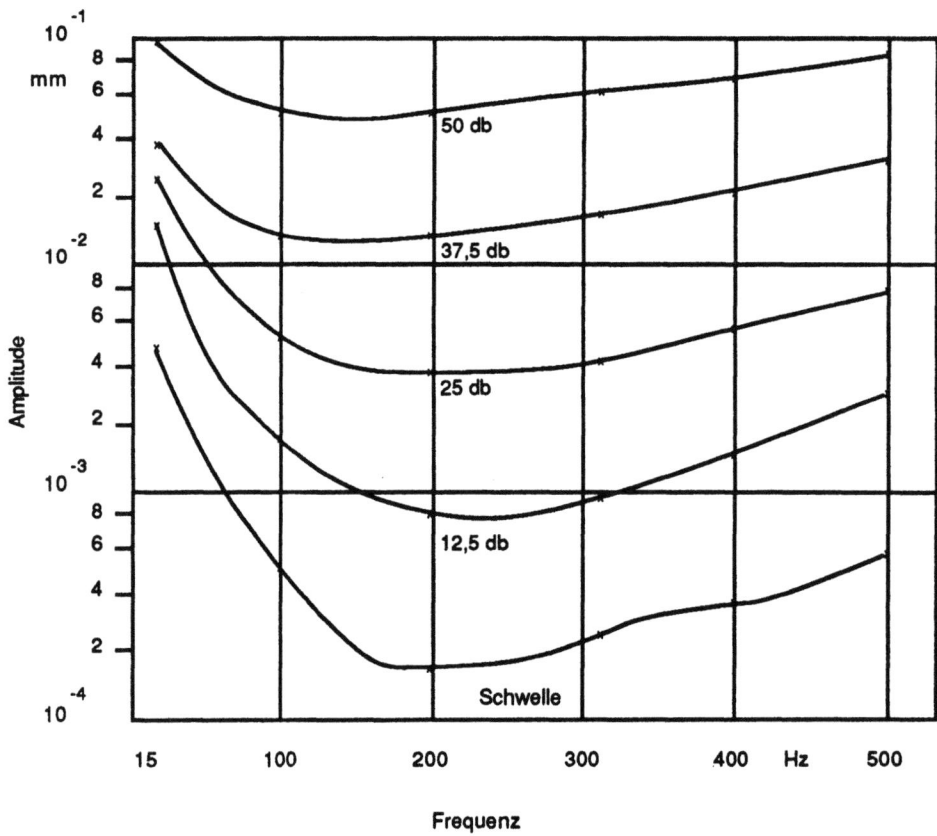

Bild 1: **Frequenzabhängigkeit der Intensitätsschwellen (nach Hensel 1966)**

Die Wahrnehmung von Vibrationsreizen ist abhängig von der Reizfrequenz, dem Reizort bzw. den mechanischen Hauteigenschaften und der Rezeptorendichte an der Reizeinleitungsstelle und der Größe der Reizfläche. Für kleine Flächen unter 0,02 cm² ist zur Wahrnehmung notwendige Reizintensität über der Frequenz konstant. Bei Flächenvergrößerung bis hin auf ca. 5 cm² fällt der Schwellenwert bei ca. 40 Hz ab und weist bei ca. 250 Hz ein mit der Vergrößerung niedrigeres Minimum auf. Bild 1 zeigt die Amplitude der Fühlschwelle abhängig von der Frequenz sowie Werte gleicher Intensitätswahrnehmung.

Es zeigt sich, daß bei Frequenzen um 200 Hz schon sehr geringe Vibrationsamplituden wahrgenommen werden können. Bezüglich der Zeitdauer der Reize steigt bei Reizdauern unter 100 ms die Wahrnehmungsschwelle mit ca. 10 dB pro Dekade an (Leisieffer 1987). Beim plötzlichen Aufbringen einer Vibration wird die volle Wahrnehmungsintensität erst nach ca. 1,2 sec (bei 100 Hz) erreicht. Die Abklingzeit beträgt ca. 0,5 sec (Rösler 1957). Bei einer länger anhaltenden Vibration ist eine deutliche Erhöhung der Fühlschwelle festzustellen (Hahn 1966). Die Empfindlichkeitsänderung bei längerer Vibration bildet sich jedoch in einer Ruhephase auch sehr schnell wieder zurück (Bild 2).

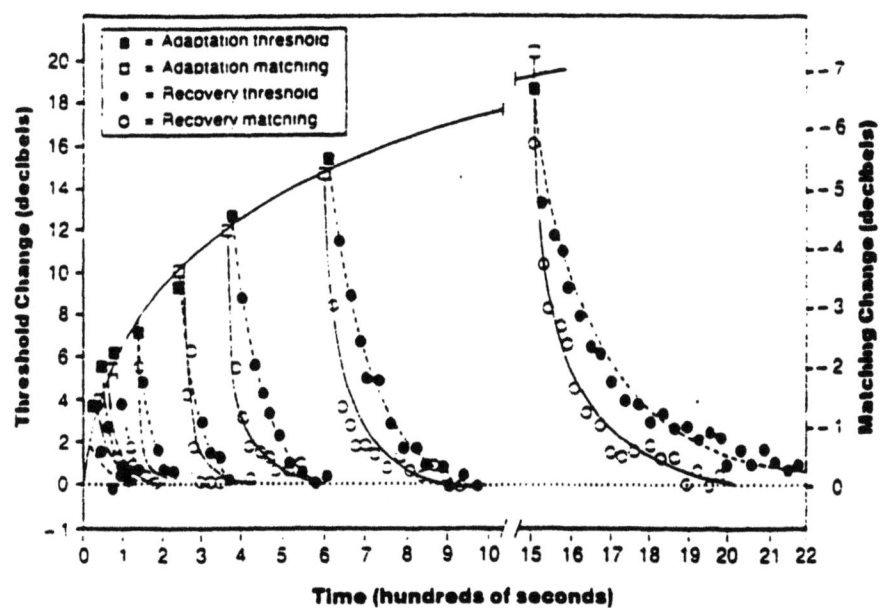

Bild 2: Fühlschwellenänderung bei langen Vibrationsreizdauern (aus: Hahn 1966)

Faßt man die verfügbaren Erkenntnisse zur Mechano-Rezeption im Sinne der Informationsübertragung auf den Menschen zusammen, so kann für eine bewußte Wahrnehmung je nach Art der Informationsübertragung und abhängig vom Übungsstand eine maximale Übertragungskapazität pro Geber von 20 - 60 bit/sec erreicht werden. Bei simultaner Reizübertragung an mehreren Orten lassen sich bei 15 Gebern am Unterarm Werte von 600 - 950 bit/sec erreichen (Blume 1990). Die Übertragungskapazität liegt also noch deutlich unterhalb der auditiven Wahrnehmung, womit auch diverse Untersuchungsergebnisse, bei denen visuelle und taktile Informationsübertragungen verglichen wurden, begründet werden können. Eine alleinige Informationsübertragung auf taktilem Weg ist daher nur unter Einschränkungen möglich.

Mechano-rezeptive Vorgänge spielen jedoch auch eine außerordentlich wichtige Rolle bei der vornehmlich unbewußten Kontrolle von Bewegungen. Grund dafür ist, daß die rezeptiven Signale zwar poly-synaptisch zwischen verschiedenen Reiz- und Effektororganen verschaltet sind, eine Reizverarbeitung jedoch ohne Einbeziehung höherer Gehirnzentren abläuft (Luczak 1992). Wesentlicher Vorteil dabei ist, daß nur sehr kurze Reaktionszeiten zur Steuerung und Korrektur der einzelnen Bewegungen (30 - 80 ms) erforderlich sind und daß auf Reflexebene (ohne Bewußtseinspflichtigkeit) eine Vielzahl solcher Regelungsvorgänge parallel ablaufen können, während visuell Informationen sequentiell umgesetzt werden müssen. Allerdings liegt die Genauigkeit taktiler Wahrnehmung deutlich unterhalb der visuellen Wahrnehmung.

3. Anwendungsmöglichkeiten und derzeitige Realisierungen taktilen Feedbacks

Für die Anwendung einer taktilen Informationsübertragung bedeuten diese Charakteristika, daß taktile Reize wenig geeignet sind, bewußt wahrnehmbare Informationen als Alternative zur visuellen Wahrnehmung zu übermitteln. Besonders vorteilhaft sind jedoch taktile Reize immer dann, wenn sie zusätzlich zu visuellen Informationen wahrgenommen werden können, beispielsweise bei der Bewegungskoordination (Luczak 1983). Bild 3 zeigt schematisiert für ein Mensch-Maschine-System, wie und an welcher Stelle ein taktiles Feedback in den Regelkreis eingreift, der im wesentlichen durch eine visuelle Informationsaufnahme des Menschen und eine motorische Informationsabgabe gekennzeichnet ist. Aus Bild 3 wird auch deutlich, worin der Vorteil einer taktilen Rückmeldung besteht: Die sensumotorischen Arbeitsabschnitte werden analog zum natürlichen Umgang mit realen Objekten vorwiegend unbewußt von den niederen Zentren menschlicher Informationsverarbeitung gesteuert, wobei nur noch die Kontrolle für den gesamten Tätigkeitsablauf weiterhin visuell vorgenommen wird. Es ist daher zu erwarten, daß dadurch die Beanspruchungen der motorischen Steuerungszentren des Menschen reduziert werden können, da die Bewegungssteuerung auf niedrigere, parallel arbeitende Ebenen verlagert wird.

Bezüglich verschiedener EDV-Eingabegeräte wird ein taktiles Feedback immer dann genutzt, wenn eine Eingabe unabhängig vom Programmstatus dem Benutzer rückgekoppelt werden muß. So weisen Tastaturen oder auch die Tasten an einer Maus eine Kraft-Weg-Charakteristik auf, die durch einen plötzlichen Kraftabfall verbunden mit einem meist gut hörbaren Klicken dem Benutzer eine Eingabe signalisiert. Für die Anwendung einer Maus wurden erste Formen eines taktilen Feedbacks abhängig vom jeweils unterschiedlichen Status des Rechnerprogrammes realisiert (Luczak 1992).

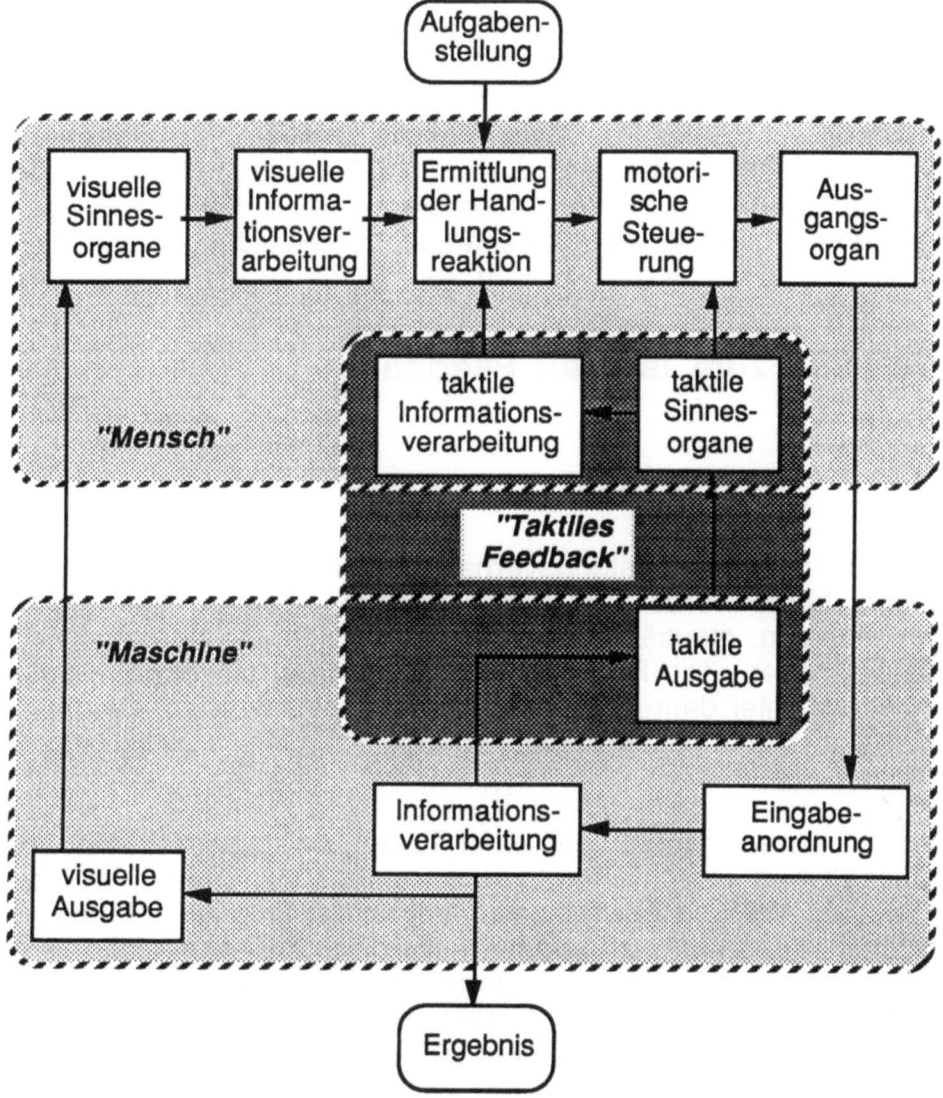

Bild 3: **Schema der Informationsverarbeitung bei Mensch-Maschine Interaktionen und taktiler Rückmeldung (aus Luczak et al. 1992)**

Die Anwendung von Joy-sticks, beispielsweise bei der Flugzeugführung (Fly by Wire) zeigt, wie effektiv ein taktiles oder auch taktil-kinesthetisches Feedback auch statusabhängig eingesetzt werden kann. Zusätzlich zur Kraftrückkopplung kann auch das taktile Empfinden beispielsweise durch das Hervortreten einer Taste (Jagacinski 1983) zur Signalisierung weiterer Betriebszustände angesprochen werden.

Für den dreidimensionalen Bereich existieren eine Reihe verschiedener Eingabegeräte, die mit kinesthetischen bzw. taktilen Feedback-Einrichtungen ausgestattet wurden (siehe z.B. Krueger 1991). So existiert ein Joy-string (Foley 1987), dessen Bewegungen durch Gegenkräfte, erzeugt durch kleine Servomotoren, eingeschränkt werden können. Ein „tactile input strip" soll die Konstruktion von Biegeblechteilen erleichtern (Filerman 1989) und ermöglicht durch ein zur Arbeitsaufgabe analoges Eingabegerät ein taktiles Feedback. Für die für VR-Applikationen eingesetzten Datenhandschuhe wird zwar ein taktiles Feedback propagiert (Foley et al. 1990), wie es jedoch realisiert werden soll und wie es sich auf die Wahrnehmungsqualität auswirkt, ist derzeit nicht geklärt.

4. Versuch zum taktilen Feedback

4.1 Versuchsaufbau und -durchführung

Zur Untersuchung des Leistungsverhaltens bei Unterstützung durch taktile Rückmeldung wurde eine Versuchsreihe mit einer vereinfachten, eindimensionalen, mausähnlichen Eingabevorrichtung durchgeführt (14 Versuchspersonen). Die Rückmeldung wurde über piezokeramische Vibrationsgeber unter dem Zeigefinger realisiert. Es wurden sowohl Tracking-Aufgaben als auch Sprungbewegungen zur einem definierten Zielpunkt untersucht.

Bei den Tracking-Aufgaben war einer Taste, die softwaregesteuert mit unterschiedlichen Geschwindigkeitscharakteristika bewegt wurde, zu folgen. Da nur Auf- und Abwärtsbewegungen der Folgeeinrichtung durch die Versuchsanordnung zugelassen wurden, ergeben sich bei den Tracking-Aufgaben Situationen, in denen die Taste verfolgt werden muß („Verfolgungscharakter", aktive Bedienung) bzw. in denen der Taste ausgewichen werden muß („Ausweichcharakter", passives Berührtwerden).

Beim Sprungversuch war eine vom Versuchsprogramm vorgegebene Markierung auf einer Skala anzufahren. Die Skaleneinteilungen ragten dabei etwas in den Fingerweg hinein, so daß jeweils beim „Überfahren" eines Teilstrichs ein taktiles Signal (120 Hz) ausgelöst wurde. Die vorgegebene Markierung mußte mit der Fingerunterkante bis auf einen Fangbereich von 2 Pixel genau getroffen werden.

Der Versuchsdurchlauf setzte sich aus vier Abschnitten zusammen, in dem jeweils gleiche Aufgaben zu bewältigen waren. Die Abschnitte wurden abwechselnd mit und ohne taktile Rückmeldung durchlaufen. Die Reihenfolge, ob eine Unterstützung durch ein taktiles Feedback vorgenommen wird oder nicht, wurde zwischen den Versuchspersonen ausbalanciert. Die Reihenfolge der verschiedenen Aufgaben war für jede Versuchsperson gleich.

Die Versuche wurden nach einem kurzen Vorversuch, der als Training für die Bedienung der Vorrichtung zum Umsetzen der Bewegungen diente, und in dem sich die Versuchsperson mit dem Feedback-Gefühl vertraut machen konnte, durchgeführt.

4.2 Auswertung

Wesentliche Auswerteparameter bezüglich des Leistungsverhaltens der Versuchspersonen ist die virtuelle Position des Fingers und die reale Position der zu verfolgenden Taste. Ausgehend von einem Toleranzbereich, der um die aktuelle Position der Taste gelegt wird, lassen sich als Auswerteparameter ermitteln:
- die mittlere Regelabweichung von der Taste,
- die mittlere Regelabweichung außerhalb des Toleranzbereiches,
- das Integral der Regelabweichung,
- die Häufigkeiten der Fingerpositionen, die sich der Finger unterhalb bzw. oberhalb der Regellinie befand,
- die Häufigkeiten der Fingerpositionen, die sich der Finger unterhalb bzw. oberhalb des Toleranzbereiches befand,
- die Zeitanteile bezogen auf die benötigte Aufgabengesamtzeit, die sich der Finger unterhalb bzw. oberhalb des Toleranzbereiches befand,
- die Zeitanteile bezogen auf die für eine Aufgabe benötigte Gesamtzeit, die sich der Finger unterhalb bzw. oberhalb der Regellinie befand,
- die Häufigkeiten und Zeitanteile, die sich der Finger unterhalb bzw. oberhalb des Toleranzbereiches befand.

Die Auswertung erfolgte getrennt nach Abwärts- und Aufwärtsbewegung der Taste, da so zwischen den Situationen „Verfolgungscharakter" und „Ausweichcharakter" unterschieden werden kann.

Erste Auswertungen zeigten, daß zwischen den Versuchspersonen in hohem Maße interindividuelle Unterschiede bestehen, die möglicherweise die Auswirkungen des taktilen Feedbacks verdecken. Es wurde daher eine personenweise Z-Transformation der Daten vorgenommen.

4.3 Ergebnisse

Es zeigt sich, daß bereits mit dem sehr einfachen Versuchsaufbau der Einfluß einer zusätzlich angebotenen, taktilen Information nachgewiesen werden kann (Bild 4). Mit Rückmeldung liegen die Abweichungen unterhalb der Durchschnittswerte, ohne Rückmeldung jedoch darüber.

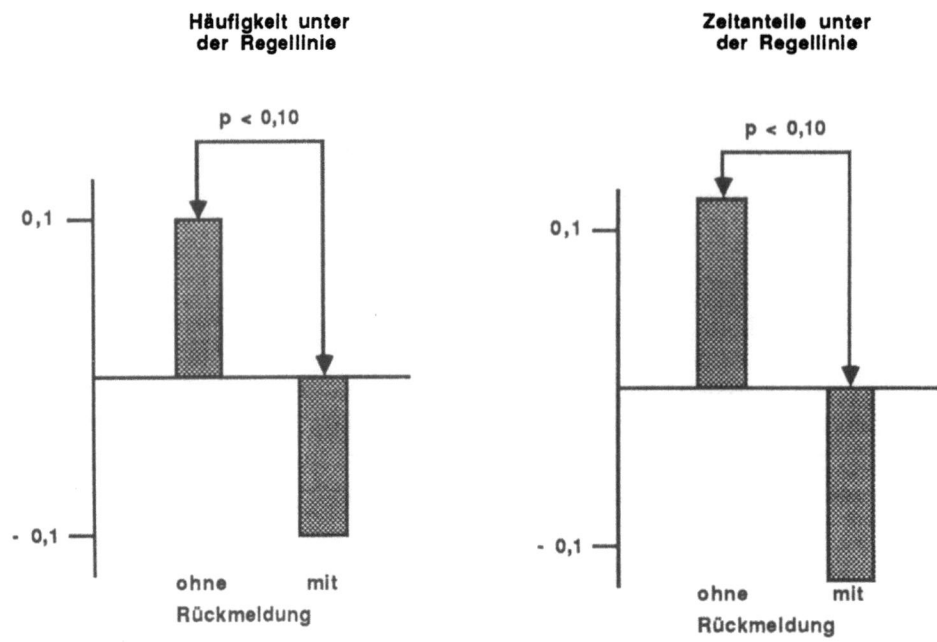

alle Aufgaben und Versuchspersonen
(personenweise Z-transformiert)

Bild 4: Mittlere Abweichung von der Regellinie bei verschiedenen Aufgaben

Für die Aufgaben mit „Verfolgungscharakter" (aktive Bedienung) lassen sich zwei unterschiedliche Bewältigungsstrategien gegeneinander abgrenzen:

- Ohne taktile Information befolgen die Versuchspersonen eine „Sicherheitsstrategie", die wiederum in zwei verschiedene „Taktiken" umgesetzt wird. Eine Gruppe gibt einen Vorhalt in Bewegungsrichtung, um so möglichst immer im Toleranzbereich bleiben zu können. Dies zeigt sich bei der Abwärtsbewegung in einem zu „tiefen" Eintauchen in die virtuelle Taste, bei einer Aufwärtsbewegung („Ausweichcharakter") in einem „Abheben". Dieses Verhalten zeigen Versuchspersonen, die den Versuch ohne taktile Informationen begonnen haben. Die andere Gruppe mit der zweiten Taktik, sie hat mit Feedback begonnen, reagiert auf das Ausbleiben im zweiten Durchlauf mit einem „Pendeln" um die Regellinie. Dadurch gleichen sich mögliche Abweichungen betragsmäßig aus.

- Mit taktiler Rückmeldung ist der Toleranzbereich der Regelung direkt „spürbar". Die Versuchsperson meint somit, auf einen Sicherheitsbereich verzichten zu können. Ergebnis ist, daß Abweichungen, die sonst durch den Vorhalt ausgeglichen werden, jetzt dazu führen, daß der Toleranzbereich verlassen wird. Der Finger bleibt dabei hinter der Bewegung zurück, was in einer höheren mittleren Regelabweichung resultiert. Dies zeigt Bild 5, getrennt nach Versuchspersonen, die mit bzw. ohne Feedback begonnen haben.

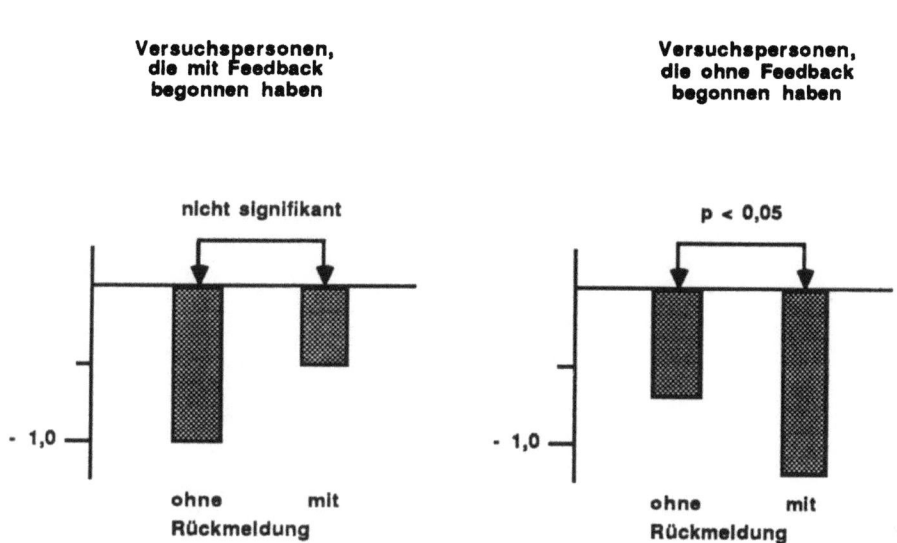

Bild 5: Mittlere Regelabweichung beim Tracking-Versuch

Die Ergebnisse der Vorhaltetaktiker zeigen, daß diese Gruppe das taktile Feedback tatsächlich in adäquater Weise nutzt. Der Vorhalt wird aufgegeben und der Finger enger an der Taste geführt, was sich in signifikant geringeren Werten der Regelabweichung und der Integralsumme bemerkbar macht. Das Verlassen des Toleranzbereiches wird durch das Abbrechen der Vibrationswahrnehmung schneller erfaßt und ausgeglichen (Bild 6).

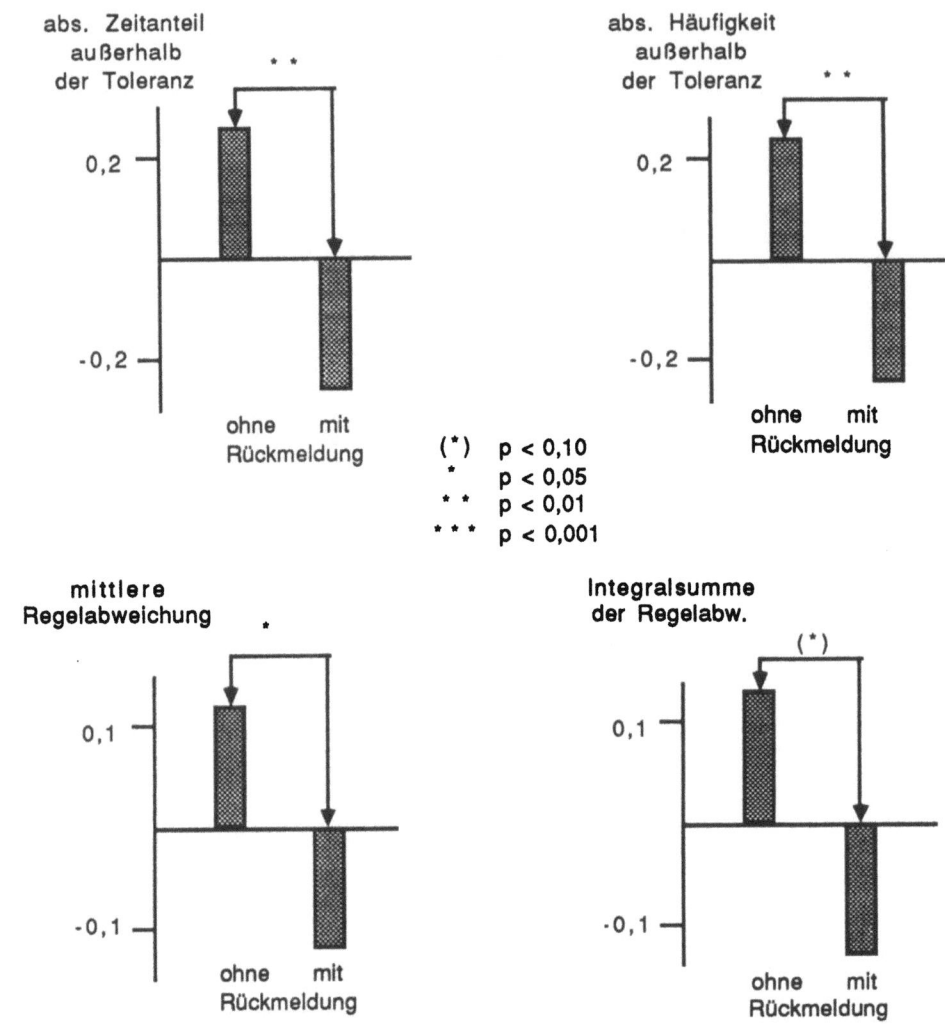

Bild 6: **Mittlere Regelabweichung, Integralsumme der Regelabweichung, absoluter Zeitanteil und absolute Häufigkeit außerhalb der Toleranz (personenweise Z-transformiert) für die Versuchspersonen, die ohne Feedback begonnen haben („Vorhaltetaktiker")**

Beim Sprungversuch konnte keine Unterstützung durch die taktile Rückmeldung identifiziert werden. Zwar verringerte sich die Toleranzüberschreitung und die Summe der Regelabweichungen mit einer Rückmeldung signifikant (Bild 7), verringerte Reaktions- bzw. Einregelzeiten konnten jedoch nicht gefunden werden.

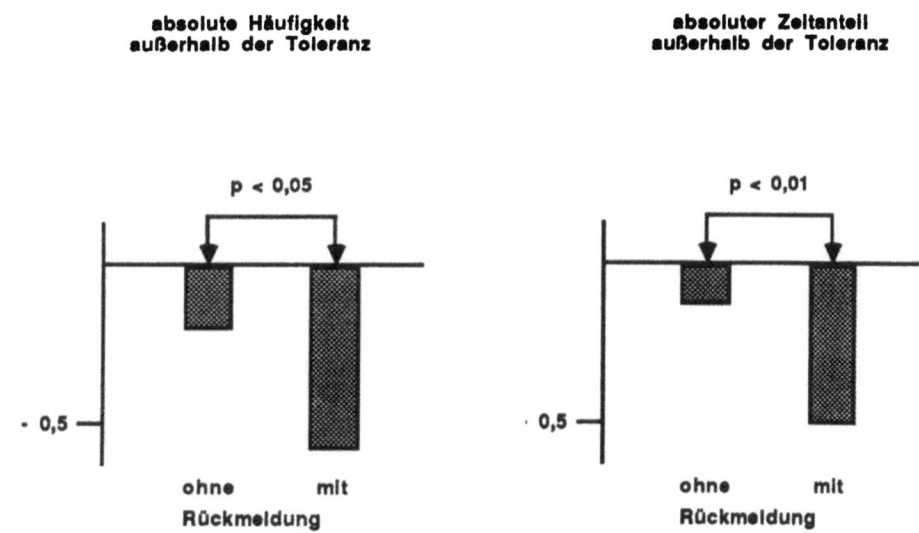

Bild 7: Absolute Häufigkeit und absoluter Zeitanteil außerhalb der Toleranz beim Sprungversuch (personenweise Z-transformiert)

Eine mögliche Erklärung dafür ist, daß technisch bedingt zwar nur eine sehr kleine zeitliche Verschiebung zwischen visuellem Erkennen, daß die Tastenposition erreicht ist, und der Ausgabe des zugehörigen taktilen Signals besteht, physiologisch jedoch durch die eingangs geschilderten Charakteristika der Rezeptoren eine Phasenverschiebung von ca. 0,5 sec zur Wahrnehmung der taktilen Information entsteht. Diese Zeitverschiebung überdeckt möglicherweise Effekte bei den Reaktionszeiten. Die Wahrnehmung der realen Fingerlage stimmt nicht mehr mit der angebotenen visuellen Information überein. Nach einschlägigen Experimenten „übersteuert" dann der visuelle Eindruck den propriozeptiven (Boff/Lincoln 1988).

Die durchgeführten Untersuchungen zeigen, daß ein taktiles Feedback als Unterstützung eines Benutzers bei der Manipulation graphischer Objekte gegenüber einer lediglich visuellen Informationsdarbietung wirkt. Es zeigt sich auch, daß mit der Wahrnehmungsqualität „Vibration" das Berühren von Objekten simuliert werden kann, was für die Ausgestaltung entsprechender Aktuatoren eine wichtige Rolle spielt.

5. Diskussion und Ausblick

Für eine Optimierung der taktilen Rückmeldung sind einerseits Parameter der Informationsausgabe (mechanische Signalerzeugung, Informationsdarbietung, Verarbeitungsgeschwindigkeit) und andererseits neben dem Leistungsverhalten auch Beanspruchungsreaktionen und eine möglicherweise beanspruchungsgünstigere Arbeitsmittelgestaltung zu untersuchen.

Untersucht werden sollte auch, in welchem Maße ein Vibrationsempfinden Druckempfinden ersetzen kann und welche Empfindungsqualitäten, auch mit einer möglichen Kombination von Druck- und Vibrationsempfinden, erzeugt werden können.

Zu untersuchen wäre auch, welchen Einfluß eine taktile Rückmeldung bei anderen Aufgabentypen besitzt. Beispielsweise könnte die „aktive Bedienung" in einer Aufgabe derart abgebildet werden, daß das Fortbewegen einer virtuellen Taste immer dann erfolgt, wenn sich der virtuelle Finger als die Taste berührend identifizieren läßt. Die benötigte Zeit, um die Taste über eine bestimmte Strecke zu schieben, sollte durch ein taktiles Feedback deutlich verringert werden können.

Wesentliches Hindernis für eine möglichst realistische Simulation taktiler Wahrnehmung sind die notwendigen Rechenoperationen zur Bewegungsanalyse, Verschneidungsberechnung und Bildgestaltung. So verliert auch das beste simulierte Gefühl seinen positiven Einfluß, wenn es nicht mit der visuellen Darstellung in Einklang gebracht werden kann (Chin/Sheridan 1989). Bleibt bei einem visuellen Berühren eines Objektes die taktile Empfindung aus, so wird beim Ausbleiben ein Benutzer seine Hand weiterbewegen. Auf das verspätete Auslösen der Empfindung wird dann entweder mit einem Verweilen an der „falschen" Position reagiert, bis die Empfindung ohne für ihn ersichtlichen Grund abbricht, oder der Benutzer bewegt seine Hand zurück an die alte Position, was wiederum zu einem erneuten Delay in der Empfindungsauslösung führt.

Nach Krueger (1991) sollte die graphische Aktualisierung einer Handposition mindestens mit einer Frequenz von 30 Hz erfolgen, um einen Echtzeiteindruck der Bewegung zu vermitteln. Für feinmotorische, präzise Manipulationen mit taktilem oder kinesthetischem Feedback verlangt Krueger Sample-Raten von 1000 Hz. Von der Bewältigung der dabei anfallenden Datenmengen sind heutige Rechnersysteme jedoch noch weit entfernt. Trotzdem lassen sich mit den hier vorgestellten Verfahren bei einfachen Aufgaben schon positive Effekte erzielen.

Literatur

Blume, H.-J.; Boelcke, R.: Mechanokutane Sprachvermittlung. Fortschrittberichte VDI, Reihe 10, Nr. 137, Düsseldorf: VDI-Verlag 1990.

Boff, K.R.; Lincoln, J.E. (Eds.): Engineering Data Compendium: Human Perception and Performance. Ohio: Wright-Patterson 1988.

Chin, K.P.; Sheridan, T.B. (Eds.): Work with Computers: Organizational, Management, Stress and Health Aspects. Amsterdam: Elsevier Science Publishers B.V. 1989.

Filerman, M.; Ulrich, K.; Siler, T.: A Tactile Input Strip for Sheet Metal CAD. In: Smith, M.J.; Salvendy, G. (Eds.): Work with Computers: Organizational Management, Stress and Health Aspects. Amsterdam: Elsevier Science Publishers B.V 1989.

Filerman, M.; Ulrich, K.; Siler, T.: A Tactile Input Strip for Sheet Metal CAD. In: Smith, M.J.; Salvendy, G. (Eds.): Work with Computers: Organizational Management, Stress and Health Aspects. Amsterdam: Elsevier Science Publishers B.V 1989.

Foley, J.D.: Interface for Advanced Computing. In: Scientific American Vol. 257, No. 4, 1987, S. 82 - 90.

Foley, J.D.; van Dam, A.; Feiner, S.K.; Hughes, J.F.: Computer Graphics. Principles and Practice. 2nd Edition, Reading (Mass.) et al.: Addison-Wesley Publishing Comp. 1990.

Hahn, J.F.: Vibrotactile Adaption and Recovery measured by two Methods. Journal of Experimental Psychology, Vol. 71, No. 5, 1966, S. 655 - 658.

Hensel, H.: Allgemeine Sinnesphysiologie. Hautsinne, Geschmack, Geruch. Berlin et al.: Springer-Verlag 1966.

Hensel, H.: Somto-viszerale Sensibilität. In: Keidel, W.-D. (Hrsg.): Kurzgefaßtes Lehrbuch der Physiologie. 6. Aufl., Stuttgart, New York: Georg Thieme Verlag 1985.

Jagacinski, R.J.; Flach, J.M.; Gilson, R.D.: A Comparison of Visual and Kinesthetic-Tactual Displays for Compensatory Tracking. IEEE Transactions on Systems, Man, and Cybernetics, Vol. SMC-13, No. 6, 1983, p. 1103 - 1112.

Krueger, M.W.: Artificial Reality II. 2. Aufl., Reading (Mass.) et al.: Addison-Wesley Publishing Comp. 1991.

Leisieffer, H.: Mehrkanalige Übertragung von Sprachinformation durch eine tragbare Hörprothese im PVDF-Vibrationswandlern. Dissertation TU München 1987.

Luczak, H.: Koordination von Bewegungen. In: Rohmert, W.; Rutenfranz, J. (Hrsg.): Praktische Arbeitsphysiologie. Stuttgart: Thieme 1983.

Luczak, H.; Göbel, M.; Hedicke, V.; Springer, J.: Taktile Rückmeldung bei Dateneingabegeräten. In: Rohmert, W. (Hrsg.): Stand und Zukunft arbeitswissenschaftlicher Forschung und Anwendung. Hanser Verlag: München (im Druck).

Rösler, G.: Über die Vibrationsempfindung. Zeitschrift für experimentelle und angewandte Psychologie, Bd. 4, 1957, S. 549 - 598.

Schmidt, R.F. (Hrsg.): Grundriß der Sinnesphysiologie. 4. Aufl., Berlin et al.: Springer Verlag 1980.

Volpert, W.: Erhalten und Gestalten. - Von der notwendigen Zähmung des Gestaltungsdrangs. In: Coy, W. et al. (Hrsg.): Sichtweisen der Informatik. Braunschweig: Vieweg 1992.

Direkte und übergeordnete Steuerungsebene in der Sensomotorik des Menschen

Peter H. Lässig und Jens-Uwe Molski

Orientierung frei beweglicher Lebewesen beruht auf dem Zusammenspiel einer direkten und einer übergeordneten Steuerungsebene und bezieht sich auf die Winkelbeziehungen zwischen Subjekt und umgebenden Objekten, die über die Sensomotorik in Regelkreise eingebunden sind. Mit Willkürbewegungen greift das Subjekt von der übergeordneten Steuerungsebene in die Regelkreise auf der direkten Steuerungsebene ein und wählt damit Zielobjekte bzw. Führungsgrößen aus. Die Einbeziehung dieser Zusammenhänge in die Konstruktion der VR ist eine Voraussetzung für deren optimale Gestaltung.

Dr.-Ing. habil. Peter Lässig, wiss. Ass.,
Carl-Ludwig-Institut f. Physiologie
Universität Leipzig

Dipl.-Ing. Jens-Uwe Molski, wiss. Ass.,
Carl-Ludwig-Institut f. Physiologie
Universität Leipzig

Die zwei Steuerungsebenen der Sensomotorik

Die Sensomotorik wird von einer direkten und einer übergeordneten Steuerungsebene gebildet. Die direkte Steuerunsebene besteht unabhängig vom speziellen Sinnessystem aus kontinuierlichen Folgeregelkreisen, die sensorisch und motorisch über die Umwelt geschlossen werden und als funktionell bestimmendes Element ein I-Glied enthalten. Die Regelgrößen sind Winkel, die durch die Bewegung des Auges, eines Muskel-Gelenk-Systems oder auch des ganzen Körpers gegeben sind. Auf dieser Ebene entstehen Realitätserlebnisse in dem Sinne: "Es geschieht mir!"

Zur übergeordneten Steuerungsebene gelangen Meldungen von der direkten Steuerungsebene und von ihr aus erfolgt die Auswahl der Zielobjekte vor allem durch Willkürbewegungen mit der dem betreffenden Sinnesorgan zugeordneten Motorik. Während der ruckartigen Willkürbewegung, ruckartig im Vergleich zur Folgebewegung, wird der Regelkreis auf der direkten Steuerungsebene aufgetrennt und das Verlassen eines Zielobjekts ist möglich.

Die Eigenschaften der Sensomotorik des Auges mit ihren Beziehungen zur Arm- und Handbewegung ist für die Konstruktion einer virtuellen Realität für ein waches Subjekt von besonderem Interesse. Außerdem hat für die Analyse und Simulation die Augenmotorik gegenüber der Skelettmotorik den Vorteil, daß sie der Schwerkrafteinwirkung entzogen ist, . die Last in ihren dynamischen Eigenschaften festgelegt ist sowie ein geringes Trägheitsmoment besitzt. Dadurch treten ruckartige Bewegungen deutlich hervor.

Die optische Richtungsorientierung kann als unabhängig von der Identifikation der Objekte betrachtet werden. SCHNEIDER (1967) zeigte beim Goldhamster, daß Tiere ohne Sehrinde keine visuellen Muster mehr unterscheiden, aber noch visuelle Objekte lokalisieren können. Umgekehrt können sich Tiere ohne Colliculus superior nicht mehr nach der Position eines visuellen Reizes orientieren, aber noch Muster unterscheiden.

Direkte und übergeordnete Steuerungsebene - Beispiel Augenfolge- und Blicksystem

Das Augenfolgesystem führt die Blicklinie einem optischen Zielobjekt mit gleitenden Augenbewegungen nach. Bild 1 zeigt das Blockschaltbild für horizontale Augenfolgebewegungen. Zielobjektrichtungen, die äußeren Führungsgrößen w(t) und die Blickrichtung , die Regelgröße x(t), sind durch ein Meßglied (Block "Fovea") auf ein kopffestes Koordinatensystem bezogen. Kopfbewegungen, und die neben gleitenden Augenfolgebewegungen auftretenden ruckartigen Augenfolgebewegungen bei Bewegungen des Zielobjektes über 30 Grad/s bleiben unberücksichtigt.

Der Regelfehler e(t) des Folgeregelkreises ist ein Maß für die Geschwindigkeit des Zielobjektes. Diese Meßmethode findet sich als sog. efferente im Gegensatz zur sog. afferenten Bewegungswahrnehmung, die auf der Messung der Relativverschiebung eines optischen Musters auf der Netzhaut beruht. Die efferente Wahrnehmung, bei der das Subjekt in die Sensomotorik direkt eingebunden ist, entspricht der tatsächlichen Geschwindigkeit des bewegten Objekts, während die afferente Wahrnehmung einer 1,7 mal so hohen Geschwindigkeit entspricht (DICHGANS, BRANDT 1972). Die efferente Bewegungswahrnehmung kann auch in Abhängigkeit von der Größe des sich bewegenden Teils des Gesichtsfeldes zwanghaft vom Subjekt als Eigendrehung interpretiert werden (BRANDT et al. 1971), was zu Schwindelgefühlen führt, da die entsprechende vestibuläre Meldung fehlt.

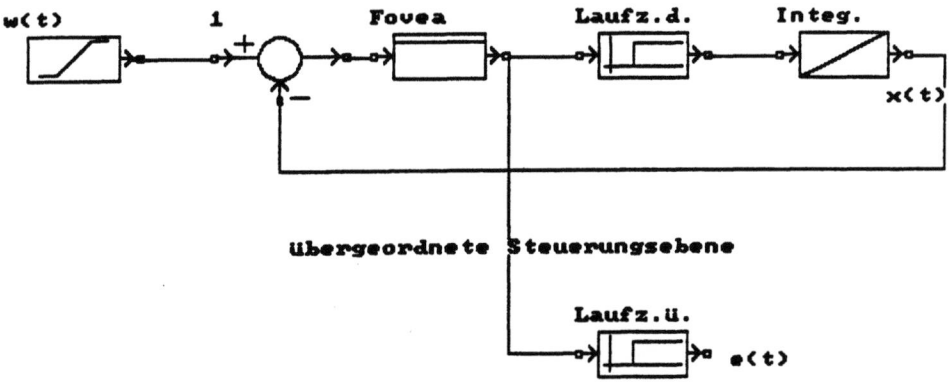

Bild 1: Blockschaltbild des Augenfolgesystems

Die grundsätzlichen dynamischen Eigenschaften des Folgeregelkreises werden von dem I-Glied (Block "Integ.") und einem Laufzeitglied (Block "Laufz.d.) bestimmt. KOMMERELL und KLEIN (1971) wiesen durch exzentrische Nachbilder nach, daß das System der gleitenden Augenfolgebewegungen direkt auf die Position des Zielobjektes auf der Netzhaut reagiert. Sie erhielten gleitende Augenbewegungen konstanter Geschwindigkeit bei exzentrischen Nachbildern, d.h. bei aufgeschnittenem Regelkreis, entsprechend der Sprungantwort eines I-Gliedes. Aus ihren Ergebnissen folgt eine Integralzeit in der Größenordnung von 90ms.

Simulation[1] des Folgeregelkreises mit der Integralzeit von 90ms unter Berücksichtigung einer Laufzeit von 80ms und bei rampenförmiger Bewegung des Zielobjektes mit einer Geschwindigkeit von 10 Grad/s ergibt die Signalverläufe von Bild 2. Es sind die Führungsgröße w(t), die Regelgröße x(t) und der Regelfehler e(t), der auf der übergeordneten Steuerungsebene der efferenten Geschwindigkeitswahrnehmung entspricht, dargestellt. Für die Dauer des Übergangs von der direkten zur übergeordneten Steuerungsebene wird willkürlich eine Laufzeit von 30ms angenommen (Block "Laufz.ü.").

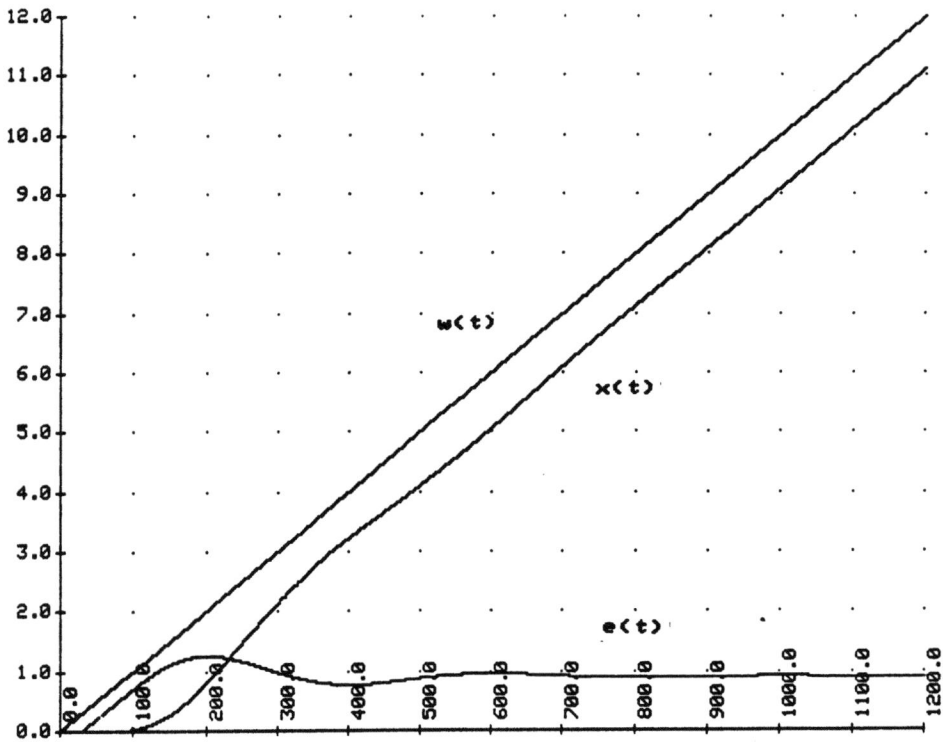

Bild 2: Simulation zum Augenfolgesystem

Die von der Laufzeit bestimmten dynamischen Eigenschaften des Augenfolgeregelkreises werden durch eine Störgrößenaufschaltung über das Bogengangssystem für horizontale und vertikale Augenbewegungen und durch das Statolithensystem für vertikale und rotatorische Augen- bewegungen wesentlich verbessert, aber nicht prinzipiell verändert. Dabei muß vom Bogengangssystem, das nur auf Winkelbeschleunigungen an spricht, und vom Statolithensystem, das auf Winkeländerungen anspricht, die Geschwindigkeit gemessen werden, um das Signal vor dem I-Glied auf-schalten zu können. D.h. im ersten Fall wird das Signal vor der Aufschaltung zusätzlich integriert, im zweiten Fall differenziert.

---

[1] Die Simulation erfolgte mit dem Programm SIREG Ver.3.0
der Firma INCAM Software-Entwicklung und computergestützte Automation GmbH

Erweitert man das Augenfolgesystem um die Möglichkeit ein optisches Zielobjekt verlassen zu können, d.h berücksichtigt man auch die aktive Seite der übergeordneten Steuerungsebene, so erhält man das Blockschaltbild von Bild 3 für horizontale Augenfolge und Blickbewegungen. Ein Zielobjektwechsel, d.h. der Übergang von einer äußeren Führungsgröße zur anderen, oder auch nur das Verlassen eines Zielobjektes hat zwei Voraussetzungen (LÄSSIG et al. 1991). Erstens eine nichtlineare statische Kennlinie (Block "Fovea"), die die Wirkung von anderen potentiellen optischen Zielobjekten w(t) ausschaltet und zweitens einen Schalter (Block "Suppr.") zur Auftrennung des Folgeregelkreises während der Blickbewegung. Letzteres ermöglicht die Wahrnehmung der Objektgeschwindigkeit auch bei den mit ihrer Geschwindigkeit nicht auf die Umwelt bezogenen Ruckbewegungen. Der Übertragungsbereich der nichtlinearen Kennlinie liegt bei bewegten Zielobjekten in der Größenordnung von ±0,25 bis ±0,5Grad (WEESE PUCKETT, STEINMAN 1969). Es werden für die Simulation 0,5Grad gewählt. Einen Hinweis auf einen Schalter zur Unterbrechung des Folgeregelkreises im nervalen Bereich bildet eine Sehhemmung oder "Suppression" (KOMMERELL, KLEIN 1971). Außerdem wird das Fehlersignal durch Lidschläge unterdrückt. HABERICH und FISCHER (1958) fanden, daß bereits im Alter von 2 Jahren im Mittel 80% aller Lidschläge mit Blick- und Kopfwendungen verbunden sind.

Die Bewegungen beim Zielobjektwechsel sind ruckartig und haben eine konstante Geschwindigkeit d.h. ihre Amplitude ist proportional der Dauer (FUCHS 1967). Daraus ergibt sich, daß das Eingangssignal des I-Gliedes für ruckartige Bewegungen ein Geschwindigkeitsimpuls konstanter Amplitude und variabler Dauer ist. Dieses impulsförmige Signal i(t) trennt zugleich den Folgeregelkreis auf (Block "Suppr.") und schaltet die Integralzeit des I-Gliedes um.

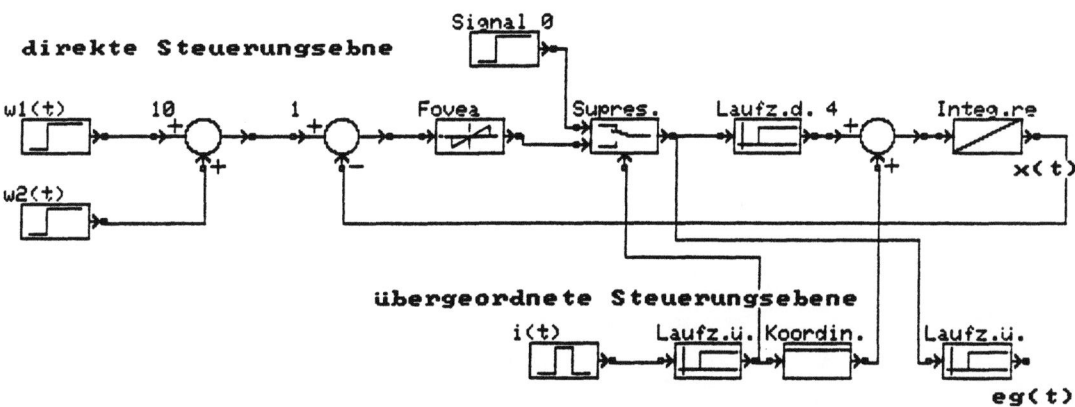

Bild 3: Blockschaltbild zum Augenfolge- und Blicksystem

In der Simulation ist die Umschaltung der Integralzeit durch den Block "Koordin." mit einer Verstärkung von 90 realisiert, da die Integralzeit nicht direkt gesteuert werden kann, wie im physiologischen Fall über die sog. reziproke Innervation. Schnelle ruckartige Bewegungen sind durch die reziproke Innervation möglich, bei der die antagonistischen Muskeln gegenüber den agonistischen völlig passiv sind. Die Integralzeit des I-Gliedes wird dabei von 90ms auf 1-2ms vermindert wird, wie sich z.B. aus den experimentellen Ergebnissen von FUCHS (1967) errechnen läßt. Im Vergleich zur Folgebewegung, bei der Agonist und Antagonist zugleich innerviert werden, ist die Integration sehr viel schneller und der Folgeregelkreis mit der Laufzeit von 80ms würde instabil, sofern er nicht aufgetrennt wird. Die Integralzeit in einem Regelkreis mit Laufzeit und I-Glied muß größer der zweifachen Laufzeit geteilt durch π sein (OPPELT 1960), damit der Regelkreis stabil ist. Bei einer Laufzeit von 80ms muß die Integralzeit also größer als 51ms sein, was für den Augenfolgeregelkreis mit der Integralzeit von 90ms gewährleistet ist.

Simuliert man den Wechsel der Blicklinie von einem Zielobjekt bei 0,4 Grad zu einem Zielobjekt bei 4 Grad mit einem um 0,3 Grad zu großen Ruck, wobei die Integralzeit während des Zielobjektwechsels 1ms beträgt, so ergeben sich die Zeitverläufe für die Führungsgrößen w1(t) und w1(t)+w2(t), den Willkürimpuls i(t), die Regelgröße x(t) und den Regelfehler eg(t) von Bild 4.

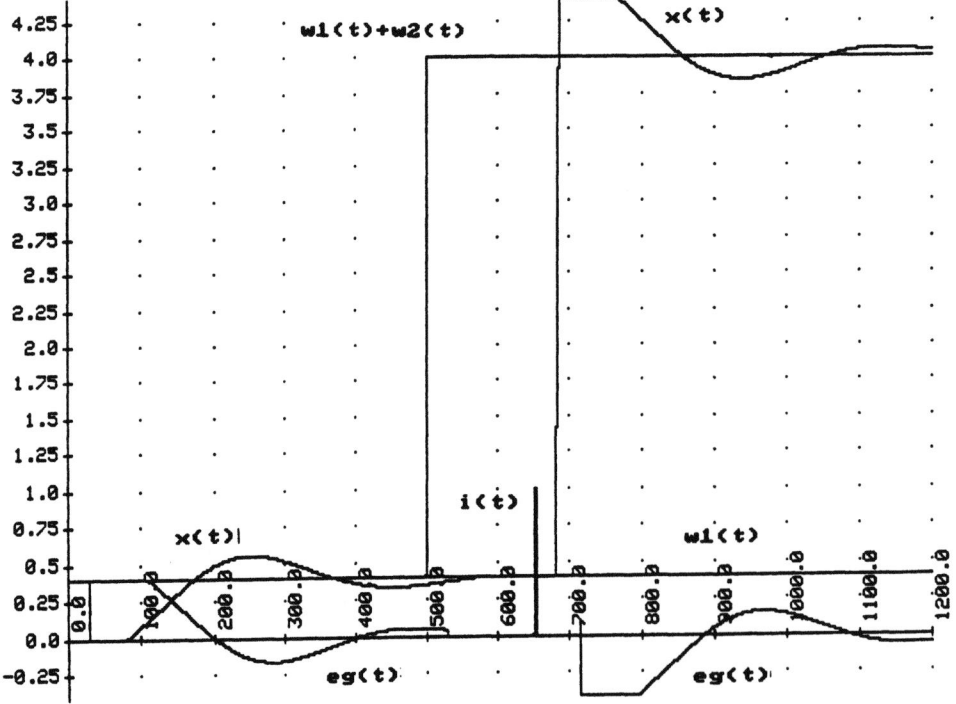

Bild 4: Simulation zum Augenfolge- und Blicksystem

Zielobjekte getroffen. Wenn durch die Konvergenzbewegungen die Blicklinie eines Auges zum Zielobjekt des anderen geführt wird, muß verhindert sein, daß die Augenfolgeregelung desjenigen Auges, dessen Blicklinie sich vom eigenen Zielobjekt lösen soll, dem entgegenarbeitet. Das Augenfolgesystem des Auges, dessen Blicklinie zum Zielobjekt des anderen Auges geführt wird, muß deshalb gleichzeitig abgeschaltet werden können. Allgemein drückt sich damit die Äugigkeit in der Anschaltung der Augenfolgeregelung des führenden Auges aus. Dementsprechend ist auf Bild 5 das Blockschaltbild des Augenfolge- und Blicksystems von Bild 4 um einen Schalter (Block "Äugig.re") erweitert, mit dem durch ein Steuersignal "Aktiv.re" der Augenfolgeregelkreis des rechten Auges geschlossen wird, sofern ein Zielobjekt vorhanden ist.

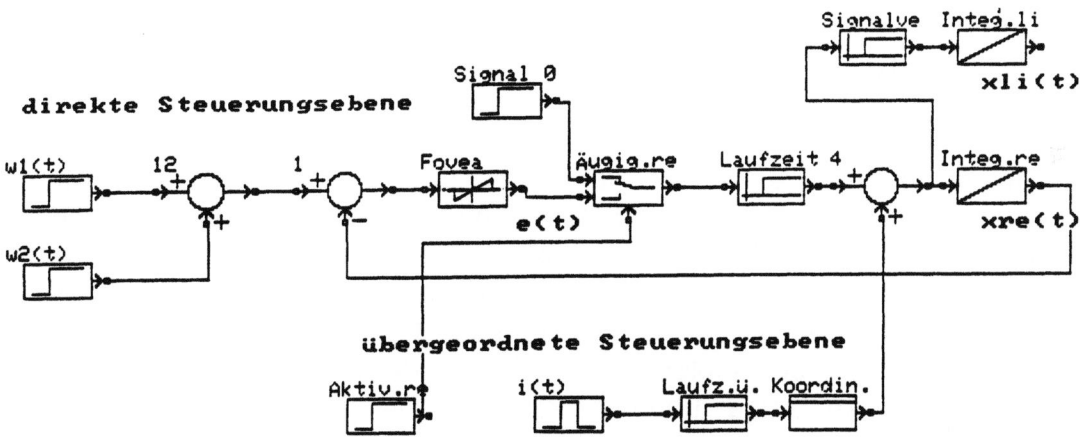

Bild 5: Blockschaltbild zum Augenfolge- und Blicksystem bei Rechtsäugigkeit

Bild 6 zeigt die Zeitverläufe w1(t), w1(t)+w2(t), i(t) und xre(t) wie auf Bild 4 sowie xli(t), wobei die Laufzeit zwischen rechtem und linkem Augenbewegungssystem (Block "Signalve.", Bild 5) mit 30ms zu groß gewählt wurde, um die Zeitverläufe der Ausgangsgrößen des rechten und linken Augenfolge- und Blicksystems xre(t) und xli(t) darstellen zu können.

Für die Aufschaltung und Regelung der Konvergenzbewegungen ist ein Vergleich der Netzhautbilder notwendig, wobei die Differenz der Ortswerte in einem Bereich von 5 bis 10Grad um die Fovea (WESTHEIMER, MITCHELL 1969) der beiden Augen die sog. Disparation ergibt. Von dieser geht ein Signal zur gegensinnigen Steuerung der beiden Integratoren aus, deren Ausgangssignal wiederum auf die Disperation zurück wirkt. In diesen Folgeregelkreis kann von der übergeordneten Steuerungsebene aus nicht eingegriffen werden.

Das Signal eg(t) ist der Regelfehler in der Zeit, in der der Regelkreis geschlossen ist und entspricht wie e(t) (Bild 1 u. 2) der efferenten Geschwindigkeitswahrnehmung auf der übergeordneten Steuerungsebene.

Symmetrie und Unsymmetrie der Sensomotorik - Beispiel Äugigkeit und Hand-Auge-Koordination

Zur Persönlichkeit eines Menschen gehört nicht zuletzt seine Rechts- oder Linkshändigkeit. Bei genauerer Beobachtung zeigt sich, daß nicht nur die Motorik der Arme und Hände, sondern auch die der Augen unsymmetrisch benutzt wird. Die Bedeutung des Zusammenspiel von Augenbewegungen und Arm- bzw. Handbewegungen für das Greifen und Manipulieren zeigt sich nicht zuletzt daran, daß eine Hand-Auge- bzw. Auge-Hand-Koordination angeboren ist.

Die Bevorzugung eines Auges kann sich dreifach äußern und zwar in Visierdominanz, der sensorischen Dominanz und der Sehschärfendominanz (PORAC, COREN 1976). Die Sehschärfendominanz zeigt sich in der Bevorzugung des Auges mit der größeren Sehschärfe bei Anforderungen in dieser Hinsicht. Die sensorische Dominanz tritt beim sog. Wettstreit in Erscheinung, wenn bei ungleichen Netzhautbildern die Wahrnehmung des Bildes von einem Auge unterdrückt wird. Die Visierdominanz ist die wesentliche Form der Dominanz für die hier behandelte Fragestellung, denn sie ist nicht nur mit der Sensorik, sondern über das Richten der Blicklinie auf ein Zielobjekt auch mit der Motorik verbunden. Diese Form der Äugigkeit wird mit dem Test definiert, mit dem sie beim Menschen am einfachsten festgestellt werden kann, dem sog. "Bleistiftversuch": Man fixiert einen kleinen Gegenstand in der Ferne und zeigt mit einem Bleistift so auf den Gegenstand, daß dieser vom Bleistift verdeckt wird. Dann schließt man abechselnd ein Auge und stellt fest, ob sich der Bleistift in der Fixierlinie des rechten oder linken Auges befindet, ob also Rechts- oder Linksäugigkeit vorliegt. Bei Schließen des nichtführenden Auges ist der Gegenstand durch den Bleistift verdeckt, bei Schließen des führenden Auges ist der Gegenstand zu sehen und der Bleistift scheint in Richtung des führenden Auges zu springen.

Bei der Beobachtung von Augenfolge- und Blickbewegungen mit zwei Augen ergibt sich Folgendes: Bei einäugigem Sehen, z.B. mit einem abgedeckten Auge, werden beide Augen konjugiert bewegt. Sollen bei beidäugigem Sehen die Blicklinien beider Augen auf ein neues Zielobjekt gerichtet werden, so müssen sich den konjugierten Augenbewegungen Konvergenzbewegungen überlagern. Anderenfalls würden bei normaler optischer Umwelt von den Blicklinien beider Augen unterschiedliche

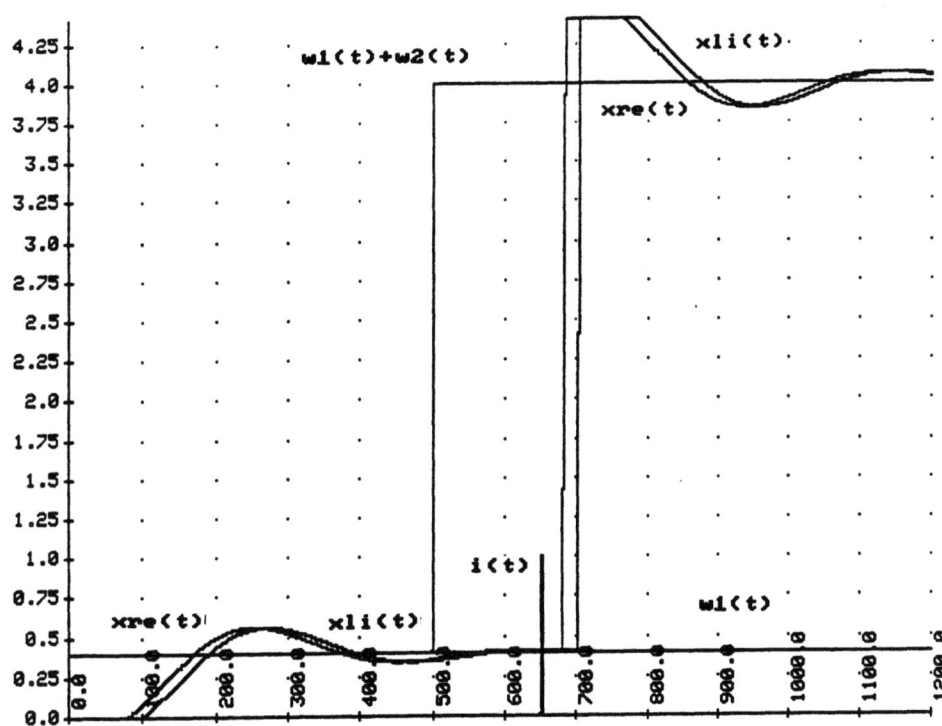

Bild 6: Simulation zum Augenfolge- und Blicksystem bei Rechtsäugigkeit

Untersuchungen am erwachsenen Menschen (GAUTHIER, HOFFERER 1976) zeigen, daß gleitende Augenfolgebewegungen zu. beobachten sind, wenn die durch aktive oder passive Armbewegungen bewegte, im Dunkeln nicht sichtbare Hand mit dem Blick verfolgt wird. Das Gleiche, wenn auch weniger ausgeprägt, ist zu beobachten, wenn nur ein Finger bewegt wird. Werden die vom bewegten Glied ausgehenden nervalen Signale durch ischaemischen Block unterbrochen, so fallen die gleitenden Augenfolgebewegungen unter den genannten Bedingungen aus. Die Bedeutung dieser Verknüpfung ist daran zu erkennen, daß sie angeboren ist, allerdings des Gebrauchs bedarf, um nicht wieder verloren zu gehen (FREEDMAN 1964). Im gleichen Alter wie sehende Kinder folgen blindgeborene den Handbewegungen mit dem Blick, als könnten sie sehen. Diese Hand-Augen-Koordination zerfällt aber wenige Wochen nach ihrem ersten Auftreten wieder. Zur Aufrechterhaltung der angeborenen Auge-Hand-Koordination sind damit tatsächliche optische Muster notwendig und wahrscheinlich auch zugeordnete Tasterfahrungen mit Objekten, denn auch die Fähigkeit Gesichts- und Tasteindrücke zu verbinden, ist angeboren. Bereits 14 Tage alte Säuglinge erwarten, daß ein gesehenes Objekt auch angefaßt werden kann. Projiziert man ein scheinbares Objekt vor das Kind, dann zeigt sich das Kind überrascht, wenn es nach dem Objekt fassend, ins Leere greift (BOWER 1971). Auch diese Fähigkeit zerfällt offenbar wieder, wenn sie nicht benutzt wird, wie HELD und BAUER

(1967) zeigen konnten. Sie setzten junge Äffchen gleich nach der Geburt in einen Sessel, in dem sie Arme und Beine bewegen, sie aber nicht sehen konnten. Nach 8 Wochen beoachteten sie, daß das Äffchen nicht fähig war, seine Hand unter optischer Kontrolle gezielt zu bewegen. Erst nach einer Übungswoche konnte gezielt nach einem sichtbaren Objekt gegriffen werden.

An das der übergeordneten Steuerungsebene viel freier zur Verfügung stehende motorische System der Arme und Hände wird durch die Hand-Auge-Koordination auf der direkten Steuerungsebene die Motorik der Augen angekoppelt. Damit wird die Laufzeit des Augenfolgesystems im Sinne einer Führungsgrößenaufschaltung umgangen.

Sensomotorik und virtuelle Realität

In der virtuellen Realität muß sich die Sensomotorik des Menschen indirekt wiederfinden, denn ein Subjekt in der VR hat mit dieser eine noch engeren Zusammenhang als mit der realen Realität. Der Konstrukteur einer derartigen Struktur ist darum gezwungen die Eigenschaften der direkten und übergeordneten Steuerungsebene der Sensomotorik unmittelbar in die Konstruktion der VR einzubeziehen.

Literatur

Bower, T.G.: Slant perception and shape constancy in infants. Science Vol. 151. 1971, 832-834.

Brandt, Th., West, E., Dichgans, J.: Optisch induzierte Pseudocoriolis-Effekte und Circularvection. Arch. Psychat. Nervenkr. Bd. 214. 1971, 365-389.

Dichgans, J., Brandt, Th.: Visual-vestibular interaction and motion perception. Bibl. ophthal. Vol. 82. 1972, 327-338.

Freedman, D.G.: Smiling in blind infants and the issue of innate vs. acquired. J. Child Psychol. Psychiat. Vol. 5. 1964, 171-184.

Fuchs, A.F.: Saccadic and smooth pursuit eye movements in he monkey. J. Physiol.(Lond.) Vol. 191. 1967, 609 -631.

Gauthier, G.M., Hofferer, J.M.: Eye tracking of self-moved targets in the absence of vision. Exp. Brain Res. Vol. 26. 1976 , 121-139.

Haberich, F.J., Fischer, M.H.: Die Bedeutung des Lidschlags für das Sehen beim Umherblicken. Pflügers Arch. Vol. 267. 1958, 68-78.

Held, R., Bauer, J.: Development of sensorially-guided reaching in monkeys. Brain Res. Vol. 71. 1974, 265-271.

Kommerell, G., Klein, U.: Über die visuelle Regelung der Okulomotorik: Die optomotorische Wirkung exzentrischer Nachbilder. Vision Res. Vol. 11. 1971, 905-920.

Lässig, P.H., Herold, W. W., Molski, J.U.: Signalflußdiagramme zur Unterscheidung von Selbst- und Fremdbewegungen - eine Anmerkung zum Reafferenzprinzip. Zool. Jb. Physiol. Bd. 95. 1991, 393-401.

Oppelt, W.: Kleines Handbuch technischer Regelvorgänge. Dritte Aufl., Verlag Chemie, Weinheim/Bergstr. 1960.

Porac, C., Coren, S.: The dominant eye. Psychol. Bull. (Princeton, N.Y.) Vol. 83. 1976, 880-897.

Schneider, G.E.: Contrasting visuomotor functions of tectum and cortex in the golden hamster. Psychol. Forsch. Bd.32. 1967, 52-62.

Weese Pucket, I. de, Steinmann, R.M.: Tracking eye movements with and without saccadic correction. Vision Res. Vol. 9. 1969, 695-703.

Westheimer, G., Mitchell, E.D.: The sensory stimulus for disjunctive eye movements. Vision Res. Vol. 9. 1969, 749-755.

Virtuelle auditive Umgebung mittels binauraler Raumsimulation

Hilmar Lehnert

Mit Hilfe des auditiven Sinnes ist der Mensch in der Lage Schallquellen dreidimensional zu lokalisieren und eine Vielzahl von Informationen über die Beschaffenheit seiner Umgebung zu gewinnen. Die Integration dieser Wahrnehmungen ist für viele "Virtual-Reality" Anwendungen unverzichtbar. Der dazu notwendige Simulationsprozeß ist von ähnlicher Komplexität, wie bei visuellen Komponenten. Der Vortrag beschreibt einige psychophysikalischen Grundlagen der auditiven Wahrnehmung und stellt eine Methode vor, mit der virtuelle auditive Umgebungen hoher Authentizität generiert werden können. Im Rahmen des ESPRIT-Projektes SCATIS soll ein solches System mit Realzeitfähigkeit aufgebaut werden, wobei auch eine taktile Komponente integriert werden soll.

Dr.-Ing. Hilmar Lehnert, Lehrstuhl für allgemeine Elektrotechnik und Akustik, Ruhr-Universität Bochum, Leiter der Arbeitsgruppe virtuelle auditive Umgebung.

1. Einleitung

Das in einer natürlichen Umgebung auditiv Wahrgenommene wird nicht nur durch das Signal bestimmt, das die Schallquelle abstrahlt, sondern auch durch eine Vielzahl von physikalischen Eigenschaften der Umgebung, wie beispielsweise die Anwesenheit reflektierender Flächen oder die Positionen von Sender und Empfänger. Die auditive Wahrnehmung der Umgebung ist dabei im wesentlichen unabhängig vom abgestrahlten Signal, sofern dieses ausreichend breitbandig ist. So klingt beispielsweise ein Kirche immer anders als eine Fabrikhalle oder ein Büro, wobei es gleich ist, ob der Raum durch Sprache, Musik oder Lärm angeregt wird.

Die Gesamtheit aller physikalischer Parameter der Umgebung, die den Schall im Hörfrequenzbereich beeinflussen, kann als akustische Umgebung bezeichnet werden. Diese wird vom Hörer als auditive Umgebung wahrgenommen, d. h. es werden akustische Phänomene wie Ort der Schallquelle oder Anwesenheit von reflektierenden Flächen in auditive Phänomene, z. B. Ort des Hörereignisses oder Raumeindruck abgebildet. Wenn durch geeignete Maßnahmen die auditiven Wahrnehmungen so manipuliert werden, daß sie nicht mehr der akustischen Umgebung entsprechen, so erhält man eine virtuelle auditive Umgebung.

Der auditive Sinn ermöglicht dem Menschen Schallquellen dreidimensional zu lokalisieren und viele Informationen über die Beschaffenheit seiner Umgebung (Raumgröße, Raumtyp, gechlossener/offener Raum u.s.w.) zu gewinnen. Diese Informationen sind für alle "Virtual Reality (VR)"-Anwendungen unverzichtbar, in denen das Gefühl echter Telepräsenz vermittelt werden soll. In existierenden VR-Systemen wird die auditive Komponente, wenn überhaupt, nur rudimentär nachgebildet in dem zumeist versucht wird, den Direktschall der Quelle räumlich richtig abzubilden. Dabei kommt der Einfluß der Umgebung überhaupt nicht zum tragen. Die Interaktion des Schallfeldes mit der Umgebung ist aber mindestens genauso kompliziert, wie das für Licht der Fall ist. Dementsprechend ist auch eine ähnliche aufwendige Modellierung ("Rendering") erforderlich, um Simulationen zu erhalten, deren auditive Eigenschaften denen der simulierten physikalischen Umgebung entsprechen.

Er wurde daher ein Verfahren zur Erzeugung virtueller auditiver Umgebungen entwickelt. Dieses Verfahren beruht auf einer Kombination von herkömmlichen Methoden zur Schallfeldmodellierung und der Binauraltechnik und wird daher "Binaurale Raumsimulation" genannt. Mit Hilfe dieser Methode ist es möglich, in Umgebungen hineinzuhören, die nur in Form eines Computermodells bestehen. Detaillierte Beschreibungen der allgemeinen theoretischen Grundlagen finden sich in (Lehnert & Blauert 1992a) und des realisierten Systems in (Lehnert 1992c).

2. Analyse des Wahrnehmungsprozesses, Modellbildung

In einer natürlichen Umgebung, in der eine Schallquelle in Gegenwart eines Hörers ein Schallsignal abstrahlt, erfolgt die Transformation von der akustischen zur auditiven Umgebung in zwei Schritten. Im ersten Schritt wird durch den abgestrahlten Schall am Ort des Hörers ein komplexes Schallfeld hervorgerufen. Dieses Schallfeld wird wesentlich durch die akustischen Eigenschaften der Umgebung mitbestimmt. Es enthält also bereits die Information über die akustische Umgebung. Diese erste Transformation geschieht rein physikalisch und ist linear. Im Falle von stationären Situationen ist die Transformation auch zeitinvariant.

Im zweiten Schritt wird das Schallfeld am Ort des Hörers abgetastet und daraus ein Hörereignis geformt. Die Transformation von der physikalischen zur perzeptiven Ebene erfolgt durch das menschliche auditive System, also durch Außen-, Mittel- und Innenohr, sowie durch die neurologische Verarbeitung von den Haarzellen bis hin zum auditorischen Cortex und anderen Zentren des zentralen Nervensystems. Während einige der Abbildungen von Schallereignis zu Hörereignis, wie beispielsweise die Abhängigkeit des Ortes des Hörereignisses vom Ort der Schallquelle gut erforscht (Blauert 1983) und bereits teilweise modelliert sind (Lindemann 1986), fehlen globale Ansätze zur Modellierung des Prozesses der Wahrnehmung akustischer Umgebungen noch völlig.

Die Eingänge des menschlichen auditorischen Systems sind die Schalldrucksignale an den beiden Trommelfellen. Durch das menschliche Außenohr wird die im Schallfeld enthaltene räumliche Information in spektrale und zeitliche Information kodiert. Dieser Kodierungsprozeß wird dann in höheren Zentren des Gehirns wieder rückgängig gemacht, wodurch die räumliche Information zurückgewonnen wird. Wie bei allen anderen Sinnesorganen wird auch dabei eine drastische Datenreduktion vorgenommen, die in statischen Situation mindestens den Faktor 1000 beträgt (Lehnert 1992c). Für die Modellierung bedeutet dies, daß es nicht notwendig ist, physikalisch exakte Lösungen zu finden. Es ist vielmehr sinnvoll, Näherungsansätze zu benutzen, sofern sichergestellt ist, daß die relevante Information erhalten bleibt.

Es wurde ein Modellansatz gewählt, der die oben beschriebene Teilung in zwei Stufen beibehält. Im ersten Schritt wird eine Modellierung des Schallfeldes durchgeführt. Die Ergebnisse dieser Modellierung werden dann in einem zweiten Schritt in geeigneter Weise aufbereitet und dem Hörer dargeboten. Diese Hörbarmachung oder Auralisierung erfolgt mit den Mitteln der Binauraltechnik. Dabei wird versucht, die Filterwirkung des menschlichen Außenohres zu simulieren und die Schalldrucksignale an den Trommelfellen des Hörers nachzubilden. Die weiteren Schritte zur Formung des Hörereignisses werden vom auditorischen System des Hörers selbst durchgeführt. Die Darbietung der Signale erfolgt über Kopfhörer oder über sogenannte transaurale Systeme (z. B. Cooper & Bauck 1989).

Bild 1 zeigt ein Blockschaltbild des realisierten binauralen Simulationssystems (Lehnert & Blauert 1989). Der Simulationsvorgang wird in zwei unterschiedliche Teile aufgespalten - die Schallfeldmodellierung und die Hörbarmachung (Auralisierung). Schnittstelle zwischen diesen beiden Teilen ist die sogenannte Verteilung der sekundären Schallquellen (Lehnert 1990). Die Anwesenheit von reflektierenden Flächen führt dazu, daß Schallenergie aus unterschiedlichen Richtungen zu unterschiedlichen Zeitpunkten mit unterschiedlichen spektralen Eigenschaften beim Zuhörer eintrifft. Eine solche Situation läßt sich durch eine Wolke von sekundären Schallquellen nachbilden, die den Hörer unter Freifeldbedingungen umgeben. Jede dieser sekundären Quellen sendet ein Signal aus, welches durch lineare Filterung aus dem Signal der primären Quelle hervorgeht. Am Ort des Hörers werden die einzelnen Signale entsprechend ihrer Einfallsrichtung bewertet und anschließend überlagert. Die Übertragung zwischen Sender und Empfänger bleibt damit linear.

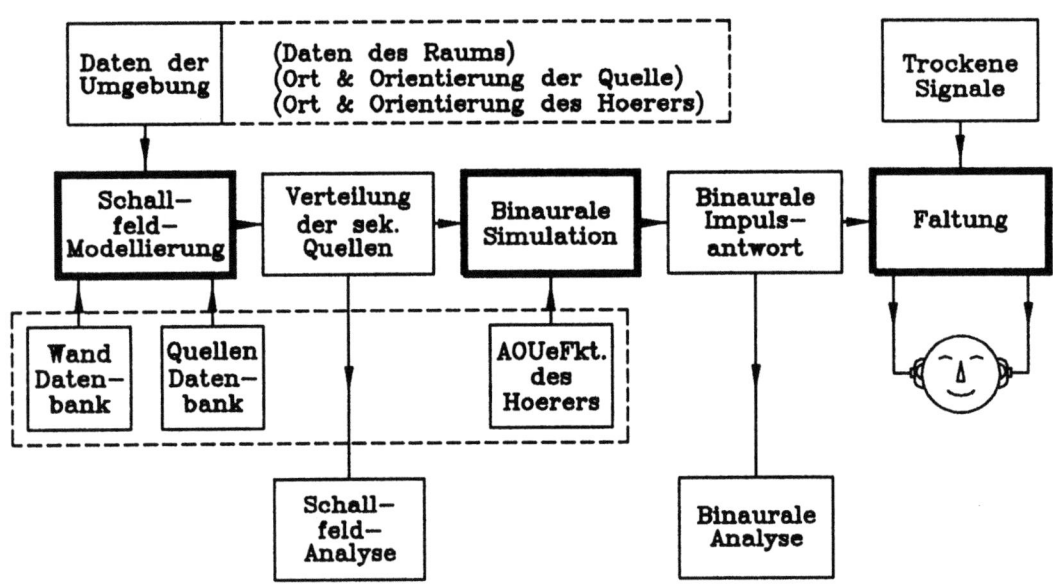

Bild 1: Blockschaltbild des Simulationssystems

Ausgehend von der physikalischen Beschreibung der Umgebung wird durch die Schallfeldmodellierung die Verteilung der sekundären Quellen berechnet. Mit Hilfe einer binauralen Simulation wird die binaurale Raumimpulsantwort bestimmt. Durch Faltung mit nachhallfreien Signalen und Wiedergabe über Kopfhörer kann in die simulierten Räume hineingehört werden. Binaurale Simulation, Faltung und Wiedergabe werden auch zusammenfassend als Auralisation bezeichnet.

Das realisierte System ist in der Lage Komplexwertigkeit und beliebige Frequenzabhängigkeit von Richtcharakteristik und Reflektionsfaktoren zu berücksichtigen, wobei die Reflektionsfaktoren auch abhängig vom Einfallswinkel sein können. Die Geomtrie des Raumes ist ebenfalls keinen Einschränkungen unterworfen, sofern sie sich näherungsweise durch ebene Flächen darstellen läßt.

3. Schallfeldmodellierung

Aufgabe der Schallfeldmodellierung ist es, aus den Daten der Umgebung zunächst Ort und Orientierung der sekundären Quellen zu bestimmen. In einem zweiten Schritt werden dann anhand der Reflektionen und anderer Daten die zugeordenten Filter berechnet.

Für die Schallfeldmodellierung existieren zur Zeit drei prinzipiell unterschiedliche Ansätze, nämlich die numerische Lösung der entsprechenden Differential- bzw. Integralgleichungen, die Nachbildung anhand eines physikalischen Modells in verkleinertem Maßstab und schließlich die Computersimulation mit Hilfe von Näherungslösungen. Die beiden ersten Ansätze sind aufgrund des benötigten hohen Zeitaufwandes für Echtzeitanwendungen völlig ungeeignet. Aufgrund der erheblichen Informationsreduktion, die bei der Wahrnehmung der auditiven Umgebung gegenüber der exakten physikalischen Lösung auftritt, scheint der Übergang auf eine Näherung durchaus gerechtfertigt zu sein. Das Näherungsverfahren, das die Grundlage für die meisten Simulationen bildet, ist die geometrische Akustik.

Die geometrische Akustik beruht auf einer Lösung der Wellengleichungen, die solange gültig ist, solange die Wellenlängen des Schalls klein gegen die Abmessungen und groß gegenüber den Rauhigkeiten bzw. den Krümmungsradien der umgebenden Objekte ist. Der Nachteil der Näherung liegt darin, daß Wellenausbreitungseffekte wie diffuse Reflexion und Beugung an Kanten zunächst nicht berücksichtigt werden. Diese Bedingungen sind zwar aufgrund des großen Hörfrequenzbereichs praktisch nie erfüllt, es hat sich jedoch gezeigt, daß diese Methoden trotzdem erfolgreich eingesetzt werden können.

Es existieren zur Zeit zwei prinzipiell unterschiedliche Algorithmen, die zur Modellierung des Schallfeldes mittels der geometrischen Akustik benutzt werden können. Diese sind die Spiegelschallquellenmethode (Allen & Berkley 1979, Borish 1984) und verschiedene Versionen des Strahlverfolgungsalgorithmus (Ray-Tracing) (Krokstadt et al. 1969), wie er auch aus der Computergraphik bekannt ist. Beide Modelle werden schon seit langem zu raumakustischen Untersuchungen eingesetzt (z. B. Eyring 1930, Knudsen 1932), und ihre Leistungsfähigkeit in Bezug auf die relevanten Fragestellungen ist oft verglichen worden. (z. B. Hunt 1964, Stephenson 1988, Vorländer 1988).

Beim Strahlverfolgungsverfahren werden Objekte (Strahlen, Teilchen, Pyramiden oder Kegel) von der Quelle in alle Raumrichtung ausgesandt. Die Objekte breiten sich geradlinig aus, werden geometrisch reflektiert, wenn sie auf eine Fläche treffen und werden gezählt, wenn eine bestimmte Detektionsbedingung am Empfängerort erfüllt ist. Beim Spiegelquellenverfahren wird die Quelle an den reflektierenden Flächen gespiegelt und so direkt sekundäre Quellen erzeugt. Mehrfachreflektionen werden durch mehrfache Spiegelungen nachgebildet. Die Ergebnisse beider Verfahren sind ineinander überführbar (Lehnert 1991).

Beide Verfahren werden gegenwärtig im Hinblick auf eine Echtzeitrealisierung verglichen. Ersten Ergebnissen zufolge scheint das Spiegelquellenverfahren schneller zu sein. Die Vorteile des Strahlverfolgungsverfahrens liegen jedoch darin, daß der Algorithmus durch Variation der Strahlzahl leicht an vorgegebene Rechenzeiten bzw. Auffrischraten angepasst werden kann, was bei der Spiegelquellenmethode nicht ohne weiteres der Fall ist.

Nachdem Ort und Orientierung der sekundären Quellen berechnet sind, werden noch zugeordnete Filter bestimmt. Diese enthalten Informationen über Richtcharakteristik der Quelle, Ausbreitungsdämpfung und -verzögerung, Absorption des Mediums und über die Reflektionseigenschaften der Wände.

4. Auralisierung für verzögerungsfreie Realzeitsysteme

Aufgabe der Auralisierung ist es, die Verteilung der sekundären Quellen hörbar zu machen. Dies erfolgt zweckmäßigerweise mittels der Binauraltechnik unter Zuhilfenahme der Außenohrübertragungsfunktionen (siehe z.B. Pösselt 1987, Lehnert 1992b), wobei im statischen Fall normalerweise die binaurale Raumimpulsantwort berechnet und mit nachhallfreien Signalen gefaltet wird.

Im Gegensatz zu statischen Simulationen kann bei Echtzeitsystemen nicht mehr mit der binauralen Raumimpulsantwort gearbeitet werden, da die Übertragung zeitvariant wird. Vielmehr muß jede sekundäre Quelle einzeln auralisiert werden. Für eine einzelne sekundäre Quelle kann die Übertragung zumindest noch als stückweise zeitinvariant betrachtet und damit durch eine Impulsantwort beschrieben werden.

Auralisierungen dieser Art sind zur Zeit nur mittels spezieller Hardwarekomponenten möglich. Diese bestehen zumeist aus digitalen Signalprozessoren (DSP), die die Filterung mit den Außenohrimpulsantworten und ggf. die Vorfilterung der Signale vornehmen. Beim gegenwärtigen Stand der Technik benötigt man etwa einen DSP (z.B. Motorola DSP 56000) pro sekundäre Quelle. Aus technischen Gründen ist die Zahl der auralisierbaren sekundären Quellen (und damit Reflektion) stark begrenzt. Es ist jedoch zu erwarten, daß zur Erzeugung der späten Reflektionen und des Nachhalls aber auch stark vereinfachende und daher weniger aufwendige Algorithmen eingesetzt werden können, ohne das die Simulationsqualität signfikant beeinflußt wird.

5. Virtuelle auditive Umgebungen und "Virtual Reality"

Man könnte fast sagen, daß "Binaurale Raumsimulation" und "Virtual Reality" zwei Techniken sind, die sich suchen und noch nicht gefunden haben. Auf der einen Seite existieren hochkomplexe Simulationssysteme für raumakustische Untersuchungen in Konzertsälen, die Rechenzeiten von bis zu einigen Wochen verbrauchen. Auf der anderen Seite ist in kommerziell erhältlichen VR-Systemen bestenfalls eine Rechteckraumsimulation erster Ordnung oder eine Direktschallnachbildung in reflektionsarmer Umgebung realisiert, sofern eine auditorische Komponente überhaupt vorhanden ist. Ein realzeitfähiger "auditorischer Renderer", wie oben beschrieben, wurde bisher noch nicht realisiert. Auch ist die Integration eines solchen Moduls in bereits existierende System nicht einfach, da diese sich sehr stark am visuellen System orientieren.

Der Grund für diese Zweiteilung liegt historisch gesehen in der Unterschiedlichkeit der beiden Problemstellungen ("Driving Problems"), die zur Entwicklung der beiden Typen von Systemen geführt haben. Auf der einen Seite ist das die raumakustische Planung von Konzertsälen, die höchste Qualität bezüglich der Authentizität der Simulation fordert, während auf der anderen Seite für die Realisierung interaktiver Systeme primär die Rechengeschwindigkeit maßgebend ist. Beim gegenwärtigen Stand der Technik und insbesondere der Entwicklung des Preis-Leistungsverhältnisses auf dem Hardwaresektor scheint es aber keineswegs unmöglich zu sein, die beiden Typen von Systemen zusammenzuführen ohne die Realzeitfähigkeit zu verlieren. Ein solches System soll, neben anderen Dingen, in dem ESPRIT-Projekt SCATIS realisiert werden.

6. Das ESPRIT-Projekt SCATIS

Die bereits gemachten Bemerkungen über die eher stiefmütterliche Behandlung des auditiven Sinnes in gegenwärtigen VR-Implementation trifft sicherlich in noch stärkerem Maße auf den taktilen Sinn zu. Hier ist zu bemerken, das taktil sich auf Wahrnehmungen wie rauh-glatt, heiß-kalt, spitz-stumpf und eckig-rund bezieht, die durch Rezeptoren auf der Hauptoberfläche vermittelt werden. Im Gegensatz dazu bezeichnet man mit Kraftrückkopplung ("Force Feedback") die Replikation von Greifkräften an der Hand bzw. dem Arm. Dieses wird im wesentlichen durch Rezeptoren in den Muskeln und Gelenken wahrgenommen und mit dem Sinn der Propriozeption, also Eigenwahrnehmung, verknüpft.

Die noch unzulängliche Repräsentation auditiver und taktiler Sinneswahrnehmungen hat zur Initiierung des Projektes SCATIS geführt, das von der europäischen Gemeinschaft im Rahmen des Programms ESPRIT als Grundlagenforschung unterstützt wird. An dem Projekt sind insgesamt fünf Partner aus Italien, Dänemark und Deutschland beteiligt.

Im Rahmen von SCATIS (Spatially Coordinated Auditory/Tactile Interactive Scenario) soll das folgende Szenario realisiert werden:

> Eine Versuchsperson befindet sich in einer virtuellen Umgebung, in der einige (unsichtbare) auditorisch/taktile Objekte verteilt sind. Er/Sie ist in der Lage diese Objekte auditorisch zu lokalisieren und zu identifizieren sowie sie individuell zu ergreifen. Bei Berührung werden Kontur, Oberflächenbeschaffenheit und Temperatur der Objekte wahrgenommen. Aufgabe der Versuchsperson ist es, die Objekte manuell zu bewegen, d. h. ihre räumliche Anordnung entsprechend einer Vorgabe zu manipulieren. Dabei wird auditorische Rückkopplung gegeben.

Dieses Szenario kann als repräsentativ für eine Reihe von Problemen im Bereich Multi-Media und/oder "Virtual Reality" betrachtet werden, wo Menschen beteiligt sind, wie beispielsweise Kontroll-, Führungs-, Überwachungs-, Zufgriffs- oder Bewertungsaufgaben und selbstverständlich auch Training und Unterhaltung.

Der visuelle Sinn wird zunächst im Projekt ausdrücklich nicht berücksichtigt, um Ablenkungs- und Verdeckungseffekt aufgrund perzeptiver Dominanz auszuschließen. Trotzdem wird der experimentelle Aufbau (SCAT-LAB) bereits für den späteren Anschluß eines binokularen Kopfsehers und auch eines Kraftrückkopplungssystems vorbereitet.

Während der ersten drei Jahre wird im wesentlichen das SCAT-LAB konzipiert und die entsprechende Hard- und Softwareentwicklung durchgeführt werden. Sobald das SCAT-LAB verfügbar ist, soll es als Experimentierplatform für auditorische, taktile und multimodale psychophysikalische Untersuchungen dienen. Dabei sollen zentrale Probleme der Konstruktion interaktiver VR-Systeme behandelt werden. Dies sind unter anderem Effekte zeitlicher und räumlicher Koordination einzelner und verbundener Systemkomponenten, Effekte individueller Eigenschaften der Versuchsperson (sensorische Empfindlichkeit, Fähigkeit koordinative und kognitive Aufgaben zu bewältigen), benötigte Genauigkeiten bzw. Auflösungen und/oder Effekte von Vereinfachung und Verallgemeinerung auditorischer und taktiler Wahrnehmungsattribute.

Die Architektur des Systems soll nach Möglichkeit unabhängig von Zahl und Art der ansprechbaren Sinnesorgane sein, damit die spätere Einführung weiterer Sinne keinen prinzipiellen Einschränkungen unterworfen ist.

Der auditorische Zweig des SCAT-LAB wird in der Lage sein, Reflektionen in beliebigen Geometrien zu berechnen. Die Reflektionseigenschaften der Oberflächen werden dabei nahezu beliebige Frequenzabhängigkeiten aufweisen können. Auch komplexe Richtcharakteristiken von Schallquellen sollen nachgebildet werden.

7. Weitere Anwendungen

Die Anwendungen für ein solches Computermodell zur Erzeugung von virtuellen auditiven Umgebungen sind vielfältig. Dazu gehören u. a.:

- Abbildung von Hörereignissen an einer beliebigen Position im Wahrnehmungsraum des Hörers (3-dimensionales Richtungsmischpult),
- Simulation von realen akustischen Umgebungen, um einen Hörer auditiv an einen anderen Ort zu versetzen (Telepräsenz), zur Anwendung für Aufgaben im Bereich Telekonferenz, Fernüberwachung, Fernsteuerung, u.s.w.,
- parallele Darbietung von mehreren Informationskanälen, wobei der Hörer durch selektives Hören (Cocktail-Party Effekt) einen Informationskanal auswählen kann,
- Informationskodierung und Vereinfachung der Informationswahrnehmung durch sinnentsprechende räumliche Eigenschaften des Hörereignisses (auditorische Ikonen oder Hinweishörzeichen),
- verbesserte Behandlung von Lärmproblemen durch Ausnutzung und Berücksichtigung psychoakustischer Effekte,
- raumakustische Planung,
- Analyse und Verbesserung der akustischen Eigenschaften von Veranstaltungsräumen, wie Konzertsälen, Kirchen oder Hörsälen,

- Modellierung und Planung von eletroakustischen Anlagen,
- Entwurf von Referenzräumen für Abhör-, Meß- und Standardisierungszwecke mit beliebiger Reproduzierbarkeit,
- Erzeugung von natürlichen und künstlichen Klangeffekten,
- räumliches Klangdesign, und
- Einsatz als universelles Werkzeug in auditiven oder multimodalen psychophysikalischen Experimenten.

Literatur

Allen J. B., Berkley D. A. (1979): Image Method for efficiently simulating small-room acoustics. J. acoust. Soc. Amer. 65(4), 943-950.

Blauert J. (1983): Spatial Hearing. The Psychophysics of Human Sound Localization. MIT Press, Cambridge.

Borish J. (1984): Extension of the image model to arbitrary polyhedra. J. acoust. Soc. Amer. 75(6), 1827-1836.

Cooper D. H., Bauck J. L. (1989): Prospects of Transural Recording. J. Audio Eng. Soc. 37(1/2), 3-19.

Eyring C. F. (1930): Reverberation Time in 'Dead' Rooms. J. acoust. Soc. Amer. 1, 217-241.

Hunt F. V. (1964): Remarks on the Mean Free Path Problem. J. acoust. Soc. Amer. 36(3), 556-564.

Knudson V. O. (1932): Architectural Acoustics. John Wiley & Sons, New York, 133-141.

Krokstadt A., Strøm S., Sørsdal S. (1968): Calculating the acoustical room response by the use of a ray tracing technique. J. Sound Vib. 8(1), 118-125.

Lehnert H., Blauert J. (1989): A Concept for Binaural Room-Simulation. IEEE Workshop on Application of Signal Processing to Audio & Acoustics, New Paltz N.Y, USA.

Lehnert H. (1990): Erzeugung von virtuellen akustischen Umgebungen. Fortschritte der Akustik DAGA'90, DPG-GmbH, Bad Honnef, 895-898.

Lehnert H. (1991): Strahlverfolgungsverfahren (Ray-Tracing) mit punktförmigen Quellen und Empfängern sowie idealen Strahlen. Fortschritte der Akustik DAGA'91, DPG-GmbH, Bad Honnef, 633-636.

Lehnert H. & Blauert J. (1992a): Principles of Binaural Room Simulation. Applied Acoustics 36(3&4), 259-291.

Lehnert H. (1992b): Aspects of Auralisation in Binaural Room-Simulation. Proceedings of the 92nd AES Convention, San Francisco, Preprint 3390 (G-6).

Lehnert H. (1992c): Binaurale Raumsimulation: Ein Computermodell zur Erzeugung virtueller auditiver Umgebungen. Verlag Shaker, Aachen 1992, ISBN 3-86111-166-7.

Lindemann W. (1986a): Extension of a binaural cross-correlation model by contralateral inhibition. I. Simulation of lateralization of stationary signals. J. acoust. Soc. Am. 80, 1608-1622.

Lindemann W. (1986b): Extension of a binaural cross-correlation model by contralateral inhibition. II. The law of the first wavefront. J. acoust. Soc. Am. 80, 1623-1630.

Pösselt Ch. (1987): Binaurale Raumsimulation für Kopfhörerwiedergabe, Fortschritte der Akustik, DAGA '87, DPG-GmbH, Bad Honnef, 725-728.

Stephenson U. (1988): Schallteilchen- contra Spiegelquellenmethode-Methode Vergleich hinsichtlich Rechenzeit und Weiterentwicklungsmöglichkeiten. Fortschritte der Akustik DAGA'88, DPG-GmbH, Bad Honnef, 741-747.

Vorländer M. (1988): Die Genauigkeit von Berechnungen mit dem raumakustischen Schallteilchenmodell und ihre Abhängigkeit von der Rechenzeit. Acustica 66, 90-96.

Inwieweit sind virtuelle akustische Umgebungen realisierbar ? - Fortschritte bei der Computersimulation von Schallfeldern

Dipl.phys. Uwe M. Stephenson
Fraunhofer-Institut für Bauphysik (IBP)
Abteilung Raumakustik

Nach der Geometrischen Raumakustik – in deren Grundlagen anfangs eingeführt wird –kann die Ausbreitung von Schall weitgehend durch ein Strahlenmodell beschrieben werden. Hierzu werden Vergleiche zwischen Licht und Schall-Wahrnehmung und -Ausbreitung gezogen und die rechentechnischen Konsequenzen abgeleitet. Im Kern wird das Schallteilchen-Simulationsverfahren (eine Untervariante des Ray Tracing) beschrieben. Damit werden psychoakustische Parameter des Raumes berechnet, welche zunächst visualisiert werden. Gewicht wird auf die Beschreibung einiger Methoden zur Rechenzeit-Verkürzung gelegt. Zur Auralisierung (Hörbarmachung) von Schallfeldern müssen die vorberechneten Impulsantworten (Echogramme) des Raumes zunächst mit Ohrübertragungsfunktionen verrechnet und mit echofreien Signalen gefaltet werden. So sind virtuelle akustische Umgebungen erzielbar - allerdings nicht in Echtzeit oder nur mit erheblichen Einschränkungen.

Einführung

"Virtuelle Realität" ist ein Schlagwort, das nunmehr seit rund 10 Jahren bekannt ist - unter Informatikern, insbesondere unter Spezialisten der Computergrafik, kaum jedoch unter Akustikern. Dieser Beitrag möchte diejenigen ansprechen, die wohlvertraut sind mit Computersimulation, insbesondere Ray-Tracing, wenig jedoch mit Akustik und will so "Brücken" bauen zwischen den verschiedenen Disziplinen. Auf eine Einführung in die Raumakustik wird deshalb Wert gelegt, insbesondere auf eine Darstellung von Parallelen und Unterschieden zwischen Schall- und Licht - Ausbreitung und -Wahrnehmung und den daraus folgenden Berechnungsmöglichkeiten von Schallfeldern. Freilich kann bei so einem versuchsweise interdisziplinären Kurzbeitrag vieles nur angedeutet werden, auf die ausgewählte Literatur wird deshalb besonders verwiesen.

Akustik und Optik sind verwandte Teilgebiete der Physik und weisen, bedingt durch die Gemeinsamkeit der Wellentheorie, zahlreiche Parallelen auf, insbesondere auch die gleichzeitige –wenigstens näherungsweise – Beschreibbarkeit der Ausbreitung von Licht- und Schall durch Strahlen, also durch geometrische Methoden. Gerade letzteres machen sich sowohl optische als auch raumakustische Computersimulationsmethoden zunutze. Dennoch ist interdisziplinäres Verständnis und Zusammenarbeit bislang kaum vorhanden. Eine wesentliche Ursache liegt offensichtlich in den recht verschiedenen Ausbildungsgängen und daher Denkweisen von in der Computergrafik tätigen Informatikern einerseits und mit Akustik befassten Physikern und Nachrichtentechnikern andererseits. Die tiefere Ursache dafür wiederum liegt in den Unterschieden einerseits der gewöhnlichen Oberflächenreflexionseigenschaften andererseits der menschlichen Wahrnehmung für Licht und Schall, die beide im Ergebnis qualitativ andere Rechenmethoden bedingen. So könnte man sagen, daß die Methoden der Computergrafiker "geometrie-orientiert", die der Akustiker hingegen meist "zeit- und frequenzorientiert" sind.

Die Raumakustik beschäftigt sich mit Messung und Berechnung von Schallfeldern innerhalb eines (meist geschlossenen) Raumes; ihre klassische Anwendung sind der Konzertsaal und andere Auditorien, eine weitere Anwendung ist die Lärmbekämpfung in Arbeitsräumen [1,2]. Wie im Prinzip virtuelle akustische Umgebungen zu erzeugen sind, folgt aus Grundprinzipien der Nachrichtentechnik. Das von der physiologischen Akustik gelieferte Wissen um die relevanten Gehörseigenschaften (z.B. um Richtungswahrnehmung und Zeitauflösung) ist dazu weitgehend ausreichend [3], ebenso das Wissen um die Zusammenhänge zwischen subjektiven und objektiven Parametern zur Beschreibung von raumakustischen Qualitäten [4-6]. Um Schallfelder in grossen Räumen vorherzuberechnen, haben aber – aus noch näher zu erläuternden Gründen – praktisch nur Ray-Tracing- oder verwandte Methoden eine Chance – mit den bekannt langen Rechenzeiten sowie mit einigen prinzipiellen Defiziten [7-17]. Seit wenigen Jahren ist man so im Prinzip in der Lage, die zur Erzeugung virtueller akustischer Umgebungen nötigen Grössen (binaurale Raumübertragungsfunktionen) zu berechnen und Schallsignale entsprechend hörbar zu machen ("Auralisation") [19]. Die Qualität ist allerdings noch nicht zufriedenstellend, auch geht das bei weitem nicht in Echtzeit. Letzteres wird auch wohl kaum jemals möglich sein (jedenfalls nicht in "Konzertsaalqualität"). Insofern wird verständlich, warum der Begriff der "virtuellen akustischen Realität" unter Akustikern – im Gegensatz zur visuellen VR unter Computergrafikern – bislang kaum populär ist. Ein weiterer Grund dafür liegt sicher ganz allgemein in der Dominanz der optischen Sinneswahrnehmung des Menschen, insbesondere in "westlichen" Kulturen.

Unter Auralisation soll hier – ganz analog wie bei der Visualisierung von Räumen – das Erzeugen und Hörbarmachen virtueller akustischer Umgebungen verstanden werden. Wie in der Optik besteht die akustische Berechnungsmethode dazu im Prinzip aus der Strahlverfolgung über mehrere Reflexionen an den Raumbegrenzungsflächen. Wesentlich an der Auralisation ist also, daß sie spezifisch für den Raum ist, die dazu beispielhaft benutzten Schallsignale selbst sind unwesentlich. Dies ist nicht zu verwechseln mit dem Erzeugen von fiktiven Geräuschen, z.B. Kollisionsgeräuschen, die nur irgendwie "realistisch" klingen, quasi als "Begleitmusik" zu einer (visuellen) "Virtual Reality"-Show. Ziel ist also das Hörbarmachen beliebiger Schallsignale in dem virtuellen Raum, in dem man sich gerade befindet, also z.B. auch das Hörbarmachen der eigenen Stimme im Raum.

Nach einer Kurzeinführung in die Raumakustik, über die zu berechnenden Zielgrössen und einer Kurzübersicht über Rechenmethoden soll im folgenden vor allem das vom Autor weiterentwickelte Schallteilchensimulationsverfahren dargestellt werden, insbesondere die im IBP angewandten Methoden zur Rechenzeitverkürzung. Damit lassen sich im ersten – sehr rechenaufwendigen – Schritt die entscheidenden Kenngrössen des Raumes, insbesondere die Impulsantworten berechnen. Der zweite Schritt ist die Auralisierung des Schallfeldes am Ort des Zuhörers im (virtuellen) Raum mithilfe jener Raumimpulsantworten, von Ohrübertragungsfunktionen und von "trocken" aufgenommen Schall-(z.B. Musik-)-Signalen. Die Methode der Auralisation wird kurz beschrieben. In den restlichen Abschnitten werden als Perspektiven verschiedene Ansätze und Rechenverfahren zur Auralisisierung diskutiert, insbesondere stark vereinfachende Alternativen, die eine Echtzeit-Berechnung möglicherweise nicht von vorneherein ausschliessen.

1. Grundlagen der Geometrischen Raumakustik und ihrer Rechenmodelle

1.1. Kurzeinführung in die Raumakustik

Physikalische Grundlage der Akustik ist die klassische Mechanik. Schall ist demnach zweifellos eine Welle, hörbarer Schall eine Druckwelle in Luft. Es gibt, anders als beim Licht, keine exakte akustische Teilchen- oder Strahlentheorie (schon garnicht eine "Vereinigungstheorie" wie die Quantenmechanik.) Die Raumakustik speziell beschäftigt sich mit dem Schall-(Druck-)-Feld in Räumen. Die Raumoberflächen definieren in diesem Sinne theoretisch die Randbedingungen für die Lösung der Wellengleichungen seines Luftschallfeldes. Die Wellengleichungen in

Räumen lassen sich jedoch nur in den allereinfachsten Fällen exakt lösen, praktisch nur im Quader. Die Lösung sind stehende Wellen in allen drei Koordinatenrichtungen (Moden). Ihre Eigenfrequenzen, die Resonanzfrequenzen des Raumes, liegen jedoch nicht äquidistant (wie etwa die Obertöne in einer Orgelpfeife) sondern zeigen eine mit dem Quadrat der Frequenz und dem Raumvolumen ansteigende Dichte. (So können etwa in einem mittelgossen Raum im engen Frequenzbereich von 1000 Hz bis 1001 Hz schon mehrere Resonanzen liegen !). Setzt man eine harmonische Schallquelle bestimmter Frequenz an einen Ort im Raum (idealerweise eine Punktquelle), so werden im Freiraum Wellen ausgesandt, im geschlossenen Raum diese Moden angeregt. In jedem Falle ergibt sich an einem anderen Punkt im Raum eine ganz bestimmte Schalldruckamplitude, die von Frequenz und Ort abhängt.

Signaltheoretisch gesehen kann ein Raum als lineares, zeitinvariantes System betrachtet und vollständig beschrieben werden durch seine frequenzabhängigen Übertragungsfunktionen –oder äquivalent, durch deren Fouriertransformierten, die Impulsantworten (Bild 1). Diese beschreiben, nunmehr im Zeitbereich, den umgekehrten Anregungsfall: Die (ideal unendlich kurze, Diracstoß-) Anregung und das "Abklingen" des Schalldrucks an einem anderen Raumpunkt als Antwort. Ihr Quadrat beschreibt den Schallenergieabfall im Raum, den "Nachhall", und wird auch als Echogramm bezeichnet (Bild 2).

Die tatsächliche Berechnung der Übertragungsfunktionen ist exakt praktisch unmöglich. Numerische Lösungsansätze sind Finite- oder Boundary-Elemente-Methoden (FEM, BEM). Sie werden z.B. bei Fahrgastzellen von Kraftfahrzeugen angewandt.

Die praktisch betrachteten Räume sind gewöhnlich groß gegen die typischen Schallwellenlängen (wenn auch nicht so groß wie beim Licht). Dann sind die Modendichten so hoch, daß FEM- und BEM-Methoden versagen oder unsinnig sind. Die exakten Übertragungsfunktionen berechnen zu wollen ist nämlich meist garnicht nötig, denn glücklicherweise nimmt das menschliche Ohr die Feinheiten der Frequenzstruktur nicht mehr wahr (es integriert in sogen. Frequenzgruppen von ca. Terzbandbreite, nur bei einzeln gehörten Tönen ist die Frequenzauflösung sehr hoch). Sehr wohl aber ist es sensibel für Zeitverschiebungen (die etwa die Sprachverständlichkeit beeinträchtigen). Dies führte zur Entwicklung einer nicht frequenz- sondern von vorneherein zeitabhängigen, geometrisch-statistischen Betrachtungsweise: der Theorie der Geometrischen Raumakustik [1,2].

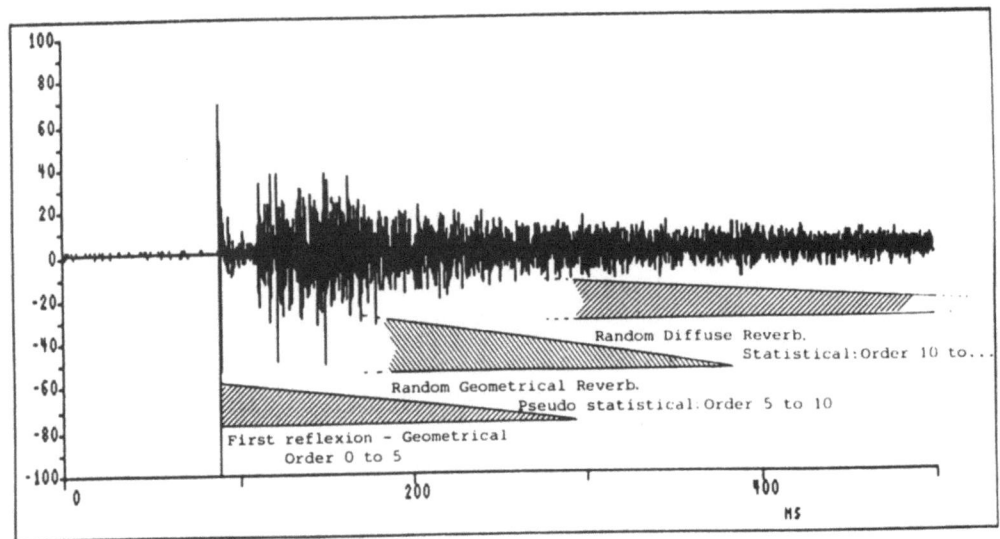

Bild 1: Typische Impulsantwort, unterteilt in 3 Abschnitte (aus [13])

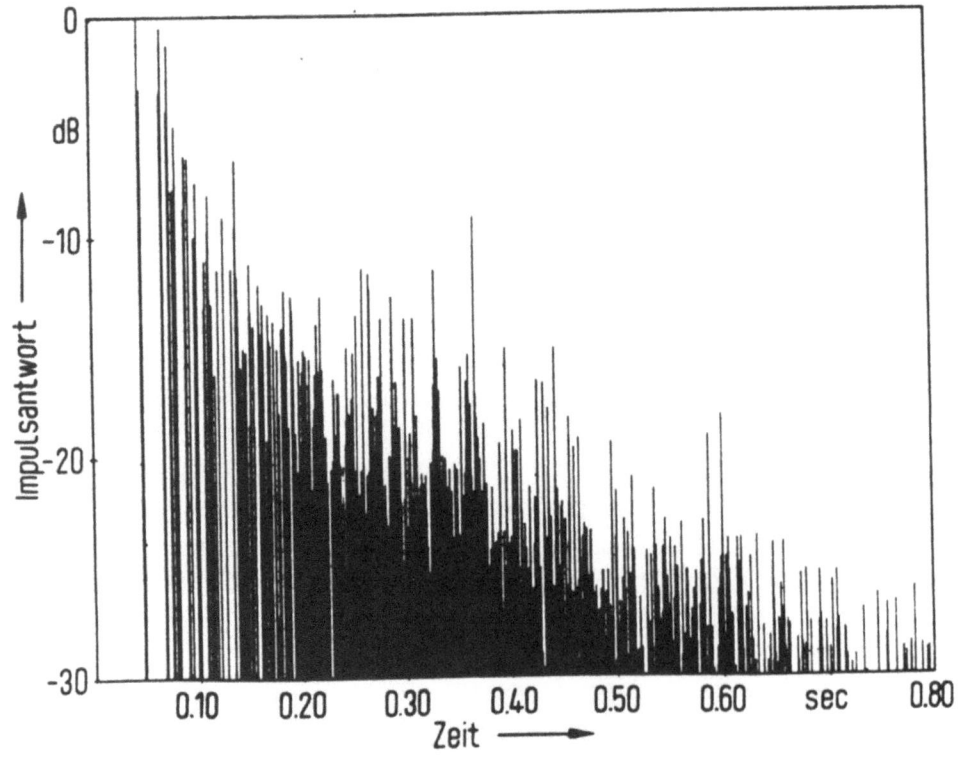

Bild 2: Energie-Impulsantwort (Echogramm) eines großen Mehrzweckraumes (aus [18])

Die Vorraussetzungen der Geometrischen Raumakustik sind:
- alle Raumabmessungen sind groß gegen die Wellenlängen,
- der Raum ist weitgehend geschlossen, seine Absorption gering.

Dann wird nämlich das Schallfeld von zahlreichen Reflexionen höherer Ordnung dominiert (nicht stehende sondern sich ausbreitende Wellen werden also betrachtet). Ferner werden stets Frequenzbänder, keine Einzelfrequenzen betrachtet. Dann kann näherungsweise angenommen werden, daß
- alle Wellenzüge praktisch inkohärent (d.h. ohne feste Phasenbeziehung) sind;
- Interferenzen vernachlässigt, und
- Energien statt Amplituden addiert werden können.

Daraus leitet sich die statistische Nachhalltheorie ab, die wichtigste Theorie der praktischen Raumakustik. Die Nachhallzeit ist der älteste und nach wie vor wichtigste raumakustische Parameter und beschreibt den Schallenergieabfall im Raum auf ein Millionstel des Anfangswertes, einen Pegelabfall um 60 dB, was subjektiv einem weitgehenden Verklingen entspricht. Sie folgt recht anschaulich aus einer Betrachtung von Schallteilchen-"Schicksalen" als Denkmodell. Eine weitere Vorraussetzung ist das "diffuse Schallfeld", ein Idealfall, der überall diffus reflektierende Wände notwendig vorraussetzt. Das Ergebnis ist die Sabine'sche Formel, nach der die Nachhallzeit T proportional dem Raumvolumen V und umgekehrt proportional der äquivalenten Absorptionsfläche A ist:

$$T = 0.161 \, (s/m) * \frac{V}{A} \tag{1}$$

Die Absorptionsfläche A ist die Summe über alle mit der jeweiligen Oberfläche Si gewichteten Wandabsorptionsgrade α_i:

$$A = S_i * \alpha_i \tag{2}$$

Diese Theorie stimmt – obwohl die Vorraussetzungen streng genommen nie gegeben sind – in den meisten praktischen Fällen gut mit der Wirklichkeit überein. Die Sabine'sche Formel ist daher wichtigstes Hilfsmittel bei der raumakustischen Optimierung von Räumen.

1.2. Grundlagen der Schallteilchenmethode

Sollen weitere raumakustische, d.h. die Hörqualität des Raumes beschreibende Parameter berechnet werden (s. unten), so genügt die Sabine`sche Formel nicht mehr. Am wichtigsten sind die (nach dem Direktschall) früh beim Zuhörer ankommenden Reflexionen. Sie sollen möglichst gleichmässig über der Zeit verteilt sein, nicht als einzelne Echos heraushörbar sein. Schon lange wurden daher – rein zeichnerisch – Strahlen im Raum "verfolgt". Eigentlich berechenbar wurden aber die gewünschten Reflektogramme bzw. Impulsantworten erst mit Aufkommen der Computer. Hierbei wurde erstmals konkret vom Schallteilchenmodell bzw. Ray Tracing Gebrauch gemacht [7]. Jedes Schallteilchen ist modellhaft ein punktförmiger Schallenergieträger. Einmal ausgesandt von einem Quellpunkt, repräsentiert es das Verhalten eines Ausschnitts aus einer Kugelwelle. Das Schallteilchenmodell ist ein rein numerisches Rechenmodell, das nicht nur aus Gründen stets endlicher Teilchenzahlen, sondern schon vom Prinzip her die Wirklichkeit nur näherungsweise beschreibt. Die angenommenen Eigenschaften eines Schallteilchens sind:
- es ist punktförmig,
- wird von einer Punktschallquelle ausgesandt,
- repräsentiert einen Ausschnitt aus einer Kugelwelle,
- bewegt sich mit konstanter Schallgeschwindigkeit geradlinig vorwärts,
- trägt Schallenergie eines bestimmten Frequenzbandes,
- interferiert nicht mit anderen Schallteilchen,
- wird an Wänden geometrisch oder diffus reflektiert, wobei seine Energie partiell absorbiert wird,
- wird in bestimmten Detektorvolumina, welche die Zuhörer repräsentieren, registriert, wobei seine Energien direkt addiert werden.

Eine Schallteilchen-Simulation wird i.d.R. nur für ein Frequenzband durchgeführt, der Begriff der Frequenz spielt im weiteren keine Rolle mehr (zu Berechnungen für ein weites Frequenzband muss im Prinzip die ganze Simulation mit den entsprechend anderen Parametern wiederholt werden). Typische Welleneigenschaften von Schall bleiben naturgemäss dabei "auf der Strecke". Dazu zählt vor allem die Schallbeugung. Auch diffuse Streuungen an Oberflächenstrukturen können als Beugungseffekte aufgefaßt werden. Dies spielt in geschlossenen, weitgehend konvexen Räumen keine große Rolle, wohl aber hinter großen, abschattenden Wänden, Balkonen, Säulen usw., Bereiche, in die hinein überwiegend nur durch Beugung Schall gelangt. Dies tritt vor allem im "Freien" auf (Beispiel: Lärmschutzwände, Lösungsansätze: [16,17]) In geschlossenen Räumen gibt es – dank zahlreicher Reflexionen – solche Zonen nur selten. Für die raumakustische Prognose von Auditorien ist das Schallteilchenmodell deshalb gut geeignet [7,9,12,14].

1.3. Weitere raumakustische Rechenmethoden

Die wesentliche Konkurrenzmethode zum Schallteilchenmodell ist die Spiegelschallquellenmethode (SSQM) [8,10], die eigentlich die ältere ist und auch rein zeichnerisch, ohne Computerhilfe oft angewandt wird. Ein verwandtes Modell ist die Strahlverfolgungsmethode (Ray Tracing, RT) [12,14]. Die Schallteilchensimulation (STSM) [9,14] ist eigentlich nur eine, wenn auch vom physikalischen Modell her verschiedene, Untervariante davon. Die Auffassung beim RT ist: Da jeder Strahl einen Ausschnitt aus einer Kugelwelle repräsentiert, kommt ihm ein mit der Laufstrecke wachsender Querschnitt zu (von daher eigentlich "Cone Tracing" [12]). Wird ein Empfangspunkt von diesem Kegel gestreift, bekommt er eine der Laufstrecke des Strahls entsprechende Schallenergie zugeteilt, er "sieht" quasi eine Spiegelquelle; von daher ist das Cone Tracing näherungsweise ein Scannen des Raumes nach Spiegelquellen. Beim STSM kommt dagegen die Teilcheneigenschaft direkt zum Tragen: Gezählt werden letzlich punktförmige Teilchen in räumlich ausgedehnten Detektoren; daraus werden Energiedichten berechnet; eine Abstandsgesetz kommt so nicht explizit sondern statistisch ins Spiel (indem eben weniger Teilchen gezählt werden).

Die SSQM und die STSM sind, obwohl sie auf denselben Annahmen der Geometrischen Raumakustik basieren, im Algorithmus grundverschieden. Das Spiegelungsprinzip, zur Konstruktion von Strahlenwegen auch ohne Computer häufig angewandt, ist eine indirekte, deterministische Methode. Die Schallteilchen-Methode ist dagegen ein statistischer ('Monte-Carlo'-) Ansatz, der die Schallausbreitung – nach dem "Giesskannenprinzip" – direkt simuliert: Jedes Teilchen erreicht in der Regel mehrere Detektoren. Gerade darin und in der Direktheit der Simulation liegt der entscheidende Vorteil gegenüber dem Spiegelquellenverfahren – bei Reflexionen höherer Ordnung. Das Schallteilchenverfahren ist da wesentlich effizienter, bei gleicher Genauigkeit schneller; dies liegt an der Notwendigkeit von komplizierten Sichtbarkeitsprüfungen bei der klassischen SSQM [10]. Bei sehr niedrigen Reflexionsordnungen ist dagegen, weil der statistische Character entfällt, die SSQM genauer.

Beide Verfahren gehen i.d.R. von geometrisch-spiegelnden Wandreflexionen aus; die Teilchenmmethode ist aber, im Gegensatz zur SSQM auch in der Lage, diffuse oder teilweise diffuse Reflexionen zu berücksichtigen [9].

Vom Gegenteil, nämlich rein diffus reflektierenden Wänden, geht die "Radiosity"-Methode aus – unter Akustikern eher bekannt als eine numerische Lösung der Kuttruff'schen Integralgleichung [2]. Grundlegende Idee dabei ist der Strahlungsaustausch zwischen Wandpaaren, Ergebnis eine Oberflächenverteilung von Bestrahlungsstärken. Jedes Oberflächenelement empfängt – in gewissen Proportionen – Strahlung von allen anderen, multipliziert mit seinem eigenen Reflexionsgrad folgt daraus in der Summe seine eigene Abstrahlung. Daraus folgt eine Integralgleichung. Die Bestrahlungsproportionen beschreiben Formfaktoren (deren Berechnung oft das eigentliche Problem ist.) Numerisch formuliert, läuft dies auf die Lösung eines linearen Gleichungssystems hinaus mit den Bestrahlungsstärken diskreter Wandelemente als Lösung. Diese Methode gestattet in ihrer gewöhnlichen Formulierung nur die Berechnung von stationären Schall – (oder Licht–) Feldern – und das eben nur bei diffus reflektierenden Wänden. Für die Raumakustik ist diese Methode deshalb kaum brauchbar, allenfalls für die nicht so genau erforderliche effiziente Berechnung eines "Restnachhalls" (d.h. ausschliesslich der frühen Reflexionen). Dafür gibt es bereits einige Ansätze.

Bemerkenswert ist noch, daß diese Methode es in kurzer Rechenzeit offenbar gestattet, vollständig-diffus gestreuten Schall zu behandeln – auf einfache Weise also Beugung beinhaltet. Das Geheimnis für diesen "Erfolg" liegt darin, daß diese Methode mit einer stets kleinen, konstanten und eben nicht lawinenartig wachsenden Anzahl von Strahlverbindungen zwischen den Wandelementen auskommt – um den Preis allerdings, daß die Strahlen "ihre Vergangenheit", Herkunftsrichtung und Laufstrecken, "vergessen", damit keine Spiegelquellen liefern können; eine exakte Berechnung von Echogrammen ist damit unmöglich.

2. Raumakustische Zielgrössen und ein Vergleich Optik-Akustik

Zielgrössen der Berechnung sind prinzipiell die Raumimpulsantworten, aus denen alles weitere bestimmt werden kann. Für die raumakustische Projektierung und eine Visualisierung von Schallfeldern genügt die Kenntnis der raumakustischen Parameter, die für den subjektiven Höreindruck auf verschiedenen Plätzen maßgebend sind. Diese können im wesentlichen aus Energieverhältnissen der Echogramme (Energie-Zeit-Funktionen) berechnet werden. Diese, d.h. quadrierte Impulsantworten, mithilfe des Teilchenmodells zu berechnen ist einfacher als die Berechnung der Impulsantworten selbst (die ja noch Phasen- und damit frequenzabhängige Informationen beinhalten). Die tatsächliche Berechnung der Impulsantworten ist nur zum Zwecke der Auralisierung nötig.

Aus umfangreichen psychoakustischen Untersuchungen (z.B. [4]) ergibt sich, daß der Höreindruck – vorausgesetzt die Nachhallzeit als wichtigstes Kriterium liegt in Konzertsälen bei den empfohlenen ca. 2 s. – bereits durch die folgenden 3-4 Parameter weitgehend bestimmt wird:

- den Schalldruckpegel L (bei stationärer Anregung), berechnet aus dem Integral über die gesamte quadrierte Impulsantwort p(t), damit über eine Intensitäts-Zeit-Funktion J(t);

$$\text{Schalldruckpegel} \quad L = 10 \cdot \log\left(\frac{\int_0^\infty J(t)\, dt}{J0} \cdot \frac{P0}{E0}\right) \quad dB \qquad (3)$$

J(t) = zeitabhängige rundherum einfallende Intensität
P0 = Schalleistung einer realen, stationär abstrahlenden Schallquelle)
E0 = Schallenergie aller abgeschossenen Schallteilchen
J0 = Bezugsintensität = 10^{-12} W/m^2

- die "Deutlichkeit" D oder "Klarheit" C als dem Energieverhältnis aus der bis 80ms bzw. 50ms ankommenden Energie zur Gesamtenergie:

$$\text{Deutlichkeitsmass} \quad D = \frac{\int_0^{50ms} J(t)\, dt}{\int_0^\infty J(t)\, dt} \qquad (4)$$

- das Seitenschallmaß, berechnet aus dem Energieverhältnis des frühen Seitenschalls, gewichtet mit dem Cosinus des jeweiligen Einfallswinkels (t) bezüglich der Ohrverbindungsachse, zum frühen Schall bis 80ms:

$$\text{Seitenschallmass} \quad S = \frac{\int_0^{80ms} J(t) \cdot \cos d(t)\, dt}{\int_0^{80ms} J(t)\, dt} \qquad (5)$$

- und durch die Klangfarbe als komplexen Parameter.

Der Pegel bestimmt unter anderem das Räumlichkeitsempfinden (das "Stärkemaß") mit; er sollteauf den Plätzen eines Raumes nach hinten hin nicht wesentloich abnehmen, d.h. nicht mehr als ca. 5dB. Die Deutlichkeit D ist ein Maß für die Sprach- bzw. Silbenverständlichkeit; sie sollte nicht unter 50% liegen (das mit ihr verwandte Klarheitsmaß C sollte 0dB sein); die Sollwerte sind hier von der Nutzung - und übrigens auch etwas vom Musikstil -abhängig. Das Seitenschallmass bestimmt den "Räumlichkeitseindruck", das "Sich-Umhüllt-Fühlen" von Schall, das besonders bei Musikdarbietungen wichtig ist [6]. Ein hohes mittleres Seitenschallmass (etwa 40%) wird erreicht in Rechteckräumen, die von daher auch wesentlich günstiger zu beurteilen sind als fächer-förmige Auditorien. Das Seitenschallmaß korreliert hoch mit der sogenannten Interauralen Kohärenz (dem Maximum der Kreuzkorrelation des linken und rechten Ohrsignals) und zwar negativ. Das ist verständlich, weil das Räumlichkeitsgefühl um so grösser ist, je verschiedener die beiden Ohrsignale sind. Einen weiteren Einfluß auf die subjektive Präferenz hat die Klangfarbe [5]. Diese hängt mit den Verhältnissen der Anfangsnachhallzeiten in den verschiedenen Oktavbändern zusammen. Generell sind für die Räumlichkeitsempfindung eher die tiefen Frequenzen wichtig (besonders beim Seitenschall), für eine korrekte Richtungsortung von Quellen dagegen eher die hohen.

3. Vergleich optischer und akustischer Berechnungsgrundlagen und Zielgrössen

3.1. Zur Wahrnehmung
Die Wahrnehmungsfähigkeiten von Auge und Ohr sind recht unterschiedlich ausgeprägt:

-Während beim Auge offensichtlich die Richtungsortung hoch ausgebildet ist (Anhaltspunkt: nötige Bildschirmauflösung mindestens 1 Million Pixel), die Zeitauflösung jedoch schwach (mehr als 16 Bilder/sec werden als "Film" wahrgenomen), ist es beim Ohr umgekehrt: Die Richtungsausflösung (auch bei zweiohrigem Hören) ist gering (Grössenordnung: unter 100 Raumrichtungen), die Zeitauflösung dagegen hoch.

-Rein energetisch gesehen haben beide Sinnesorgane zwar eine Integrationszeit in der Grössenordnung von 35-100ms, das Ohr hat aber eine extrem hohe Frequenzauflösung -wodurch Musik überhaupt erst als solche wahrnehmbar wird (nötige Zeitauflösung für eine Bandbreite von 20kHz: 25us!).

-Der sichtbare Wellenlängenbereich elektromagnetischer Strahlung ist sehr gering (rot: ca. 700nm, violett ca. 350nm Wellenlänge, =1:2), wogegen der hörbare Frequenzbereich von Schallwellen rund 10 Oktaven, nämlich den Bereich von ca. 16Hz bis 16kHz (=1:1000) umfasst.

-Das dargebotene Spektrum wird von beiden qualitativ bewertet als "Farbe" (beim Ohr als "Klangfarbe", dort jedoch nicht so eindeutig festgelegt). Sowohl Auge als auch Ohr haben eine ausgeprägte frequenzabhängige Empfindlichkeit, d.h. verschiedene Farben bzw. Frequenzen werden unterschiedlich hell bzw. laut wahrgenommen.

-Der wahrgenommene Intensitätsbereich beider Organe ist enorm und wird deshalb meist logarithmisch bewertet.

3.2. Zur Physik und den daraus folgenden Rechenmethoden

- Die Lichtgeschwindigkeit ist rund 1 Million mal grösser als die Schallgeschwindigkeit. In den für Menschen gewöhnlich "erlebbaren" Räumen sind dadurch, verglichen mit den üblichen Wahrnehmungsträgheiten, die Zeitverzögerungen von Licht praktisch 0, die von Schall aber durchaus bemerkbar; die "Nachhallzeit" von Licht ist praktisch 0, das Lichtfeld ist allzeit quasi-stationär; zeitabhängige optische Berechnungen sind daher unsinnig.

- Die mittleren akustischen und optischen Absorptionsgrade von Raumoberflächen liegen in derselben Grössenordnung von ca. 10-20% (beim Licht wohl, je nach Möblierung etwas höher); von daher reicht, rein energetisch und stationär betrachtet, die Berücksichtigung von Reflexionen niederer Ordnung (1. bis 5.) aus (da absolute Helligkeiten bzw. Lautheiten nicht sehr genau unterscheidbar sind); da das Ohr die Reflexionsanteile jedoch zeitabhängig nacheinander bewertet im Dynamikbereich von 30-60dB (was beim Nachhall z.B. Energieverlusten von bis zu 1:1000000 entspricht), folgt schon daraus die Notwendigkeit der Verfolgung von Reflexionen bis zu höheren Ordnungen (10.-60.); (die wesentlichen raumakustischen Parameter werden freilich schon durch die niederen Reflexionen bestimmt).

- Die allermeisten Oberflächen sind für Lichtwellenlängen "rau", z.B. "weiss"; d.h. sie reflektieren die auftreffende Strahlung diffus (nach dem Lambert'schen Gesetz), die meisten Wände sind aber für Schallwellen (mittlerer Frequenz, also z.B. 1kHz, was 34cm Wellenlänge entspricht) "Spiegel", d.h. geometrisch reflektierend; daraus folgt, daß die Strahlen bei einer Simulation ihre "Vergangenheit" nicht "vergessen", d.h. die Information über (akustische) "Spiegelbilder" weiter tragen; die für die Visualisierung effiziente Radiosity-Methode ist also in der Akustik i.d.R. nicht anwendbar, weil dadurch Richtungs- und Laufzeitinformation verloren gehen; es bleiben praktisch nur Ray-Tracing oder ähnliche Methoden.

- Die nötige Feinheit der räumlichen Auflösung ist aufgrund der grösseren Schallwellenlängen viel geringer als bei der Visualisierung von Räumen; die Raumstruktur braucht deshalb weit weniger genau eingegeben zu werden als für die Visualisierung, einige 100 "Wände" sind schon viel; aus Rechenzeitgründen sollte man mit der Anzahl auch sparsam sein (Treppen können z.B. als schiefe Ebenen eingegeben werden); daraus folgt aber auch eine Schwierigkeit: hochgenaue CAD-Daten sind so kaum verwendbar, eine Parallelisierung von Raum-Visualisierung und Auralisierung wird schwieriger.

- Wegen der geringen Richtungsauflösung des Ohres im Vergleich zum Auge müssen beim akustischen Ray-Tracing – sofern es rückwärts, vom Hörer zu den Schallquellen durchgeführt wird – bei weitem nicht so viele Strahlen ausgeschickt werden wie beim optischen; insbesondere brauchen höheren Reflexionen, die den "Nachhall" ausmachen, nicht so genau berechnet zu werden, da bei ihnen auf eine richtige Richtungsinformation weitgehend verzichten kann.

- Schall wird –im Gegensatz zum Licht– schon in Luft merklich absorbiert.

- Wegen der wesentlich grösseren Schallwellenlängen weisen Ray-Tracing-Methoden in der Akustik prinzipielle Defizite auf, nämlich die fehlenden Beugungseffekte; dies kann wesentlich drastischer ins Gewicht fallen als beim Licht.

Aus all dem folgt, daß der nötige Berechnungsaufwand für virtuelle akustische Umgebungen im allgemeinen ungleich höher ist als für visuelle.

4. Funktionsweise des Schallteilchenverfahrens

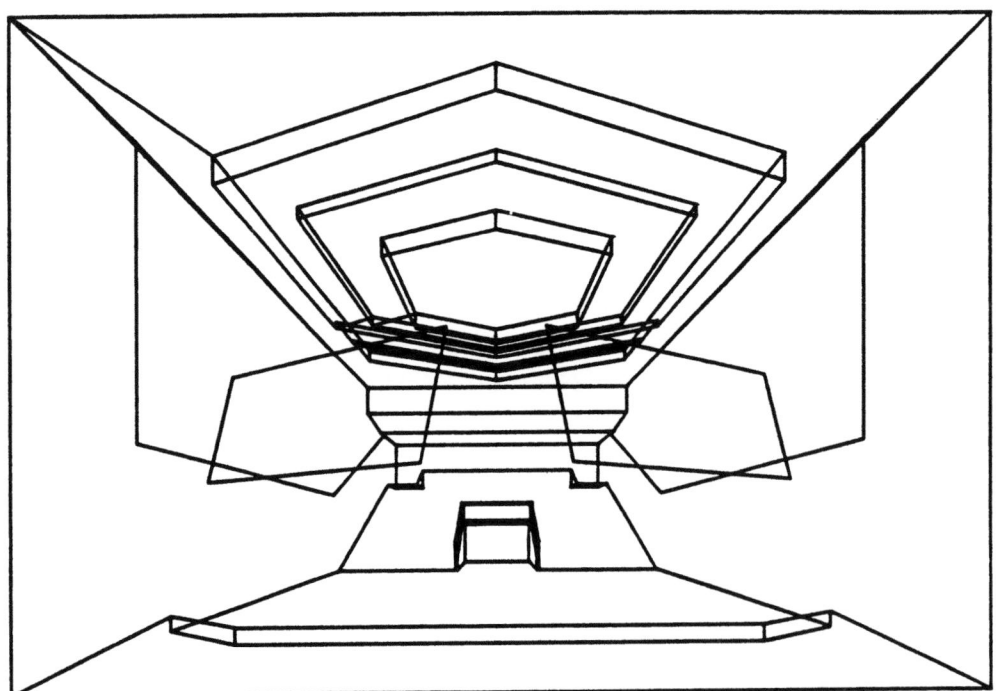

Bild 3: Beispiel für eine Raumstruktur, hier der Entwurf zum Plenarsaal des Stadtrats Karlsruhe, Blick von der Bühne bei Zentralprojektion; im Vordergrund zwei frei aufgehängte Bühnenreflektoren zur Vesserung der Deutlichkeit im Publikumsbereich

Raumstruktur

Vorausgesetzt werden die geometrischen und akustischen Daten des Raumes. Die Raumform ist beliebig, mit Ausnahme der Forderung nach ebenen Oberflächen (Polygone="Wände") (Bild 3). Die Wände haben jeweils einen Absorptions- und einen Diffusitätsgrad.

Schallteilchenaussendung

Eine punktförmige, kugelförmig abstrahlende Impulsschallquelle wird dadurch simuliert, daß vom Quellpunkt aus eine große Anzahl m (einige 10000) Schallteilchen der genormten Energie 1 möglichst gleichmässig in alle Raumrichtungen abgeschossen werden (ganz genau ist das prinzipiell nicht möglich; hier wird ein gemischt deterministisches-statistisches Verfahren angewandt [5]).

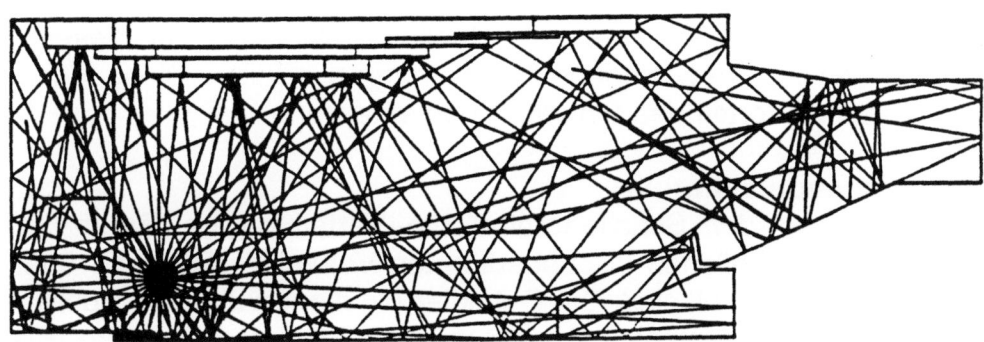

Bild 4: Beispiel für die Strahlverfolgung innerhalb eines Raumes (Längsschnitt durch den Raum nach Bild 3). Von einer mittigen Sprecherposition über der Bühne werden rundum gleichmässig Strahlen ausgesandt und über gleichlange Strecken verfolgt.

Schallstrahlverfolgung

Dabei werden die Reflexionspunkte der Strahlen (auf dem die Teilchen laufen) mit den Wänden bestimmt. Bei jeder Reflexion müssen im Prinzip alle Wände durchprobiert und nach verschiedenen geometrischen Kriterien getestet werden (Hauptrechenaufgabe). Ein besonderes Unterproblem ist dabei bekanntlich die Prüfung, ob ein Treffpunkt in einem Polygon enthalten ist ("Punkt-in-Wand-Enthaltungstest"). Dieses Modul sollte vorrangig optimiert und /oder schon sein Aufruf umgangen werden.

Absorption, Reflexion

Bei jeder Reflexion an einer Wand wird die Teilchenenergie multipliziert mit dem (vorläufig richtungsunabhängigen) Reflexionsgrad der Wand (=1- Absorptionsgrad). Auch eine exponentiell von der Laufstrecke abhängige

Luftabsorption wird berücksichtigt. Im Publikumsbereich kann, als Verbesserung, zusätzlich eine Extra-Dämpfung (etwa für streifend einfallenden Schall) simuliert werden. Die Reflexion kann geometrisch-spiegelnd oder diffus sein – etwa, wenn ein Relief, eine Substruktur der Wandoberfläche simuliert werden soll; darin liegt eine weitere Verbesserung des Schallteilchenverfahrens, insbesondere gegenüber dem Spiegelquellenverfahren. Auch gemischt geometrisch-diffuse Reflexionen sind möglich, die Mischung wird durch den vorgebbaren Wanddiffusitätsgrad bestimmt [9].

Abbruchkriterium, Genauigkeit, Rechenzeit

Je höher die maximale Reflexionsordnung, je länger die Strahlen verfolgt werden, desto höher ist die Genauigkeit der Simulation (der "Restnachhall-Fehler" bei der empfangenen Energie nimmt damit exponentiell ab, die berechneten Echogramme werden länger); andererseits nimmt damit die Rechenzeit proportional zu (die Zusammenhänge sind genau analysiert in [10]). Die Strahlverfolgung wird abgebrochen, wenn eine bestimmte Gesamtlaufstrecke (-Zeit) von der Quelle erreicht ist. Bei diesem Abbruchkriterium sind verschiedene Optimierungen möglich. Diese Flexibilität ist ein typischer Vorteil des Schallteilchenverfahrens.

Schallteilchendetektierung

Zur Berechnung der Schallenergiedichte-Verteilung im Raum ist die Detektierung der Teilchen in ausgedehnten Volumina nötig, die über der Publikumsfläche verteilt sind. Der Detektierung dienen über die Publikumsfläche ausgedehnte einlagige Schichten bzw. Gitter von Quadern (Bild 5). Jeder Quader entspricht – je nach wählbarer Größe – etwa einem Hörerplatz oder einer Platzgruppe. Auf jedem Strahlabschnitt während der Strahlverfolgung wird abgefragt, ob der Strahl überhaupt eine Detektorschicht bzw. einen Publikumsbereich durchquert; wenn ja, werden die Durchquerungen der darin enthaltenen Einzelquader abgearbeitet. Durch die lückenlose Packung der Detektoren ist der Austrittspunkt eines Teilchens aus einem Quader gleich dem Eintrittspunkt in den nächsten – der deshalb nicht extra gesucht zu werden braucht. Dadurch ist die Detektierungsprozedur in typischen Fällen rund 4 mal schneller als bei einem Gitter von kugelförmigen Detektoren (die die meisten anderen Autoren verwenden).

Berechnung der raumakustischen Parameter

Die momentane Energiedichte im Detektor ist proportional der Summe aus den Energien der sich gleichzeitig darin befindlichen Teilchen. Zur Berechnung der Energie-Zeit-Funktionen (Echogramme, Bild 6) müssen die zeitlichen Überlappungen ausgewertet werden. Die Energiedichte U, bzw. die Intensität $J=c*U$ bei stationärer statt Impulsanregung ist proportional dem Zeitintegral über die Echogramme. Bei jeder Detektor-Durchquerung eines Teilchens wird als Immissionsbeitrag das Produkt seiner Relativenergie e_i mal der inneren Durchquerungsstecke w_i gewertet.

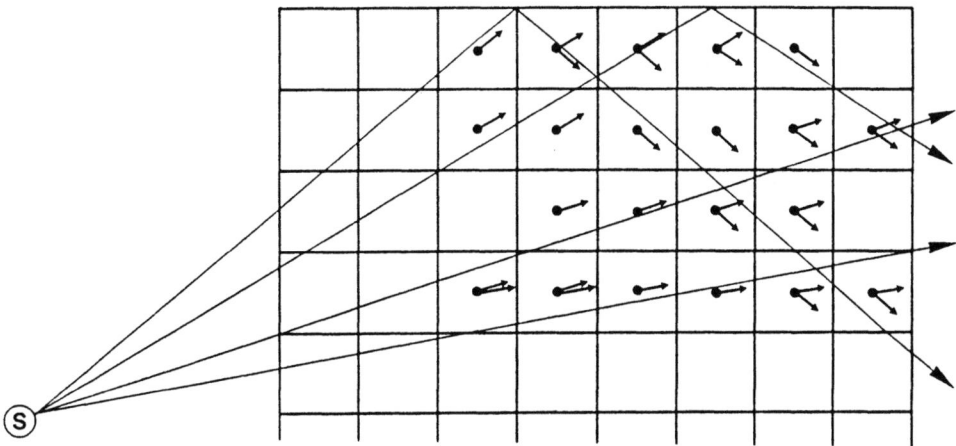

Bild 5: Quaderdetektorschicht, von oben gesehen, mit eingezeichneten Pfeilen für jede registrierte Teilchendurchquerung (links keine Durchquerungen, da von oben kommende Teilchen noch nicht in Schicht "eingetaucht")

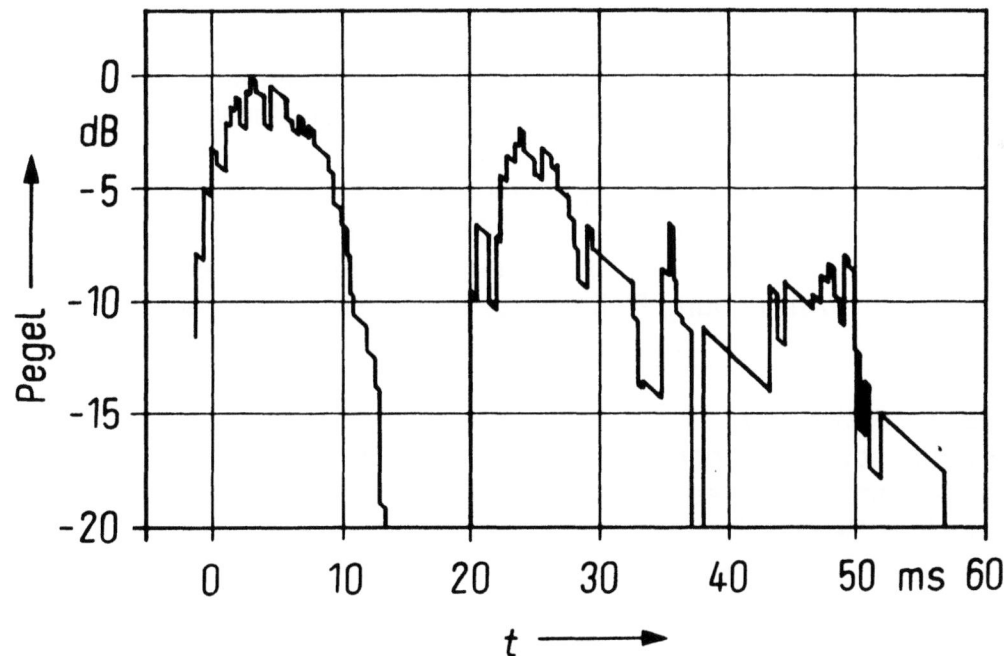

Bild 6: Echogramm auf einem Platz, komponiert aus den sich zeitlich überlappenden Schallteilchen-Beiträgen in einem Detektorquader (die Neigung der oberen Kanten ist auf den gleichzeitig erfolgenden exponentiellen, logarithmisch dargestellten Energieabfall im Publikumsbereich zurückzuführen)

Die Summe wird auf das Quadervolumen Vd und auf die Anzahl ausgeschickter Teilchen m bezogen.

$$J/P = \frac{\sum e_i * w_i}{m * V_d} \qquad (6)$$

(P=fiktive Schalleistung einer stationär abstrahlenden Quelle)

Auf diese Weise ist die Sensitivität von beliebig geformten Detektoren allein von ihrem Volumen, nicht aber von der Einfallsrichtung abhängig. Aus den Energie-Weg-Summen, beschränkt auf verschiedene Zeitspannen, evtl. gewichtet mit dem Cosinus der Einfallswinkel, werden dann Gesamtpegel-, Deutlichkeits- und Seitenschall-Werte berechnet.

Struktur des Kernalgorithmus'
(die Einrückungen entsprechen der Schleifen-Schachttelung):

- Schleife über alle auszusendenden Schallteilchen
    - Schleife über alle Reflexionen bis zur vorgeg. Wegstrecke
        - Schleife über alle Wände zwecks Bestimmung des nächsten Treffpunktes
            - evtl. Schleife über alle Kanten der Wand (Punkt-In-Wand-Enthaltungstest)
            - Schleife über alle Detektorenbereiche
                - Abarbeiten aller Detektorendurchquerungen
                    - Berechnung der Immissionsbeiträge
            - Anwendung Reflexions- und Absorptionsgesetze

Ergebnisdarstellung
Es können sowohl Echogramme an einzelnen Plätzen (Bild 6) als auch die Verteilung eines der raumakustischen Parameter (Pegel, Deutlichkeit, Seitenschallmass) perspektivisch im Raum dargestellt werden (Bild 7).

Aufbau des Gesamtprogramms /Bedienungskonzept

Das Schallteilchen-Simulations-Programm (STSP) des IBP ist modular aufgebaut, die Bedienung erfolgt im wesentlichen in einem Hauptmenü mit Unter-Menüs entsprechend der im folgenden dargestellten Haupt-Struktur des Programmes:

Datenverarbeitung zu
1) **geometrischen Raumdaten;**
2) **Quellendaten;**
3) **Detektor (Zuhörer)-Daten;**
4) **akustische Daten;**
5) **Optimierung von Siumlationsparametern;**
6) **grafische Schallstrahl-Verfolgung;**
7) **Simulationsrechnung und Ergebnisdarstellung.**

ad 1) Es sind sowohl die Eckkoordinaten als auch die Wandstruktur des Raumes, d.h. die Zuordnung von Ecken zu Wänden vorzugeben. Zur Eingabe werden umfangreiche Vorberechnungshilfen angeboten. Geometrie-Eingabe-Fehler werden auf vielfältige Weise auf Konsistenz geprüft (keine Lücken zwischen Wänden). Die eingegebenen Raumstrukturen sind auf vielfältige Weise grafisch darstellbar. Raum-Volumen und -Oberflächen werden vorberechnet. Der Komfort dieser Eingabeprozedur fällt sicherlich im Vergleich zu kommerziellen CAD-Programmen weit ab, hat sich aber zur Eingabe der typischen vereinfachten, jedoch überwiegend schiefwinkligen Strukturen der Raumakustik als zweckmässig gezeigt (Architekten-CAD-Software ist das nur bedingt).

ad 2) Zu den Quelldaten gehören Position und Richtcharacteristik.

ad 3) Es brauchen nur die Randkoordinaten der Detektoren- (Zuhörer-)Flächen in einer Ebene parallel zu einer Raumwand eingegeben zu werden; die Aufrasterung in Quader geschieht automatisch (bei wählbarer Detektorgrösse und anderen Paramteren).

ad 4) Die akustischen Daten bestehen aus den Wandabsorptions- und evtl. Diffusitätsgraden. Dazu gibt es selbst erstellbare kleine Datenbanken mit den Werten zu 8 Oktavbändern und verbalen Beschreibungen der Wandtypen. Jeder Wand wird ein Wandtyp zugeordnet. Das letzlich für die ganze Raumsimulation in Kraft tretende Oktavband ist durch Angabe einer Nummer auswählbar. Die Sabinesche Nachhallzeit wird vorberechnet.

ad 5) Die Steuerungsparameter der Simulation können sehr flexibel optimiert werden. Die maximale Verfolgungsstrecke für Schallstrahlen kann wahlweise abhängig gemacht werden von

- der erwünschten Genauigkeit der immittierten Energien;
- der noch tolerierten Rechenzeit,
- einer erwünschten Raumstruktur-Auflösung (Treffer pro Wand),
- der erwünschten Zeitspanne der Echogramme

oder Kombinationen davon. Daraus werden alle nötigen numerischen Parameter wie vor allem Anzahl abzuschießender Teilchen und zur verfolgender Reflexionen vorberechnet. Das Ergebnis wird tabellarisch angezeigt. Diese Prozedur kann interaktiv bis zum Einverständnis des Benutzers wiederholt werden; das Ergebnis der Optimierung ist speicherbar.

ad 6) Zur Veranschaulichung und Analyse von Strahlengängen können diese grafisch-perspektivisch im Raum dargestellt werden (s.z.B. Bild 4). Sowohl der Abschuß von Einzelstrahlen, als auch verschiedene Abstrahlbereiche können eingestellt werden.

ad 7) Hier wird die eigentliche Simulation gestartet. Auch eine Vielzahl von Simulationen in Kette bei veränderten Eingabedatensätzen ist vorprogrammierbar (Batch-Betrieb). Die Ergebnisse (raumakustische Parameter, Echogramme) können tabellarisch ausgedruckt oder grafisch dargestellt werden (s. z.B. Bild 7). Auch Ergebnisvergleich und -Mittelung aus verschiedenen vorberechneten Ergebnisdatensätzen ist möglich (z.B. Verteilung der Differenzen der Deutlichkeitswerte bei Veränderung eines Reflektors).

Das Programm läuft sowohl auf IBM-kompatiblen PC (ab 386er) als auch auf Hewlett-Packard-Workstations der Serie 300.

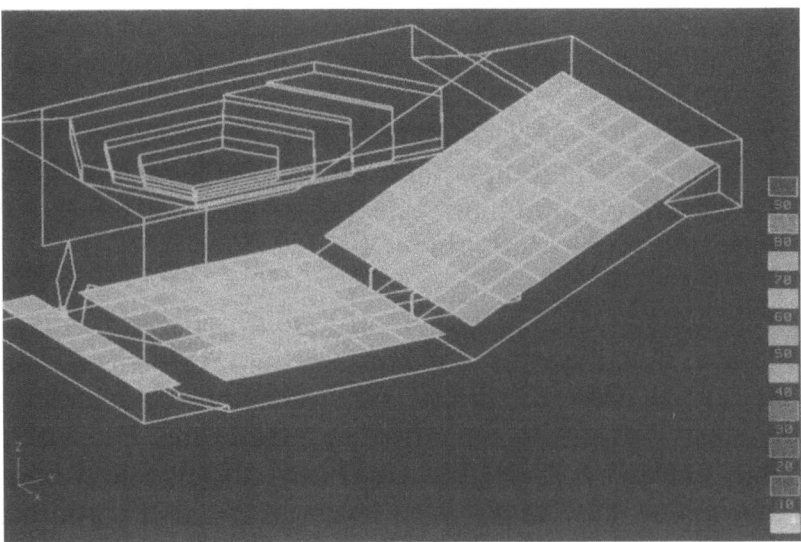

Bild 7: Berechnete Deutlichkeits-Verteilung über drei Publikumsflächen im Raum nach Bild 1, perspektivisch dargestellt; rechts die Farblegende (schwarz-weiss kopierte Farbgrafik)

5. Einige getestete Rechenzeitverkürzungsmethoden

Entsprechend den typischen Rechenschritten des Ray-Tracings lassen sich Methoden zur Rechenzeitverkürzung wie folgt klassifizieren ([20]):
a) **Methoden zur schnelleren Treffpunkt-Verifizierung;**
b) **Methoden zur Reduktion der Anzahl zu prüfender "Wände";**
c) **Methoden zur Raumunterteilung; darunter fallen**
   c1) **- Definition von Hüllflächen /Gruppierung von Wänden;**
      -einfach oder hyrarchisch, mit Baumstruktur;
   c2) **- Raum-Aufrasterung durch Quadergitter (voxels);**
      - gleichförmig oder ungleichförmig ("Octree");
   c3) **- Zerlegung des Raumes in konvexe Teilräume**

ad b) Früher angewandte Methoden
Bei konvexen Räumen können bekanntlich rechenaufwendige Treffpunkt-Verifizierungsschritte, vor allem der aufwendige Punk-In-Polygon-Test entfallen; dies gilt auch für einzelne Wände, die "außen" liegen, d.h. nicht versperrend wirken, die Konvexität nicht stören. Eine Ausnutzung dieses Vorteils [14] brachte jedoch im Zusammenhang mit den unten erläuterten Massnahmen keinen nennenswerten Rechenzeitgewinn mehr. Das gleiche gilt für eine weitere Idee zur Rechenzeitverkürzung, nämlich (wie auch bei der Radiosity-Methode notwendig) vorzuprüfen, welche Wand-Paare einander zumindest partiell die Vorderseite zeigen.

ad a) Verbesserung des Punkt-In-Wand-(PIW)- Enthaltungstests. Dies lohnt sich besonders; denn der PIW-Test wird in der innersten Schleife aufgerufen. Es gibt verschiedene Lösungsalgorithmen zum PIW-Test, die sich aber -vorrausgesetzt, die Wandform kann auch nicht-konvex sein - in der Rechenzeit, nicht wesentlich unterscheiden (weil eben stets eine Schleife über alle Aussenkanten bei verschiedenen Vektoroperationen nötig ist). Zwei seinen genannt:
- der Winkelsummentest [8], und die angewandte Methode der
- Prüfung der Enthaltung in Teildreiecken [9].
Hinzu kommt noch das numerisch bedingte Problem der Prüfung von Kanten- und Ecktreffern. Den entscheidenden Gewinn bringt aber erst eine Methode, die die Notwendigkeit zu derart umfangreicher Berechnungen zumindest in den meisten Fällen eben vermeidet: Die Umkreisvorabfrage. Im Vorberechnungsteil des Programms werden dabei kleinstmögliche, die Wandpolygone gerade umfassende Kreise um die Flächenschwerpunkte konstruiert; erst wenn ein Treffer auf die Wandebene innerhalb dieses Kreises ist, braucht so der eigentliche PIW-Test aufgerufen zu werden. Statistisch liegen bei den meisten Raumtypen die weitaus meisten (>90%

aller) Wandebenentreffer außerhalb der Wand-Umkreise. Die mittlere Rechenzeit des ganzen PIW-Tests (bei bis zu 16 Ecken pro Polygon, im Mittel 5) reduziert sich um den Faktor 6 (!), die Gesamtrechenzeit der Summation um den Faktor 2.5, selbst mit Hüllquadertechnik noch um den Faktor 1.7. Die zusätzliche Einführung eines einbeschriebenen Kreises und Vorabfrage mit umgekehrter Wirkung brachte im Mittel keinen Rechenzeitgewinn.
Die Nutzung eines umbeschriebenen Rechtecks statt eines Kreises erschien wegen der dann i.A. nötigen Koordinatentransformation vor der Vorabfrage ungünstig.

ad c1) Wandgruppierung durch Hüllquader

Oft "suggeriert" ein Raum geradezu die Aufteilung in Substrukturen (Bild 8). Verschiedene Gruppen von Wänden werden (nach Benutzervorgaben!) zusammengefasst und von einer transparenten Hülle umgeben; wird schon diese vom Strahl nicht geschnitten, brauchen auch alle darin enthaltenen Wände garnicht auf Treffpunkte untersucht werden. Die Quaderform bildet für die meisten Anwendungen die günstigste Hüllenform. Deren Position und Umfang wird dann vorberechnet. Die Ausführung dieser Idee brachte (beim hier betrachteten, recht typischen Beispielraum) eine Rechenzeitverkürzung um 20% (ohne verbesserten PIW-Test 40%). Werden noch mehr Wände zu Gruppen zusammengefasst, ist der zu erwartende Gewinn grösser. Eine weitere Verbesserung versprach die Idee, auf verschiedenen Strahlabschnitten, die in verschiedenen Hüllquadern enthalten sind, strikt NUR die jeweils darin enthaltenen Wände zu prüfen (Bild 9). Der Nachteil ist jedoch, daß dann nach "Wieder-Auftauchen" aus dem Hüllquader evtl. die Wände, die im umhüllenden Bereich enthalten sind, erneut zu prüfen sind. Bei der hier gegebenen Raumstruktur zeigten sich bei dieser – wesentlich komplizierteren – Methode, keine weiteren Vorteile (die zeigen sich erst bei offenen Gebäudestrukturen). Weitere Komplikationen entstehen durch das Hineinragen "fremder" Wände in andere Hüllquader (denen sie nicht vom Benutzer zugewiesen wurden) – was recht aufwendig vorgeprüft werden muss. Auch bedingen die meisten Raumstrukturen und ihre Aufteilung eine mögliche Überlappung von Hüllquadern; dadurch wird die eindeutige Hyrarchie der Zuordnung gestört, und die Durchquerprozedur wird wieder ineffizienter.

Eine noch weitergehende Methode ist die hyrarchische Umhüllung (Baumstruktur von Hüllquadern) [18]). Der geschätzte Programmier- und (vom Benutzer zu leistende) Vordefinier-Aufwand erscheint jedoch bei den vorliegenden raumakustischen Anwendungen zu hoch. Ein automatischer Substrukturier-Algorithmus im Pre-Processing ist denkbar, hätte aber wohl kaum noch Vorteile gegenüber dem u.g. Octree-Verfahren.

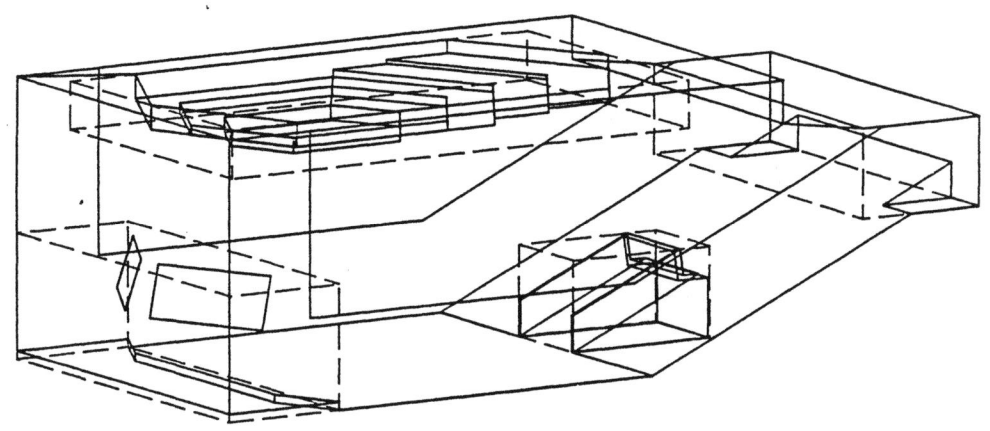

Bild 8: Der Plenarsaal aufgeteilt in Wandgruppen, umhüllt von Hüllquadern (gestrichelt); Wandgruppen bilden: 1) der Bühnenbereich, 2) der Deckenbereich, 3) der Mitteleingang, 4) der rückwärtige Bereich.

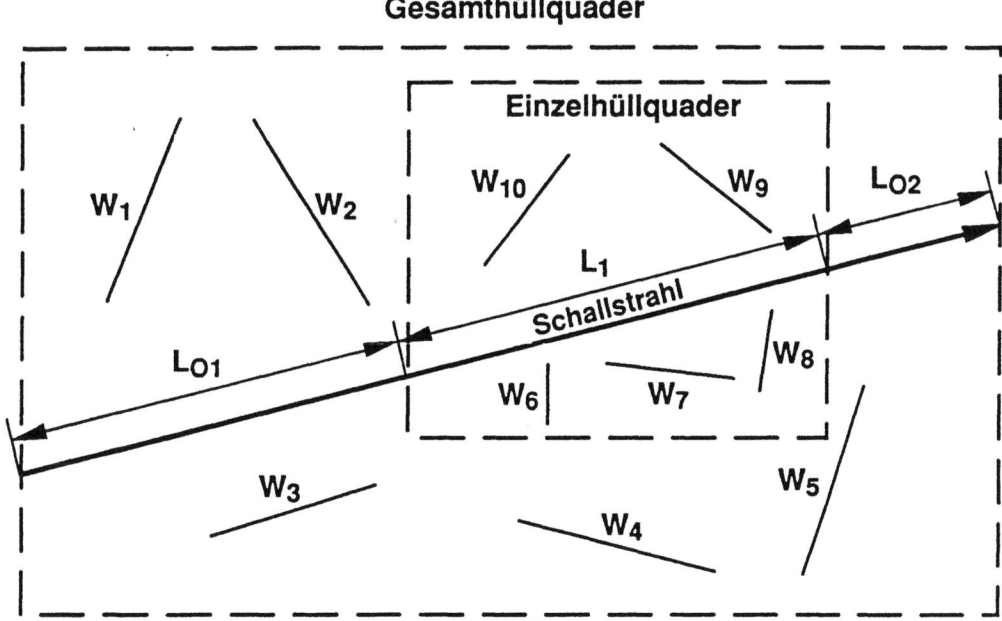

Bild 9: Zur Wirkung der Wandgruppierung bei der Strahlverfolgung: Anzahl zu testender Wände in verschiedenen Strahlabschnitten

Verschnellerung der Detektierung
Durch die Verwendung von dichtgepackten Quadergittern anstelle von isolierten Kugeldetektoren ergab sich (bei 100 Detektoren und 60 Raumwänden) eine Gesamtrechenzeitreduktion um 40%.

Raumrasterung
Bei dieser Art Raumunterteilung passen sich die unterteilenden Strukturen nicht der Raumstruktur an (Nachteil), sondern es wird vorweg ein den ganzen Raum umgebendes feinmaschiges Quadergitter generiert (ohne nötige Benutzervorgaben, Bild 10). In einem Vorpogramm wird geprüft, welche Wände in welches Rasterelement (RE) hineinragen. Dies ist ein aufwendiger Prozess: Geschickterweise werden dabei nicht nacheinander ALLE RE bearbeitet, sondern alle Wände werden – nach dem unten beschriebenen Rasterverfahren selbst – engmaschig von "Strahlen" überstrichen, den dabei durchquerten RE die entsprechenden Wände zugeordnet. Die meisten RE mitten im Raum bleiben "leer", von den restlichen enthalten die meisten nur eine Wand, einige wenige (an den Kanten) enthalten 2, noch weniger (an den Ecken) 3 Wände, in sehr seltenen Ausnahmefällen können mehr Wände enthalten sein. Bei der eigentlichen Strahlverfolgung werden nun – ähnlich wie beim Quaderdetektorverfahren (Bild 5) – meistens leere RE durchlaufen. Dieses "Abklappern" ist sehr schnell. Nur wenn RE am Raumrand erreicht werden, müssen einzelne Wände auf Treffpunkt hin untersucht werden. (Liegt er außerhalb des RE, läuft der Strahl weiter, aber zur Zeitersparnis wird der Treffpunkt vorgemerkt.) Je feiner die Aufrasterung, je höher der "Aufrasterungsgrad", d.h. die Anzahl RE pro Raumlänge, desto seltener sind Wandtreffpunkt-Prüfungen nötig, desto häufiger fällt aber auch Iterationszeit durch die leeren RE an. Von daher wird klar, daß es einen optimalen Aufrasterungsgrad geben muss. Theoretische Abschätzungen [11] ergeben, daß der Aufrasterungs-Grad und die Rechenzeit zur Findung des nächsten Wandtreffers bei diesem Optimum nur noch proportional zur Wurzel aus der

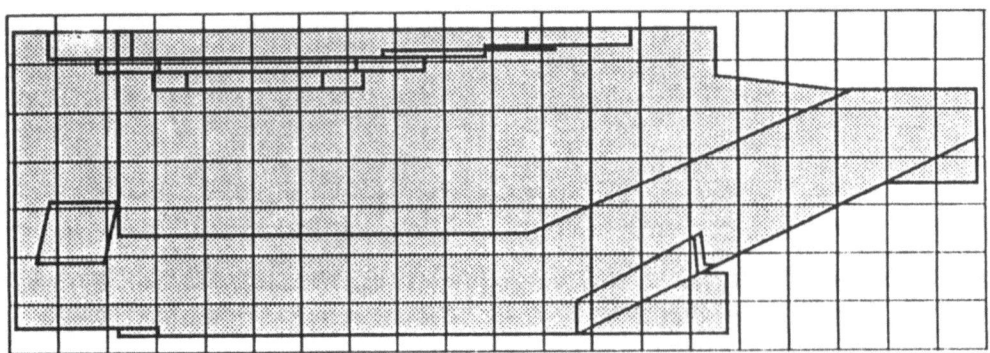

Bild 10: Aufrasterung des Plenarsaals (Längsschnitt) in einem Quadergitter

Wandanzahl ist (anstatt zur Wandanzahl selbst). Bei dem hier gezeigten typischen Raumbeispiel (Raum mit 60 Wänden), ergibt sich theoretisch ein Rechenzeitverkürzungsfaktor von 10, praktisch immerhin noch von 3. Bei noch komplexeren Raumstrukturen ist mit noch größeren Gewinnen zu rechnen. Der Nachteil der Rasterungsmethode ist der enorme Speicherplatz-Bedarf, so daß er auf Personalcomputern schwierig zu implementieren ist. Hier sind dynamische Speicherungsmethoden zur Speicherung der Wandinformationen nur der nicht-leeren RE geboten.

Den Nachteil der nicht-angepassten Raumunterteilung, der vielen leeren RE und damit des hohen Spiecherplatzbedarfes überwindet eine ungleichförmige, **hyrarchische Rasterungsmethode,** wegen ihrer Baumstruktur mit 8-fachem Verzweigungsgrad **"Octree"** genannt [18]. Ein Rechenzeitgewinn ist damit aber wohl nur bedingt verbunden (eine Vorhersage zum möglichen Rechenzeitgewinn unter definierten Umständen wurde in der Literatur nicht gefunden).

Eine weitere Methode angepasster Raumunterteilung ist die **Zerlegung des Raumes in konvexe Teilräume.** Der Vorberechnungs- und Programmieraufwand ist jedoch ebenfalls sehr hoch. Diese beiden letzten Methoden wurden von Raumakustikern bislang anscheinend nicht getestet. Die Schaffung konvexer Teilräume erscheint besonders im Zusammenhang mit dem Clipping-Problem beim **Beam-Tracing** interessant; Beam-Tracing ist wiederum im Zusammenhang mit dem inversen Ray-Tracing und niedrigen Reflexionsordnungen interessant; dies soll demnächst exemplarisch getestet werden.

Rechenzeitverkürzungsbilanz
Bild 11 gibt einen Überblick. Demnach ist in den Jahren 1982-1989, bedingt durch die Fortschritte in der Computer-Technologie, als auch durch Eigenleistung insgesamt eine **drastische Rechenzeitreduktion um den Faktor 200** erzielt worden; der Faktor 6 wurde durch einige der beschriebenen und andere algorithmische Verbesserungen erreicht; Compilierung brachte den Faktor 3 (das Programm wurde in HP-Basic auf einer HP-Workstation der 300er-Serie geschrieben, neuere Compiler für das mit HP-Basic compatible HT-Basic für die PC-Welt bringen einen erheblich höheren Gewinn; allein der Umstieg auf eine andere Sprache scheint nach Voruntersuchungen deshalb keinen wesentlichen zusätzlichen Gewinn mehr zu bringen).

Nunmehr liegen die Rechenzeiten bei Räumen mittlerer Komplexität bei Gesamtpegelgenauigkeiten von 0.5 dB bei grössenordnungsmässig nur einer Stunde. Die Anwendung der Rasterungsmethode würde die Rechenzeit noch einmal um typischerweise den Faktor 3-10 senken.

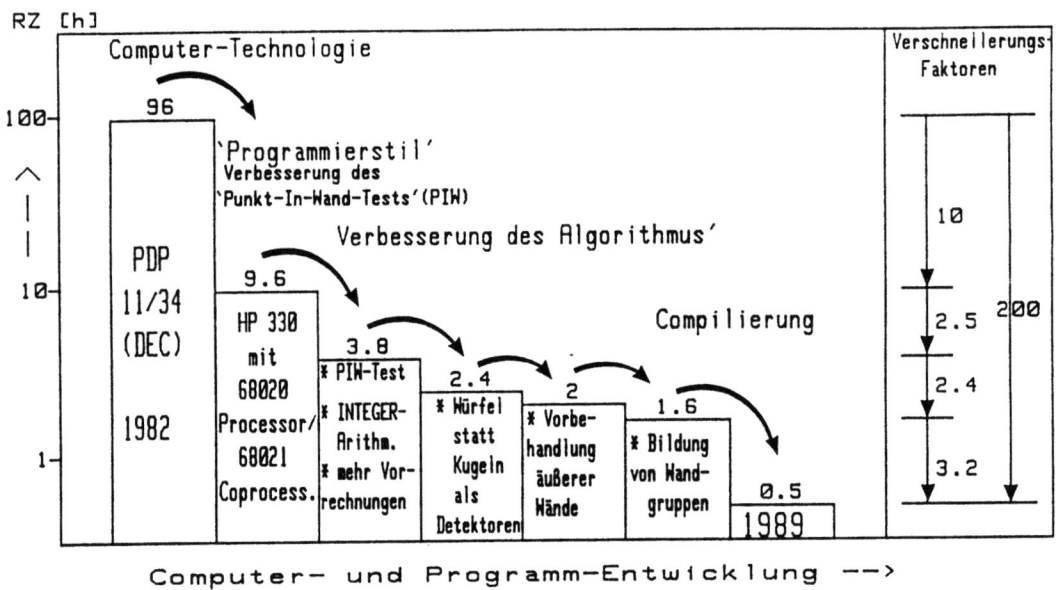

Bild 11: Entwicklung der Gesamtrechenzeit (in Stunden, log. dargestellt) als Funktion von Computer- und Programmentwicklungsschritten: Gesamtreduktion um den Faktor 200 (Bezug: Raum nach Bild 3 mit 60 Wänden und 100 Detektoren bei 0.5 dB Pegelgenauigkeit)

6. Prinzipien der Auralisierung (s.auch [3,13,18,19])

Alle letzlich hörbaren Raumeigenschaften stecken in den Raumübertragungsfunktionen zwischen je einem Quell- und Empfangspunkt bzw. den Impulsantworten – dies gilt zumindest im Zeitbereich. Sollen dem Hörer im virtuellen Raum auch die "richtigen" Schalleinfallsrichtungen zugänglich gemacht werden, so muß ergänzend ein ganzer Satz von Impulsantworten für den fiktiven Hörerpunkt geliefert werden, nach Einfallsrichtungsbereichen spezifiziert. Um den Höreindruck vom Einfall einer Schallwelle unter jeweils einer bestimmten Richtung zu erzeugen, müssen die kopfbezogenen binauaralen Außenohrübetragungsfunktionen (AOÜF) für beide Ohren spezifisch für diesen Satz von Raumeinfallsrichtungen bekannt sein und in den Übertragungsweg eingebaut werden, denn das Richtungshören ist bekanntlich erst durch zwei Ohren und die zwischen beiden entstehenden Laufzeitverzögerungen möglich. Jede AOÜF beschreibt die Übertragung für aus dem Freien aus einer bestimmten Richtung auf ein Ohr einfallenden

Schall bis in den Ohrkanal hinein bis kurz vors Trommelfell, bis dorthin, von wo ab die Schallübertragung nicht mehr von der äußeren Einfallsrichtung abhängt. Sie muß ferner noch entzerrt werden, um den Außenohrübertragungsweg nicht zweimal zu berücksichtigen entsprechend der Kopfhörerübertragungsfunktion. Die Schallaufnahme mit Mikrofonen dort, kurz vor den Tommelfellen, mithin die Berücksichtigung dieser richtungsabhängigen AOÜF schon bei der Aufnahme, ist das Prinzip von Kunstkopfaufnahmen. Dadurch wird (näherungsweise) eine richtungsgetreue Reproduktion des umgebenden Schallfeldes ermöglicht. Genaugenommen müsste für die Aufnahme der eigene Kopf verwendet werden, denn die AOÜF hängen in komplizierter Weise von Ohrmuschelform, Kopfform und Schulterpartie des Probanden ab (Schall wird um den Kopf herum gebeugt). Auch für die Auralisierung virtueller Räume werden am besten die individuellen AOÜF der Versuchsperson verwendet.

Der im folgenden beschriebene Auralisierungsprozess besteht im wesentlichen aus Faltungsprozessen. Dadurch wird jeweils ein weiteres Übertragungsglied in der Gesamtübertragungskette Schallerzeugung –Schallausbreitung im Raum– Schallausbreitung im Außenohr – Wahrnehmung berücksichtigt. Im Frequenzbereich bedeutete dies lediglich eine Multiplikation der entsprechenden Übertragungsfunktionen. Dem entspricht genau eine Faltung im Zeitbereich mit der Impulsantwort, die Fouriertransformierte der Übertragungsfunktion ist. Faltung eines ursprünglichen Signals mit einer Impulsantwort bedeutet, daß dieses Signal zu einem gewissen kleinen Anteil unverzögert übertragen wird, zusätzlich zu einem (gewöhnlich kleineren) Anteil verzögert, zu einem weiteren Anteil noch weiter verzögert usw.. (Beispiel: "Verhallung"), numerisch bedeutet dies eine Summation über zahlreiche Produkte von entsprechend zeitversetzten Funktionswerten.

Die Auralisierungsprozedur verlangt zunächst folgende Rechenschritte – die i.A. nicht in Echtzeit durchgeführt werden können – (s.Bild 12):

– **Beschaffung spezifischer Echogramme:** Zunächst müssen die aus der raumakustischen Schallfeldsimulation berechneten Echogramme (Energie-Zeit-Funktionen) bekannt sein, und zwar sowohl nach Frequenzbereichen als auch nach Einfallsraumwinkelbereichen sortiert. Letzteres ist kein Problem: Entweder wird die ganze Simulation für jedes Oktavband wiederholt (Oktavbänder genügen gewöhnlich) oder jedes Schallteilchen trägt z.B. von vornherein die Energien aller relevanten Oktavbänder. (Das sind mindestens die von 125Hz bis 4kHz, besser jedoch von 31Hz bis 16kHz. Der Nachteil der ersten Methode ist die lange Rechenzeit, der zweiten die zwangsläufige Gleichbehandlung aller Frequenzen, d.h. gleichermassen diffuse Reflexionen.) Die in einem Detektor ankommenden Strahlen oder Teilchen können leicht nach Einfallswinkelbereichen sortiert werden (allerdings müssen es dann von vorneherein mehr sein!). Aufgeteilt zu werden braucht nur die obere Hemisphäre um den Hörerkopf, und zwar genügen dabei z.B.37 etwa gleichgrosse Raumwinkelbereiche (3*12 auf 3 Azimutalringen im 30°-Abstand + ein Polarbereich ganz oben, nach Vorländer, zitiert in [18]).

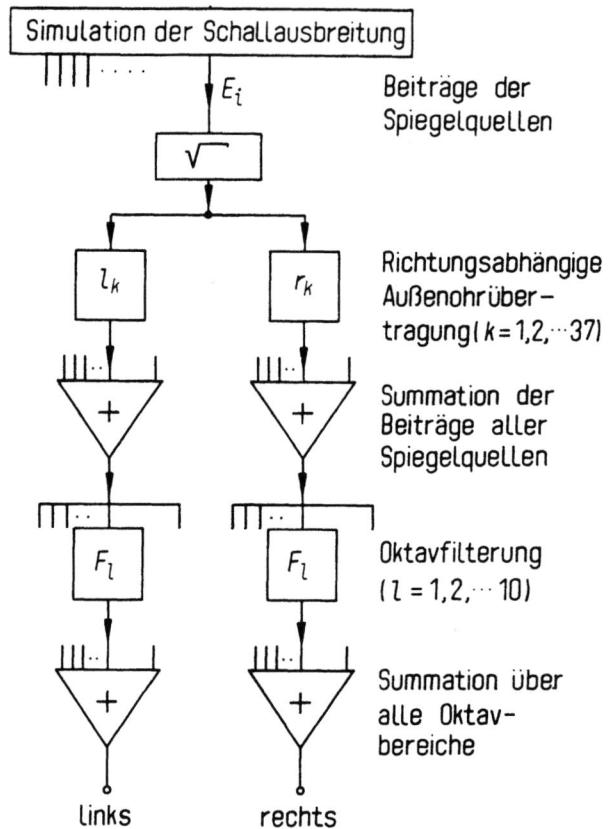

Bild 12: Flußdiagramm der Faltungsprozesse zur Auralisierung, d.h. Berechnung der binauralen Impulsantwort aus simulierten Raumimpulsantworten und Außenohrübertragungsfunktionen (aus [18])

– **Umrechnung der Echogramme für alle Frequenzbänder und für eine Richtung in je eine Impulsantwort**: durch Radizierung werden aus den Energie-Zeit-Funktionen Schalldruckfunktionen; die Phaseninformation ist dabei zwar weder in den Echogrammen noch danach in den Impulsantworten; dieses Defizit ist aber verkraftbar, da die Phase gehörsmäßig nicht (nur in Ausnahmefällen) relevant ist; nach Faltung mit den jeweiligen Oktavpaß-Impulsantworten erhält man aus diesen Schalldruckfunktionen die spezifischen Oktavband-gefilterten Impulsantworten; diese können nun – phasenrichtig – zu einer Breitband-Impulsantwort für die jeweilige Raumrichtung gefaltet werden.

– **Faltung mit den Außenohrübertragungsfunktionen**: diese richtungsspezifischen Raumimpulsantworten werden nun mit den jeweiligen AOÜF des gleichen Richtungsbereiches gefaltet, einmal fürs linke, einmal fürs rechte Ohr; diese Faltungsprodukte werden addiert.

Ergebnis: Zwei Gesamt-Raum-Außenohr-Impulsantworten für beide Ohren

Der letzte Schritt ist die **Faltung dieses Impulsantwort-Paares mit "trocken", d.h. echofrei, monaural aufgenommenen Testsignalen,** Musikbeispielen etc. Diese können dann stereophon per Kopfhörer dargeboten werden – und hören sich dann (näherungsweise) so an, als ob sie im simulierten, "virtuellen" Raum erklungen wären. Dieser letzte Faltungsschritt ist nach dem neuesten Stand der Technik in Echtzeit durchführbar; allerdings ist dabei eine Zeitverzögerung um die Spanne der Raumimpulsantworten in Kauf zu nehmen.

7. Alternative Berechnungsmöglichkeiten von Impulsantworten

Bei der Spiegelquellenmethode (SSQM) entfällt im Vergleich zur Teilchenmethode (STSM) der statistische Character. Deshalb wird sie zur genauen Berechnung von Impulsantworten von manchen Autoren vorgezogen. Die STSM hat den Nachteil, daß die stets konstante Teilchenzahl die gegebene Raumstruktur ja nur mit begrenzter Genauigkeit "abtastet"; das Ergebnis sind statistisch "verwackelte" Echogramme. Das ist in sofern ein Problem, als die Impulsantworten bei einer Bandbreite von 20kHz im Zeitbereich theoretisch auf 25us (entsprechend nur rund 1cm Laufstrecke !) genau berechnet sein müssen. Inwieweit tatsächlich allein mit der Schallteilchenmethode eine hinreichend genaue Berechnung von Impulsantworten unmöglich ist, ist noch nicht letztlich geklärt. Manche Autoren (13,19] verwenden zur Berechnung bestimmter Zeitspannen der Echogramme die jeweils günstigste Simulationsmethode, nämlich für die erste Spanne die Spiegelmethode, für eine mittlere die Teilchenmethode, für den Nachhallschwanz die Radiosity oder andere vereinfachende statistische Methoden; ein Problem dabei ist das "unhörbare" Aneinanderfügen der Teile.

Noch nicht getestet ist die Idee, Strahlen rückwärts zu verfolgen, d.h. vom Hörer zu den Schallquellen. Dies entspräche den üblichen Bildschirmorientierten Visualisierungsmethoden. Sowohl in Optik wie in Akustik ist dies generell möglich aufgrund des Reziprozitätsprinzips (Vertauschbarkeit von Quelle und Empfänger unter bestimmten Bedingungen). Ähnlich wie bei der Pixelorientierung der Visualisierung bräuchten dann zur Auralisierung nur Strahlen in die wenigen (z.B.37) vom Ohr unterscheidbaren Richtungen ausgesandt werden. Diese müssten einen wohldefinierten Querschnitt haben, mithin Pyramidenform haben (engl. beams statt rays). Aus der Literatur der Computergrafik [20] sind Beam-Tracing- Algorithmen bekannt; diese kommen übrigens im Ergebnis einem effizienten Spiegelquellen- bzw.

eigentlich Spiegelempfängerverfahren gleich. Gekoppelt werden sollte dieses Verfahren mit einer vorherigen Konvexzerlegung des Raumes (s. Abschn.5).

8. Alternative Auralisierungskonzepte

Das der kompletten Raumnachhall-Simulation entgegengesetzte Extrem wäre der Freifeldfall. Bei der Auralisierung einer einzelnen (punktförmigen) Schallquelle reduziert sich die ganze oben beschriebene Prozedur auf die Faltung mit nur einem Paar vom richtungsspezifischen AOÜF (ist die Quelle beweglich, wäre dabei statt der eventuell hörbaren plötzlichen "Umschaltung" zwischen verschiedenen Richtungsbereichen eine allmähliche Interpolation vorzuziehen). Dieser Prozess ist mit modernen digitalen Signalprozessoren noch in Echtzeit durchführbar. Stück für Stück kann man sich nun diese Situation ergänzt bzw. verfeinert denken durch weitere hinzukommende Quellen; zu einem gewissen Grad wäre auch das noch in Echtzeit möglich. Die Quellen können entweder weitere echte Quellen sein (etwa lärmende Maschinen) oder Spiegelquellen der ersteren, d.h. es kämen einzelne reflektierende Wände hinzu (Beispiel: Vorbeifahrt an Hauswand). Weiter verfeinern könnte man diesen Ansatz um ein Hinzumischen von -ortsunabhängigem und diffusem, daher bei Ortswechsel der Versuchsperson nicht neuzuberechnenden – Nachhall (Beispiel: Hindurchgehen durch eine lärmige Fabrikhalle oder ein Großraumbüro mit vielen Einzelquellen). Dies freilich wären – hinsichtlich einer Reproduktion des "wahren" Schallfeldes – einschneidende Kompromisse, weit ab von den Erfordernissen der Konzertsaal-Simulation. Anhand großenteils bekannter psychoakustischer Forschungsergebnisse kann aber im Einzelfall geprüft werden, wie weit solche Kompromisse noch gehen können, welche Unterschiede noch hörbar sind und welche nicht.

9. Ausblick: Weiterentwicklungsmöglichkeiten

Weitere Potentiale zur Rechenzeitverkürzung liegen sowohl in den Algorithmen (Rastermethode, Konvexzerlegung) wie im Transfer auf Großrechner oder Parallelrechnerstrukturen. Damit sind komplette Raumsimulationen weit unter einer Stunde Rechenzeit zu erwarten – freilich niemals komplette Echtzeitberechnungen. Behelfsweise liessen sich unter Umständen aber auch eine Menge von Impulsantworten auf praktisch allen vorkommenden Aufenthaltsorten der Testperson vorherberechnen – in hinreichend genauer Raumauflösung –, die dann aktuell abgerufen und interpoliert werden könnten.

Das Hauptdefizit der Schallteilchenmethode ist die fehlende Berücksichtigung von Beugungseffekten. Lösungsansätze zum Einbau von Beugungseffekten [16,17] gehen vom elementaren Fall der Beugung von Strahlen beim Passieren von Raumkanten aus (konventionelle Abschirmformeln sind mit einem Monte-Carlo-Verfahren wie der Schallteilchenmethode nicht kombinierbar.) Beugung an Kanten bedeutet stets eine Neuverteilung von Schallrichtungen und damit – in der Simulation – eine Aufspaltung von Strahlen in neue Richtungen. Nach Einbau eines Beugungsalgorithmus und seiner rekursiven Anwendung (bei Mehrfach-Beugung an Kanten) vermehren sich deshalb die Strahlen exponentiell und die Rechenzeit "explodiert". Dies zu vermeiden ist ein prinzipielles Problem. Zu seiner Lösung gibt es erste Ansätze – die allerdings vom Teilchenmodell wegführen, hin zu einer Methode die vorerst "Quantized Beam Tracing" genannt wurde, und in gewisser Weise einem Hybridmodell aus Beam-Tracing und Radiosity gleichkommt. Diese Methode scheint gleichzeitig geeignet für ein inverses Ray-Tracing und somit zu einer effektiven Auralisierung. An diesem qualitativ neuen Rechenmodell wird im IBP im Rahmen einer kompletten Software-Neuentwicklung gearbeitet werden.

Literatur

[1] Cremer,L.,Müller,H.A.;Die wissenschaftlichen Grundlagen der Raumakustik, Bd.1,Teil 1: Geometrische Raumakustik; Hirzel, Stuttgart, 2.Aufl.1978

[2] Kuttruff,K.H.; Roomacoustics, Appl.Sciences Publishers Ltd.,Barking, England, 2nd.ed.1979

[3] Blauert, J.;Räumliches Hören, Hirzel, Stuttgart 1974;
und: Nachschrift: neue Ergebnisse und Trends seit 1972, Hirzel,Stuttgart, 1985

[4] Gottlob, D.: Vergleich objektiver akustischer Parameter mit Ergebnissen subjektiver Untersuchungen an Konzertsälen. Diss. Göttingen 1973

[5] Jordan, V.L.; A group of objective acoustical criteria for concert halls; Appl.Ac. 14 (1981), 253

[6] Barron,M.: The effects of early reflections on subjective acoustical quality of concert halls; Diss. University Southampton, 1974

[7] Krokstad,A., Ström,S., Sörsdahl,S: Calculating the acoustical room response by the use of the ray tracing technique; J.Sound.Vib 8 (1968),118

[8] Borish, J: Extension of the image model to arbitrary polyhedra. J. Acoust. Soc.Am. 75 (1984), 1827

[9] Stephenson, U.; Eine Schallteilchen-Computer-Simulation zur Berechnung der für die Hörsamkeit in Konzertsälen maßgebenden Parameter; ACUSTICA 44 (1985),1-20

[10] Stephenson, U.; Vergleich der Spiegelschallquellen-Methode mit der Schallteilchen-Methode. Bericht aus dem Fraunhofer-Institut für Bauphysik, BS 201, Stuttgart (1988)

[11] Stephenson,U.; Nasshan,K.; Berechnung der Schallausbreitung von Kraftwerksanlagen mithilfe der Schallteilchenmethode; Bericht aus dem Fraunhofer-Institut für Bauphysik, Stuttgart, 1993 (noch unveröffentlicht)

[12] Vian, J.P., v.Maercke,D.; Calculation of the room impulse response using a ray tracing method. Proc. ICA Symposium on Acoustics an Theatre Planning, Vancouver, August 1986, Canadian Acoustical Association, Ottawa, Canada, pp.74-78

[13] Vian,J.-P.; Martin,J.; Binaural Room Acoustics Simulation: Practical Uses and Applications; Appl.Acoustics 36 (1992), 293-305

[14] Vorländer,M.: Ein Strahlverfolgungsverfahren zur Berechnung von Schallfeldern in Räumen; ACUSTICA 59 (1988),138

[15] Vorländer,M.: Simulation of transient and steady-state sound propagation in rooms using a new combined ray-tracing/image-source algorithm, J.Acoust.Soc.Am. 86 (1989),172

[16] Stephenson,U.; Mechel,F.P.; Wie werden Schallteilchen gebeugt ? In: Fortschritte der Akustik, DAGA 1986, DPG-GmbH, Bad Honnef (1986),605

[17] Stephenson,U.M.; Diffractions algorithms for Ray Tracingdiscussion of some approaches; In: Proc.International Congress on Acoustics (ICA) 1992, Beijing (China)

[18] Kuttruff,H.;Vorländer,M.;Claßen,Th.; Zur gehörmäßigen Beurteilung der "Akustik" von simulierten Räumen; in ACUSTICA, Vol.70 (1990), Research Note,S.230-231

[19] Lehnert,H.;Blauert,J.; Principles of Binaural Room Simulation; Appl.Acoustics 36 (1992),259-291

[20] Glassner,A (Hrsg.): An Introduction To Ray Tracing; Academic Press, 2nd Edition, New York, 1990

Integration akustischer Effekte und Simulationen in VR-Entwicklungsumgebungen

Peter Astheimer

Martin Göbel

Das Erleben virtueller Welten wird durch die zusätzliche Einbeziehung des menschlichen Hörsinns erheblich gesteigert. Akustische Effekte und Simulationen erweitern übliche Rendering-Systeme zur Sichtsimulation um eine neue Dimension. Das audiovisuelle, integrierte Vis-A-Vis Rendering-System als Kern des Virtual Reality-Toolkits der IGD läßt Anwendungen aus der Virtuellen Realität (VR) erheblich von dieser erweiterten Mensch-Maschine-Schnittstelle profitieren. Beispiele auf Video demonstrieren die verschiedenen Anwendungsmöglichkeiten und Qualitäten akustischer Effekte und Simulationsverfahren.

Peter Astheimer, Fraunhofer-Institut für Graphische Datenverarbeitung (IGD), Darmstadt

Dr. Martin Göbel, Abteilungsleiter Visualisierung und Simulation, Fraunhofer-Institut für Graphische Datenverarbeitung (IGD), Darmstadt

1 Einleitung

Die Wahrnehmung graphischer Darstellungen ist nur ein Teil der von VR-Anwendungen erzeugten Erlebniswelt. Um den Anspruch von VR zu erfüllen, einen Menschen unmittelbar in eine virtuelle Welt zu versetzen, müssen zusätzliche Sinne angesprochen werden. Nach dem Gesichtssinn trägt der Austausch akustischer Informationen zwischen Mensch und Maschine zu einem deutlich gesteigerten Erleben virtueller Welten bei.

Während auf der einen Seite in der Computer Graphik effiziente und hochqualitative Verfahren zur Verfügung stehen, mit denen sowohl Echtzeit-Begehungen virtueller Welten in hinreichend wirklichkeitsgetreuer Darstellungsqualität als auch die Erzeugung photorealistischer Einzelbilder möglich sind, wird sich auf akustischer Seite zumeist auf die Bestimmung numerischer Charakteristika beschränkt. Neben der Verwendung akustischer Effekte eröffnet die Hörbarmachung des akustischen Übertragungsverhaltens von Gebäuden oder die Schallausbreitung im Freifeld eine neue Dimension in der Mensch-Maschine-Kommunikation. Der gegenwärtige Trend in Forschung und Entwicklung geht zu einem multimedialen System, mit dem mehrere Sinne des Menschen zugleich angesprochen werden.

Aus den gleichen geometrischen Modelldaten können sowohl visuelle als auch akustische Simulationen sicht- bzw. hörbare Ergebnisse berechnen. Die Erweiterung bestehender Rendering-Systeme um akustische Objekte, Attribute und Simulationen bietet die Visualisierung und Sonifikation in einem einzigen, integrierten System. Multimedia-Workstations, die im allgemeinen in den in Forschung und Industrie installierten Rechnernetzen verfügbar sind, sind für die Ausgabe berechneter Geräusche vorbereitet.

In diesem Papier werden die Nutzung und optionale Ergänzung vorhandener Rechnernetze betrachtet, akustische Effekte und Simulationsverfahren für VR-Anwendungen diskutiert, Rendering-Systeme für audiovisuelle Welten erläutert und Beispiele für realisierte Umsetzungen der diskutierten Konzepte gegeben.

2 VR-Infrastruktur für audiovisuelle Erlebniswelten

In Wissenschaft und Industrie sind größtenteils heterogene Rechnernetze mit spezialisierten Rechnerknoten installiert. In diesen Netzen sind beispielsweise allgemeine Arbeitsplatzrechner für Dokumentation und Präsentationsgraphiken, für die CAD-Erstellung komplexer Modelle, Multimedia-Workstations, Graphik-Workstations für einfache bis extrem leistungsbedürftige VR-Anwendungen sowie numerische Hochleistungsrechner und massiv parallel Systeme vertreten.

Anwendungen aus der virtuellen Welt sind zum einen
> **Echtzeitanwendungen** und benötigen deshalb sowohl von numerischer als auch graphischer Seite die maximal mögliche Rechenleistung, zum anderen benötigen sie eine Vielzahl von innovativen
> **Interaktions- und Ausgabegeräten** für die Steuerung und Integration des Menschen in die virtuellen Welten.

Diese Anforderungen sind nicht optimal durch einen einzigen Rechnerknoten erfüllbar, vielmehr ist hier eine über das Netz verteilte Lösung sinnvoll, bei der verschiedene Rechner die Teilaufgabe bearbeiten, auf die sie spezialisiert sind.

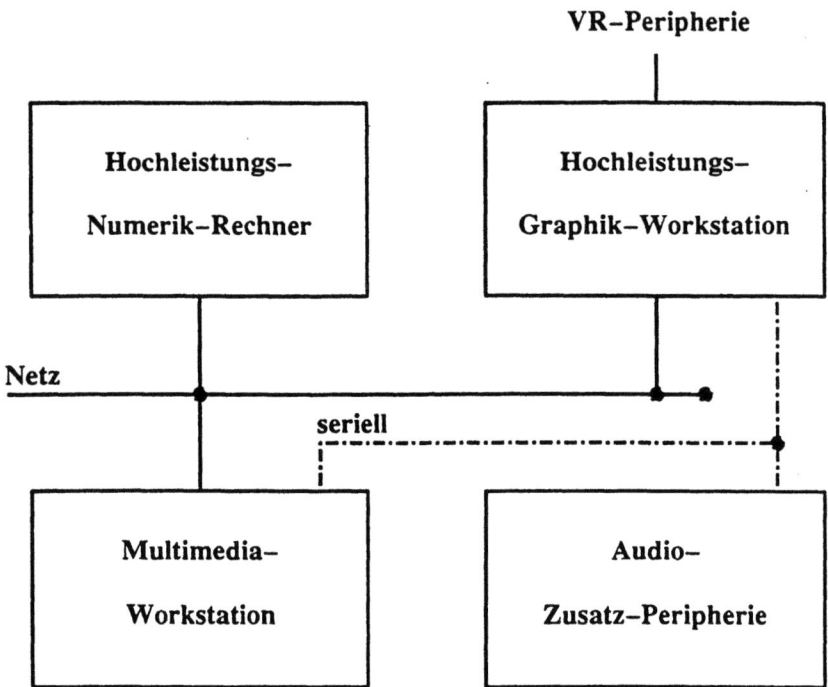

Abbildung 1: typische Netzumgebung mit integrierten akustischen Geräten

Heutzutage verfügbare Hochleistungs-Graphikworkstations und numerische Höchstleistungsrechner verfügen nicht über direkte Möglichkeiten, akustische Signale auszugeben. Deren Ausgabe kann entweder von in Multimedia-Workstations integrierte akustische Wandler (z.B. SGI Indigo, Apple Macintosh, Next) oder von externen Geräten (Synthesizer, z.B. Akai S 1000) besorgt werden.

An die Erzeugung der akustischen Signale, d.h. der Wandlung von Daten in Schallenergie, können sich Zusatzgeräte zur nachträglichen Bearbeitung der Signale anschließen. Ein Effektgenerator faltet das Signal mit vordefinierten Hallkurven, eine auf Signalprozessoren basierende Zusatz-Hardware filtert das Signal derart, daß es vom menschlichen Zuhörer im dreidimensionalen Raum ortbar wird.

3 Rendering-System

Ein Rendering-System setzt ein durch Objekte und Attribute beschriebenes Abbild der Wirklichkeit oder Phantasie als Datenmodell in direkt ausgebbare Informationen um, z.B. in ein Rasterbild oder ein digital spezifiziertes akustisches Signal.

3.1 Visuelle Rendering-Verfahren

Visuelle Rendering-Verfahren setzen die in einer Szene zusammengefaßten geometrischen Objekte mit ihren speziellen Attributen, Beobachter und Lichtquellen in ein diskretes Rasterbild um [FoVa-90]. Beleuchtungsmodelle spielen bei dem Rendering von Szenenbeschreibungen eine zentrale Rolle. Sie definieren wie das Licht von den Objekten reflektiert wird. Über die Beleuchtungsmodelle hinaus werden eine Reihe von speziellen Verfahren angewendet, die beispielsweise Lichtschatten berechnen, Texturen auf Geometrien auftragen oder Bewegungsunschärfe simulieren.

In der Computer Graphik existieren zwei Klassen von Beleuchtungsmodellen:
Lokale Beleuchtungsmodelle berücksichtigen das direkt auf eine Stelle der Szene auftreffende Licht. Damit können diffuse und spiegelnde Reflexionen wie etwa beim Phong- oder Gouraud-Beleuchtungsmodell simuliert werden. Meistens wird noch bei diesen Modellen ein ambienter Term in die Berechnung mit einbezogen, was als ein Spezialfall eines globalen Beleuchtungsmodells interpretiert werden kann.
Globale Beleuchtungsmodelle berücksichtigen darüberhinaus auch indirekt reflektiertes oder durch transparente Objekte scheinendes Licht und kommen daher den Verhältnissen in unserer realen Welt näher.

Es gibt zwei Klassen von Algorithmen von globalen Beleuchtungsmodellen. Die erste Klasse besteht aus **Ray-Tracing-Verfahren**, die Geometrien schattieren, Lichtschatten berechnen und spiegelnde oder transparente Gegenstände berücksichtigen. Ray-Tracing-Verfahren verfolgen die Lichtstrahlen von dem Beobachterstandpunkt in der Szene über (mehrere) Objekte hinweg bis sie schließlich die direkten oder indirekten Lichtquellen erreichen. Diese Klasse von Verfahren ist abhängig von dem Standpunkt des Beobachters.

Die zweite Klasse von Verfahren zur Berechnung globaler Beleuchtungseffekte beruht auf der **Radiosity-Methode**. Diese Methode arbeitet in zwei Schritten: In einem ersten Schritt wird beobachterunabhängig die Lichtverteilung in einer Szene berechnet, in einem zweiten Schritt werden die Objekte dieser Szene aus der Sicht eines Beobachters mit bekannten Interpolations-Verfahren (z.B. Gouraud) gerendert. Der erste Schritt ist relativ berechnungs- und zeitintensiv während der zweite Schritt mit der heute erhältlichen Hard- und Software in Echtzeit, d.h. mindestens 10 Bilder in der Sekunde, durchgeführt werden kann. Dieses Verfahren beruht auf dem Prinzip der Energieerhaltung in geschlossenen Räumen.

Der Unterschied zwischen den beiden genannten Klassen von globalen Beleuchtungsverfahren besteht in der Unabhängigkeit des Beobachters. Beobachterabhängige Verfahren wie Ray-Tracing diskretisieren die Beobachtungsebene, um die lokale Beleuchtung zu berechnen, während beobachterunabhängige Verfahren wie Radiosity die Szene diskretisieren, um in einem späteren Schritt diese berechneten Information auszuwerten und in ein Bild umzusetzen. Mit beiden Klassen von Verfahren ist die Erzeugung photorealistischer Bilder möglich, mit Systemen der Virtuellen Welt ist es weiterhin möglich, mit der Radiosity-Methode vorberechnete Szenen in Echtzeit darzustellen und zu begehen.

3.2 Akustische Rendering-Verfahren

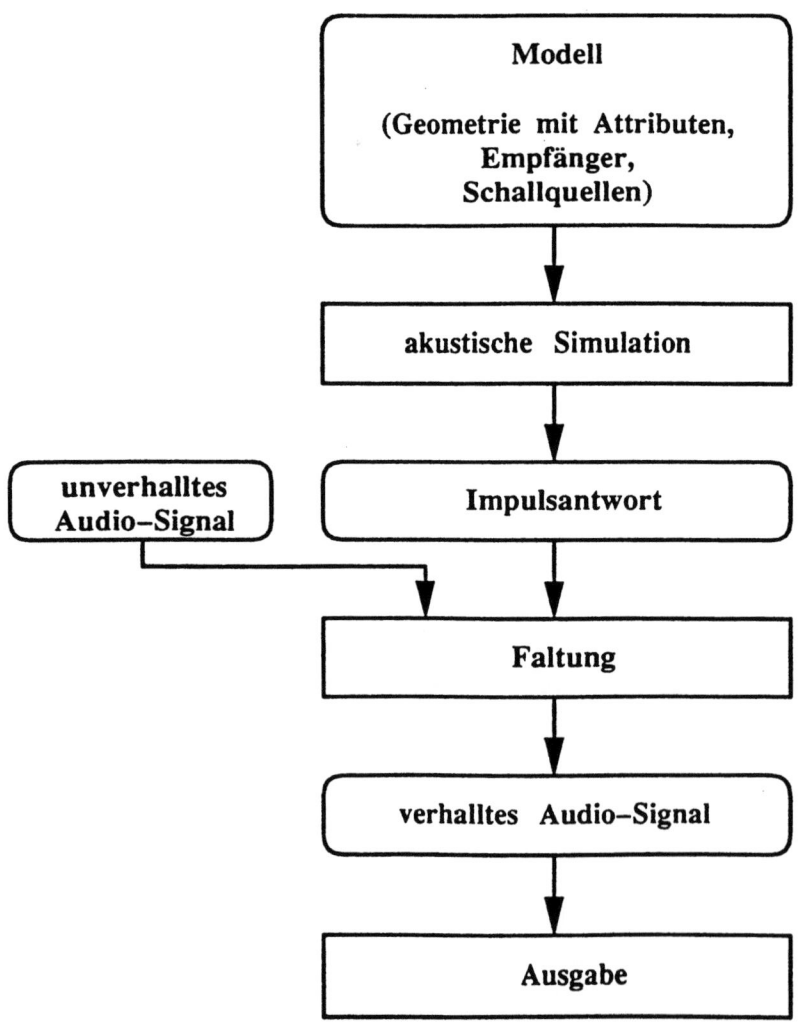

Abbildung 2: Rendering-Pipeline für akustische Simulationen

Akustische Rendering-Verfahren berechnen aus der geometrischen und akustischen Spezifikation einer Szene positionsabhängige Kenngrößen, die die Ausbreitung des

Schalls beschreiben. Wie bei den visuellen Rendering-Verfahren werden lokale (Reflexion, Brechung, Absorption des Schalls bezüglich einer Fläche) und globale Modelle (Ausbreitung des Schalls) unterschieden.

Bei den globalen Modellen wird zwischen Verfahren unterschieden, die Reflexionen des Schalls in der Umgebung berücksichtigen (siehe Abschnitt 4 und 5), und Verfahren, die Direktschall zwischen Schallquelle und Empfänger berechnen (siehe Abschnitt 6 und 7).

In der Akustik sind zwei prinzipielle Klassen von Rendering-Verfahren gebräuchlich, die die Umgebung berücksichtigen: Zum einen das **Spiegelschallquellen- (Image Source) Verfahren** und zum anderen das **Strahlverfolgungs- (Particle Tracing) Verfahren** (oder auch kombinierte Verfahren).

Beide Verfahren beruhen auf den Annahmen der geometrischen Raumakustik [Kutt-73, CrHu-90], die eine Reihe von Abstraktionen bzw. Vereinfachungen von der physikalischen Wirklichkeit vornimmt. Diese Verfahren akzeptieren als Eingabedaten die geometrische Beschreibung einer Szene mit zugeordneten akustischen Attributen (z.B. Absorptionsfaktoren von Wänden) sowie die Positionen von Detektoren (Zuhörer) bzw. Geräuschquellen. Als Ausgabe liefern sie für jeden Detektor eine Impulsantwort, die mit jedem beliebigen digitalisierten Audio-Signal gefaltet werden kann. Das Ergebnis dieser Faltungs-Operation ist das von einem Zuhörer vernehmbare, in dem Raum reflektierte und wirkende Audio-Signal (siehe Abbildung 2).

Während die Berechnung der Impulsantwort mit heute verfügbaren Simulationsverfahren für beliebige Modelle nicht in Echtzeit berechenbar ist, ist die Faltungs-Operation mit entsprechender Signalprozessor-Hardware in Echtzeit möglich.

3.3 Akustische Objekte

Akustische Simulationsverfahren benötigen zur Berechnung der Impulsantwort zusätzliche Objekte. Analog den visuellen Simulationsverfahren werden definiert:

- **Medium** (definiert die Schallgeschwindigkeit, ist abhängig von Frequenz und Temperatur)
- **Empfänger** (Typ, Position, Empfangscharakteristik)
- **Schallquelle** (Typ, Position, Abstrahlcharakteristik)
- **akustische Attribute** geometrischer Objekte (Materialcharakteristik: Eigengeräusch, Absorption (abhängig von Frequenz und Einfallswinkel))

Eine Datenbank enthält dabei eine Liste der bekannten akustischen Materialien mit ihren Übertragungsverhalten sowie eine Liste der bekannten Medien wie Luft oder Wasser. Außerdem werden für die Berechnungsergebnisse Impulsantwort (in welchem Zeitraum wurde aus welcher Richtung wieviel Energie detektiert) und digitales Audio-Signal (definiert durch Abtastfrequenz; Abtastverfahren, z.B. PCM; Auflösung, z.B. 16 Bit;

Anzahl der Kanäle, z.B. Stereo) geeignete Datenstrukturen benötigt. Der Empfänger kann räumlich synchron mit dem Beobachter gekoppelt werden, um einen menschlichen Kopf mit den Sinnesorganen Augen und Ohren zu simulieren.

Aufgrund der wesentlich größeren Wellenlänge von Schall (1 kHz ca. 30 cm für Luft) gegenüber den Lichtwellen (sichtbares Spektrum im nm-Bereich) kann mit einem gröber detaillierten geometrischen Modell gerechnet werden. Dieses gröbere Modell kann aus der feindetaillierten Geometrie für die Sichtsimulation durch level-of-detail-Techniken [DeZy-91] gewonnen werden. Diese Techniken, aus dem Simulatorbereich heraus entwickelt [Yan-85], reduzieren am Rande oder entfernt am Horizont des Blickbereiches liegende Objekte auf einfache Strukturen, um die Bildgenerierungszeit ohne wesentlichen Qualitätsverlust zu erhöhen. Level-of-detail-Techniken eignen sich zur Reduzierung der Darstellungskomplexität auch für Begehungen virtueller Welten [Perf-92].

3.4 Das Vis-A-Vis Rendering-System als integrierte Umgebung für audiovisuelle Simulationen

Das Vis-A-Vis Rendering-System ist als ein universelles System konzipiert worden, das eine Reihe von Renderern aus einem zentralen Objekt-Handler bedient (Abbildung 3). Der Objekt Handler unterstützt derzeit fünf Klassen von graphischen Primitiven (dot, line, polygon, image, volume) sowie die in Abschnitt 3.3 beschriebenen akustischen Objekte. Verschiedene Renderer decken die Anforderungen unterschiedlicher Anwendungen ab.

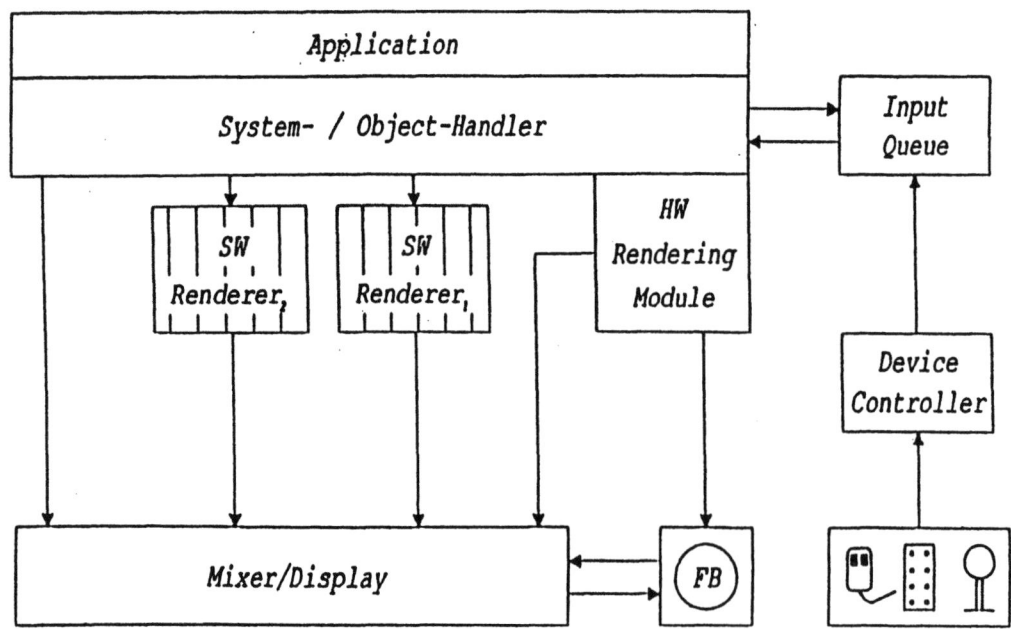

Abbildung 3: Vis-A-Vis Rendering-System

Zur Generierung photorealistischer Bilder steht ein Scanline-Verfahren sowie ein Ray-Tracer zur Verfügung [HaMa-90], zum Rendern von Volumendaten steht ein BTF-Verfahren und ein paralleler Volumen-Renderer auf dem Prinzip des Ray-Casting beruhend zur Verfügung [Früh-91]. Für Anwendungen, die Echtzeitanforderungen haben wie Anwendungen aus der virtuellen Welt, existiert ein auf Sillicon Graphics GL basierender Hardware-Renderer [FrHS-92], der durch die Verwendung von Texturen eine äußerst wirklichkeitsgetreue Darstellung unterstützt.

Ein Modul zur Berechnung der Formfaktoren nach der Radiosity-Methode [Müll-92] wird als Preprozessor zur Verfügung gestellt. Mit diesem System ist natürlich auch die Umsetzung jeder Art von technisch/wissenschaftlichen Daten auf graphische Repräsentationen möglich, sei es hochqualitativ mit entsprechenden Rechenzeiten oder sei es als Previewing-Techniken in Echtzeit.

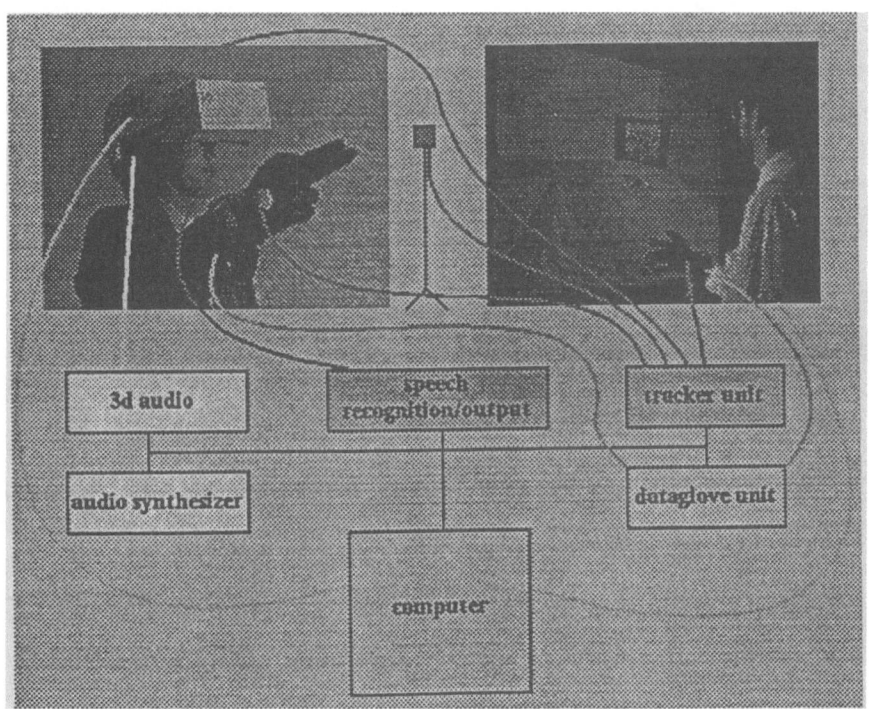

Abbildung 4: geplante bzw. bestehende VR-Infrastruktur am IGD

Für akustische Simulationen stehen Verfahren zur Ausgabe von Geräuschereignissen, zur Berechnung statistischer Hallparameter, zur Berechnung des Direktschalls und zur Berechnung der Impulsantwort für rechteckige Räume nach dem Spiegelquellen-Verfahren zur Verfügung [Asth-92c].

3.5 Integration in das VR-Toolkit der IGD

Basierend auf dem Echtzeitmodus des Vis-A-Vis Rendering-Systems wurden Zusatzmodule entwickelt und in einem Toolkit [AsFG-92] zusammengefaßt, die die Realisierung von Anwendungen aus der virtuellen Welt gestatten (Abbildung 4).

Ein Tracking-System positioniert dabei eine virtuelle Person in der virtuellen Welt. Handgesten werden erkannt und gegebenenfalls die vorher spezifizierten Aktionen durchgeführt. Gegenstände der virtuellen Welt als auch Interaktionsobjekte wie das Abbild des Datenhandschuhs in der Welt können untereinander auf Kollision getestet werden und ebenfalls Aktionen auslösen.

Ein Audio-Server, der als ein eigener Prozeß über Kommunikationsmechanismen angesprochen wird, setzt Steuerinformationen zur Ausgabe von Geräuschen und deren Parametrisierung um. Dieser Prozeß kann auf eine beliebige Workstation im Netz verteilt werden und spricht entweder eingebaute Audio-Konverter an oder bedient angeschlossene Zusatz-Peripherie wie Synthesizer und Effektgenerator.

4 Geräuschereignisse

Eine Erfahrung des täglichen Alltags ist die Entstehung spezifischer Geräusche, wenn zwei Objekte kollidieren, z.B. Schritte auf dem Fußboden oder das Zuschlagen einer Tür. Die Erzeugung dieser Geräusche kann entweder über die Synthetisierung aus physikalischen Objekteigenschaften geschehen oder es können objektbezogene Geräusche direkt aus unserer Umwelt aufgenommen und gespeichert werden.

Abbildung 5: virtuelles Spielen eines Schlagzeugs

Ein wirklichkeitsgetreue Nachbildung beliebiger natürlicher Geräusche in Echtzeit ist derzeit schwierig bis unmöglich realisierbar. Deshalb sind Objekte im VR-Toolkit der IGD mit einem vordefinierten Geräusch assoziiert, das bei Erkennen einer Kollision ausgegeben werden kann. Obwohl im Prinzip eine Matrix von Geräuschen aller Objekte untereinander nötig wäre, ist mit diesem einfachen, aber praktikablen Ansatz eine erhebliche Steigerung des Erlebens virtueller Welten möglich.

Abbildung 5 zeigt ein Schnappschuß aus einer Interaktion mit einer virtuellen Welt, in der der Benutzer mit dem Datenhandschuh ein Schlagzeug spielen kann. Dabei wurden die Oberflächen der einzelnen Instrumente mit den entsprechenden Geräuschen der einzelnen Schlaginstrumente belegt.

5 Statistische Verfahren

Globale Verfahren der Raumakustik berücksichtigen nur gemittelte Werte bestimmter Eigenschaften eines Raumes (statistische Raumakustik). Dadurch werden die Effekte, die Objekte in einem Raum verursachen können - z.B. Schallschatten durch Trennwände in der Mitte des Raumes - nicht berücksichtigt. Andererseits wird durch diese statistischen Verfahren eine globale heuristische Größe gewonnen, die unabhängig von der Plazierung von Schallquellen und der Position des Zuhörers gilt.

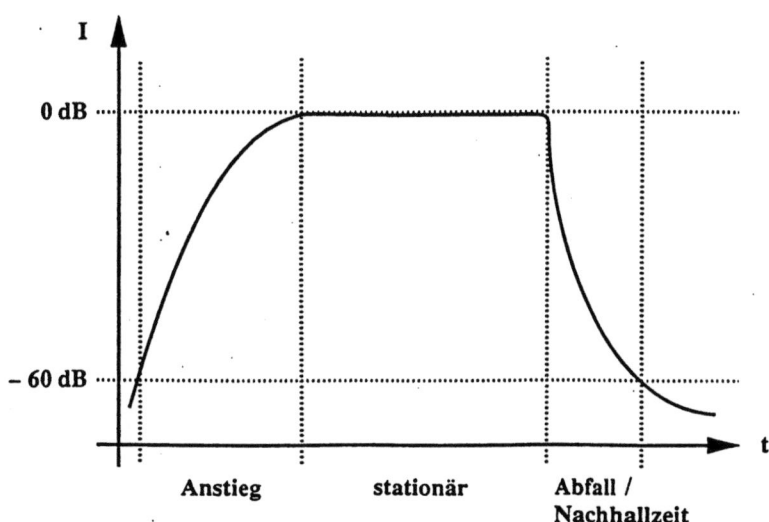

Abbildung 6: Nachhallzeit

Bei Einschalten einer Schallquelle in einem Raum wird sich die von ihr abgegebene Energie zunächst allmählich in dem Raum ausbreiten (Anstieg der Energie, siehe Abbildung 6), bis nach einer bestimmten Zeit sich eine stationäre Energiedichteverteilung einstellt. Nach Ausschalten der Schallquelle wird sie nicht sofort verstummen, sondern es wird noch einige Zeit dauern, bis die im Luftraum gespeicherte Schallenergie durch Absorption an den Wänden und in der Luft gedämpft wird (Abfall der Energie). Der Abfall der stationären Energiedichte auf den 10^{-6} ten Teil oder um 60 dB wird Nachhallzeit genannt. Dieser Nachhall ist für die Hörsamkeit eines Raumes von entscheidender Bedeutung.

W.C. Sabine hat in seinen Untersuchungen Anfang des 20. Jahrhunderts die Annahmen der statistischen Raumakustik begründet:
- Die Nachhallzeit einer Schallquelle ist praktisch überall im Raum gleich.
- Die Nachhallzeit ist praktisch unabhängig von ihrer Position im Raum.
- Der Einfluß einer schallschluckenden Fläche ist praktisch unabhängig von ihrer Position im Raum.

Aus seinen Untersuchungen formulierte Sabine folgende Beziehung für die Nachhallzeit:

$T = 0.16 \, V / A_{Sabine}$

T: Nachhallzeit
V: Volumen des Raumes
A_{Sabine}: Gesamtabsorption des Raumes nach Sabine

$$A_{Sabine} = \sum_i \alpha_i A_i$$

A_i: Fläche i des Raumes
α_i: Absorptionskoeffizient zu Fläche i

Abbildung 7: virtuelle Begehung eines Raumes mit verschiedenen Hallcharakteristiken

Die Absorptionskoeffizienten werden in diesem Ansatz als eine reine Materialkonstante, d.h. unabhängig von Einfallswinkel und Frequenz betrachtet. Ähnliche, verbesserte Gesamtabsorptions-Berechnungen wurden von Jäger, Eyring und Knudsen eingeführt.

Die Methoden der statistischen Raumakustik können zur Berechnung einer globalen Hallcharakteristik verwendet werden. Damit läßt sich z.B. ein Kirchenschiff (lange Laufzeiten, kleine Dämpfung an Wänden) von einem Wohnzimmer (kurze Laufzeiten, größere Dämpfung an Wänden, Fußboden) deutlich unterscheiden.

Zur Ausgabe der berechneten Hallcharakteristik kann ein Effektgenerator verwendet werden, der einem Klangerzeuger nachgeschaltet ist. In dem VR-Toolkit der IGD wird ein Effektgenerator eingesetzt, der zum einen verschiedene Raumtypen simuliert als auch eine Fein-Parametrisierung gespeicherten Hallcharakteristiken zuläßt. Abbildung 7 zeigt einen Schnappschuß aus einer virtuellen Welt, die einen Raum mit verschiedenen Einrichtungen bzw. Hallcharakteristiken beinhaltet.

6 Direkter Schall im Raum

Bei diesem Modell werden nur die Schallquelle, der Empfänger und das schalltragende Medium berücksichtigt. Empfänger und/oder Schallquelle können sich bewegen, d.h. eine eigene Geschwindigkeit relativ zueinander oder zu dem Raum besitzen. Es werden in diesem Modell drei physikalische Effekte (Dämpfung, Frequenzverschiebung und räumliche Lokalisation) berechnet, die aus dem täglichen Leben bekannt sind.

6.1 Dämpfung

Je weiter man sich auf der Erde von einer Schallquelle entfernt, desto leiser nimmt man sie wahr. Dieser Effekt wird durch die Energieabnahme und die Dämpfung hervorgerufen, die die Schallwellen bei ihren longitudinalen Schwingungen in der Luft erfahren.

Energieverteilung einer punktförmigen Schallquelle:

$$I \sim 1/d^2$$

I: Energie
d: Entfernung von Schallquelle

Dämpfung in einem Medium:

$$I \sim e^{-2mct}$$

I: Energie
m: Materialkonstante für ein Medium (abhängig von Frequenz)
c: Schallgeschwindigkeit
t: Laufzeit

6.2 Frequenzverschiebung

Bei bewegtem Sender und/oder Empfänger ändern sich die wahrgenommenen Frequenzen. Wenn bei ruhendem Empfänger ein Sender sich auf diesen zubewegt, erhöht sich die wahrgenommene Frequenz, wenn sich ein Sender vom Empfänger wegbewegt, erniedrigt sich die wahrgenommene Frequenz. Dieser Effekt wird durch den Doppler-Effekt hervorgerufen und ist beispielsweise auf öffentlichen Straßen durch vorbeifahrende Einsatzwagen von Polizei, Feuerwehr oder ähnlichem zu bemerken.

Doppler-Effekt:

$$f_r = f_s \frac{c - v_r}{c - v_s}$$

f_r: vom Empfänger wahrgenommene Frequenz
f_s: vom Sender abgestrahlte Frequenz
c: Schallgeschwindigkeit in dem Medium
v_r: Geschwindigkeit des Empfängers
v_s: Geschwindigkeit des Senders

Bei ruhendem Sender oder Empfänger ist v_s bzw. v_r gleich null. Die Geschwindigkeiten v_s bzw. v_r haben einen positiven Wert bei gleicher Richtung wie der Schall und einen negativen Wert bei entgegengesetzter Richtung wie der Schall. Zur Bestimmung von v_r und v_s wird die Relativgeschwindigkeit von v_s bezüglich v_r bestimmt (Geschwindigkeitskomponente von v_s in Richtung r) und v_r gleich null gesetzt.

6.3 Räumliche Lokalisation

Unser menschlicher Hörapparat ist in der Lage, Geräusche im dreidimensionalen Raum zu orten. Es existieren heutzutage Zusatzgeräte, die ein beliebiges Mono-Signal im Raum plazieren können (Convolvotron/Crystal River Engineering, Focal Point). Dazu muß neben dem Signal die Richtung, aus der das Signal empfangen werden soll, übermittelt werden. Der dreidimensionale Höreindruck ist mit diesen Geräten nur über Kopfhörer vermittelbar.

Aber auch üblicherweise vorhandene Geräte (SGI Indigo, Synthesizer) verfügen über die Möglichkeit, Stereo-Signale über Lautsprecher für eine ganze Menschengruppe auszugeben. Dazu ist es sinnvoll, von einem lokalen Koordinatensystem auszugehen, das auf den menschlichen Kopf bezogen ist. Aus der Projektion der Sendeposition auf eine imaginäre Ebene, die durch die Strecke linkes Ohr, rechtes Ohr und nach oben gerichteter Normale definiert ist, läßt sich die Stereoposition relativ zum Kopf bestimmen. Die oben/unten- bzw. hinten/vorn-Lokalisation geht dabei verloren, es wird sich auf die rechts/links-Information beschränkt.

6.4 Berechnung in Echtzeit

Bei der Berechnung und Ausgabe von Bild und Ton gibt es prinzipielle Unterschiede in der Behandlung der Zeit. Während die Bilder im Zyklus der Bildwiederholrate generiert und angezeigt werden - das menschliche Auge interpretiert zusammen mit dem Gehirn die stationär gezeigten Bilder als eine bewegte Bildsequenz - ist der Ton jederzeit vernehmbar. Das bedeutet, daß Änderungen und Parametrisierungen des Tones kontinuierlich oder nur mit sehr kleinen, nicht wahrnehmbaren Änderungssprüngen vorgenommen werden dürfen.

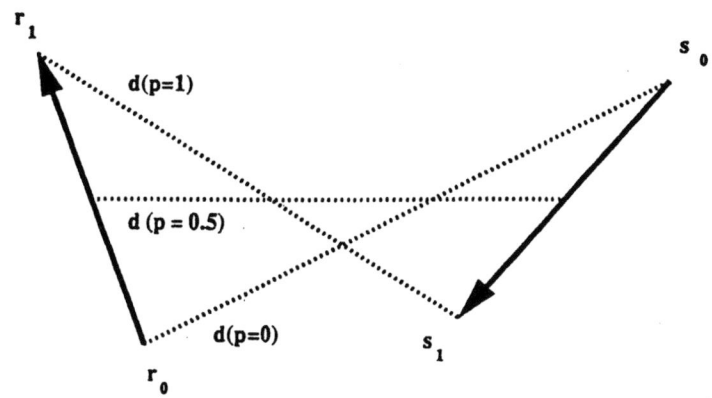

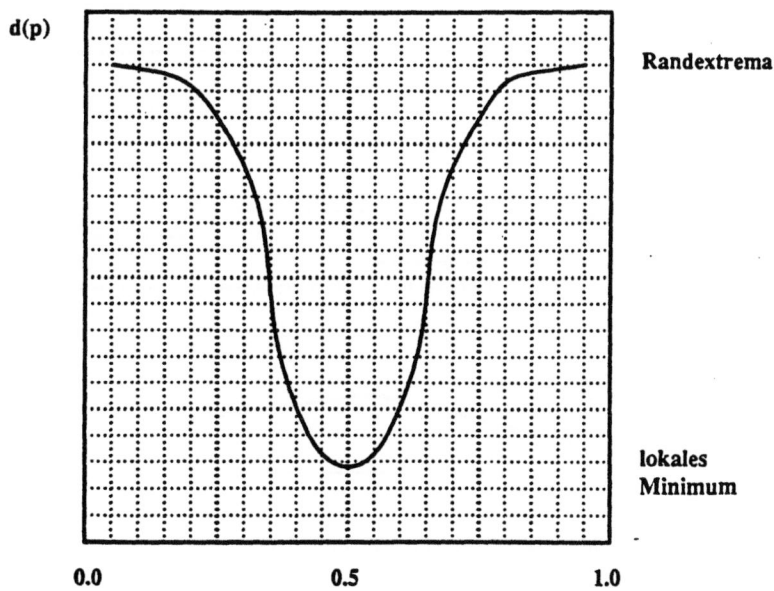

Abbildung 8: Abstandsfunktion zwischen zwei Bahnvektoren

Bei der Berechnung der Parameter für den Direktschall in VR-Anwendungen ist zur Ausgabezeit eines Bildes die nächste Aktion des Benutzers nicht bekannt. In dieser Zeitspanne bis zur Erkennung und Auswertung der nächsten Aktion (z.B. Vorwärtsgehen, Kopfdrehen) muß trotzdem ein Ton generiert werden.

Wenn Empfänger und Schallquelle diskret durch eine Reihe von zeitlich aufeinanderfolgenden Positionen im dreidimensionalen Raum definiert sind, ergibt sich noch ein zusätzliches Problem.

Seien die Positionen von Empfänger r und Schallquelle s über eine monoton wachsende Zeitachse wie folgt definiert:

$$s_k(t_k),\ r_k(t_k),\ k = 0\ ..\ p,\ t_k \leq t_{k+1}$$

Bei der Interpolation zwischen zwei Stützstellen kann es jetzt vorkommen, daß zwischen zwei Zeitpunkten ein Punkt liegt, bei dem der Abstand zwischen Sender und Empfänger minimal wird (Abbildung 8). Dieser Fall läßt sich vorstellen, daß bei ruhendem Empfänger ein Sender von einem Punkt links zu einem Punkt rechts von ihm fährt; dabei ist sowohl zuerst eine ansteigende, dann eine abfallende Frequenz zu beobachten und ein lauter, dann leiser werdendes Signal.

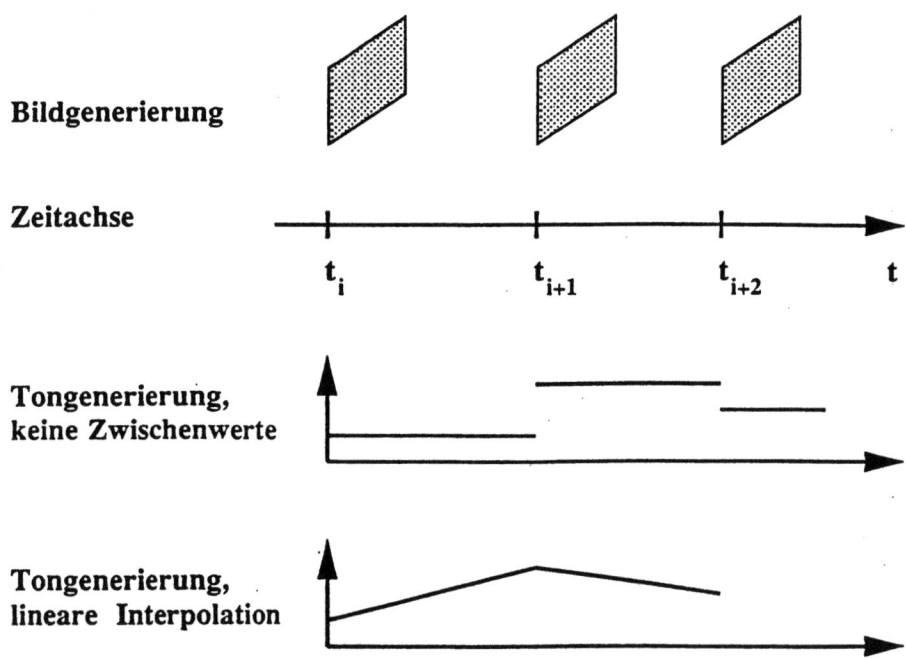

Abbildung 9: zeitlicher Verlauf der Bild- bzw. Tongenerierung

Daher muß bei allen Paaren von Positionen von Sender, Empfänger eine Abstandsfunktion berechnet werden, deren Minimum ermittelt und mit den Randextrema verglichen werden muß. Wenn ein lokales Minimum existiert, muß dieser Punkt mit der entsprechenden Zeit in die Listen eingefügt werden.

Bei bildbezogener Umsetzung der für ein Einzelbild berechneten akustischen Parameter (Lautstärke, Frequenzverschiebung, Position im dreidimensionalen Raum) in einer

Treppenfunktion sind für den Beobachter bei großen Wertänderungen Sprünge hörbar. Dies entspricht nicht den Erfahrungen des Beobachters im menschlichen Alltag und stört den Wirklichkeitseindruck. Auf der anderen Seite muß bei linearer Interpolation für das Bild zum Zeitpunkt t_i auch die Parameter für das Bild t_{i+1} bekannt sein (Abbildung 9). Bei Interpolations- oder Approximationsverfahren, die auf mehr als zwei Stützstellen arbeiten, verschärft sich das Problem sogar noch. Zur Lösung dieses Problems bieten sich die folgenden Ansätze an:

1. **Verzögerte Berechnung und Ausgabe der Tonspur.** Dies führt zu einer Verschiebung von Bild und Ton und kann vom menschlichen Wahrnehmungsvermögen bis etwa 50 ms toleriert werden. Bei einer Bildgenerierungsrate von durchschnittlich 25 Hz, d.h. alle 40 ms ein Bild, ist die Verzögerung des Tones tolerierbar, bei einer Rate von 10 Hz, d.h. alle 100 ms ein Bild, nicht mehr.

Abbildung 10: fahrender Käfer

2. **Verzögerung der Bildgenerierung.** Hier werden eine Anzahl von Bildern auf einem Stapelspeicher zwischengespeichert, bevor sie ausgegeben werden. Dies bewirkt eine Verzögerung der Bildausgabe. Eine verzögerte Bildgenerierung als Echo von Benutzeraktionen ist ebenfalls in gewissen Maßen tolerierbar, aber da bereits durch die Eingabegeräte Verzögerungen verursacht werden, liegt die Gesamt-Verzögerung in einer Größenordnung, die bemerkbar ist und das Arbeiten mit dem System erheblich stört.

3. **Individuelle Datenraten.** Durch verschiedene Datenraten für das Bild- bzw. Tongenerierungssystem können für den Benutzer störende Asynchronitäten bis unter die wahrnehmbare Toleranzgrenze verschoben werden. Das bedeutet, daß die für die akustischen Parameter maßgeblichen Objekte in dem Objekt Handler öfter abgefragt und ausgewertet werden als in dem Bildgenerierungssystem. Dies ist durch die Komplexität der Verfahren - visuelles Rendering gegen Berechnung akustischer Effekte - gerechtfertigt und realisierbar.

4. **Vorhersage von Benutzeraktionen** [FrSP-92]. Durch spezielle Filtermethoden kann die Bewegung eines Menschen für eine bestimmte Zeit in die Zukunft extrapoliert werden. Dadurch lassen sich Zwischenwerte gewinnen und ein unregelmäßiger oder ungenauer Datenstrom von dem Eingabegerät ausgleichen. Die Filtermethoden arbeiten für kurze Vorhersagezeiten zufriedenstellend (kleiner 100 ms).

Abbildung 10 zeigt einen Schnappschuß aus einer virtuellen Welt, in der eine Schallquelle (Käfer) über ein Gelände fährt. Der Beobachter, zugleich Zuhörer, bekommt berechnete Informationen über Lautstärke, Frequenzverschiebung und Stereoposition, die die natürlichen Verhältnisse simulieren.

6 Spiegelschallquellen-Verfahren für rechteckige Räume

Das Spiegelschallquellen- (Image Source-) Verfahren [AlBe-79] beruht auf der Berechnung sogenannter virtueller Schallquellen, die durch Spiegelung an den Wänden der geschlossenen Umgebung erzeugt werden. Die Ordnung dieses Verfahrens gibt die maximale Anzahl der Reflexionen wieder. Dieses Verfahren ist für rechteckige Räume besonders geeignet (Abbildung 11), da die virtuellen Schallquellen besonders einfach berechnet werden können.

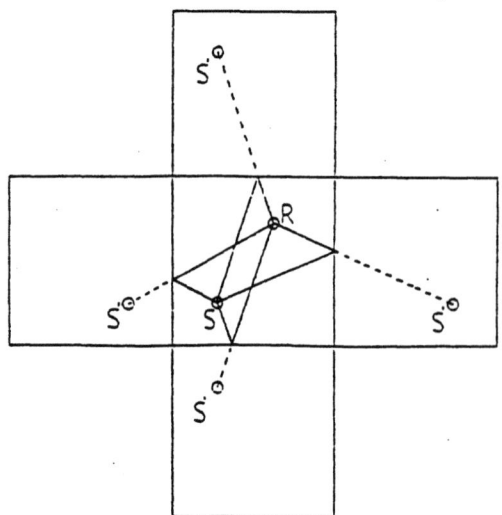

Abbildung 11: Spiegelschallquellen erster Ordnung

Bei komplexen Begrenzungen müssen die berechneten virtuellen Quellen dahin überprüft werden, ob der durch sie bezeichnete Weg von der ursprünglichen Schallquelle zum Empfänger überhaupt möglich ist. Untersuchungen haben ergeben, daß das Verhältnis von möglichen zu unmöglichen Wegen sehr klein ist [Vorl-89]. Wenn alle gültigen virtuellen Schallquellen berechnet sind, kann die Impulsantwort aus der Richtung und Laufzeit und der am Empfänger ankommenden Energie der Quellen bestimmt werden.

Abbildung 12 zeigt eine berechnete Impulsantwort für einen rechteckigen Raum. Das Diagramm visualisiert in der Projektion auf die xy-Ebene das zeitliche Eintreffen der Energie der einzelnen virtuellen Schallquellen (Abstand vom Nullpunkt), das Maß der Energie (Länge der Balken) und die relative Richtung der virtuellen Schallquellen zum Empfänger.

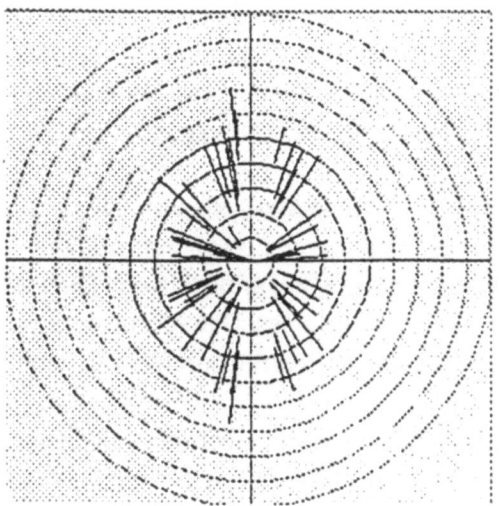

Abbildung 12: Impulsantwort

7 Allgemeine Verfahren der Raumakustik

Allgemeine Simulations-Verfahren der Akustik berücksichtigen beliebige Umgebungen (Gebäude bzw. Freifeld). Das Spiegelschallquellen-Verfahren kann auf beliebige geschlossene Räume erweitert werden [Bori-84].

Bei dem Particle-Tracing Verfahren [Vorl-88] werden prinzipiell von einer Schallquelle eine Anzahl von Schallstrahlen oder -partikeln ausgesendet und ihr Weg in der gegebenen Umgebung verfolgt. Jedes Partikel enthält eine bestimmte Anfangsenergie, die von dem durchflogenen Medium beeinflußt und bei Reflexionen um einen bestimmten Betrag vermindert wird. In der Szene können eine Reihe von Detektoren (Kugeln, Würfel) plaziert werden, die sie passierende Partikel registrieren. Dadurch werden die gewünschten Impulsantworten gewonnen. Bei der Realisierung dieses Verfahrens können vorhandene Module eines visuellen Ray-Tracers wie z.B. der Schnitt eines

Strahles mit einem Objekt der Szene verwendet werden. (Siehe auch Beitrag von U. Stephenson in diesen Proceedings).

8 Zusammenfassung und Ausblick

Geräusche jedweder Art sind ein fester Bestandteil unseres täglichen Lebens. Virtuelle Welten, die einen Teil unserer Umwelt und Erfahrenswelt abstrakt modellieren, werden durch Geräusche um vieles natürlicher erlebbar. Darüberhinaus kann der akustische Kommunikationskanal neben der visuellen Darstellung zum Vermitteln und Austausch von zusätzlichen Informationen genutzt werden [Asth-92b].

Akustische Informationen werden in verschiedenen Qualitätsstufen vermittelt. Dies reicht von der einfachen Geräuscherzeugung bei Objektkollisionen über die Berechnung des Direktschalls zwischen Schallquelle und Empfänger bis zu Verfahren, die die räumliche Umgebung miteinbeziehen. Zahlreiche, mit dem VR-Toolkit des IGD demonstrierte Beispiele zeigen die Anwendungsmöglichkeiten akustischer Effekte und Simulationen.

Mit heute verfügbaren visuellen Rendering-Systemen ist die Begehung virtueller Welten in Echtzeit möglich. Ziel der laufenden Forschungsarbeiten ist, auch die akustische Begehung dieser Welten in Echtzeit zu ermöglichen. Dies wird durch eine massive Vorverarbeitung mit der Berechnung eines Gitters von Impulsantworten und schneller Hardware, die Faltungsoperationen in Echtzeit durchführen kann, möglich sein.

Systeme für den Austausch audiovisueller Informationen sprechen nur einen Teil aller möglichen Sinne des Menschen an (Gesichtssinn, Hörsinn, Tastsinn, Geschmackssinn, Geruchssinn). Geräte, die Daten des menschlichen Körpers erfassen oder Ergebnisse des Systems an den Menschen zurückvermitteln, zeigen, daß mit bereits heute verfügbarer Gerätetechnologie einem menschlichen Wesen weitere substantielle Eindrücke vermittelt werden können. Bei dem auch auf diesem Sektor zu erwartenden Innovationsschub in den nächsten Jahren ist die Vorstellung von einem alle Sinne umfassenden System nicht mehr utopisch.

9 Literatur

[AlBe-79]   Allen, J.B., Berkley, D.A.: *Image method for efficiently simulating small-room acoustics*, Journal Acoustical Society of America, April 1979

[AEFF-92]   Astheimer, P., Encarnacao, J.L., Felger, W., Frühauf, M., Göbel, M., Karlsson, K.: *Interactive modeling in high-performance scientific visualization - the VIS-A-VIS project*, computers in industry, vol. 19, no, 2, 1992, North-Holland

[AsFe-91]   Astheimer, P., Felger, W.: *Application of Animation and Audio in Visualization Systems*, in: Second Eurographics Workshop on Visualization in Scientific Computing, Delft, Netherlands, April 1991

[AsFG-92]   Astheimer, P., Felger, W., Göbel, M.: *Application Development Platform Virtual Reality*, CG topics 2, 1992

[Asth-92a] Astheimer, P.: *Audio Library V1.0*, internal report, FhG-IGD 1992

[Asth-92b] Astheimer, P.: *Sonification Tools to supplement Dataflow Visualization*, in: Third Eurographics Workshop on Visualization in Scientific Computing, Viareggio, Italy, April 1992

[Asth-92c] Astheimer, P.: *Sonification in Scientific Visualization and Virtual Reality Applications*, in: Visualisierung, Rolle von Echtzeit und Interaktivität, GI Workshop, St. Augustin, Juni 1992

[Bori-84]   Borish, J.: *Extension of the image model to arbitrary polyhedra*, Journal Acoustical Society of America, June 1984

[CrHu-90]   Cremer, L., Hubert, M.: *Vorlesungen über technische Akustik*, 4. Auflage, Springer Verlag (Hochschultext), 1990

[DeZy-91]   DeHaemer, M.J., Zyda, M.J.: *Simplification of objects rendered by polygonal approximations*, Computers & Graphics, vol. 15, no. 2, pp. 175 - 184, 1991

[Enca-90]   J. Encarnacao, P. Astheimer, W. Felger, M. Frühauf, M. Göbel, K. Karlsson: *Graphics Modeling as a Basic Tool for Scientific Visualization*, Proceedings IFIP TC 5.10 Working Conference on Modeling in Computer Graphics, Tokyo, April 1991

[FoVa-90]   Foley, J.D., Van Dam, A.: *Computer Graphics, Principle & Practise*, Addison Wesley, 1990

[FrHS-92]   Frühauf, M., Haas, S., Schröder, F.: *Die Vis-A-Vis Rendering-Schnittstelle, Version 2.3*, FhG-IGD Bericht FIGD-92i002

[Früh-91]   Frühauf, Martin: *Combining volume rendering with line and surface rendering*, Eurographics '91, Conference Proceedings, North-Holland, Amsterdam (1991)

[FrSP-92]   Friedmann, M., Starner, T., Pentland, A.: *Synchronization in Virtual Realities*, in: Presence, Teleoperators and Virtual Environments, Volume 1, No 1, MIT Press, Winter 1992, pp. 133 - 138

[HaMa-90] S. Haas, J.M. de Martino: *DESIRe - Distributed Environment System for Integrated Rendering*, Jornada EPUSP/IEEE Computacao Visual, Sao Paulo, Dezember 1990

[Kutt-73] Kuttruff, H.: *Room Acoustics*, Applied Science, London, 1973

[Perf-92] *IRIS Performer Programming Guide*, Sillicon Graphics 1992

[Müll-92] Müller, S.: *Radiosity und Ray-Tracing - Integration und Parallelisierung*, Diplomarbeit, TH Darmstadt, 1992

[Shi-91] Shi, J.: *On Integration of Visual and Auditory Rendering*, interner Bericht, FhG 91i013

[Step-90] Stephenson, U.: *Comparison of the Mirror Image Source Method and the Sound Particle Simulation Method*, Applied Acoustics 29, 1990

[Vorl-88] Vorländer, M.: *Ein Strahlverfolgungsverfahren zur Berechnung von Schallfeldern in Räumen*, Acustica 65, 1988

[Vorl-89] Vorländer, M.: *Simulation of the transient and steady-state sound propagation in rooms using a new combined ray-tracing/image-source algorithm*, Journal Acoustical Society of America, July 1989

[Yan-85] Yan, J.K.: *Advances in Computer-Generated Imagery for Flight Simulation*, IEEE CG&A, August 1985, pp. 37 - 51

Techniken zur Navigation durch Virtuelle Welten

Wolfgang Felger
Torsten Fröhlich
Martin Göbel

In Anwendungen der Virtuellen Realität gibt es eine Vielzahl von Techniken zum Navigieren durch computergenerierte dreidimensionale Szenen. Dieser Beitrag stellt verschiedene Techniken der Navigation vor. Die verschiedenen Methoden werden analysiert und diskutiert. Für den Einsatz verschiedener Interaktionsgeräte, wie Datenhandschuh und head-mounted display (HMD) wird ein Konzept vorgestellt und dessen Realisierung präsentiert. Dem Anwender wird die Möglichkeit gegeben, alle Freiheitsgrade auszunutzen, welche diese Geräte bieten, insbesondere auch Gestik und Rotation um alle drei Raumachsen. Für manche Applikationen mag dies weniger praktikabel sein, deshalb wurden Mechanismen berücksichtigt, mit denen Freiheitsgrade eingeschränkt werden können.

Für die Realisierung wurde ein Toolkit entworfen, dessen Basisbausteine so miteinander verknüpft werden können, daß eine Vielzahl von Navigationstechniken einfach implementiert werden kann. Die Wirkungsweise verschiedener Navigationstechniken und -Modi wird mit praktischen Anwendungen, die am IGD entwickelt wurden, gezeigt.

Wolfgang Felger   Torsten Fröhlich   Dr. Martin Göbel
                                       Abteilungsleiter

Fraunhofer-Institut für Graphische Datenverarbeitung (IGD)
Abteilung Visualisierung und Simulation
Wilhelminenstraße 7
W-6100 Darmstadt
Tel. 06151/155122, Fax 06151/155199
email: felger@igd.fhg.de

1. Einleitung

Die gebräuchlichsten Interaktionsgeräte, die in Anwendungen der Virtuellen Realität (VR) zum Einsatz kommen sind der Datenhandschuh [Zimm87] und das sogenannte head-mounted display (HMD)[Fish86]. Aber auch die für Computer Graphik eher exotischen Geräte, wie Fahrrad oder Laufband wurden schon prototypisch eingesetzt. Solche Geräte werden verwendet, da sie eine sehr intuitive Interaktion zwischen Mensch und Maschine ermöglichen [Fole90]. Eine Basistechnik der Interaktion mit virtuellen Welten stellt die Navigation dar. Sie ist notwendig um beliebige virtuelle Welten erkunden zu können. Für die Navigation mittels Datenhandschuh und HMD macht man sich deren Fähigkeiten zunutze Hand -und Kopfbewegungen einfach erfassen zu können [Carr90].

In Kapitel 2 werden verschiedene Navigationstechniken vorgestellt und diskutiert. Darauf basierend wird in Abschnitt 3 ein Navigationsmodell eingeführt, welches die unterschiedlichen Navigationsparadigmen umfaßt. Eine mögliche Realisierungsvariante der Konzepte findet sich im Navigations-Toolkit des Kapitel 4. Dieses Toolkit erlaubt auf einfache Weise Navigationstechniken aus wenigen Bausteinen zu kreieren. Gegenstand des 5. Abschnittes sind die Quaternionen, auf deren Mathematik die Berechnung von Orientierungen und Rotationen basieren. Insbesondere wird hier auf Ergänzungen zu dem von Shoemake [Shoe85, Shoe87] publizierten Formalismus eingegangen. Kapitel 6 beleuchtet einige Anwendungen, bei denen das Navigations-Toolkit eingesetzt wurde. Dieser Beitrag endet mit einer Zusammenfassung und einem Ausblick.

2. Navigationstechniken

Die Navigation faßt Interaktionstechniken zusammen, die es erlauben, sich in einer 3D-Szene von einem Punkt zum Anderen zu bewegen und sich zu orientieren, also zu wissen, wo man sich gerade befindet. Die Gestaltung der Navigation hängt von zwei Voraussetzungen ab: Der zur Verfügung stehenden Interaktions-Hardware und der Größe und Beschaffenheit der virtuellen Welt.

Die hier beschriebenen Navigationstechniken sind keinesfalls als entweder-oder Alternativen zu verstehen, sondern ergänzen sich gegenseitig. In sehr komplexen Szenen können verschiedene Techniken kombiniert werden, um effizientes Navigieren zu ermöglichen.

2.1 Teleportation

Dieses relativ einfache Navigationsparadigma erlaubt dem Benutzer sich auf Wunsch von einem Ort zum Anderen zu teleportieren. Bei Auslösung eines Eingabeereignisses wird der Benutzer in der virtuellen Welt neu platziert. Beispielsweise kann sich der Benutzer, wenn er während der Navigation die Orientierung verloren hat, an eine definierte Ausgangsposition zurückversetzen.

Eine weitere Möglichkeit die Teleportation einzusetzen, ist dem Benutzer auf Wunsch eine Karte seiner virtuellen Umgebung anzuzeigen. Mit Hilfe eines dreidimensionalen Eingabegerätes kann er nun sein Ziel innerhalb dieser Karte identifizieren und wird anschließend an den gewünschten Ort teleportiert. Mit der Teleportation kann auch ein Kontextwechsel in der Anwendung verbunden sein.

2.2 Kamera in der Hand (Eyeball in Hand)

Voraussetzung für den Einsatz dieses Navigationsverfahrens ist das Vorhandensein eines Trackers (etwa der eines Datenhandschuhs). Es eignet sich für relativ kleine Gebiete, die komplett mit dem Tracker durchmessen werden können und in denen seine Positioniergenauigkeit ausreichend ist. Der Benutzer steuert mit Hilfe des Datenhandschuhs Position und Orientierung einer virtuellen Kamera, die jeder Bewegung und Rotation seiner Hand folgt [Ware90]. Dieser Navigationsmodus könnte, etwa menügesteuert aktiviert, dazu dienen, die Feinstruktur eines nahen Objektes zu erforschen. Das Verfahren Kamera in der Hand ist dem *Zeige & Fliege* (s.u.) in kleinen Gebieten durch seine größere Flexibilität bei der Positionierung der Kamera überlegen. Auch kann es das *Kopf-Tracking* ersetzen, wenn kein HMD vorhanden ist.

2.3 Szene in der Hand (Scene in Hand)

Diese Navigationstechnik weist Parallelen zum Greifen von Objekten in virtuellen Welten auf [Böhm92]. Hier wird jedoch kein einzelnes Objekt, sondern die ganze Szene ergriffen und verschoben bzw. rotiert [Ware90]. Diese Technik erlaubt sehr genaues navigieren, ist bei der Translation allerdings durch die Reichweite der Hand innerhalb des Szenenkoordinatensystems begrenzt.

2.4 Zeige & Fliege (Point & Fly)

Zeige & Fliege ist bei der Navigation in VR das z. Zt. meißtbenutzte Paradigma. Der mit einem Datenhandschuh ausgestattete Benutzer steuert ein virtuelles Vehikel (Fahr- oder Flugzeug) durch den ihn umgebenden Raum. Er gibt die Flugrichtung und Geschwindigkeit mit der Hand vor, die eine Zeigegeste vollführt. Die genaue Ausgestaltung dieser Technik differiert jedoch stark. So gewinnen Robinett und Holloway [Robi92] die Flugrichtung aus der *Position* der Hand relativ zum Kopf. Ist kein Kopf-Tracker vorhanden, wird die Benutzerpostion als stationär angenommen. Blanchard et. al. dagegen leitet die Flugrichtung aus der *Orientierung* der Hand ab [Blan90]. Die Fluggeschwindigkeit errechnen Robinett und Holloway aus der Entfernung der Hand vom Körper [Robi92], während Blanchard et. al. eine Art virtuellen Drücker einführt, der mit dem Daumen bedient wird [Blan90]. Die Geschwindigkeit wird durch die Krümmung des Daumens bestimmt. Natürlich lassen sich die genannten Methoden auch kombinieren: Etwa kann die Flugrichtung durch die Orientierung der zeigenden Hand, die Geschwindigkeit aber aus ihrer Entfernung zum Körper abgeleitet werden.

2.5 Kopf-Tracking

Voraussetzung ist hier das Vorhandensein eines HMDs oder eines Kopf-Trackers. *Kopf-Tracking* erlaubt dem Benutzer sich, auch während der Bewegung, in beliebige Richtungen umzuschauen. Es dient also primär zur Orientierung und nicht zur Fortbewegung. Das *Kopf-Tracking* stellt eigentlich keine selbständige Navigationstechnik dar, sondern ist mehr als Ergänzung zu den obigen Paradigmen zu verstehen, insbesondere zum *Zeige & Fliege*.

3. Navigationsmodell

Um die verschiedenen Navigationstechniken beschreiben zu können, wurde das folgende allgemeingültige Navigationsmodell entwickelt. Es bildet die reale Situation eines Benutzers, ausgestattet mit Datenhandschuh und Kopf-Tracker oder einem HMD, in eine virtuelle Welt ab. Allerdings ist es prinzipiell unabhängig von der verwendeten Peripherie, sodaß auch andere geeignete Interaktionsgeräte, wie der Spaceball, Verwendung finden können. Das Modell erlaubt die Abbildung von Navigationsparadigmen, wie *Zeige & Fliege*, *Kamera in der Hand* oder *Szene in der Hand*. Damit wird es möglich, innerhalb einer einzigen Applikation verschiedene Navigationstechniken alternativ anzubieten [Fröh92].

Zur Vereinfachung der Modellerläuterung wird vorausgesetztt, daß Hand- und Kopf-Tracker vorhanden sind, auch wenn deren Eingabedaten von anderen Geräten emuliert werden können.

3.1 Parameter für das Navigationsmodell

Als Parameter für das Navigationsmodell fallen zunächst Translations- und Rotationsdaten von Hand- und Kopf-Tracker an. Den Translationsvektor einer Größe s schreiben wir im Folgenden als v_s, die Rotationskomponente wird q_s geschrieben Wir gehen davon aus, daß die Daten für Hand-Tracker und Kopf-Tracker bereits in Szenenkoordinaten relativ zum Sender der Tracker-Hardware vorliegen.

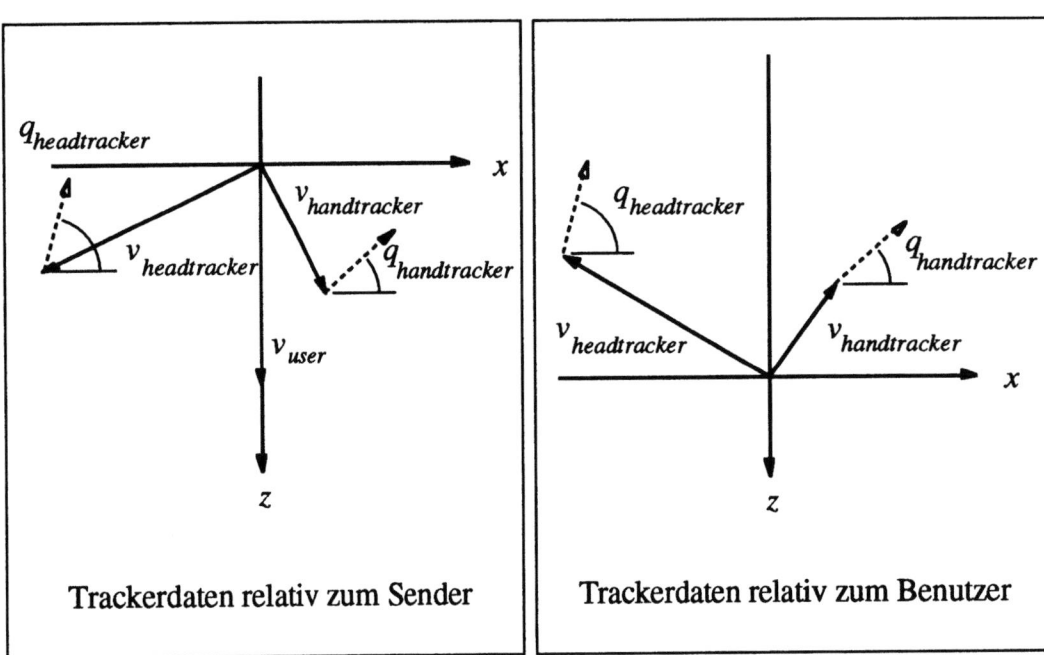

Abb. 1: Transformation der Trackerdaten

Im Navigationsmodell sind keine Annahmen über die Anordnung und Beschaffenheit der Interaktions-Hardware enthalten. Es erwartet alle Trackerdaten relativ zur physischen Position des Benutzers. Die Koordinatentransformation von Sender- zu benutzerrelativen Daten ist Aufgabe der Anwendung. Für den Benutzer muß dazu eine Ausgangsposition relativ zum Sender a priori angenommen werden. Diese Position wird durch den Translationsvektor v_{user} definiert. Die zur Benutzerposition relativen Trackerdaten werden gewonnen, indem von den Translationsvektoren der Tracker $v_{headtracker}$ und $v_{handtracker}$ der Vektor v_{user} subtrahiert wird. Abb. 1 veranschaulicht diese Transformation[1].

3.2 Modellgrößen

Wie in Abschnitt 2.4 beschrieben, bewegt der Benutzer sich in einem virtuellen Vehikel durch die 3D-Szene. Position und Orientierung dieses Vehikels beschreibt die Modellgröße *body*. Die Größe *body* definiert durch ihre Translations- und Rotationskomponente ein lokales Vehikel-Koordinatensystem (x', y', z'). Diesen Sachverhalt illustriert der linke Kasten in Abb. 2. Ist der Benutzer mit einem Kopf-Tracker ausgestattet, kann er von seinem Vehikel aus in verschiedene Richtungen blicken und durch Kopfbewegungen seinen Augpunkt relativ zum Vehikel variieren (*Kopf-Tracking*). Die zweite Modellgröße *head* definiert die Lage des Kopfes relativ zur Vehikelposition. Der Eingangsparameter *headtracker* liegt bereits in benutzerrelativen Koordinaten vor, und muß daher nicht trans-

---

[1] In den Abbildungen 1 bis 3 wurde die Y-Achse der Übersichtlichkeit wegen weggelassen. Man kann sie sich senkrecht aus dem Papier nach oben zeigend denken.

formiert werden; er wird unverändert in *head* übernommen. Die dritte Modellgröße, die Kameraposition und -richtung *camera*, wird folgendermaßen aus den Größen *body* und *head* berechnet:

$$v_{camera} = v_{head} + v_{body}$$

$$q_{camera} = q_{head} \cdot q_{body}$$

Bei Operation + handelt es sich um die Vektoraddition in $\mathbf{R}^3$. Die Operation · stellt eine Hintereinanderausführung (Komposition) von Rotationen dar. Der rechte Kasten von Abb. 2 illustriert den Zusammenhang der Modellgrößen.

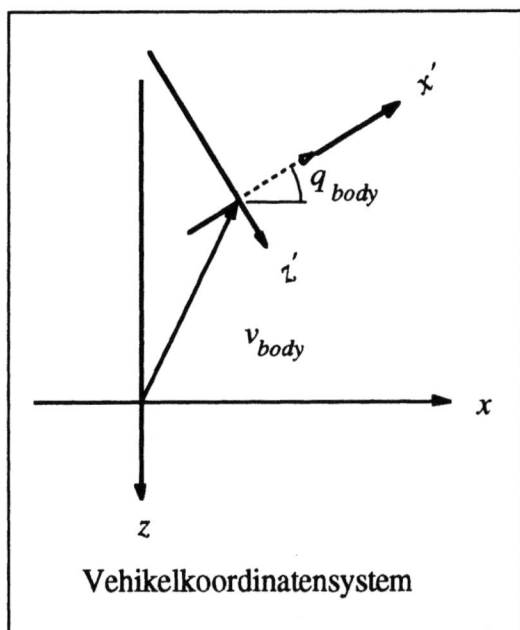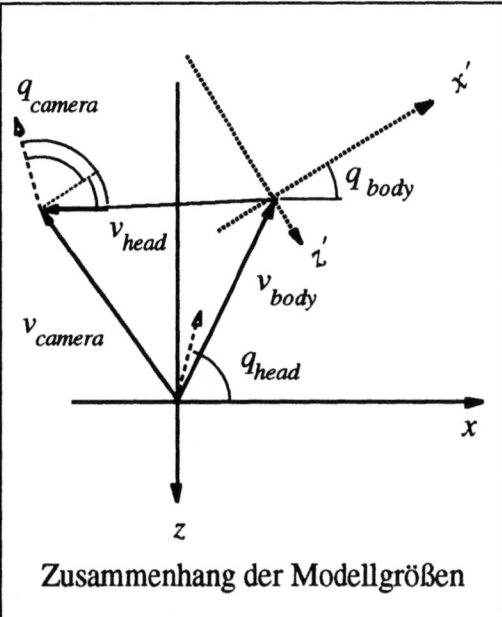

Abb. 2: **Vehikelkoordinatensystem und Modellgrößen**

3.3 Visualisierung von graphischen Objekten

Um graphische Objekte während der Navigation zu visualisieren, muß deren Position und Orientierung bekannt sein. Das Navigationsmodell unterscheidet nicht zwischen beweglichen Objekten (z.B. Cursoren wie das Handecho) und stationären Objekten (z.B. Menüs [Jaco92]). Es werden benutzerrelative Daten erwartet, die entsprechend der aktuellen Position und Orientierung des virtuellen Vehikels *body* in absolute Objektkoordinaten bzgl. der 3D-Szene transformiert werden.

Die dazu nötigen Berechnungen zeigt folgende Formel am Beispiel des graphischen Echos der Hand (siehe Abb. 3):

$$v_{head} = v_{handtracker} + v_{body}$$

$$q_{head} = q_{handtracker} \cdot q_{body}$$

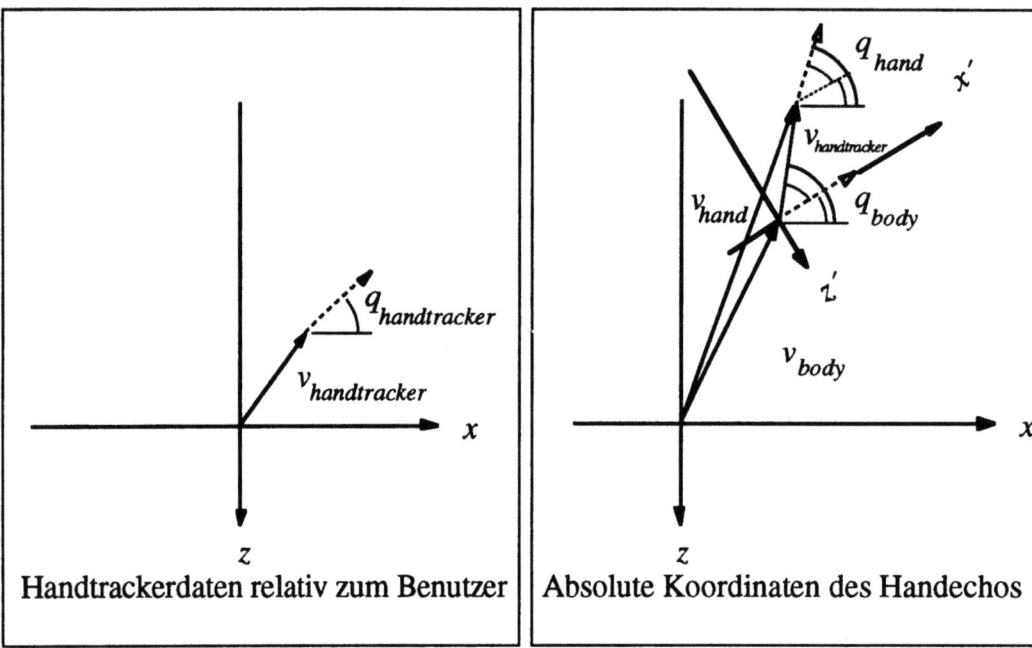

Abb. 3: Transformation von benutzerrelativen in absolute Objektkoordinaten

4. Navigations-Toolkit

Nachdem im letzten Abschnitt die Parameter und Größen eingeführt wurden, die den Modellzustand beschreiben, soll jetzt die Funktionalität des Navigations-Toolkit definiert werden. Das Navigations-Toolkit besteht aus Komponenten, die es erlauben

- die Position und Orientierung des virtuellen Vehikels innerhalb der präsentierten 3D-Szene zu verändern,
- Kopfbewegungen zu berücksichtigen (*Kopf-Tracking*),
- beliebige graphische Objekte (etwa das Handecho oder Menüs) relativ zur aktuellen Benutzerposition darzustellen,
- zwischen verschiedenen Navigationsmodi mit unterschiedlich vielen Freiheitsgraden für die Bewegung und die Blickrichtung zu wählen,
- und schließlich die Parameter für den Renderer zu berechnen [Asth92].

Durch Aufruf der einzelnen Funktionen aus einem Anwenderprogramm heraus, können die Navigationstechniken, die in Kapitel 2 diskutiert wurden, realisiert werden. Neben Funktionen zur Initialisierung des Toolkit und zur Kommunikation mit dem Rendering-System existieren Basisroutinen zur eigentlichen Navigation.

Mit der Funktion *Look* werden dem Toolkit Kopfbewegungen weitergeleitet. Dies sind üblicherweise Daten des am HMD montierten Kopf-Trackers. Hier sind auch andere Eingabegeräte, etwa der Spaceball denkbar, falls kein HMD zur Verfügung steht. Die Funktion *Move* bestimmt die Bewegung in der 3D-Szene. Parametrisierbar sind die Bewegungsrichtung und -geschwindigkeit. Bei der *Zeige & Fliege* Technik werden diese Parameter vom Datenhandschuh geliefert. Möglich wäre hier auch die Emulation durch einen Spaceball. Bewegungen des Vehikels können nach vorne oder nach hinten gerichtet sein.

Bei Navigation unter Auswertung aller Freiheitsgrade, also Translation und Rotation des virtuellen Vehikels um alle drei Raumachsen ist der Benutzer oft überfordert. Es wurden daher verschiedene Navigationsmodi eingeführt, die es erlauben diese Freiheitsgrade bei Bedarf einzuschränken.

Folgende Navigationsmodi sind implementiert, aufgelistet nach abnehmenden Freiheitsgrad:

a) Navigation mit allen Freiheitsgraden. Dies erlaubt unbeschränkte Translation und Rotation des virtuellen Vehikels. Insbesondere ist es dem Benutzer möglich, durch das Drehen seiner Hand um deren Längsachse, sein Vehikel ebenfalls um die Längsachse rotieren zu lassen. Diese Möglichkeit, das Vehikel aus der Horizontalen zu kippen, führt in der Praxis oft zur Desorientierung.
b) Keine Rotation um die Längsachse des Vehikels wegen o.g. Problematik. Alle Translation sind zulässig.
c) Der Benutzer kann sein Vehikel wie in b) rotieren aber nur in der Horizontalen bewegen. Dies entspricht etwa einem Vehikel, welches sich auf Rädern in fester Höhe über dem Fußboden bewegt.
d) Dieser Modus erlaubt ebenfalls nur Translationen in der horizontalen Ebene, schränkt aber zusätzlich die Rotationsmöglichkeiten auf Drehungen um die Senkrechte ein.

Die Visualisierung von graphischen Objekten, wie Cursoren und 3D-Menüs, wurde im Navigations-Toolkit ebenfalls berücksichtigt. I.A. wird dem Betrachter zumindest ein Handecho präsentiert, welches den Hand- und Fingerbewegungen der (behandschuhten) Hand folgt. Weiterhin wurde ein Richtungsstrahl implementiert, der beispielsweise während der Zeigegeste eingeblendet werden kann. Er erlaubt eine genaue Bestimmung der Zeigerichtung. Objekte (bspw. 3D-Menüs) können auch als ortsfest betrachtet werden. Ein solches Objekt behält, einmal aktiviert, immer die selbe Lage im Blickfeld des Betrachters bis es wieder deaktiviert wird. Realisiert wird dies mit der Funktion *View*, welche die vorliegende relative Lage und Orientierung des graphischen Objektes durch Verknüpfung mit der aktuellen Position und Richtung des Betrachtervehikels in absolute Werte verwandelt.

Zur Ansteuerung des Toolkit mit einem Datenhandschuh und zur Realisierung der *Zeige & Fliege* Technik wurde eine einfache Gestenerkennung implementiert. Sie wertet die Beugung der Fingergelenke aus und liefert eine Geste zurück.

Die folgenden Gesten werden z.Zt. unterstützt:
- Zeigen mit dem Zeigefinger,
- Zeigen mit Zeige- und Mittelfinger,
- geschlossene Faust,
- Faust mit ausgestrecktem Daumen,
- keine Geste (keine der obigen Gesten wurde erkannt).

5. Quaternionen

Ein großer Teil der Berechnungen, die das Navigations-Toolkit durchführt, hat Rotationen und Orientierungen zum Gegenstand. Orientierungen müssen gespeichert und Rotationen durchgeführt werden, oft mehrere hintereinander. Bekannte Beschreibungsformen für Rotationen und Orientierungen sind Eulerwinkel, Matrizen und Quaternionen.

Eulerwinkel sind zum Einsatz in der Navigation ungeeignet, da für sie keine Verfahren zur Hintereinanderausführung von Rotationen bekannt sind [Shoe85] Vergleicht man Matrizen mit Quaternionen, bieten Letztere folgende Vorteile:
- Quaternionen bestehen aus vier Komponenten, belegen also deutlich weniger Speicherplatz als Matrizen,
- die Multiplikation zweier Quaternionen ist weniger aufwendig als die zweier Matrizen,
- Berechnungen mit Quaternionen sind numerisch stabiler als mit Matrizen[2].

---

[2] Bei der Hintereinanderausführung von Matrixmultiplikationen entstehen durch Rundungsfehler Scherungsanteile und keine reinen Drehungen mehr. Diese Fehler müssen durch ständige Normierung ausgeschaltet werden, was zu einer weiteren Erhöhung des Rechenaufwandes führt.

Allerdings haben Quaternionen gegenüber Matrizen nicht nur Vorteile. So lassen sich durch Quaternionen keine Skalierungen, Scherungen oder Translationen darstellen. Im Falle des Navigations-Toolkit spielen Scherungen und Skalierungen jedoch keine Rolle. Für Translationen wird jedem Objekt zusätzlich ein Translationsvektor zugeordnet. Für die Anforderungen der Navigation ergeben sich somit die Quaternionen als geeignetste Repräsentationsform für Orientierungen und Rotationen. Eine ausführliche Darstellung der Mathematik der Quaternionen findet sich in [Shoe85,Shoe87] sowie [Seid90]. Der dort eingeführte Formalismus für die Interpolation zwischen Quaternionen wird im Folgenden um die Interpolation zwischen Orientierungen bzw. Rotationen erweitert.

5.1 Rotationen mit Quaternionen

Wie in [Seid90] und [Shoe85] dargelegt, können Quaternionen **H** als homogene Koordinaten für Rotationen interpretiert werden. Der vektorielle Imaginärteil eines Quaternions $q = (w, x, y, z)$, $\Im q = (x, y, z)$ definiert die Rotationsachse, während der skalare Realteil $\Re q = w$ den Rotationswinkel ω festlegt ($\omega = 2 \, \|q\| \arccos w$). Um die Berechnungen zu vereinfachen, verwenden wir im folgenden Quaternionen der Länge 1. Quaternionen der Länge 1 liegen auf der vierdimensionalen Einheitssphäre

$$\mathbf{S}^3 = \{ q \in \mathbf{H} \mid \|q\| = 1 \}$$

Wegen der Eigenschaft der Quaternionenmultiplikation *normtreu* zu sein also

$$\|q_1 \cdot q_2\| = \|q_1\| \cdot \|q_2\|$$

zu erfüllen, hat das Produkt zweier Einheitsquaternionen wieder die Länge 1.

Ein weiterer Vorteil von Einheitsquaternionen besteht darin, daß sich nun auch der Rotationswinkel sofort ablesen läßt. Einheitsquaternionen der Form

$$q = (\cos \tfrac{\omega}{2}, \sin \tfrac{\omega}{2} x, \sin \tfrac{\omega}{2} y, \sin \tfrac{\omega}{2} z)$$

beschreiben eine Drehung um die Achse *(x, y, z)* mit Winkel ω [Seid90].

Um nun einen Vektor $v \in \mathbf{R}^3$ durch ein Quaternion q zu rotieren, schreiben wir $q_v \stackrel{\text{def}}{=} (0, v)$ und definieren:

$$\text{Rot}(v, q) = q \cdot q_v \cdot q^{-1}$$

Das multiplikative Inverse eines Einheitsquaternions läßt sich sehr einfach berechnen. Für Einheitsquaternionen gilt: $q^{-1} = \bar{q}$ [Seid90] Die Hintereinanderausführung von Rotationen läßt sich, wie bei Matrizen, durch Multiplikation der entsprechenden Quaternionen realisieren.

5.2 Äquivalenz additiv inverser Quaternionen

Betrachten wir die beiden additiv inversen Quaternionen $q = (w, x, y, z)$ und $-q = (-w, -x, -y, -z)$ Wird ein beliebiger Vektor v alternativ um q oder $-q$ rotiert, stellen wir fest, daß beide Ergebnisse identisch sind. Es gilt also:

$$\forall \, v \in \mathbf{R}^3, \forall \, q \in \mathbf{H}: \text{Rot}(v, q) = \text{Rot}(v, -q)$$

Auf einen Beweis wird an dieser Stelle verzichtet, er ist aber mit den Multiplikationsgesetzen der Quaternionen leicht zu vollbringen. Eine anschauliche Erklärung dieser Eigenschaft der Quaternionen gibt Abb. 4.

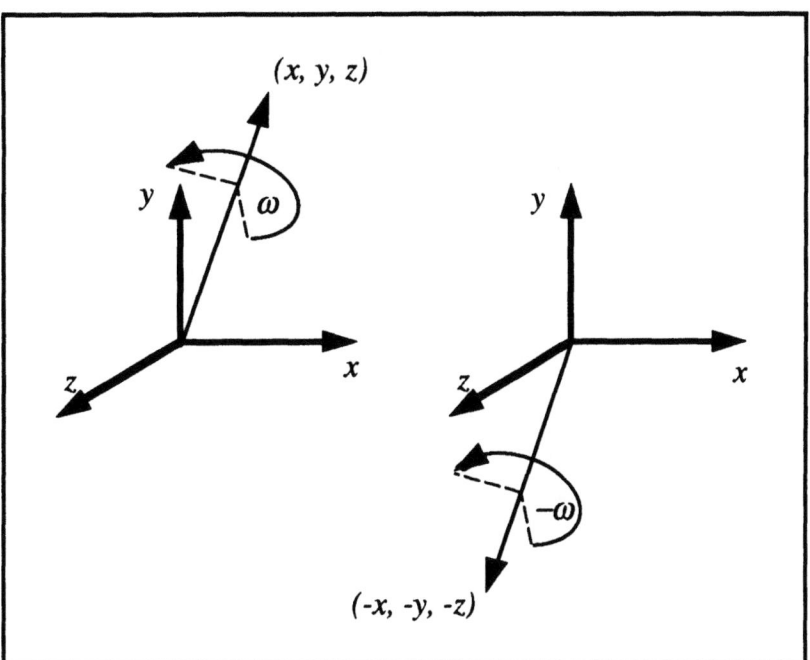

Abb.4: Äquivalenz additiv inverser Quaternionen

5.3 Orientierungen und Quaternionen

Um durch Quaternionen nicht nur Rotationen sondern auch Orientierungen beschreiben zu können, müssen wir ein Referenzkoordinatensystem einführen. Dazu definieren wir:

$$v_{Ref} = (0, 0, -1)$$
$$v_{Up} = (0, 1, 0)$$

Die Wahl des Referenzkoordinatensystems ist willkürlich. Die einzige Randbedingung ist, daß v_{Ref} und v_{Up} nicht linear abhängig sind. Ein dritter Vektor muß nicht angegeben werden. Er ergibt sich aus $v_{Ref} \times v_{Up}$. Die Orientierung eines geometrischen Körpers kann durch dessen Richtungsvektor v und seinen Up-Vektor u beschrieben werden. Diese bilden ein lokales Koordinatensystem für diesen Körper. Es existiert nun *genau eine* Rotation, repräsentiert durch ein Quaternion q, welches das Referenzkoordinatensystem in das lokale Koordinatensystem des Körpers rotiert.:

$$v = \text{Rot}\,(v_{Ref},\ q)$$
$$u = \text{Rot}\,(v_{Up},\ q)$$

Dieses Quaternion q beschreibt die Orientierung des Körpers eindeutig[3]

5.4 Sphärische lineare Interpolation

Ein Hauptvorteil von Quaternionen zur Darstellung von Orientierungen liegt in der Möglichkeit, mit geringem Aufwand zwischen zwei Quaternionen zu interpolieren. Bei der Navigation soll das virtuelle Vehikel in die Richtung rotiert werden, die die zeigende Hand vorgibt (siehe Abschnitt 4.). Das Vehikel soll aber nicht in einem Schritt die Orientierung

---

[3] Die Rotation kann als Automorphismus $\mathbf{R}^3 \times \mathbf{R}^3 \to \mathbf{R}^3 \times \mathbf{R}^3$ betrachtet werden, der die Menge der Koordinatensysteme eindeutig in sich selbst abbildet.

der Hand annehmen, sondern lediglich einen Bruchteil dieser Rotation ausführen, dessen Betrag durch einen Faktor t $(0 < t < 1)$ definiert wird. Dazu wird die sphärische lineare Interpolation (kurz: Slerp) verwendet. Es ergibt sich folgende Vorschrift

$$q_{bodynew} = \text{Slerp}\left(q_{body},\ q_{hand},\ t\right)$$

Shoemake leitet folgende Formel für die Funktion Slerp her [Shoe87]:

$$\text{Slerp}\left(p,\ q,\ t\right) = \frac{p\sin(1-t)\Omega + q\sin(t)\Omega}{\sin\Omega}$$
$$\text{mit }(p,\ q) = \cos\Omega \text{ und } \Omega = \angle(p,\ q)$$

Diese Formel dient als Grundlage für den in [Shoe87] angegebenen Algorithmus zur Interpolation zwischen zwei Quaternionen.

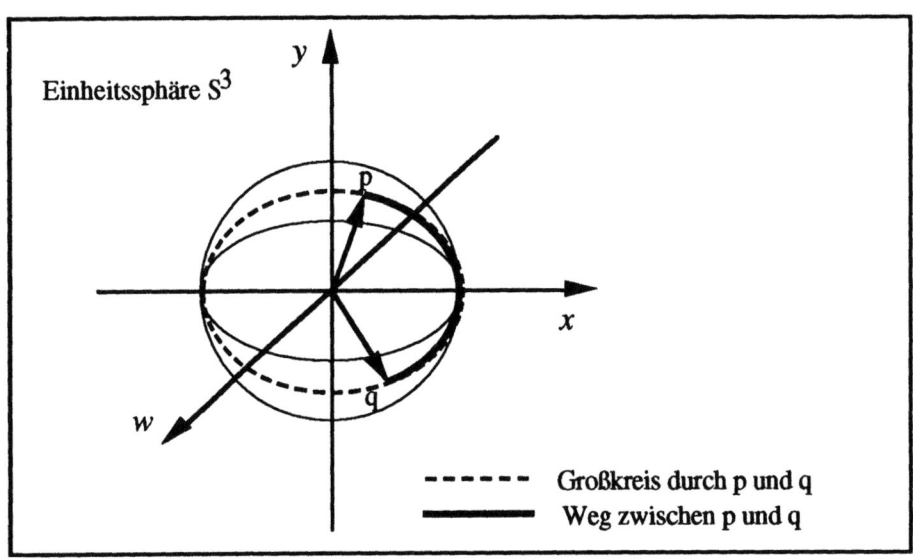

Abb.5: Die Hypersphäre S^3

Zwei Einheitsquaternionen definieren einen Großkreis auf der Hypersphäre S^3. Auf diesem Großkreis liegt ein Weg von p nach q mit der Bogenlänge Ω (siehe Abb. 5). Die genaue Lage des interpolierten Quaternions auf diesem Weg wird durch den Faktor t bestimmt. Betrachten wir zunächst den Spezialfall der Interpolation zwischen den additiv inversen Quaternionen q und $-q$:

$$r = \text{Slerp}\left(q,\ -q,\ t\right)$$

Der Raumwinkel Ω beträgt in diesem Falle 180°, der Nenner in obiger Gleichung wird 0. q und $-q$ liegen auf zwei entgegengesetzten Polen der Hypersphäre. Zwischen beiden Polen existieren unendlich viele Großkreise. Shoemake [Shoe87] wählt nun willkürlich einen dieser Großkreise und interpoliert darauf zwischen p und q. Dieses Verfahren ist für Rotationen nicht sinnvoll, da q und $-q$ tatsächlich dieselbe Rotation definieren, eine Interpolation also eigentlich nicht nötig wäre. Auch außerhalb des obigen Spezialfalls treten ähnliche Probleme auf. Da jede Rotation durch genau zwei (additiv inverse) Quaternionen repräsentiert wird (siehe Abschnitt 5.3), sind die Ergebnisse zwar für Quaternionen eindeutig, *nicht jedoch für Rotationen*. Um diese Uneindeutigkeit zu beseitigen, führen wir das folgende Verfahren ein.

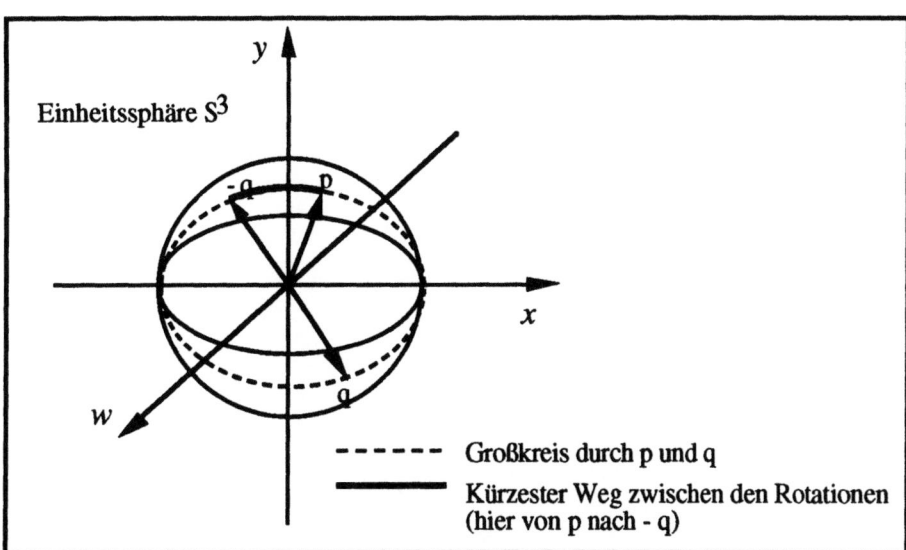

Abb. 6: Der kürzeste Weg zwischen zwei Rotationen

Vor der eigentlichen Interpolation zwischen p und q wird geprüft, ob der kürzeste Interpolationsweg (i.e. $|\Omega|$ minimal) zwischen p und q oder zwischen p und $-q$ verläuft (siehe Abb. 6). Dazu wird zunächst $cos\,\Omega = <p, q>$ berechnet. Falls $cos\,\Omega < 0 \Rightarrow |\Omega| > 90°$ gilt, ist Ω nicht minimal, und es wird $-q$, andernfalls q gewählt. Nun wird die Interpolation, wie in [Shoe87] dargestellt durchgeführt. Der oben genannte Spezialfall kann dann ebenfalls nicht mehr auftreten.

6. Praktischer Einsatz des Navigations-Toolkit

Die praktische Einsatzfähigkeit des Navigations-Toolkit wurde durch dessen Einbindung in Anwendungen der VR am IGD gezeigt. Die primär benutzten Interaktionsgeräte (siehe Abb. 7) sind hierbei ein Datenhandschuh (DataGlove von VPL), ein elektromagnetisches Trackingsystem (FASTRACK von Polhemus) und ein HMD (FlightHelmet von Virtual Research). Als Graphikrechner kommen 380/VGX und RealityEngine von Silicon Graphics zum Einsatz.

Abb. 8 zeigt ein einfaches Szenario, in dem alle Freiheitsgrade der Navigation (Rotation um alle drei Raumachsen und Translation in alle Richtungen) unterstützt sind. Zur Navigationsunterstützung, kann mittels Toolkit-Komponenten ein Richtungsstrahl ein- bzw. ausgeschaltet werden. Weiterhin übernimmt das Toolkit die korrekte Platzierung von navigationsbezogenen graphischen Objekten (wie z.B. Handmodell, Richtungsstrahl oder 3D-Menü) innerhalb der virtuellen Welt.

Eine Anwendung, die mit dem von IGD und CAD&Art entwickeltem System Virtual Design realisiert wurde, zeigt Abb. 9. Hier navigiert der Anwender auf einer festen Augenhöhe (z.B. 1,50m über dem Boden), die er nicht verlassen kann und Rotationen sind nur nach links/rechts bzw. oben/unten erlaubt. Auf diese Weise kann die Begehung eines Raumes realistisch simuliert werden - der "Besucher" wandert durch den Raum und kann seinen Kopf dabei drehen.

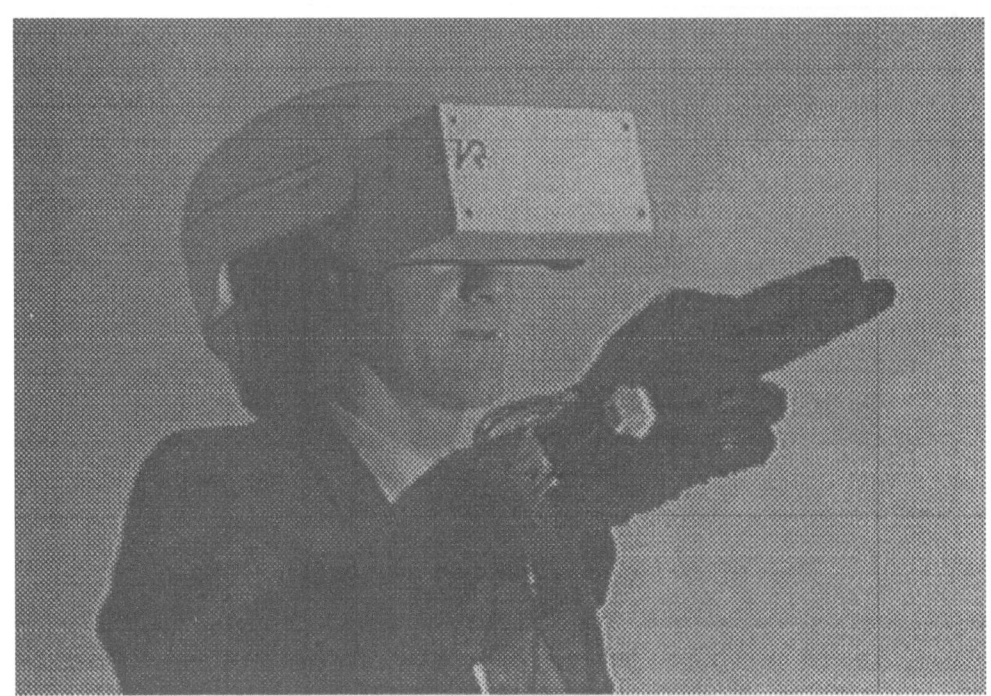

Abb. 7: Interaktionsgeräte (Datenhandschuh und HMD)

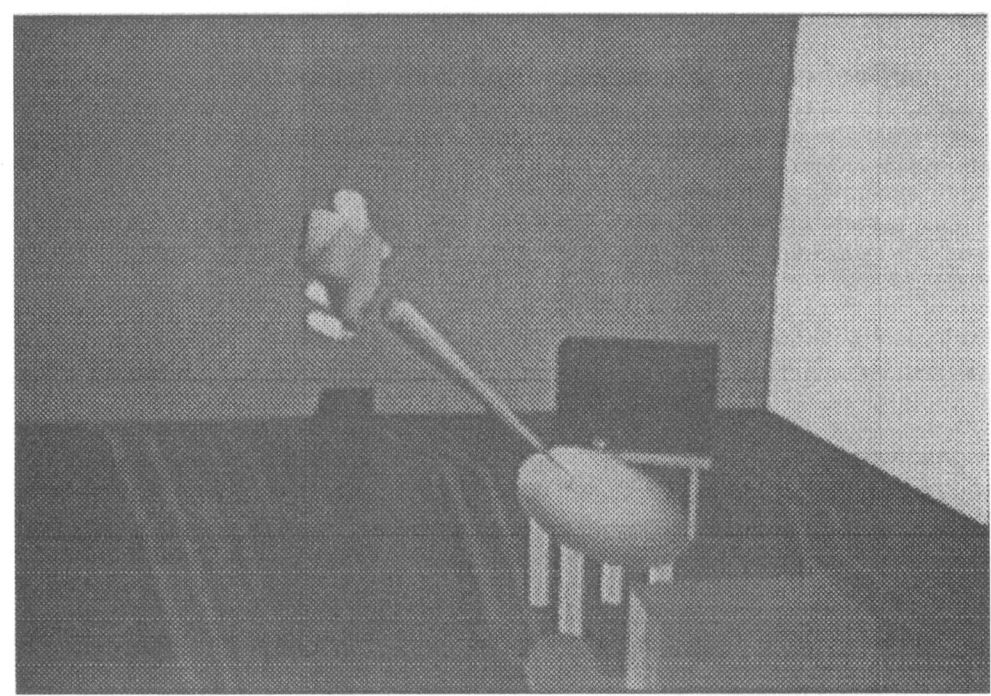

Abb. 8: Uneingeschränkte Navigation mit Richtungsstrahl

Abb. 9: Raumbegehung mit Virtual Design

7. Zusammenfassung und Ausblick

Neuartige Interaktionsgeräte erlauben durch ihre multidimensionale Datenerfassung (bspw. die Verfolgung von Hand-und Kopfbewegungen, sowie die Gesteneingabe) die intuitive Steuerung graphisch-interaktiver Systeme [Felg92]. Besondere Aufmerksamkeit wurde in diesem Beitrag der Interaktionstechnik Navigation gewidmet. Es wurde ein Modell entwickelt, welches verschiedene Navigationstechniken integriert und welches die Grundlage für das entwickelte Navigations-Toolkit bildet. Dieses bietet die Möglichkeit in einfacher Weise Applikationen zu realisieren, die es dem Benutzer erlauben, durch dreidimensionale Szenen zu navigieren. Weiterhin bietet es Schnittstellen für die Integration von beliebigen graphischen Objekten (z.B. Cursoren, 3D-Menüs Richtungsstrahl).

Um Unabhängigkeit von der verwendeten Hardware und bestimmten Datenformaten zu gewährleisten, wurden Schnittstellen und Datentypen so gewählt, daß sowohl Matrizen als auch Eulerwinkel und Quaternionen verarbeitet werden können. Die internen Berechnungen des Toolkit basieren auf Quaternionen, einer Darstellungsform für Orientierungen und Rotationen. Die in der Literatur gefundenen Algorithmen zur Interpolation zwischen Quaternionen wurden so erweitert, daß sie sich auch zur Interpolation zwischen Orientierungen eigenen. Das Navigations-Toolkit wurde mit ersten Anwendungen evaluiert.

Der kommerzielle Einsatz von Interaktionsgeräten der Virtuellen Realität steht noch an seinem Anfang. Gründe hierfür sind technische Mängel der ersten Gerätegeneration, wie Ungenauigkeit der Eingabegeräte und geringe Auflösung der HMDs, sowie deren relativ hoher Preis. In Forschungs- und Entwicklungslabors wird aber schon an einer neuen Gerätegeneration gearbeitet und der rasante technische Fortschritt wird deren Verbreitung positiv beeinflussen. Als Folge werden neuartige Interaktionstechniken an Bedeutung gewinnen. Die intuitive Steuerung eines graphischen Systems durch Gesten, Körperbewegungen und Sprache sowie die stereoskopische Darstellung realistisch dargestellter graphischer Objekte lassen die Trennlinie zwischen Mensch und Maschine verschwimmen. Die Graphikanwendung wird zur virtuellen Welt des Benutzers.

Danksagung

Teile der Arbeiten über die dieser Beitrag berichtet, wurden vom Bundesministerium für Forschung und Technologie (BMFT) gefördert (ITR 9001/1, VIS-A-VIS).

Literatur

[Asth92]   Astheimer, P.; Encarnaçao, J.L.; Felger, W.; Frühauf, M.; Göbel, M.; Karlsson K.: "Interactive Modeling in High Performance Scientific Visualization", Computers in Industry, 1992, North-Holland

[Blan90]   Blanchard C. et. al.: "Reality Build For Two: A Virtual Reality Tool", ACM Computer Graphics, Vol 24, No. 2, S. 35-36, 1990

[Böhm92]   Böhm, K.; Hübner, W.; Väänänen, K.: "GIVEN: Gesture Driven Interactions in Virtual Environments - A Toolkit Approach to 3D Interactions", Proc. of Interface to Real & Virtual Worlds, Montpellier, France, 1992

[Carr90]   Carrabine, L.: "Plugging into the Computer to Sense", Computer-Aided Engineering, June 1990, pp. 16-26

[Felg92]   Felger, W.: "How interactive visualization can benefit from multi-dimensional input devices", Alexander, J.R. (Ed.): Visual Data Interpretation, Proc. SPIE 1668, (1992)

[Fole90]   Foley, J.D.; van Dam, A.; Feiner, S.K.; Hughes, J.F.: "Computer Graphics: Principles and Practice", 2nd ed., Addison-Wesley, 1990

[Fish86]   Fisher, S.S.; McGreevy, M.; Humphries, J.; Robinett, W.: "Virtual Environment Display System", Proc. of ACM 1986 Workshop on Interactive 3D Graphics, 1986, pp. 77-87

[Fröh92]   Fröhlich, F: "Interaktion in stereoskopischen Bildern", Studienarbeit, Technische Hochschule Darmstadt, Fachbereich Informatik,Fachgebiet Graphisch-Interaktive Systeme, 1992

[Jaco92]   Jacoby, R. H.; Ellis, S. R.: "Using virtual menus in a virtual environment", NASA Ames Research Center m/s 262-6, Moffet Field CA. 94035, ACM Computer Graphics, Siggraph'92, Course Notes No. 9, 1992

[Robi92]   Robinett, W.; Holloway, R.: "Implementation of Flying, Scaling and Grabbing" in Virtual Worlds Department of Computer Science, University of North Carolina, Chapel Hill, NC 27599-3175, ACM Computer Graphics, Siggraph'92, Course Notes No. 9, 1992

[Seid90]   Seidel, H. P.: "Quaternionen in der Graphischen Datenverarbeitung", Computergraphics Laboratory, Department of Computer Science University of Waterloo, Waterloo Ontario, N2L 3G1, Canada.

[Shoe85]   Shoemake, K.: "Animating Rotation with Quaternion Curves", ACM Computer Graphics, Siggraph'85 Proceedings 1985, S. 245-254.

[Shoe87]   Shoemake, K.: "Quaternion Calculus and Fast Animation" (internal report) 1987.

[Ware90]   Ware, C; Osborne, S.: "Exploration and Virtual Camera Control in Virtual Three Dimensional Environments", ACM Computer Graphics, Vol 24, No. 2, March 1990, S 175-183

[Zimm87]   Zimmermann, T.G.; Lanier, J.; Blanchard, C.; Bryson, S.; Harvill, Y.: "A Hand Gesture Interface Device", Proc. of CHI + GI 1987, 1987, pp. 189-192

Luc Sala: Virtual Reality:
Uncreating reality rather than recreating

More pixels, more speed, more realistic rendering will make VR better looking, but will not open the wide horizons available once we can enter other realities, cross the boundaries of our 'earthly' environments and enter into the 'New Continent', Cyberspace. We have to look for methods and systems to take ordinary reality apart and find out which components, forms, sounds, symbols are more 'psycho-active' and learn to use those in new and innovative applications. The sky is no longer the limit, neither are the familiar 3 dimensions, we can play with new and exciting mathematical concepts, creating applications that go beyond what we have even seen. Imagination is more necessary than technical skills, and therefore the role of art in this is essential. The artist can open new realms as the pioneers of the Cyberspace, where the commercial people can then follow and build their applications, tools and systems.

Virtual Reality is a fascinating subject, but at this moment in time it is very important to make clear to those involved in the development that:
- they have to unlearn rather than learn
- they have to uncreate rather than recreate

The conference speech wil have a short introduction into other aspects of VR, like mass-education with interactive VR tools, psychotherapeutic applications, brain-specific frequencies in light and sound in VR environment and the impact of Telepresence. Then there will be a more interactive discussion about a number of statements concerning the role of VR.

Ir. Luc Sala (1949) holds degrees from Technical University Delft and Erasmus University Rotterdam. He is editor-in-chief of a number of high-tech (compueter magazines) and the new-edge magazine of EGO 2000 in the Netherlands. He has written about 7 books on new media, computers, programming and more specifically a book about Virtual reality together with John Barlow. Mr. Sala is a succesfull entrepreneur and manages a number of companies in Amsterdam. Nl.

Digital aforisms

When we try to find God in the computer, he might turn out to be non-digital.

The Cheshire Cat remarked, Alice, why did you bring a laptop, don't you know we use inverted EBSDIC in Wonderland!

In our day and age, when St. Francis would have preached to the birds, instead he would have adressed the soul of the computer-networks directly.

The office of the future is the church of yesteryear

Computer hackers and mediaeval witches differ only in that they use a different counting algorithm, binary versus thirteen. Both fly, hold secret meetings and enjoy running in circles.

Imagine a world, where computers take the place of humans, and humans that of computers, like in Gullivers travels. Would there really be so much difference?

A man-machine interface that emulates man foregoes the lessons we have learned from robotics and modern art.

Jerry Pournell once said: "Using Icons and a mouse degrades the language to the level of the stone age, where a few petroglyphs constituted advanced communications".

A hacker and his computer are like a dog and his master, they grow more and more alike.

© L.Sala '92

Luc Sala 1992

The Silicon Br/otherhood

We acknowledge the Silicon Path

The computer and information technology, with the word Silicon as its main symbol, is one of the identifiers of the 20th century. This has challenged some to explore its possibilities beyond the mere superficial, utilitarian aspects of it. In arts, media, psychology, artificial intelligence, consciousness projects, religion and creative crime new applications are discovered and new interactions mapped. As has happened in history with mathematics, the quabala, martial arts, building technology etc. such powerful awareness is first applied to the relatively mundane fields of economics, warfare and the suppression of people before one acknowledges and then explores the transcendental possibilities.

All through the ages people have concentrated on parts of the reality to gain access to the greater or even ultimate reality in themselves and the perennial wisdom of our species and the earth, the Silicon Mother Goddess.

The computer offers us new, and at the same time, age-old, possibilities of concentration and expansion, of communication and isolation, ego-discovery and letting go, that are largely untapped. Those who are now so deeply involved in the computer are, even unconsciously, part of a new tradition, the Silicon Path.

Now we, the initiators, explorers, guardians and even exploiters of the Silicon awareness revolution are concerned about its uses and abuses, and above all, acknowledge its potential for growing awareness and human transcedence. We owe today's hackers and whiz- kids, and ourselves, the opportunity to follow the Silicon Path, becoming the magi(cians) and mystics of our times. If the computer is nothing but another way to get in touch with the ultimate reality (and what else could it be), it needs some 'small' br/others to safeguard that path.

Hilversum, The Netherlands, August 1989

Some statements about the interaction of mind and computer

The mind and the computer have more interaction than most users or even developers are willing to see or to admit. Psychology has barely touched the subject, the philosophy about it seems to come from the hackers rather than form the established scholars.

The computer is becoming the definite extension of mind in the M. McLuhan sense, but if we believe that mind and body are integrated, we might find many more illnesses and cures from and with the computer than expected.

There is little news in an overflow of information in society. In the pasts civilisation(s) have usually found solutions to that by condensing information into myths and fairy-tales, social organisations and behaviour patterns, and religion.

Most of the so called productivity-software has the chracteristics of a frightening straightjacket, limiting instead of enhancing creativity and serving the (formal) organisation rather than the individual needs.

The spreadsheet (and many other business osftware) is a form of self-hypnosis

Jerry Pournelle: 'The spreadsheet is a ritual'

The subliminal, the sub- en unconscious content of software is mostly invisible and goes undetected or unsuspected, even unintended, which means there a grave dangers. Manipulation is distictly possible, and probably fairly easy to do (e.g. Navigator).

Software is specially made and adapted for the company characteristics and specifics, but we see very little adaptation to cope with the differences between individual users and their psychological and fysiological needs. (The mouse/keyboard choice is about the maximum in this respect).

The computer interface is limited to a few energy-vortexes (chakra's) in our body, those in the head.

The man-machine interface is not inherently limited and could involve all chacra's. Dildonics for one is totally ignored, so is the ESP interaction with computers, or the effects of hallucinogen on programming and computer usage.

Programming is, officially, totally based upon the mechanistic, Western rationality, the cause and effect approach and philosophy. Esthetics, religion, intuition, spirituality, are no doubt part of it, but only as an underground, invisible influence on the individual developers.

The computer-mystic will be a major phenomenon of the Third Millenium, todays hackers are the forerunners, seeking a new path to spiritual liberation.

It might be, that the total scientific and rationalistic modern science will ultimately prove to be a gateway to a higher level of consciousness, a new way to the Ultimate Reality we sometimes call God.

The ideal and ultimate 'hacker' will communicate directly with the machine or the networks, not disturbed through mundane interfaces.

If we assume negative effects of computer interaction, there are bound to be positive influences, to be mobilized to neutralize the negative and therapeutically help users to become healthier, more integrated people.

The 'hacker' could be idealized as a modern interpretation of the archetypical revolutionary, but also as a frustrated 'player of life'. In a psychological sense, both approached are defendable and realistically explicable.

In the same way a computervirus can have a signalling function for societal impact of informatics, there could be deliberately negative, criminal, or even fascist programs for the purpose of warning the world for the impact on the pscyche.

L.S.

by Luc Sala PB 43048 Amsterdam Holland fax. (31)-20-6253280, tel. 31-20-6273198 OR HOME 035-213325

Luc Sala 1992

VIRUSI
Virtual User Interface - Iconorientierte Benutzerschnittstelle für VR-Applikationen

Oliver Riedel, Günter Herrmann

Fraunhofer Institut für Arbeitswirtschaft und Organisation (FhG-IAO)
Nobelstraße 12, 7000 Stuttgart 80
email: o_riedel@iao.fhg.de

Abstract

They are here, the Virtual Realities. Recently industrial applications come up to the market which are no longer a toy but a real tool. But what is about the ergonomic software interface to the human. A normal cybernaut is used to handle many gestures to interact with the new worlds. But to get familiar with complex virtual worlds like an office layout program a lot of time is needed for using the world firm and time-efficient. Similar to the well known two-dimensional GUI's this paper will discuss a three-dimensional user interface to virtual worlds without using many different gestures. The paper will show by an example developed at the Fraunhofer Institute for Industrial Engineering how those mixed GUI's (iconoriented and gesturedriven) will work and how the user can benefit from this version of userinterfaces.

1 Einführung

Den Einsatzmöglichkeiten der Virtuellen Realität sind bisher scheinbar noch keine Grenzen aufgezeigt, die Akzeptanz der Anwendungen bei der breiten Masse der Benutzer wird jedoch zu einem großen Teil von der Bedienungsfreundlichkeit der Applikationen abhängen. Die meisten der bisher erstellten Anwendungen setzen für die Steuerung durch den Benutzer eine Gestensprache ein, die je nach Komplexizität des Funktionsumfangs mehr oder minder aufwendig ist. Da sich Virtuelle Realität nicht nur als Visualisierung dreidimensionaler Datenmengen versteht, sondern auch als Interaktionsmedium in diesen Datenräumen, muß bei der Entwicklung der Benutzerschnittstelle oder Benutzeroberfläche besonders sorgfältig vorgegangen werden.

Diese Sorgfalt erstreckt sich zum einen auf die Auswahl nahezu "intuitiv" bedienbarer Gesten für Aktionen, die sich an die Realität anlehnen, als auch auf die Präsentation eines Feedbacks bzw. Echos für den Benutzer als Bestätigung seiner Aktionen. Einige Programme kennen verschiedene Zustände während der Benutzung, die jeweils über verschiedene Umfänge in der Funktionalität verfügen. Oft ist hier der Cybernaut durch eine Vielzahl verschiedener Gesten überlastet und wie in vielen anderen "zweidimensionalen" Programmen beschränkt er sich bei der Bedienung des Programms auf einige wesentliche Gesten und nutzt so nicht die ganze Funktionalität des Programms.

Ein Lösungsansatz, wie die Bedienung in solchen komplexen virtuellen Welten verbessert werden kann, soll dieses Paper aufzeigen. Ähnlich den zweidimensionalen, graphischen Benutzeroberflächen sollen Möglichkeiten gezeigt werden, Bildsymbole (sogenannte Icons) zur Vereinfachung der Bedienung zu nutzen. Es wird gezeigt, daß es durch eine sinnvolle Kombination von Icons und Gesten möglich ist, sowohl die Einarbeitungszeit als auch die Bedienung effizient und schnell zu gestalten. Als Beispiel für diese "gemischte" Benutzeroberfläche soll das am Fraunhofer-Institut für Arbeitswirtschaft und Organisation (IAO) in Stuttgart entwickelte Programm VILAGE (Virtueller Layout Gestalter, ein Programm zur Planung und Gestaltung von beliebigen Räumen) dienen.

2 Beschreibung der Testumgebung

Als Testumgebung wurde eine Anwendung gewählt, die im Rahmen eines Industrieprojekts für ein Unternehmen aus der Möbelbranche entwickelt wurde. Hierdurch war gewährleistet, daß die Experimente mit einer Vielzahl verschiedener Personen, auch solcher ohne VR-Erfahrung, durchgeführt werden konnten. Die Applikation VILAGE ist mit Hilfe und für folgende Hard- und Software entwickelt worden:

- VPL DataGlove und EyePhone,
- VPL BodyElectric mit institutseigenen Erweiterungen[1] der Betriebssystemsoftware,
- Isaac Renderingsoftware mit speziellen Anpassungen für den SiliconGraphics SkyWriter zur Verbesserung der Framerate.

---

[1] Diese Erweiterung wurde mit Hilfe der Patches vorgenommen, die ab Version 3.5 des Programmes BodyElectric von VPL möglich sind. Die Patches selbst sind in C++ der stellt und werden durch den sogenannten Resource-Editor des Macintosh eingebunden.

Der virtuelle Layoutgestalter verfügt neben der Grundfunktionalität (Walkthrough, freie Skalierbarkeit des Cybernauten, etc.), die jeder am Institut entwickelten Applikation gemeinsam ist, unter anderem über folgende Eigenschaften:

- Auswahl beliebig vieler Möbelelemente aus einem Lager mit direktem "Transport" der Elemente in den zu gestaltenden Raum. Die Möbel werden dort bereits in einer sinnvollen Standardanordnung bereitgestellt. Der Import der Möbel in das Lager kann über eine Schnittstelle stattfinden, die Daten direkt aus CAD-Datenbanken der Möbelindustrie übernimmt.
- Freie Plazierung der Elemente bezüglich aller typischen Freiheitsgrade des jeweiligen Objekts, z.B. kann ein Tisch frei in X- und Y-Richtung in den Grenzen des Raums, jedoch nicht in Z-Richtung bewegt werden; die Rotation des Objektes "Tisch" ist nur um die Z-Achse zulässig.
- Jedes Objekt ist mit seiner realen, geplanten oder gewünschten Funktionalität belegt. Für einen in der Realität höhenverstellbaren Tisch bedeutet dies, daß dieser Tisch auch in der virtuellen Welt höhenverstellt werden kann.
- Für jedes Objekt (Möbel, Wände, etc.) kann die Farbgebung geändert werden. Dies kann sowohl über Standardfarben (z.B. die lieferbaren Farbkombinationen eines speziellen Möbelprogramms) als auch über ein sogenanntes Freifarbenwerkzeug durchgeführt werden. Dieses Freifarbenwerkzeug stellt dem Benutzer die gesamte auf dem Grafikrechner vorhandene Farbpalette (derzeit ca. 16,7 Mio. Farbwerte) zur Verfügung.
- Die Grundmaße des Raumes können beliebig verändert werden, um den individuellen Bedürfnissen der Planung eines Benutzers zu entsprechen. Das Programm verfügt über eine gewisse "Eigenintelligenz", die das Überschneiden von Fenstern und Türen mit Wänden verhindert, d.h. das Programm baut selbständig Fenster bzw. Türen ein und aus.
- etc.

Von dem Programm wurden für die Durchführung der Experimente zwei Versionen angefertigt:

1) Eine Version mit reiner Gestensteuerung, d.h. einer "klassischen" Benutzeroberfläche für virtuelle Welten. Hierbei fallen eine Vielzahl von Gesten an, um das Programm zu steuern. Eine Auswahl dieser Gesten ist in Abb. 1 zu sehen. Die Bedeutung der dort abgebildeten Gesten ist (von links oben nach rechts unten):

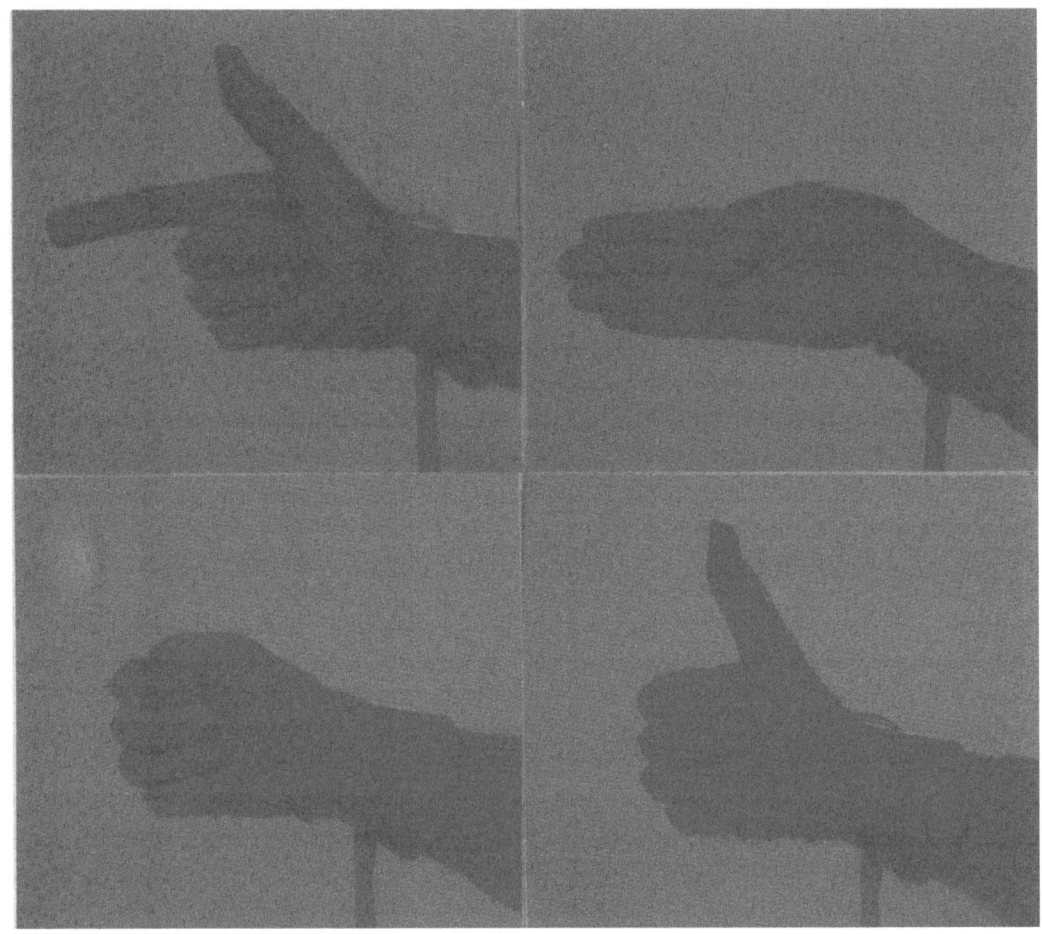

Abb. 1 Auswahl einiger Gesten

- Bedeutung je nach Funktionsebene der Welt: Fahr-, Objektauswahl und Objektverschiebegeste; statischer Anteil: Zeigefinger ausgestreckt, Mittel-, Ring- und Kleinfinger alle Gelenke voll abgewinkelt. Dynamischer Anteil: Abwinkelung des Daumens zur Erhöhung der Geschwindigkeit und zur Objektauswahl.
- Drehgeste; statischer Anteil: alle Finger ausgestreckt, Daumen in Handinnenfläche abgewinkelt. Dynamischer Anteil: Koppelung der Rotation der Hand um die Unterarmachse direkt an die Rotation des Objekts.
- Umschaltgeste zwischen Walk-through und Objektauswahl; nur statischer Anteil: Faust mit innenliegendem Daumen.
- Freifarbenwerkzeug; nur statischer Anteil: Faust mit nach oben zeigendem Daumen.

Abb. 2 Auswahl einiger Icons

2) Eine Version mit gemischter Steuerung, d.h. es werden sowohl Gesten als auch Icons eingesetzt. Als Geste wird z.B. die Walk-through-Geste verwendet. Die Icons sind immer rund um den Körper des Cybernauten an einem "virtuellen Werkzeuggürtel" befestigt. Der Aufbau der Icons ist immer dreidimensional, sie besitzen also eine räumliche Tiefe. Es werden jeweils nur die Icons angezeigt, die in der jeweiligen Situation verwendet werden können. Die Aktivierung der Icons geschieht durch eine Kollisionsüberprüfung der Hand mit dem umhüllenden Quaders des jeweiligen Icons. Bei mehrmaliger Bedienung des Icons wird die zugehörige Funktion je nach Art des Icons aktiv oder inaktiv geschaltet. Aktivierte Icons werden mit einem roten Feld unterlegt, so daß der Benutzer ein visuelles Feedback für seine Aktionen erhält. In Abb. 2 ist eine Auswahl der verwendeten Icons zu sehen. Von oben links nach unten rechts sind die Bedeutungen der Icons:

- Rotations-Icon: Gibt die Roationsachse(n) eines Objektes frei. Die eigentliche Rotation erfolgt über eine Geste.
- Quittierungs-Icon: Dient zur Beendigung des momentanen Zustands oder der aktiven Funktion. Springt automatisch in eine höhere Auswahlebene.
- Paletten-Icon: Aktivierung des Freifarbenwerkzeuges. Die Auswahl der Farbe wird mit Hilfe eines weiteren, diesem Icon nachfolgendem dynamischen Icon durchgeführt.
- Freifarbenwerkzeug-Icon: Veränderung der Farbe in Rot-, Grün- und Blauwerten nach dem RGB-Farbmodell durch Taster für die Erhöhung bzw. die Verminderung des Farbwerts. Die Farbe wird sowohl auf einer Referenzfläche als auch durch drei "Schieber", getrennt als Rot-, Grün- und Blauwert, angezeigt.

Aus der Beschreibung der Icons ist zu erkennen, daß es drei verschiedene Arten von Icons gibt:

- Icons, die direkt eine Aktion auslösen ohne eine weitere Geste oder ein weiteres Icon nach sich zu ziehen. Diese Icons sollen Funktions-Icons, oder abgekürzt F-Icons genannt werden.
- Icons, die zur Freischaltung bestimmter Gesten dienen, sollen Gesten-Icons oder G-Icons genannt werden.
- Icons, die ein weiteres Icon nach sich ziehen werden im folgenden als Icon-Icons - kurz I-Icons - bezeichnet.

Die mit den beiden Versionen durchgeführten Experimente sollten Aufschluß darüber geben, wie sich die Verwendung einer reinen Gesten- und einer gemischten Icon/Gesten-Steuerung auf verschiedene Kriterien wie Einarbeitungszeit, Bearbeitungszeit und Genauigkeit auswirkt.

3 Experimente und deren Ergebnisse

3.1 Durchführung

Die Experimente wurden mit einer Probandenzahl von je 50 Personen pro Programmversion durchgeführt. Alle Personen verfügten über die eine oder andere Erfahrung im Bereich der Raumplanung. Teilweise bezog sich diese Erfahrung auf klassische Planungsmedien, wie Papiergrundrißskizzen und Papiermöbel oder auf CAD-gestützte Verfahren, wie z.B. Erweiterungen des weit verbreiteten ACAD-Systems. Keiner der Probanden hatte bis zu diesem Test große Erfahrung mit der Bedienung von VR-Systemen gesammelt. Die Versuche wurden sowohl im institutseigenen VR-Labor, als auch auf verschiedenen Messen und anderen öffentlichen Veranstaltungen durchgeführt.

Die Durchführung des Experiments wurde in vier Abschnitte aufgeteilt:

1) Vorstellung des Programms VILAGE, um dem Probanden die Zielsetzung der Anwendung zu erläutern.
2) Befragung der Testpersonen bezüglich der Bedeutung und Aussagekraft der in dem Programm VILAGE verwendeten verschiedenen Gesten bzw. Icons. Es wurde die Aussagekraft der Gesten bzw. Icons von dem Versuchsleiter aufgrund der Aussagen der Probanden beurteilt.
3) Tiefere Einarbeitung der Testperson in die Gesten- bzw. Iconversion mit Hilfestellungen durch den Versuchsleiter. Messung der Einarbeitungszeit, bis zu dem Zeitpunkt, ab dem sich der Benutzer sicher in der Bedienung fühlte.
4) Dreimaliges Durchführen einer gestellten Aufgabe: Einen Schreibtisch aus dem Möbellager in den zu planenden Raum transportieren; anschließende Plazierung des Möbels an der rechten Ecke der Fensterwand mit maximaler Genauigkeit. Der Ablaufplan der Aufgaben ist in Abb. 3 zu sehen. Die bewerteten Kriterien waren:

    - Bearbeitungszeit für die Aufgabe,
    - Positioniergenauigkeit des Möbels,
    - Anzahl der benötigten Aktionen.

3.2 Ergebnisse

3.2.1 Aussagekraft der Gesten bzw. Icons

Ein wesentliches Kriterium für den Einsatz der Icons in Benutzeroberflächen ist die Aussagekraft (Ak) der verwendeten Bilder. "Ein Bild sagt mehr als tausend Worte" gilt besonders in diesem Fall, in dem die Beschreibung eines komplexen Vorgangs auf eine Bildinformation reduziert wird. Um die Ak der eingesetzten Icons zu bewerten wurden dem Probanden nach der Vorstellung der Eigenschaften des Programms VILAGE und dessen prinzipieller Funktionalität zwölf Icons bzw. neun Gesten gezeigt, die von der Testperson interpretiert werden sollten. Die Aussage der Probanden wurde vom Versuchsleiter in drei Kategorien eingeteilt:

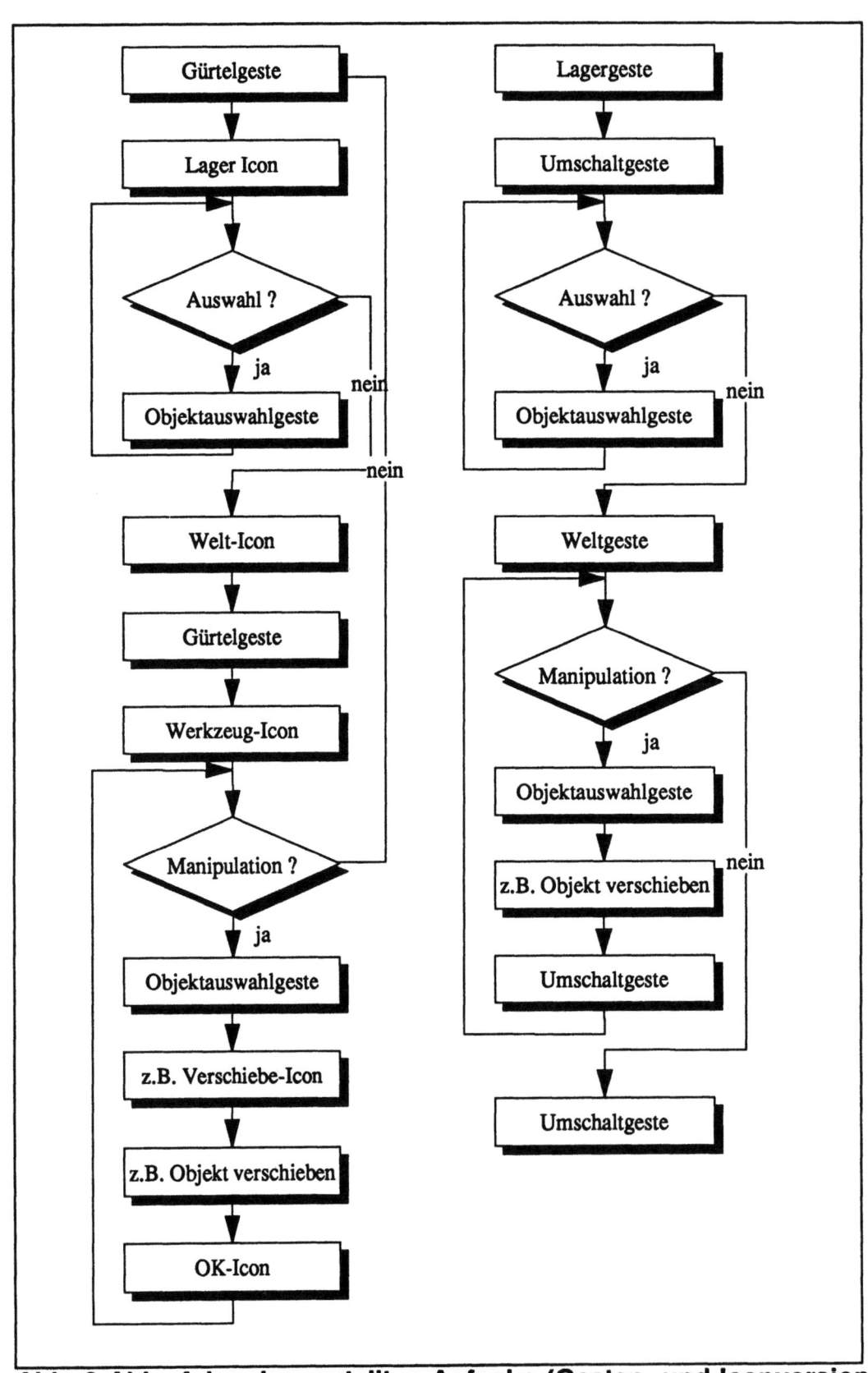

Abb. 3 Ablaufplan der gestellten Aufgabe (Gesten- und Iconversion)

- Übereinstimmung der Aussage mit der Funktionalität (Ak = 100%)
- Teilweise Übereinstimmung der Aussage mit der Funktionalität (Ak = 50%)
- Keine Übereinstimmung der Aussage mit der Funktionalität (Ak = 0%)

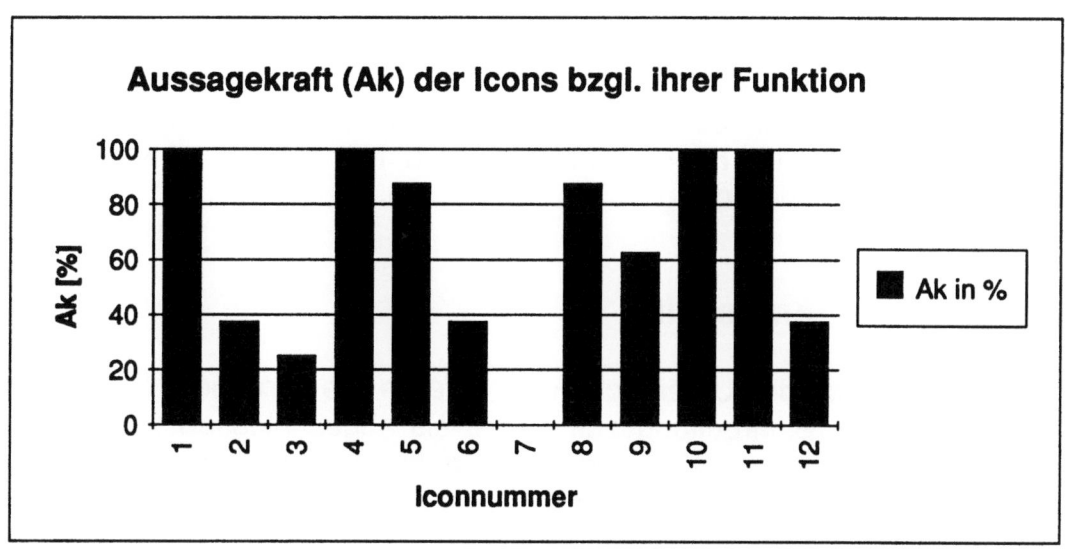

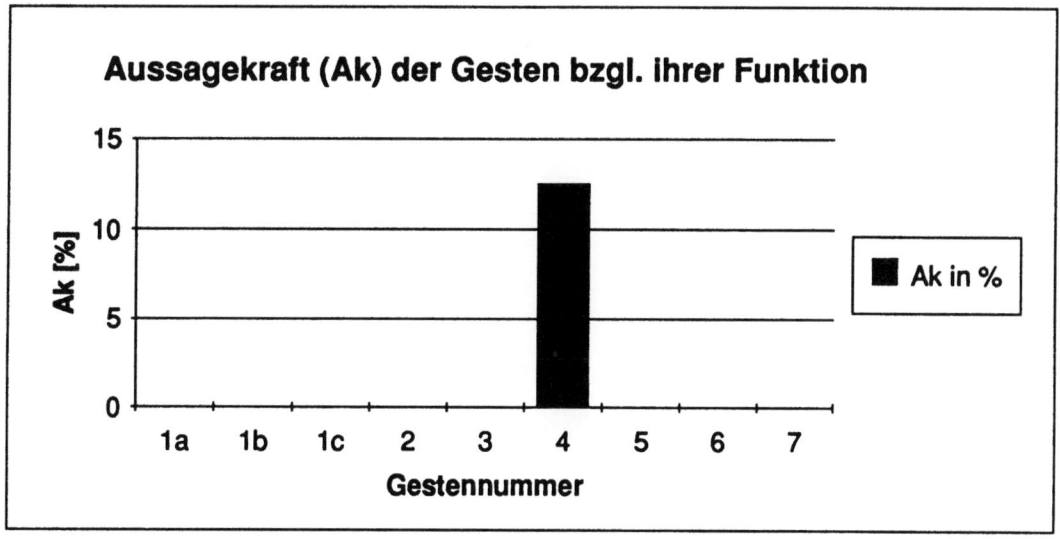

Abb. 4 Aussagekraft der Icons bzw. der Gesten

In Abb. 4 sind die Histogramme dieses Experiments zu sehen. Auf eine detaillierte Erläuterung der untersuchten Icons bzw. Gesten soll hier verzichtet werden. Es ist anhand der Histogramme zu ersehen, daß die Icons über eine vielfach höhere Aussagekraft als die Gesten verfügen. Noch drastischer wird dies, wenn der Mittelwert der Ak der Icons $Ak_i=64,6\%$ und der der Gesten $Ak_g=1,4\%$ zueinander ins Verhältnis gesetzt; es ergibt sich eine Erhöhung der Ak zwischen Gesten und Icons um ca. das 40-fache.

Ein Grund für die immer noch relativ niedrige Ak der Icons liegt auch in der Tatsache, daß für dieses Projekt keine genauen Untersuchungen durchgeführt wurden, die einen Leitfaden für die Gestaltung dreidimensionaler Icons bilden könnten. Es hat sich jedoch im Laufe der Experimente herausgestellt, daß der Wiedererkennungswert der Icons nach mehrmaliger Benutzung erheblich höher ist als der der Gesten, was bei häufiger Benutzung des Programmes von Vorteil ist. Diese Tatsache kann unter anderem dazu führen, daß mehr Funktionen des Programms ausgenutzt werden, als bei der Gestenversion der gleichen Applikation.

3.2.2 Einarbeitungszeit

Der nächste Teil der Untersuchungen erfaßte die Einarbeitungszeit der Probanden. Die Einarbeitungszeit wurde als abgeschlossen betrachtete, wenn nach Aussage der Probanden eine gewisse Sicherheit in der Bedienung des Programms erreicht war. Während der Einarbeitungszeit wurden vom Versuchsleiter Hilfestellungen gegeben; die Aktivitäten während der Einarbeitungsphase bezogen sich nicht nur auf die nachfolgende Aufgabenstellung sondern auch auf die anderen Funktionen des Programms.

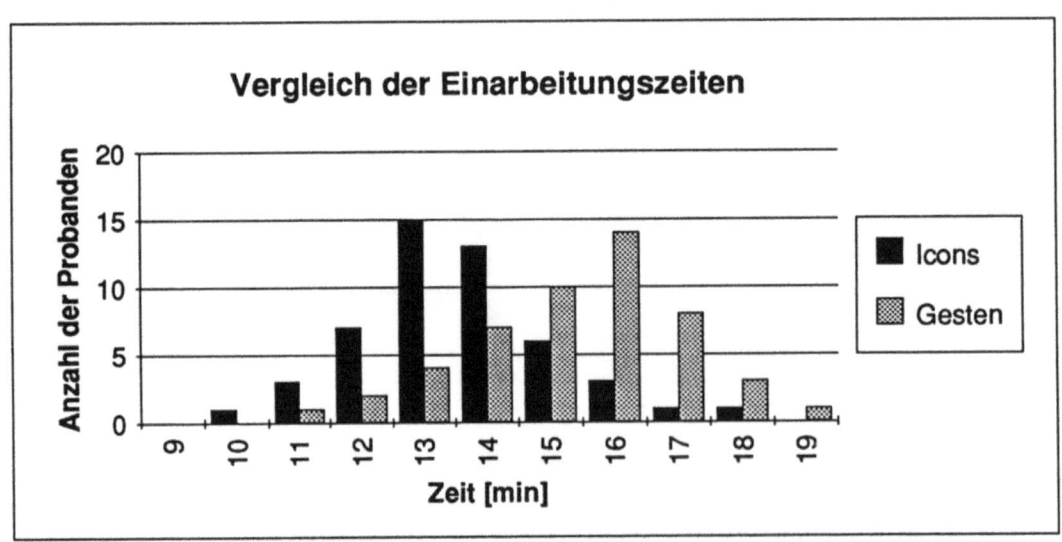

Abb. 5 Einarbeitungszeiten in die beiden Programmversionen

Abb. 5 zeigt die Verteilungen der Einarbeitungszeiten für beide Versionen des Programms VILAGE. Die beiden übereinandergelegten Histogramme zeigen deutlich, daß die Iconversion gegenüber der Gestenversion kürze Einarbeitungszeiten bietet. Dies ist auch darauf zurückzuführen, daß die schon in Abschnitt 3.2.1 beschriebene höhere Aussagekraft und Wiedererkennungsrate der Icons hier eine bedeutende Rolle spielt.

3.2.3 Bearbeitungszeit

Die Messung der Bearbeitungszeit für eine definiert gestellte Aufgabe war zentraler Teil der Untersuchung. Bei der Bearbeitung der Aufgabe (siehe auch Abb. 3) stellten sich schnell die Vor- und Nachteile der beiden Versionen heraus. Abb. 6 zeigt die jeweils für gleiche Durchläufe übereinandergelegten Histogramme der Bearbeitungszeit für beide Programmversionen. Aus den Histogrammen ist zu entnehmen, daß bei der Gestenversion im Gegensatz zur Iconversion kein die Bearbeitungszeit wesentlich verkürzender Lerneffekt eintritt. Bei der Untersuchung der Iconversion wurde eine applikationsbedingte starke Schwankung der Bearbeitungszeit festgestellt. Dies beruhte auf der falschen Gestaltung eines Icons, das im Vergleich zu den anderen Icons zu große geometrische Abmessungen besaß und somit immer wieder Fehlbedienungen auslöste. Nach einer Umgestaltung des Icons trat diese Fehlbedienung nicht mehr auf; eine erneute Messung wurde jedoch nicht mehr durchgeführt, da dieser Fehler nur bei diesem Icon auftrat.

Ein weiterer Grund für die anfangs kürzeren Bearbeitungszeiten der Gestenversion, ist auch die Anzahl der benötigten Aktionen (siehe dazu auch Abb. 3), um das Ziel der gestellten Aufgabe zu erreichen. Auf diese Meßgröße wird in Abschnitt 3.2.5 noch näher eingegangen.

3.2.4 Positioniergenauigkeit

Die Positioniergenauigkeit der Möbelstücke spielt neben der Bearbeitungszeit bei der Planung von Räumen eine tragende Rolle. Die Qualität der Plazierung wurde vom Versuchsleiter beurteilt, nachdem der Proband die Plazierung als abgeschlossen betrachtete. Die Beurteilungskriterien waren:

- Abstände zwischen den Wänden und dem Möbel,
- Ausrichtung des Schreibtisches.

Die Güte der Positionierung wurde in vier Gruppen eingeteilt:

- Sehr gut: Sowohl die Position als auch die Orientierung des Möbels stimmen mit mit der idealen Plazierung überein.

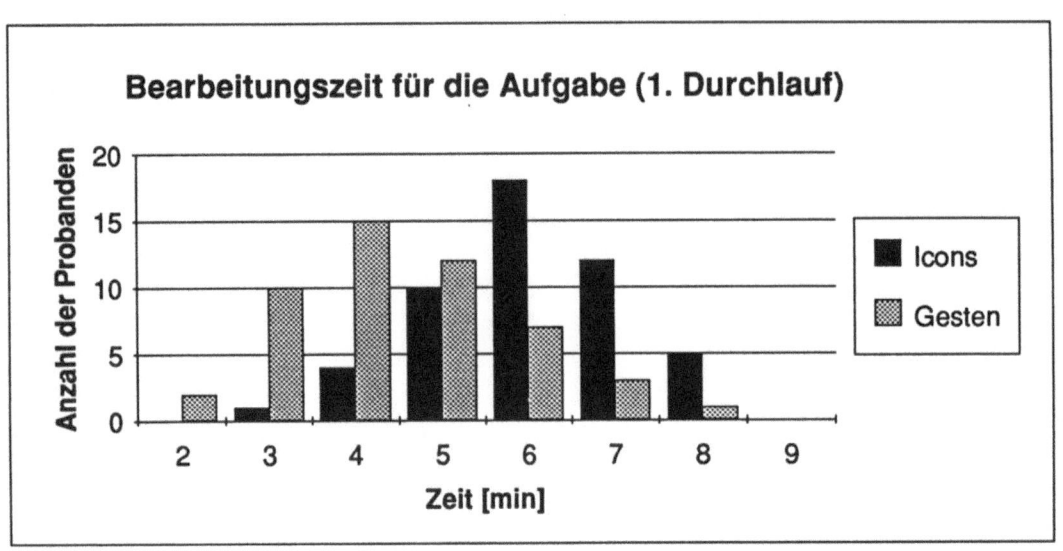

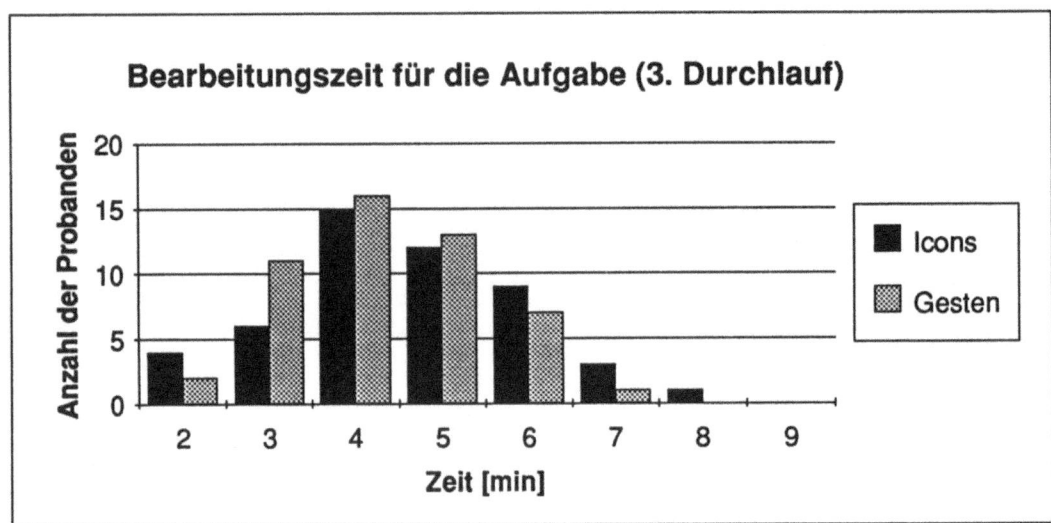

Abb. 6 Bearbeitungszeiten

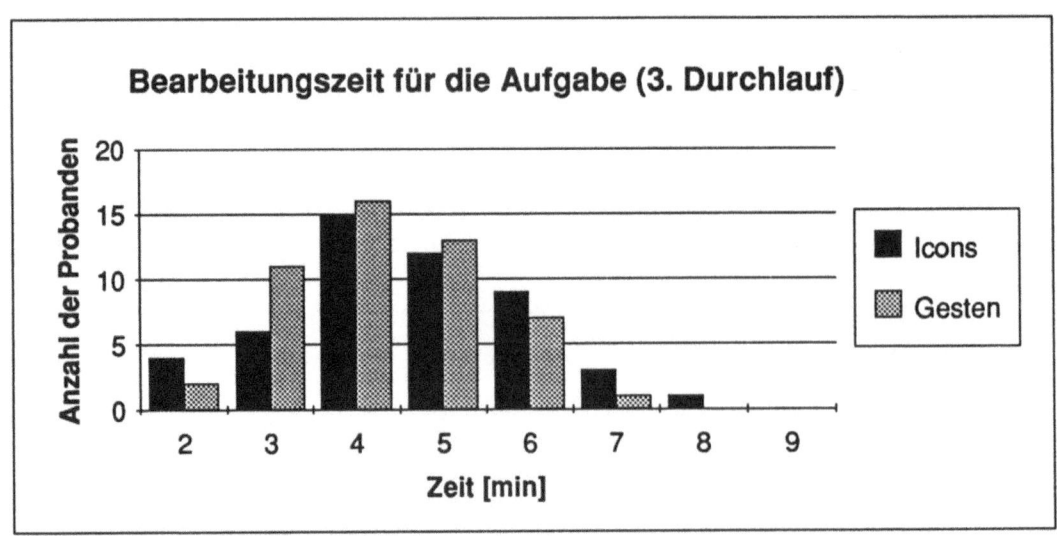

Abb. 6 Bearbeitungszeiten

- Gut: Nur leichte Fehler in Position oder Orientierung des Möbels sind vorhanden.
- Mittel: Fehler in Position und/oder Orientierung.
- Schlechte: Größere Abweichung in Position und Orientierung vom definierten Ziel.

Abb. 7 zeigt die überlagerten Histogramme für die Qualität der Positionierung aller Durchläufe der gestellten Aufgabe. Ähnlich wie in dem Histogramm der Bearbeitungszeit (siehe Abb. 6) ist ein gewisser Lerneffekt bei der Positionierung nach mehreren Durchläufen zu erkennen.

Die Histogramme lassen auch erkennen, daß für "geübtere" Benutzer die Iconversion wesentlich bessere Genauigkeit bietet, was auch damit zusammenhängt, daß die Aktion "Positionieren" und "Orientieren" vollständig voneinander getrennt sind, wohingegen bei der Gestenversion schnell eine Verwechslung bzw. Überschneidung der beiden Gesten eintreten kann. Die Tatsache, daß weder bei der Icon- noch bei der Gestenversion ein überwiegend sehr gutes Ergebnis erzielt wird, hängt damit zusammen, daß die beiden eingesetzten Programmversionen weder über eine Kollisionsüberprüfung der Möbel mit den Wänden, noch über eine "Einrastfunktion" verfügen, die das Plazieren der Möbel wesentlich vereinfacht. Neuere Version von VILAGE verfügen über diese beiden Eigenschaften.

Unabhängig von den durchgeführten Experimenten wurden auch Versuche bezüglich der Positionierung mit einer Programmversion unternommen, die die Umriße der Möbel als Rahmen auf den Boden projiziert. Bei dieser Variante wurden zum einen schneller bessere Ergebnisse erzielt, als auch insgesamt ein verbessertes Verhalten bei der Positionierung festgestellt.

3.2.5 Anzahl benötigter Aktionen

Da die Anzahl der benötigten Aktionen zur Durchführung der gestellten Aufgabe stark implementierungsabhängig ist, soll sie hier nur der Vollständigkeit halber dargestellt werden. Aus Abb. 3 ist zu ersehen, daß die Iconversion grundsätzlich mehr Arbeitschritte erfordert, als die Gestenversion. Das Programm VILAGE wurde auch noch nicht dahingehend gestaltet, daß die Benutzeroberfläche über eine gute Hierarchie verfügt.

In Abb. 8 sind die Histogramme der durchgeführten Messungen aufgeführt. Bemerkenswert in diesen Histogrammen ist die Streuung der Mittelwerte der Gestenversions-Meßwerte über die Durchläufe hinweg. Es ist hier als nicht der schon oben erwähnte Lerneffekt zu beobachten, was unter anderm darauf zurückzuführen ist, daß die Gesten weniger einprägsam sind als die Icons.

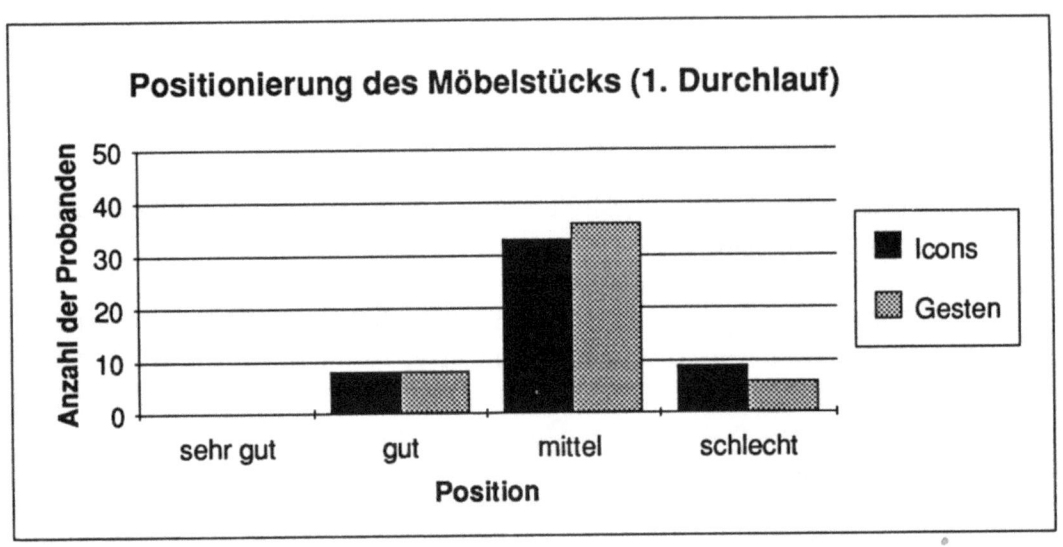

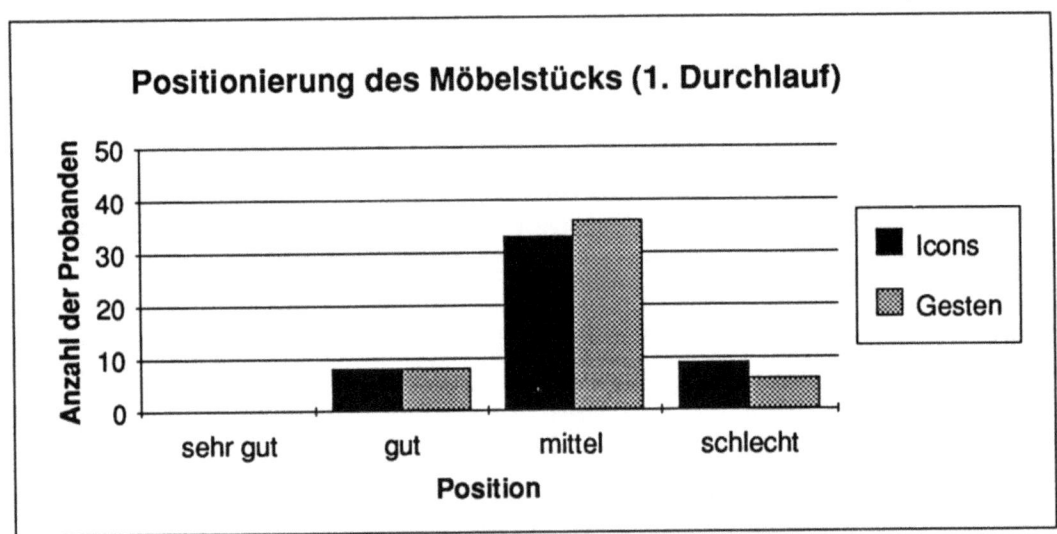

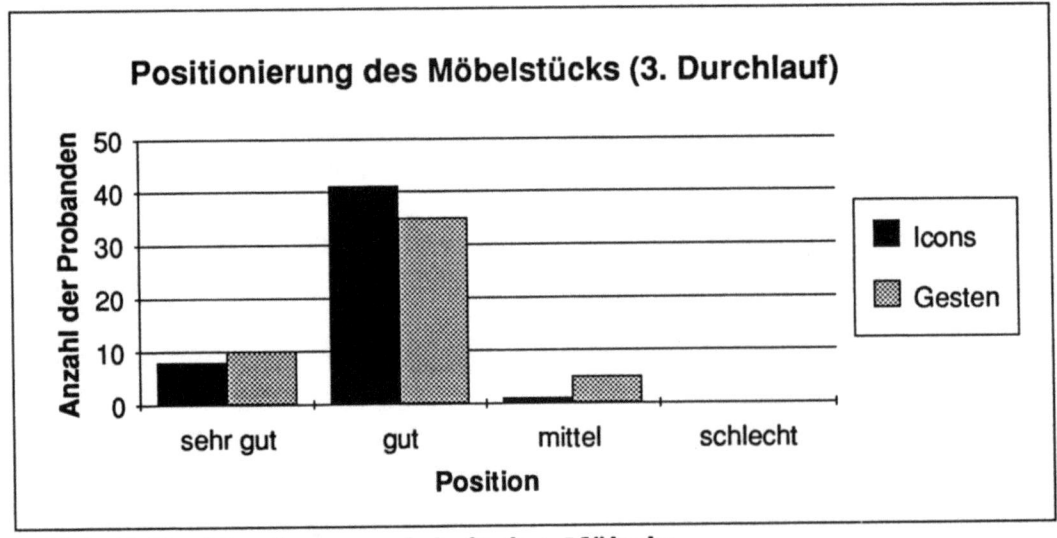

Abb. 7 Positioniergenauigkeit des Möbels

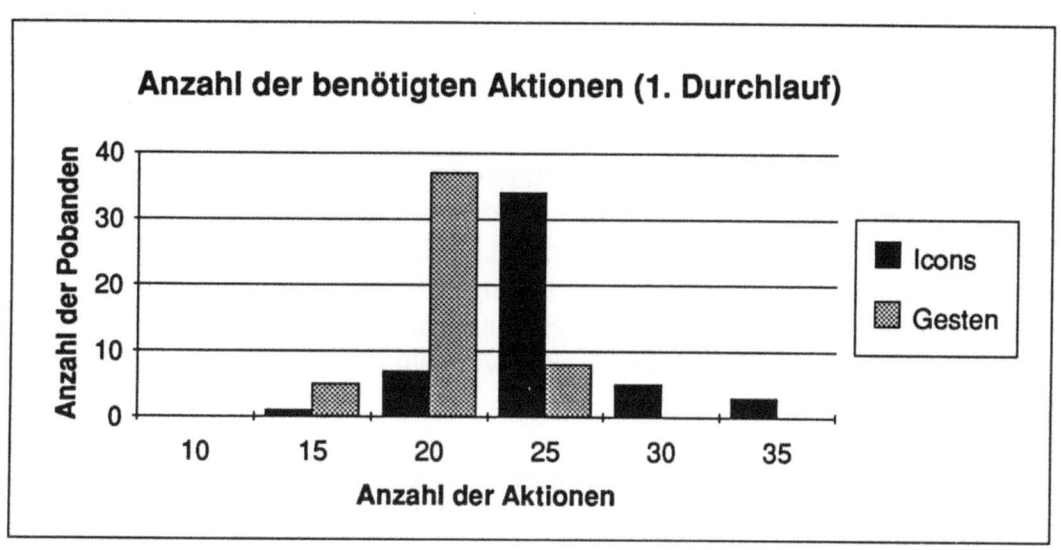

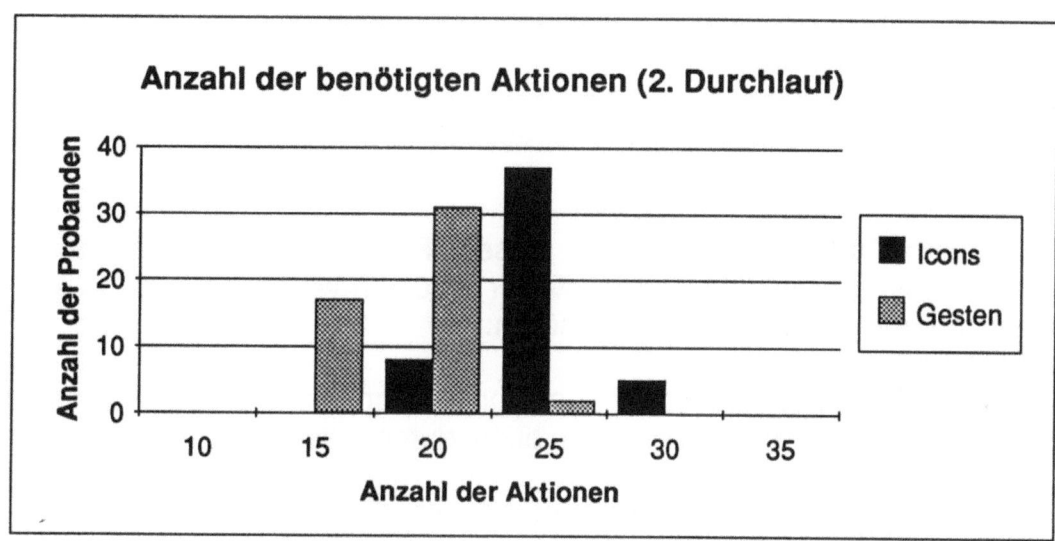

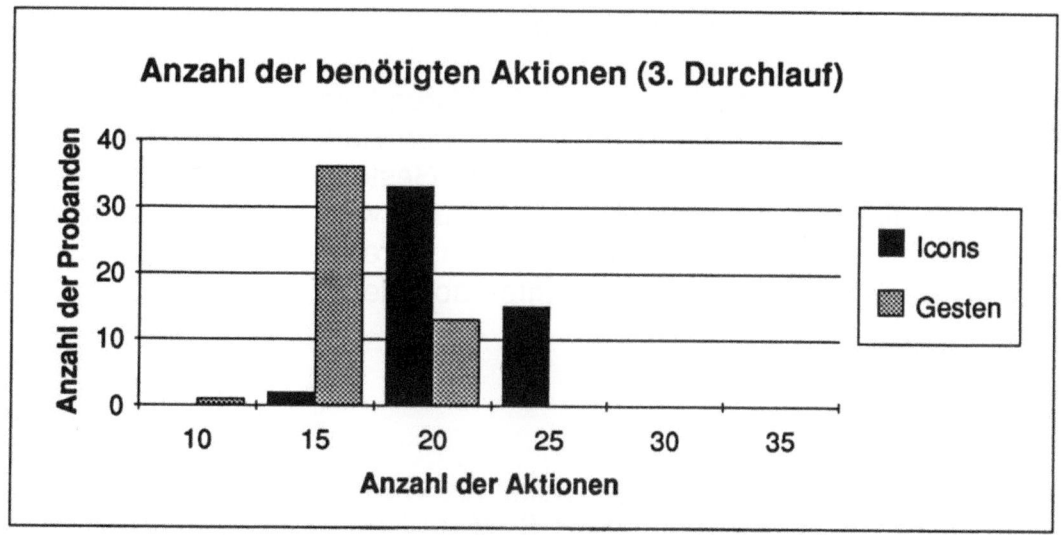

Abb. 8 Anzahl benötigter Aktionen

4 Zusammenfassung

In diesem Paper wurden zwei verschiedene Versionen der Benutzeroberfläche eines Programms gegeneinander verglichen. In einer definierten Testumgebung wurden Untersuchungen bezüglich Aussagekraft der Icons, der Einarbeitungszeit und anderer Kriterien durchgeführt. Es hat sich gezeigt, daß die gemischte Form der Benutzeroberfläche (Icons und Gesten) gegenüber der reinen Gestenversion Vorteile bietet. Besonders hervorzuheben sind hierbei:

- Der hohe Wiederkennungswert und die große Aussagekraft der Icons,
- eine wesentlich verkürzte Einarbeitungszeit für erstmalige Benutzer des Programms,
- unbeabsichtigte gleichzeitige Bedienung zweier Aktionen ist ausgeschlossen,
- hierarchische Organisation der Benutzeroberfläche ist möglich ohne Renundanzen in den auslösenden Elementen
- etc.

In weiteren Arbeiten sollen die in diesem Paper bereits beschriebenen Nachteile der gemischten Version weiter reduziert werden. Hierzu werden unter anderen folgende Punkte gehören:

- Vermeiden unbeabsichtiger Iconkollisionen sowohl durch bessere Plazierung der Icons als auch durch bessere Gestaltung der Icons selbst,
- Entwicklung von kombinierten Icons, die direkter zur gewünschten Aktion führen,
- Reduzierung der notwendigen Arbeitschritte durch alternative Implementierung der Aktionen.

Abschließend kann gesagt werden, daß aufgrund dieser Untersuchung der Einsatz gemischter Benutzeroberflächen innerhalb komplexer Anwendungen der Virtuellen Realität denen der reinen Gestensteuerung vorzuziehen ist. Durch diese verbesserte Benutzerführung wird sicherlich auch eine breitere Akzeptanz der VR-Anwendungen in Bereichen erreicht, die bisher eher mit traditionellen Planungsverfahren abgedeckt wurden.

5 Literatur

Bauer, W.; Riedel, O.: "Virtuelle Realität als Werkzeug für die Bürogestaltung", Office DESIGN 1/1992, 1992, S. 36-41.

Bauer, W.; Riedel, O.: "New Techniques for Interaction in Virtual Worlds - Contents of Development and Examples", eingereicht zur HCI International '93, Orlando, 1993.

Böhm, K.; Hübner, W.; Väänänen, K.: "GIVEN: Gesture Driven Interactions in Virtual Enviroments - A Toolkit Approach to 3D Interactions", Proc. of Interface to Real & Virtual Worlds, Montpellier, 1992.

Bryson, S. et al.: "Implementation of Immersive Virtual Enviroments", Course Notes SIGGRAPH '92, Chicago, 1992.

Foley, J.D.; van Dam, A.; Feiner, S.K.; Hughes, J.F.: "Computer Graphics: Principles and Practice", 2. Aufl., Addison-Wesley, 1990.

Furness, G.A.; Bricken, M.; Bricken, W.: "Virtual Interface Technology", Course Notes SIGGRAPH '91, Las Vegas, 1991.

Schneidermann, B.: " Designing the User Interface: Strategies for Effective Human-Computer Interactions", Addison-Wesley, 1987.

Zimmermann, T.G.; Lanier, J.; Blanchard, C.; Bryson, S.; Harvill, Y.: "A Hand Gesture Interface Device", Proc. of CHI + GI 1987, 1987.

Die Rolle von Virtual Reality in der Produktionstechnik

Walter Michael Strommer

Virtual Reality ist seit Ende der 80er Jahre der Begriff für eine vollkommen neue und zugleich faszinierende Technologie. Sie ermöglicht die Wahrnehmung und Manipulation computergenerierter künstlicher Welten.

Gerade für den Hochlohnstandort Deutschland ist die Senkung der Produktionskosten durch Einführung fortschrittlicher Technologien und effizienter Organisationsformen von allergrößter Bedeutung.

Ausgehend von der Studie der Wissenschaftlichen Gesellschaft für Produktionstechnik werden Beispiele für Virtual Reality in der Produktionstechnik dargestellt und die drei wichtigsten Entwicklungsbereiche für Virtual Reality-Anwendungen aufgezeigt.

Dr.-Ing. Dipl.-Inform. Walter Michael Strommer ist Projektkoordinator und Mitglied im Vorstand des Instituts für Parallele und Verteilte Höchstleistungsrechner (IPVR) der Universität Stuttgart.

Einleitung

Virtual Reality ist seit Ende der 80er Jahre der Begriff für eine vollkommen neue und zugleich faszinierende Technologie. Sie ermöglicht die Wahrnehmung und Manipulation computergenerierter künstlicher Welten.

Neben den Einsatzgebieten im Kunst- und Unterhaltungsbereich eröffnet Virtual Reality neuartige Aspekte im gesamten Planungs- und Gestaltungsbereich. Architekten, Designer und Konstrukteure können in einem sehr frühen Entwicklungsstadium erste Eindrücke des neuen Produkts gewinnen und sie bekommen ein Gefühl für das Produktverhalten ohne auf die Erstellung teurer Holzmodelle warten zu müssen.

Die Rolle von Virtual Reality in der Produktionstechnik wird in dem Maße bedeutend werden, wie die Leistungssteigerung der Computer neue Anwendungsgebiete erschließen hilft. Gerade für den Hochlohnstandort Deutschland ist die Senkung der Produktionskosten durch Einführung fortschrittlicher Technologien und effizienter Organisationsformen von allergrößter Bedeutung.

Der Vortrag soll weniger die technischen Details einer Virtual Reality Workstation beleuchten und auch nicht auf den Funktionsumfang bestehender Virtual Reality Software eingehen; vielmehr wird die Bedeutung von Virtual Reality für den Bereich Produktionstechnik dargestellt.

Ausgehend von der WGP-Studie werden Beispiele für Virtual Reality in der Produktionstechnik dargestellt und die drei wichtigsten Entwicklungsbereiche für Virtual Reality-Anwendungen aufgezeigt.

Studie der Wissenschaftlichen Gesellschaft für Produktionstechnik

Zielsetzung und Vorgehensweise

Innerhalb der Studie der Wissenschaftlichen Gesellschaft für Produktionstechnik (WGP) /1/ wurden strategische Forschungsgebiete von herausragender Bedeutung im Bereich Produktionstechnik identifiziert, um der deutschen Industrie in Schlüsselbereichen einen deutlichen Vorsprung vor der internationalen Konkurrenz zu bewahren. Die Studie wurde von mehreren deutschen Forschungsinstituten unter der Leitung des WGP-Strategieauschusses durchgeführt.

Ausgangspunkt der Studie war die Untersuchung der zu erwartenden Veränderung der Produkte verschiedener Branchen im Laufe der nächsten 10-15 Jahre. Dazu wurden Führungskräfte aus der Industrie befragt. Aus dieser Befragung wurden strategische Forschungsfelder abgeleitet. Die Themenbereiche wurden von den Mitgliedern des WGP-Strategieauschusses weiter detailliert. Die Studie spiegelt sowohl die Industrie- als auch die Forschungsperspektive wider.

Ergebnisse der Studie

Aufgrund der aktuellen Statistik des VDMA wurden über die Beschäftigtenzahlen und den Umsatz folgende Branchen ausgewählt:

- Automobilindustrie
- Druckindustrie
- Textilmaschinenindustrie
- Werkzeugmaschinenindustrie
- Antriebstechnik
- Weiße Ware

Die identifizierten Forschungsfelder erstrecken sich auf die Gebiete Umwelt, Organisation, Produktionmittel und -prozeß sowie die Mensch-Maschine-Interaktion. Virtual Reality wird in folgenden Bereichen als nützliches Werkzeug gesehen:

- Organisation

    Für die Prozeßoptimierung wird Virtual Reality explizit als Simulationstechnologie im Rahmen von Rapid-Prototyping genannt.

- Produktionsmittel und -prozesse

    Die einfache Programmierung, Bedienung und Wartung selbst kompliziertester Maschinen mit Hilfe bedienerfreundlicher Ein/Ausgabegeräte markiert ein weiteres wichtiges Forschungsfeld.

- Mensch-Maschine-Interaktion

    Die geforderte Flexibilität verlangt weniger Spezialisten aber dafür mehr Generalisten im Unternehmen. Dies wird möglich durch bedienerfreundliche Maschinen und interaktive Lernsysteme zur ständigen Schulung des Personals.

Übertragung der Studienergebnisse auf Virtual Reality

Die Studie zeigt, trotz ihrer breiten Ausrichtung, daß Virtual Reality einen wichtigen Beitrag zur Lösung der anstehenden Probleme im Bereich der Produktionstechnik leisten kann.

Enthusiasten der Virtual Reality Technologie werden vor dem geistigen Auge neue Computeranwendungen ohne Tastatur und Maus nur mit Stereodisplay und Datenhandschuh sehen. Skeptiker, die sich mit Mühe an die Computermaus gewohnt haben, werden die neuen dreidimensionalen Eingabemedien als Spielerei bezeichnen.

Die Erfindung des Hubschraubers hat weder das Automobil ersetzt, noch ist der Hubschrauber nur eine verrückte Idee geblieben. Heute gehört der Hubschrauber genauso zu den Verkehrsmitteln wie die einst umstrittene Eisenbahn von Nürnberg nach Fürth.

Virtual Reality wird als dreidimensionale Ein-/Ausgabeschnittstelle für typischerweise dreidimensionale Daten und Welten seinen Platz im weiten Feld der Ein-/Ausgabegeräte einnehmen und behaupten.

Beispiele für Virtual Reality in der Produktionstechnik

Obwohl noch nicht im industriellen Einsatz als Standardlösung verfügbar, so sind doch einige ernstzunehmende Anwendungsbeispiele im produktionstechnischen Bereich realisiert worden.

Vom Fraunhofer-Institut für Produktionstechnik und Automatisierung (IPA) in Stuttgart wurde eine Virtual Reality Workstation für die Robotik entwickelt /2/. Mit dieser Virtual Reality Workstation wurden Erfahrungen in folgenden Anwendungsbereichen gesammelt:

- Simulation für die Industrieroboter Einsatzplanung

    Virtuelles Teachen der Industrieroboter in allen 6 Freiheitsgraden erlaubt sehr effizient Layoutvarianten zu prüfen und durch die freie Wahl des Betrachterstandpunkts und der Blickrichtung erste Eindrücke von der neuen Industrieroboterarbeitszelle zu erhalten.

- Off-Line Programmierung von Industrierobotern

    Die dreidimensionale Wahrnehmung und die freie Vorgabe des Tool Center Points (TCP) in allen 6 Freiheitsgraden in Verbindung mit der Kollisionsüberwachung ermöglichen eine schnelle und sichere Planung der Bewegungsbahn.

- Teleoperation von Industrierobotern

    Aus sicherer Entfernung können Industrieroboter gesteuert werden. Nicht nur die bekannten Einsatzfälle in Kernkraftwerken und unter Wasser, sondern zum Beispiel Anlagen zum Wasserstrahlschneiden können sicher bedient werden.

In Nordrhein-Westfalen arbeitet ALROUND, ein Firmenzusammenschluß der mittelständischen Luft- und Raumfahrtindustrie, ebenfalls an der Kombination von Virtual Reality und Industrieroboter. Allerdings stehen hier die Mitarbeiterqualifizierung der Mitgliedsfirmen auf dem Gebiet der neuen Technologien im Vordergrund der Arbeiten.

Neben diesen bereits laufenden Aktivitäten befinden sich weitere interessante Anwendungsfälle in der Produktionstechnik in der Definitionsphase:

- Produktionsplanung und -steuerung durch Virtual Reality Simulation

    Die geplante Fabrikhalle ist vor dem ersten Spatenstich sowohl als symbolisches Ablaufmodell, als auch als maßgetreues Layout begehbar. Dadurch werden Beurteilungen hinsichtlich der Arbeitssicherheit, der Arbeitsraum- und Arbeitsplatzgestaltung und der Zweckmäßigkeit des Gesamtlayouts möglich.

- O Arbeitsablaufuntersuchungen / Montierbarkeitsuntersuchungen

  Im Vorfeld können am virtuellen Produkt die Reihenfolge der Arbeitsschritte definiert und auf mögliche Kollisionen untersucht werden. Es können Fragen beantwortet werden wie :

  Sind alle Baugruppen problemlos einbaubar ?
  Sind Verschleißteile leicht austauschbar ?
  Sind Montagevorgänge vom Industrieroboter durchführbar ?
  Sind dabei alle Arbeitspunkte erreichbar ?
  ...

Die drei wichtigen Bereiche einer Virtual Reality Workstation

Unabhängig vom Einsatzfall der Virtual Reality Workstation sind drei wichtige Bereiche anwendungsspezifisch im Lastenheft zu definieren:

- O Die Ausbaustufe und der Aufbau der Bedienstation
- O Die Auflösung und die Farbtreue der computergenerierten Bilder
- O Der Anteil der realen Welt innerhalb der Workstation

Die Bedienstation

Die Benutzerschnittstelle zu virtuellen Welten bilden die dreidimensionalen Ein-/Ausgabegeräte. Ihre Anordnung und Einbindung in das Bedienkonzept wird entscheidend durch den Anwendungsfall definiert. Sitzt oder steht der Bediener, werden ein oder zwei Datenhandschuhe benutzt, sind Steuerkugel oder Free Flying Joystick erforderlich und vorallem, wie werden Benutzeraktionen innerhalb der virtuellen Welt umgesetzt.

Die Simulationsgenauigkeit

Die Auflösung und die Farbtreue der computergenerierten Bilder beeinflussen maßgeblich die Anschaffungskosten einer Virtual Reality Workstation. Für den Designbereich sind fotorealistische Darstellungen unerläßlich, wohingegen im produktionstechnischen Bereich eine genaue Geometrietreue und Verhaltenstreue der Produktionsmittel gefordert wird.

Die Einbindung der realen Welt

Nicht zuletzt der Anteil der realen Welt spielt bei virtuellen Welten eine wichtige Rolle. Bei der LKW-Simulation müssen die reale Fahrerkabine mit Lenkrad, Armaturen und Leuchten in die Simulation eingeblendet werden. Bei der Untersuchung der arbeitsphysiologischen Einflüssen bei der Montage eines Aggregats im PKW-Forderbau kann die reale Fahrzeugkarosserie eine wichtige Hilfe sein.

siologischen Einflüssen bei der Montage eines Aggregats im PKW-Forderbau kann die reale Fahrzeugkarosserie eine wichtige Hilfe sein.

Zusammenfassung

Virtual Reality wird man sich nicht kaufen können. Virtual Reality ist die Technologie, die bestehende Anwendungen im dreidimensionalen Bereich wesentlich verbessern kann und viele Anwendungen erst möglich machen wird.

Die ersten Anwendungen mit Virtual Reality sind greifbar. Das Know How ist durch das Demonstrationszentrum "Virtuelle Welten" der Fraunhofer-Gesellschaft in Deutschland verfügbar. Es bildet in Deutschland und Europa eine einzigartige Allianz von erfahrenen Spezialisten und Wissenschaftlern auf diesem Gebiet.

Nutzen Sie die Möglichkeiten und Ihre Chance jetzt, bevor die Mitbewerber es für Sie tun. Sprechen Sie mit den Experten und lassen Sie sich beraten.

Literatur

/1/ N. N.: Mittel- und langfristige Forschungsthemen. WGP-Strategieausschuß, 20.11.92, 36 Seiten

/2/ J.-G. Neugebauer: Industrial Applications of Virtual Reality: Robot Application Planning, Proccedings Conference Virtual Reality 92, April 1992, London, England

The GLAD-IN-ART Project

Massimo Bergamasco

The GLAD-IN-ART project deals with the development of a glove-exoskeleton interface system utilized by the human operator for the control of manipulative procedures of virtual objects. The main feature of the advanced interface is the capability of replicating both internal and external force sensations to the human operator. This paper describes the objectives of the GLAD-IN-ART project, the functional characteristics of the interface system to be developed and also presents some of the recent results obtained during the first research phase.

Massimo Bergamasco is Assistant Professor in Applied Mechanics at the Scuola Superiore S. Anna, Pisa, Italy. His main research interests are robotics manipulation and force feedback systems for teleoperation and Virtual Environments.

1. Introduction

Recent developments of Virtual Environments technologies placed emphasis on the problem of the *interaction* between the human operator and the simulated environment. The same problem applies also for teleoperation applications in advanced robotics where, however, a total degree of immersion in the remote real scenario is not always required.

Possibility of full or partial immersion in the different reality implicitly implies that the human operator is able both to *perform actions* inside and also of *receiving sensory information* from the distant environment. From the technological point of view the above possibility requires a direct translation of the two above functionalities in the effective performances of the different systems interfacing the human operator with the Virtual Environment. By means of appropriate interface systems the user not only is able to observe the virtual scenario from different points of view or to ear sounds appropriately generated, but also to manipulate the entities graphically represented on the visors. The goal in the development of such interface systems is that of allowing to the user a more *direct* and *natural behaviour*, or even a true *sense of presence*, when operating in the simulated environment.

This article shortly describes the objectives, the technological approach and the present achieved results in the framework of the ESPRIT Project 5363 GLAD-IN-ART. This project deals with the development of an advanced interface system to be applied in Virtual Environments applications.

The term GLAD-IN-ART is the acronym of the project full title "**Gl**ove-like **Ad**vanced **In**terface for the Control of Manipulative and Exploratory Procedures in **Art**ificial Realities"; the GLAD-IN-ART Project is a Research and Development cooperative action in the ESPRIT II (European Strategic Programme for Research and Development in Information Technology) programme established by the Commission of the European Communities.

The GLAD-IN-ART Consortium consists of european enterprises such as *AITEK s.r.l.*, Genoa, Italy (coordinator), *V.D.S. S.p.A.*, Florence, Italy, and *T.A.G.*, Alnwick, U.K., joined with two Universities, *Trinity College*, Dublin, Ireland, and *Scuola Superiore S.Anna*, Pisa, Italy.

Proposed in 1989, the project started in January 1991 and will last until December 1993. In the following a description of the GLAD-IN-ART objectives will be given together with the presentation of the intermediate results.

2. Objectives

The GLAD-IN-ART project addresses a particular problem of the interaction between humans and computer applications, i.e. those aspects of the interaction related to *manipulation* of virtual objects. By manipulation we intend the possibility to control the virtual hand, represented in the Virtual Environment scenario, to reach, grasp and move virtual objects according to a *natural* procedure. The aim of the GLAD-IN-ART project is then the design and realization of a complex Virtual Environment system that allows the human operator to perform manipulative procedures with virtual objects as she/he was handling a real object in a real environment. The complexity of this research and development task is extremely high and requires the implementation not only of adequate interface systems but also of the appropriate modelling and representation of the whole manipulative procedure.

The core of the GLAD-IN-ART system is an advanced interface system consisting of an instrumented *glove-exoskeleton* worn by the human operator: this system must allow unaltered workspace of movement both for the hand and for the arm. Kinesthetic sensors are located on the glove-exoskeleton system in order to allow a complete recording of the movements of the human hand-arm complex. The recorded motion information is then passed to the graphical workstation where the movement is replicated for the virtual hand-arm. A second distinctive feature for the glove-exoskeleton system is also that of generating, through a complex system of actuators, the force feedback sensation, at the hand-arm level, to the human operator. Other components belong to the GLAD-IN-ART system, such as a hand tracking systems and a purposely developed graphical workstation. The system is completed by the modelling of the Virtual Environment entities behaviour, especially as far as collision detection algorithms are concerned.

Functional specifications of the GLAD-IN-ART system have been defined by taking into account the operations the human operator will perform while controlling the virtual manipulative procedure. The user must be able to:
- impart movements to virtual hands and virtual objects;
- impart forces to virtual objects;
- receive kinesthetic force feedback information from the Virtual Environment in order to feel the sensation of being physically manipulating the virtual objects;
- perform virtual manipulation by grasping real objects;
- command virtual sequences, or give high level commands to the computer application, by means of hand/arm gestures.

From the above requirements, a series of characteristics for the GLAD-IN-ART interface can be defined:

a) ability of recording finger and hand/arm gross movements in the control space with a certain degree of accuracy;
b) ability of reproducing on the human operator's hand the *kinesthetic force feedback* related to the virtual manipulation procedure. Kinesthetic

force feedback must be generated by considering both *external forces* acting on the virtual hand/arm and also *internal grasping forces* generated on the fingers during grasping operations in Virtual Environments, as depicted in Fig. 1;
c) ability to recognize the hand/arm gesture in order to interpret the whole configuration as an input command (*gesture interface*).

The design of the advanced interface has taken into account factors such as the endurance of the operator in controlling the virtual operation, compatibility between stimulus and response, possible impediments of the human operator's hand to reach those particular orientations that will have a negative effect on manipulation control.

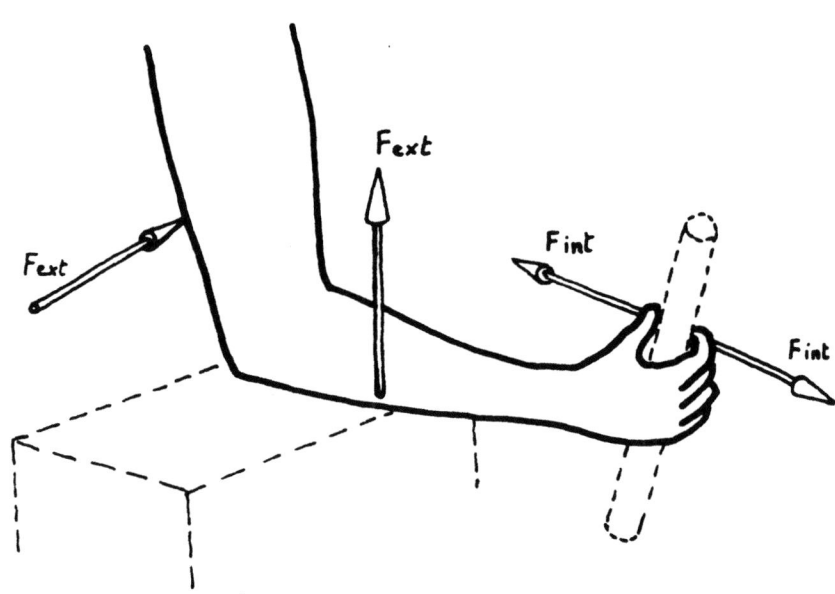

Fig.1 Internal grasping forces and external forces to be replicated by the glove-exoskeleton advanced interface.

3. GLAD-IN-ART Sub-systems

The GLAD-IN-ART system has been conceived as composed of different sub-systems, each one devoted to a particular functional task.

In order to record the human operator's hand geometrical configuration, the design of an instrumented *glove* seemed particularly attractive since a glove-like advanced interface allows a very good manoeuvrability to the hand; a glove in fact does not limit the range of displacements and orientations that the human hand can achieve (in this case the hand *is* the direct interface, [Bergamasco M. et al., 1991]).

In the particular case in which unknown objects are present in the control workspace, a purposely conceived *Voxel* Sub-system acquires, by means of another set of video cameras, their shape and pose in order to automatically detect situations of collision between these unknown objects and virtual objects (including the virtual hands) belonging to the Virtual Environment. V.D.S. S.p.A. is developing the Voxel memory boards togetehr with a new graphical workstation where the Virtual Environment scenario will be represented.

Another important Sub-system is the Artificial Reality (*ART*) devoted to model and graphically represent the Virtual Environment. This sub-system, which responsible is AITEK s.r.l., will perform also collision detection procedures in order to determine the contact between virtual hand/arm and virtual objects. Contact conditions are then modelled and contact forces generated for commanding Internal and External Force Feedback systems.

T.A.G. is responsible for the development of the interfacing software (calibration and force transformation) between the glove-exoskeleton control architecture and the Virtual Environment.

4. The ARTS Glove

As a spin-off result of the research and development work carried out in the first year of the GLAD-IN-ART project, a glove-like interface system, called *ARTS Glove*, has been developed at the ARTS Lab of the Scuola Superiore S.Anna. It consists of a glove structure, wrapping up the human hand, which supports kinesthetic sensors for all the fingers. Both flexion-extension and abduction-adduction movements of all the fingers are recorded by means of purposely developed kinesthetic sensors. The ARTS Glove is able to record 20 DOF of the human hand. The glove structure is connected, by means of a 2 DOF joint structure at the wrist, to a passive sensorized exoskeleton structure located on the forearm which allows prono-supination movement. Then the total number of recorded DOF is 23. The ARTS Glove allows a good manoeuvrability of the hand-wrist-forearm complex (distal physiological unit); the stability of the information obtained from kinesthetic sensors assures a large reliability of the whole interface system. A picture of the ARTS Glove is presented in Fig. 3.

5. Conclusions

A short description of the objectives and preliminary results obtained in the ESPRIT 5363 GLAD-IN-ART project have been presented. A sensorized glove has been developed and the final advance interface system possessing force feedback capabilities has been already designed and is now under the manufacturing process.

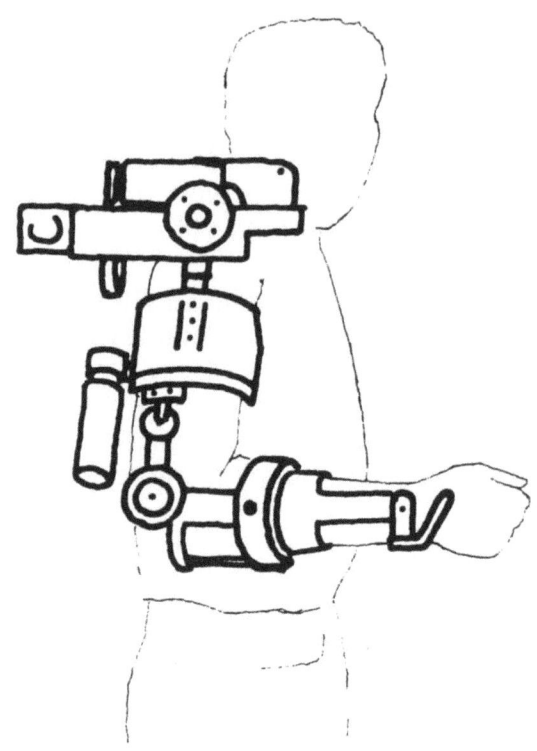

Fig. 2 The glove-exoskeleton system

The glove-like advanced interface allows also the implementation of systems for replicating kinesthetic force feedback to the fingers (internal grasping forces). The replication of kinesthetic force feedback at the level of the hand/arm is achieved by means of a mechanical exoskeleton wrapping up the human operator's arm and connected to the glove at the metacarpus level (see Fig. 2). The exoskeleton is actuated and replicates, in correspondence of the hand metacarpus, the external forces acting on the virtual hand or arm in the Virtual Environment [Bergamasco M., 1992]. The design and realization of the glove-exoskeleton sub-system is under the responsability of the Scuola Superiore S.Anna.

Absolute wrist position and orientation, a fundamental information for commanding the motion of the virtual hand and arm in the Virtual Environment, is computed by a vision (or *Gesture*) sub-system, consisting of a set of video cameras appropriately located in fixed positions of the control workspace. In the case the human operator whises to operate also with real objects, the vision sub-system is capable of computing postion and orientation of real objects belonging to the control workspace. The vision sub-system has been developed by the Trinity College Dublin. Another task performed by the vision system is that of recognizing hand gestures to be exploited as general commands.

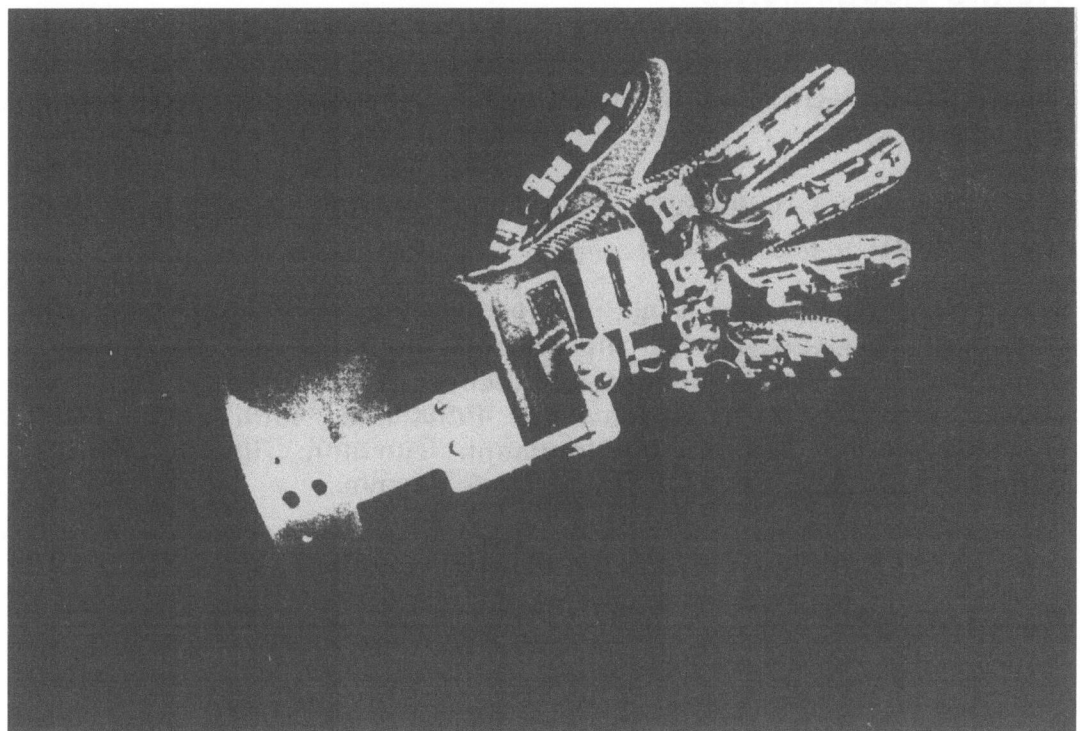

Fig. 3 The ARTS Glove.

The whole GLAD-IN-ART system has been already preliminary integrated by connecting the ARTS Glove and the Vision system with a Silicon Graphics 4D 35TG graphical workstation and a V.D.S. Watcher workstation. Good results have been obtained in terms of hand/wrist movements recording and of implementation of grasping procedures of simple virtual objects (without force feedback). The integration of the glove-exoskeleton with force feedback capabilities will be started in the spring 1993.

The GLAD-IN-ART project is only a part of the activity at the present time in progress at the ARTS Lab of the Scuola Superiore S.Anna in the field of Virtual Environments. The focus of the research in this field is directed to the study of problems dealing with manipulation and exploration of virtual objects. In particular, although large efforts are currently spent for the development of force and tactile feedback systems, also the development of physically based modelling techniques for virtual entities is now largely carried out. Both modelling of contact behaviour and realisation of hand force feedback systems is now directed to the developemnt of future *Haptics Interface* systems to be utilised in Virtual Environments applications.

Acknowledgements

The GLAD-IN-ART project is funded by the Commission of the European Communities.

The author wishes to thank all the contributions from his collegues of the GLAD-IN-ART Consortium.

A particular thank is due to all the friends of the ARTS Lab whom work has been fundamental for the design of glove and exoskeleton components: Sandro Scattareggia Marchese, Fabio Salsedo, Mattia De Micheli, Gianluca Parrini, Luca Bosio, Benedetto Allotta, Luca Ferretti, Gabriele Sartini, Paolo Degl'Innocenti, Giovanni Rigucci, Abramo Bagnara, Lucia Lilli, Santi La Fauci, Silvia Maggini.

References

Bergamasco M., De Micheli D.M., Parrini G., Salsedo F., Scattareggia Marchese S., "Design Considerations for Glove-like Advanced Interfaces," *Proc. of '91 International Conference on Advanced Robotics*, Pisa, Italy, June 1991.

Bergamasco M., "Design of Hand Force Feedback Systems for Glove-like Advanced Interfaces," *Proc. of ROMAN '92*, Tokyo, Japan, September 1992.

Die Anwendung von Virtual Reality bei Telerobotik

Sigrid Wenzel

Hans Josef Claßen

Die Fernsteuerung von Robotern zur Durchführung von Experimenten in einem Weltraumlabor stellt ein von der Bedienung her schwieriges Aufgabenfeld dar, da der Fachwissenschaftler seine Experimente ohne Kenntnisse der Roboterkinematik nicht selbst ausführen kann, sondern auf die Hilfe eines Spezialisten angewiesen ist. Aus diesem Grund werden im Rahmen des Forschungsvorhabens VITAL die prinzipiellen Einsatzmöglichkeiten von Virtual Reality bei der Gestaltung von Mensch-Maschine-Schnittstellen im Hinblick auf eine intuitive Definition und Steuerung von Experimenten untersucht, um eine einfache und sichere Handhabung der verwendeten Roboter zu gewährleisten. Der vorliegende Beitrag beschreibt die aktuellen Arbeiten des vom Land Nordrhein-Westfalen und von der DARA geförderten Projektes.

Dipl.-Inform. Sigrid Wenzel, Leiterin der Abteilung "Simulationskonzepte und -instrumente" des Fraunhofer-Institutes für Materialfluß und Logistik (IML), Dortmund, sowie Mitarbeiterin der SDZ GmbH, Dortmund.

Dipl.-Inform. Hans Josef Claßen, Mitarbeiter der CAE Electronics GmbH, Stolberg, im Bereich der Entwicklung von PC-, System- und Graphiksoftware.

Motivation und Ausgangssituation

Bei den gegenwärtigen Anwendungen in der Telerobotik (Fernsteuerung von Robotern) erfahren die Benutzer auch heute noch durch die zur Verfügung stehenden Mensch-Maschine-Schnittstellen nur unzureichende Unterstützung. Die Ursachen der benutzerunfreundlichen Handhabung der Instrumente liegen sowohl in der aufwendigen und oftmals fehleranfälligen Steuerung aufgrund der eingesetzten Interaktionsmedien als auch in den nicht problemadäquaten und anwendungsorientierten Benutzerschnittstellen. Die sich daraus ergebenden Akzeptanzprobleme, z.B. bei der Durchführung von Experimenten, werden durch die bei der Fernsteuerung von Robotern geforderten spezifischen Kenntnisse im Bereich der Roboterkinematik noch verstärkt. Weitere Problemfelder ergeben sich durch die kameragestützte Experimentkontrolle als ein nur unzureichender Feedbackmechanismus zur Überprüfung des Experimentablaufes, da die Qualität der Bilddarstellung aufgrund ungünstiger Lichtverhältnisse und einer möglichen Verdeckung von zu manipulierenden Objekten eine eindeutige Entscheidungsfindung des Betrachters nicht immer zuläßt und damit die Steuerung der Roboter erschwert. Für einen gezielten und effizienten Einsatz der Telerobotik zur Durchführung von Experimenten in einem Weltraumlabor müssen daher die bestehenden Konfigurationen und Konzepte über ganzheitliche Modellansätze, neue Mensch-Maschine-Schnittstellen und angepaßte Robotersteuerungskonzepte verbessert werden.

Seit Ende 1991 arbeitet ein Konsortium bestehend aus Mitgliedsfirmen der Aktionsgemeinschaft luft- und raumfahrtorientierter Unternehmen in Nordrhein-Westfalen e.V. (ALROUND) sowie Firmen aus den neuen Bundesländern unter Leitung der Firma CAE Electronics GmbH an einem von der DARA (Deutsche Agentur für Raumfahrtangelegenheiten) und dem Land Nordrhein-Westfalen geförderten Pilotprojekt. Ziel des Projektes VITAL ist die Untersuchung der Einsatzmöglichkeiten von Virtual Reality (VR) als eine neuartige und verbesserte Form der Benutzerschnittstelle zur Fernsteuerung von Robotern für die Durchführung von Experimenten im Weltraumlabor. Besonderes Augenmerk wird auf die Beseitigung der Defizite im Hinblick auf die bestehenden Interaktionsmöglichkeiten zur Robotersteuerung und auf die Feedbackmechanismen gelegt, so daß für den Anwender eine Reduzierung der Komplexität der Experimentabwicklung bewirkt werden kann und eine intuitive Bedienung möglich wird. Darüber hinaus führt die konsistente und transparente Darstellung der Funktionsabläufe bei der Steuerung von Robotern dazu, daß auch ohne die Einschaltung von Roboterexperten der Fachwissenschaftler in die Lage versetzt wird, eigenständig Experimente abzuwickeln.

Zielszenario für die Umsetzung der Mensch-Maschine-Schnittstelle auf der Basis von VR ist ein Weltraumlabor, das mit speziellen experimentabhängigen Geräten und Vorrichtungen und einem oder mehreren Robotern, die für die Durchführung der Experimente herangezogen werden, ausgestattet ist. In dem dazugehörigen Versuchslabor auf der Erde befindet sich ein Wissenschaftler (mission scientist), der ohne Spezialkenntnisse auf den Gebieten der EDV- und Robotertechnik die Aufgabe hat, mittels Fernsteuerung der Roboter ein bestimmtes Experiment im Weltraumlabor durchzuführen.

Der Lösungsansatz zur Erreichung obiger Zielsetzung setzt die Verwendung eines am Markt befindlichen Standard-VR-Systems voraus, das an eine intelligente Robotersteuerung angeschlossen wird. Das reale Roboterlabor und seine Steuerung werden über spezielle, für die Experimentüberwachung erforderliche Zusatzsensorik ergänzt. Ein visuelles Sensorsystem kann bei Bedarf zur Überwachung der Abläufe eingeschaltet werden. Innerhalb der virtuellen Welt werden die für den Experimentator relevanten Bestandteile des realen Roboterlabors entsprechend der aufgabenspezifischen Vorgaben nachgebildet.

Ziel des Gesamtprojektes ist es, anhand eines realitätsnahen Experimentes die Steuerung der (sich zunächst in einem Labor auf der Erde befindlichen) Roboter zu erreichen, um die prinzipielle Leistungsfähigkeit von VR zu ermitteln und die Vor- und Nachteile einer solchen Lösung aufzuzeigen.

Hard- und Softwarekonfiguration

Die VITAL-Systemkonfiguration beinhaltet neben dem seitens des Institutes für Roboterforschung (IRF) an der Universität Dortmund zur Verfügung gestellten Roboterlabor CIROS (Zwei-Roboter-System) mit der zugehörigen Robotersteuerung IRCS (= Intelligent Robot Control System), ein visuelles Sensorsystem (kurz: Vision), eine konfigurierbare Sensor-Control-Einheit sowie ein Standard-VR-System, das im Rahmen des Projektes durch eine taktile Rückmeldungskomponente ergänzt wird. Bei der eingesetzten VR-Hard- und -Software handelt es sich um das VPL RB2 Model 2 Virtual Reality System, das aus einem EyePhone HRX, einem DataGlove und einem Macintosh II fx Host-Rechner besteht; die Bildgenerierung wird über zwei Silicon Graphics IRIS 4D/310 VGXT realisiert. Zur Überwachung des Gesamtsystems werden alle Systemkomponenten an eine IRIS Indigo als separaten Operator- und Kontrollrechner angeschlossen.

Konzeption des Gesamtsystems

Ein wesentlicher Unterschied zu bestehenden Anwendungsfeldern für VR z.B. in der Architektur oder im Bereich der Unterhaltungsindustrie liegt in der direkten Kopplung des VR-Systems mit der Realität und des dadurch bedingten direkten Realitätsbezuges. Damit muß das VR-Modell nicht nur einen realitätsnahen Ausschnitt der zu betrachtenden Umwelt widerspiegeln. Aufgrund der Kopplung mit der Realität sind zusätzlich

Abgleiche zu fahren, um sicherzustellen, daß das VR-Modell mit der Realität korreliert. Dies bedingt die Verwaltung interner Datenmodelle der beteiligten Anwendungsprogramme und die Definition von Verifikationsmechanismen zur Gewährleistung der Konsistenz der Modelle.

In Analogie zu den genannten vier Hauptkomponenten VR, IRCS, Vision und Sensor Control wird damit das Gesamtsystem über vier *lokale Umweltmodelle (LUM)* konzipiert; jedes der aufgeführten Subsysteme besitzt einen eigenen privaten Datenbestand und eine lokale, für seinen Aufgabenbereich typische Funktionalität. Darüber hinaus wird als zentraler Informationsknoten des Gesamtsystems ein *globales Umweltmodell (GUM)* realisiert, das als übergeordnete Einheit die Kopplung dieser heterogenen Subsysteme zuläßt. Seine Datenhaltung beinhaltet im wesentlichen die zur Wahrung der Konsistenz notwendigen Datenbestände, die von mehr als einem lokalen Umweltmodell benötigt werden, und erfolgt auf dem hierfür abgestellten Kontrollrechner.

Der Datentransfer zwischen den Subsystemen findet auf der Basis eines subsystemunabhängigen Schnittstellenprotokolls statt; der Kommunikationsaustausch wird grundsätzlich über den für das globale Umweltmodell eingesetzten Rechner durchgeführt, so daß eine optimale Systemüberwachung möglich wird.

Bild 1 verdeutlicht den Aufbau des Gesamtsystems und gibt einen Eindruck von den vielfältigen Möglichkeiten des Datentransfers.

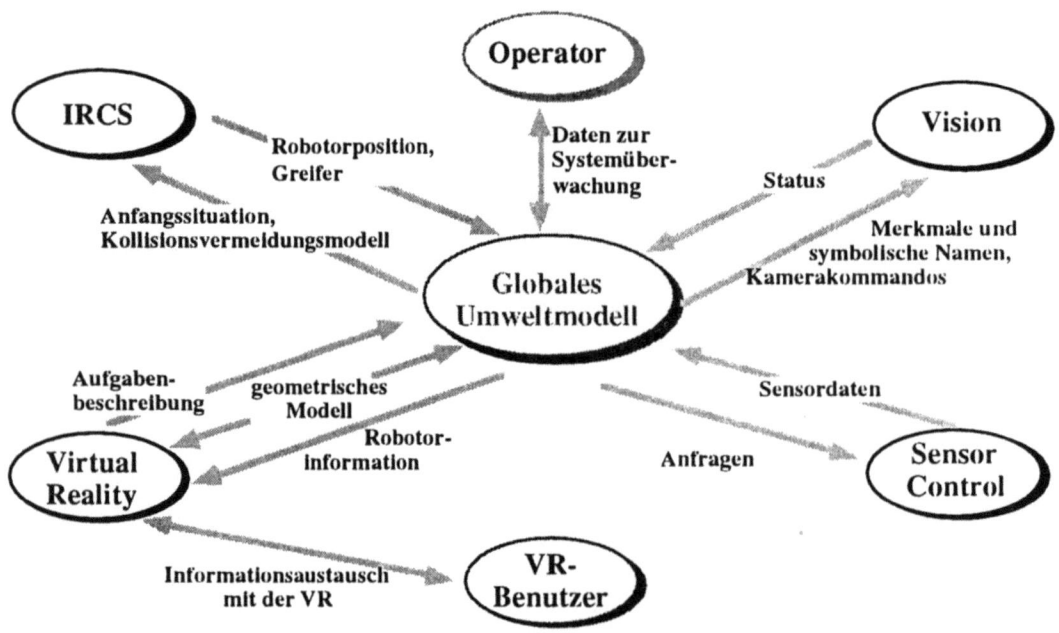

Bild 1: Einbindung des globalen Umweltmodells in das Gesamtsystem

Neben dem eigentlichen Benutzer der VR wird zur Überwachung des Systembetriebes vor und während einer Experimentphase und zur Verfolgung der Kommunikation der Teilsysteme ein *Operator* eingesetzt. Über eine geeignete MOTIF-basierte Operatorschnittstelle werden die für ihn unter sicherheitstechnischen Aspekten erforderlichen Funktionalitäten wie z.B. die Initialisierung der Teilsysteme bei Gewährleistung der Konsistenz der Modelle untereinander, das Eingreifen in den Systemablauf im Fehlerfall und die gezielte Informationsabfrage zur Verfügung gestellt und darüber hinaus alle Vorgänge im Gesamtsystem graphisch repräsentiert. Die Schnittstelle liegt neben dem Datenbestand des globalen Umweltmodells auf dem bereits erwähnten Kontroll- und Operatorrechner vor.

Zum Verständnis detailliert Bild 2 den Aufbau des globalen Umweltmodells, das neben der bereits erwähnten Operatorschnittstelle ein Systemstartmodul zum Aufbau des Kommunikationsnetzes und zum Start der Subsysteme, einen Informations- und Kommunikationsknoten zur Nachrichtenüberwachung und Systemzustandserfassung, die eigentliche Datenverwaltung und die GUM-spezifische Datenbasis beinhaltet.

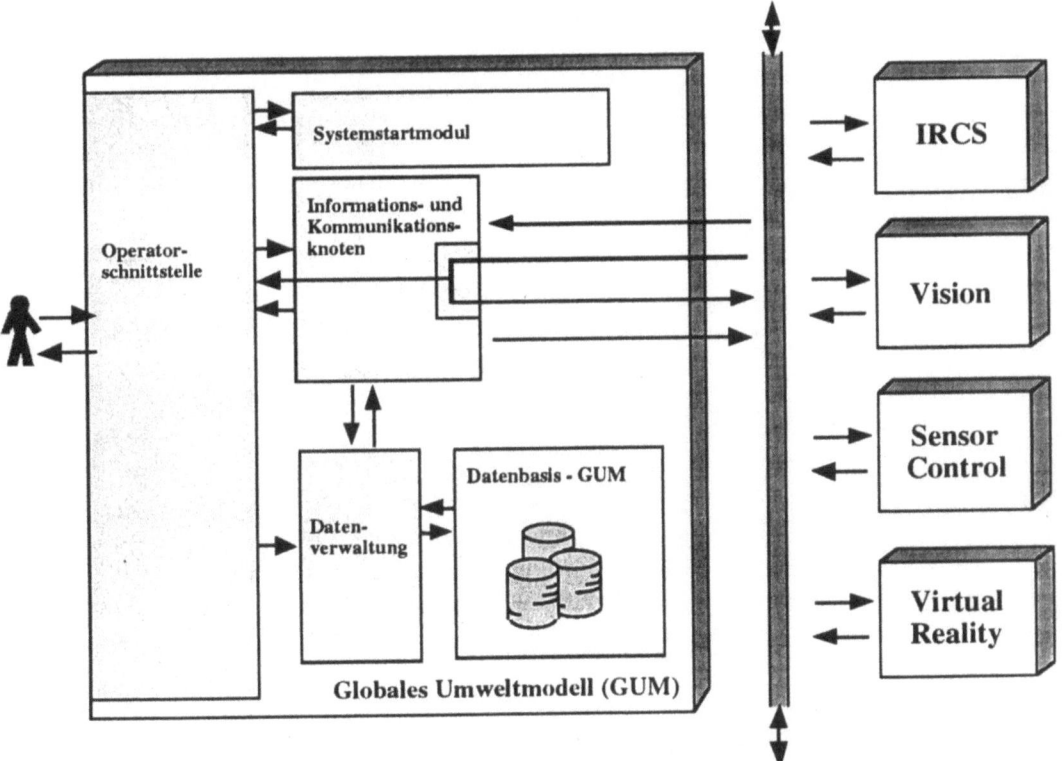

Bild 2: Aufbau des globalen Umweltmodells (GUM)

Auf eine Vertiefung der sich innerhalb des Gesamtsystems ergebenden Abläufe zwischen den Subsystemen insbesondere bezüglich der Ansteuerung der Roboter seitens der VR wird an dieser Stelle verzichtet.

Die Mensch-Maschine-Schnittstelle — VR

Bei der Umsetzung der VR-Schnittstelle steht die Zielvorstellung im Vordergrund, daß über die Darstellung eines aufgabenspezifischen Realitätsausschnittes dem Fachwissenschaftler eine intuitive Steuerung und Kontrolle eines Weltraumexperimentes und damit eine intuitive Programmierung vollständiger Arbeitsabläufe mittels DataGlove und EyePhone erlaubt werden. Aus den benutzerseitigen Manipulationen in der VR werden dabei automatisch Roboterbewegungen generiert.

Die folgenden Ausführungen beziehen sich auf den prinzipiellen Aufbau der Mensch-Maschine-Schnittstelle — VR; eine detailliertere Beschreibung der Umsetzung wird während des Vortrages anhand eines Videos verdeutlicht. Bild 3 visualisiert die Schnittstelle zwischen dem in der VR agierenden Benutzer und der im Rahmen dieses Projektes eingesetzten Robotersteuerung IRCS als Kopplung zum realen Weltraumlabor. Der konzeptionelle Aufbau läßt sich in

- die *Interaktionsmedien* zur Wahrnehmung und Manipulation des Umwelt-Modells — VR

und

- das *Umweltmodell — VR* mit seinen Komponenten und der für den Benutzer zur Verfügung gestellten Funktionalität als Repräsentation des relevanten Realitätsausschnittes des Weltraumlabors

unterteilen.

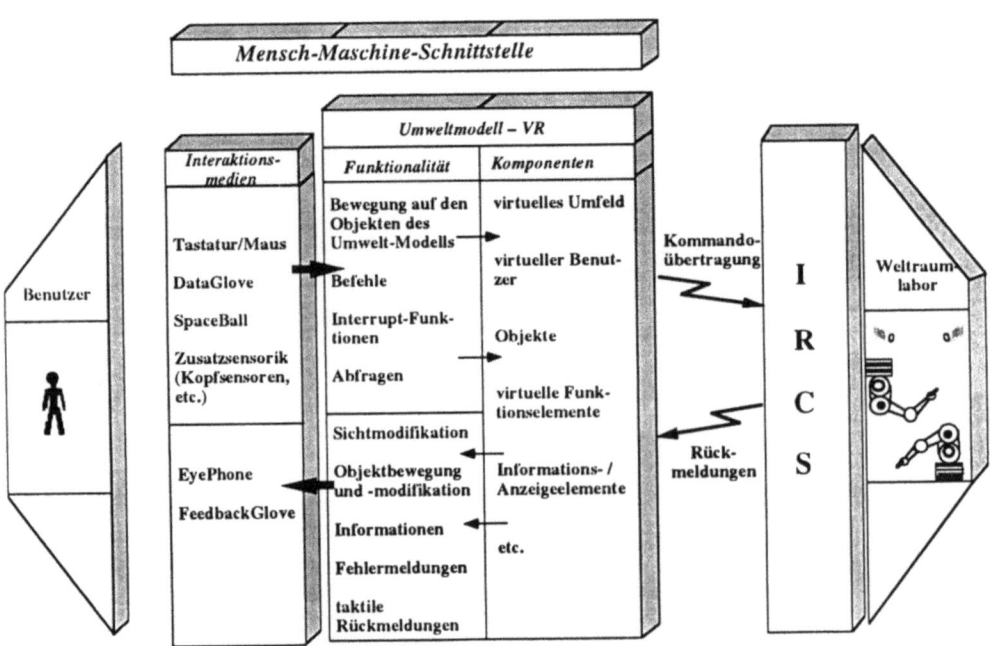

Bild 3: Umsetzung der Mensch-Maschine-Schnittstelle für Telerobotik

Die *Interaktionsmedien* bezeichnen die in diesem Projekt eingesetzten Interaktionswerkzeuge. Das *Umweltmodell — VR* konzentriert sich auf die geforderte Gesamtfunktionalität des Systems und die damit verbundenen Anforderungen an die Darstellung und Verwaltung der innerhalb der VR relevanten Komponenten. Als seine wesentlichen Bestandteile sind zu nennen:

(1) das *virtuelle Umfeld* als das darzustellende Weltraumlabor:
Das virtuelle Umfeld wird über sogenannte *feste* Objekte dargestellt, die eine nicht veränderbare Position in der aktuellen VR besitzen. Hierzu zählen z.B. Racks, Öfen, Slots, Fächer, Abdeckplatten und Laborwände.

(2) die seitens des Benutzers verwendeten Interaktionsmedien DataGlove und EyePhone zur Beschreibung des *virtuellen Benutzers*:
Die zur Definition von benutzerseitigen Bewegungen oder zur intuitiven Benutzung von sich in der VR befindlichen Objekten notwendigen Interaktionen in der VR erfolgen über Gestik-Eingabe mittels DataGlove (z.B. Greifen des Schubladengriffs zum Öffnen der Schublade). Dieses Eingabemedium reicht jedoch nicht aus, wenn eine Greifintention (z.B. Greifen einer Probe) parallel mit einer Bewegungsgeste (z.B. gehe mit dieser Probe von Position A nach Position B) zu beschreiben ist. Aus diesem Grund ist es sinnvoll, die Bewegungen des Benutzers in der VR auch über das zusätzliche Eingabemedium "SpaceBall" zu definieren.

Die Sicht in der VR wird über Position und Bewegung des Kopfes gesteuert; Betrachtungsstandort, Blickrichtung und -winkel bestimmen den darzustellenden Ausschnitt und die Ansicht der Szene.

(3) die innerhalb der VR zu *manipulierenden Objekte*, die sich wie folgt klassifizieren lassen:

- *Bewegliche* Objekte wie Schubladen, Klappen oder Schalter erhalten im Gegensatz zu festen Objekten eine eingeschränkte Bewegungsfreiheit und sind positionsabhängig mit einem festen Objekt gekoppelt.
- *Freie* Objekte wie Proben oder Platinen sind im Rahmen der aktuellen VR beliebig positionierbar und werden über den Positionierungsvorgang beweglichen oder festen Objekten zugeordnet.

(4) die *virtuellen Funktionselemente*:
Neben den unter (2) aufgeführten Eingabemöglichkeiten werden dem Benutzer zusätzlich in der Realität nicht existierende Funktionselemente in Form eines virtuellen Funktionstabletts zur Verfügung gestellt, um Funktionen abzudecken, die nicht in der VR abzubilden sind, aber eine direkte Steuerfunktion aktivieren müssen. Hier sind insbesondere das Starten oder Stoppen eines Experimentes oder auch der Not-Aus-Schalter für das gesamte System zu

nennen. Die Selektion der einzelnen Funktionen erfolgt über Fingerzeig mittels DataGlove.

(5) die *Informations- und Anzeigeelemente*:
Diese in der VR zusätzlich zu modellierenden Objekte wie z.B. Uhren oder Temperaturanzeigen sind zur Darstellung von benutzerrelevanten Statusinformationen während des Experimentablaufes erforderlich.

Der Roboter selbst ist nicht Bestandteil der VR, da er implizit über die Bewegungen und Aktionen des Benutzers gesteuert wird; Roboterarme, Greifer und Sensoren sind damit bei der Nachbildung des Weltraumlabors nicht zu berücksichtigen.

Prototypische Umsetzung und Evaluation

Um die tatsächliche Leistungsfähigkeit von VR für den Praxiseinsatz zu ermitteln, muß bei der prototypischen Umsetzung und späteren Evaluation der Bezug zu einer realistischen Anwendung über die Definition eines adäquaten Weltraumexperimentes hergestellt werden. Als Basisexperiment bietet sich das von seinen Rahmenbedingungen, seinen Möglichkeiten zur robotergerechten Nachbildung und seiner Elementstruktur relativ überschaubare D2 Missionsexperiment STATEX II (Statolithenexperiment) an, das zur Untersuchung des Einflusses der Gravitation auf die Ausbildung und Differenzierung von Schwererezeptoren im Innenohr bei Lebewesen (Kaulquappen und Fischlarven) unterschiedlicher Entwicklungsstadien dient.

Bild 4 verdeutlicht den prinzipiellen Experimentablauf.

Während des Fluges wird ein Teil der Larven als Kontrollgruppe in einer 1g-Referenzzentrifuge (Teil der Experimentiereinheit) gehalten; die übrigen Larven leben unter

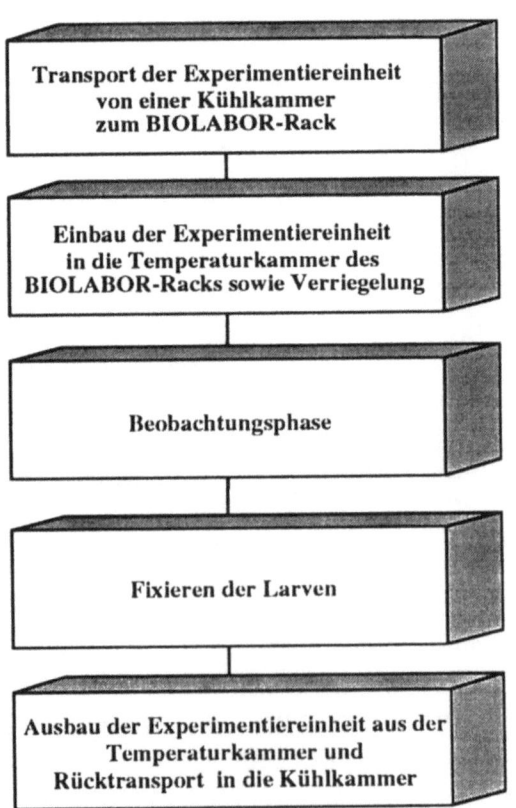

Bild 4: Abstrahierter Experimentablauf STATEX II

dem Einfluß der Mikrogravitation. Nach Beendigung der Mission werden die Larven durch das Einbringen einer chemischen Substanz fixiert.

Für die Abbildung in der VR sind als Hauptkomponenten die Experimentiereinheit (bestehend aus der 1g-Referenzzentrifuge und der Beobachtungs- und Fixiereinheit), eine Temperaturkammer und eine Injektionseinheit zur Fixierung der Larven relevant. Als mögliche Manipulationsfunktionen seitens des Benutzers sind im wesentlichen

- das Öffnen und Schließen einer Tür mit einem Verriegelungsmechanismus,
- der Zugriff auf die Experimentiereinheit, ihr Transport und ihr Einschub in die Temperaturkammer,
- das Aufsetzen von Steckern zum Anschluß der Experimentiereinheit sowie ihr Verriegeln,
- das Herausziehen der Experimentiereinheit aus der Temperaturkammer und das Aufsetzen der Injektionseinheit auf vier vorgegebenen Positionen der Beobachtungs- und Fixiereinheit

sowie
- der Rücktransport der Experimentiereinheit

zu berücksichtigen. Die Umsetzung innerhalb des Gesamtprojektes sieht vor, STATEX II zunächst allein in der VR durchzuführen. Nach Vernetzung der Subsysteme miteinander, ist es das Ziel, das Experiment in der VR durchzuführen und im Robotersystem nachzuvollziehen.

Bei der Modellierung von STATEX II ist insbesondere der jeweils zu wählende *Detaillierungsgrad der Abbildung* zu prüfen. So sind z.B. die Injektionseinheit und der Verriegelungsmechanismus nur recht abstrakt zu modellieren, da sie ansonsten für den VR-Benutzer nicht handhabbar sind; für das Kabel, an dem der Stecker befestigt ist, muß eine von der Realität abweichende Darstellungsform gewählt werden, da es nicht mit der für das Kabel typischen Flexibilität nachgebildet werden kann. Weitere Diskussionspunkte sind in der z.T. noch eingeschränkten intuitiven Benutzbarkeit zu sehen. Bei konkreten Anwendungen wird recht schnell deutlich, daß für den Benutzer *eine* Hand zur Interaktion oftmals unzureichend ist bzw. die Verwendung nur einer Hand die Reihenfolge der Benutzeraktionen beeinflußt (So ist z.B. das Öffnen eines Ofens, um eine Probe hineinzulegen, die zuvor aus einer Schublade genommen wurde, nicht möglich, wenn der Benutzer bereits die Probe in der Hand hält.).

Leistungseinbußen treten insbesondere durch das im Rahmen des Projektes eingesetzte VR-System auf; vor allem die Leistungsfähigkeiten der Interaktionsmedien DataGlove (Anzahl der zur Verfügung stehenden Sensoren zur Erkennung der Fingerpositionen) und EyePhone (Auflösung der Monitore) reichen für die bestehenden Anwendungen noch nicht aus. Es ist aber zu erwarten, daß die nächsten Systemgenerationen die bestehenden Defizite ausgleichen.

Ein Manko des verwendeten Standard-VR-Systems ist in der bisher fehlenden *taktilen Rückmeldung* zu sehen, der eine hohe Bedeutung für die spätere Einsetzbarkeit von VR, für die einfache und schnelle Bedienung und damit für die Akzeptanz beim späteren Anwender zugemessen wird (z.B. beim Greifen einer Probe oder beim Öffnen einer Tür). Aus diesem Grund werden in bezug auf den DataGlove im Rahmen des Forschungsprojektes VITAL ergänzende Entwicklungen vorgenommen.

Eine vollständige VR-Leistungsanalyse sowie die endgültige Evaluation der Mensch-Maschine-Schnittstelle können erst mit Fertigstellung des Experimentes als ersten Prototyp durchgeführt werden. Insbesondere sind in einer umfangreichen Testphase mit verschiedenen Probanten schwerpunktmäßig die Belastungssituationen der Bediener, das mögliche Fehlverhalten bei der Bedienung, Arbeitsqualität und Zeitbedarf bei der Durchführung von Aufgaben sowie das grundsätzliche Akzeptanzverhalten zu untersuchen, um gezielte Aussagen für die praxisgerechte Ausgestaltung der VR-Benutzerschnittstelle treffen zu können.

Ausblick und weitere Vorgehensweise

Die weitere Vorgehensweise sieht die prototypische Umsetzung des Gesamtsystems auf der Basis des vorgestellten Konzeptes vor und beinhaltet für die einzelnen Subsysteme ihre funktionale Erweiterung und Vorbereitung auf die für sie relevanten Aufgaben im Rahmen des STATEX II Experimentes. Die Fertigstellung der Arbeiten zur Durchführung des Basisexperimentes ist für Mitte 1993 geplant. Obwohl die bekannten VR-spezifischen hard- und softwaretechnischen Probleme auch in diesem Projekt nicht ausblieben, zeigen die bereits durchgeführten Arbeiten die vielversprechende Ansätze für neuartige, zukunftsorientierte Mensch-Maschine-Konzepte; insbesondere von der Evaluationsphase bei einem Einsatz unterschiedlicher Probanten werden interessante Ergebnisse erwartet.

Literatur

Balaguer, F.; Mangili, A.: Virtual Environments. In: Maganenat-Thalmann, N.; Thalmann, D. (Hrsg.): New Trends in Animation and Visualization. John Wiley & Sons, Chichester, New York, 1991, S.91-106.

Deckers, J.: Der Einsatz virtueller Realität unter Berücksichtigung des ökologischen Ansatzes der Wahrnehmungspsychologie. Vortrag auf dem Workshop zur Anwendung virtueller Realität bei Telerobotik im Weltraum, ILA, 16.06.1992.

Green, M.: Virtual Reality User Interface: Tools and Techniques. In: Chua, T.S.; Kunii, T.L. (Hrsg.): CG International '90; Computer Graphics Around the World. Springer-Verlag, Tokyo, 1990, S.52- 68.

Helsel, S.K.; Roth, J.P.: Virtual Reality, theory, practice, promise. Meckler Verlag, 1991.

Krüger, M.W.: Artificial Reality II. Addison-Wesley, New York, 1991.

Strothotte, Th.; Emhardt, J.; Reichert, L.: Virtuelle Realität: Ein Überblick. In: Hinz, V.; Lorenz P.; Strothotte, Th. (Hrsg.): Visualisierung und Präsentation von Modellen und Resultaten der Simulation, 1. Fachtagung am 18. und 19. März 1992 in Magdeburg, S.25-27.

VITAL-91: VITAL — Anwendung von Virtual Reality bei Telerobotik. 1. Zwischenbericht, Dokumenten-Nr. VITAL/CAE/0003, 15.11.1991.

VITAL-92/1: VITAL — Anwendung von Virtual Reality bei Telerobotik. 2. Zwischenbericht, Dokumenten-Nr. VITAL/CAE/0005, 21.02.1992.

VITAL-92/2: VITAL — Anwendung von Virtual Reality bei Telerobotik. 3. Zwischenbericht, Dokumenten-Nr. VITAL/CAE/0008, 31.07.1992.

Weber, G.: Interaktionsformen neuerer Eingabegeräte für die Graphikanimation. In: Lorenz P.; Klöditz, Chr. (Hrsg.): Computeranimation, 3. Fachtagung am 06. und 07. Februar 1991 in Magdeburg, S.70-82.

Wenzel, S.; Kottkamp, R.: Anwendung von Virtual Reality bei Telerobotik zur Verbesserung der Mensch-Maschine-Schnittstelle. In: Görke, W.; Rininsland, H.; Syrbe, M. (Hrsg.): Information als Produktionsfaktor, 22. GI-Jahrestagung, Karlsruhe, 28.09.-02.10.1992, Informatik aktuell, Springer-Verlag, Berlin, 1992, S.364-374.

"Virtual Reality" am Beispiel einer fünf-kanaligen LKW-Fahrsimulation

Rudolf Schmidt, Werner Müller, Norbert Trost

Fahrsimulatoren tragen nicht nur zur Entlastung der Umwelt, sondern auch zur Verbesserung der Ausbildung bei, da Situationen, die in der Realität zu Gefährdungen führen, hinreichend unter realistischen Bedingungen trainiert werden können. Dazu ist es jedoch wichtig, daß die audiovisuellen, haptischen und vestibulären Wahrnehmungskanäle des Fahrschülers im Simulator ausreichend gut angesprochen werden. Eine praktische Fahrschulerprobung an einem LKW-Fahrsimulator der Krauss-Maffei AG hat gezeigt, daß den Sichtmitteln, welche die Bewegung des Fahrzeugs durch die virtuelle Landschaft abbilden, eine besonders wichtige Funktion zukommt.

Rudolf Schmidt
Krauss-Maffei AG, München
Entwicklungsingenieur Ausbildungssysteme
und Sichtsimulation

Einleitung

Unsere Straßen werden - vor allem während der Hauptverkehrszeiten innerorts - zusätzlich durch Fahrschulfahrzeuge belastet, die jährlich Millionen von Kilometern zurücklegen. Dies ist besonders in kleineren Garnisonsstädten der Fall, die durch den Fahrlehrbetrieb der Bundeswehr erheblich belastet sind. Die Suche nach umweltverträglichen Alternativen liegt daher nahe.

Abhilfe können in dieser Situation Fahrsimulatoren schaffen, die den Betrieb des realen Fahrzeuges weitestgehend ersetzen und es zusätzlich erlauben, auch Fahrsituationen zu üben, die im Straßenverkehr zu einer Gefährdung führen. Abhängig von den Ausbildungszielen, die mit einem Simulationsgerät geschult werden sollen, unterscheiden wir zwischen Teilsimulatoren, die lediglich spezifische Handlungsabläufe antrainieren und Vollsimulatoren, die nahezu das gesamte Spektrum der geforderten Ausbildungsinhalte vermitteln.

In diesem Beitrag soll versucht werden, ein Firmenversuchsmuster eines LKW-Fahrsimulators mit einer fünf-kanaligen CGI-Außensichtdarstellung vorzustellen. Dabei wollen wir besonders die "kritischen Technologien" herausstellen, die sich bei der Krauss-Maffei AG aus der langjährigen Erfahrung bei der Konzeption und Entwicklung diverser Fahrsimulatoren und deren praktischem Einsatz ergeben haben.

Im einzelnen sind dies

- die Frontsicht aus dem Fahrzeug heraus mit einem geeignet großem Blickfeld des Fahrers,
- die Nachbildung des virtuellen Augenpunktes bei der Rückspiegelsicht,
- die Realisierung von interaktiven Verkehrsszenarien durch virtuelle Verkehrsteilnehmer,
- die Problematik von gerichteten Lichtquellen am Beispiel der Scheinwerfer und
- die Stimulation der vestibulären und haptischen Wahrnehmung.

Abschließend sollen diese Thematiken im Zusammenhang mit einer Fahrschulerprobung des LKW-Fahrsimulators diskutiert werden.

Aufbau des LKW-Fahrsimulators

Um sinnvolle LKW-Fahrsimulatorausbildung betreiben zu können, muß das Blickfeld des Fahrschülers aus der Fahrerkabine heraus mit den realen Gegebenheiten übereinstimmen. Dazu wurde ein Sichtsystem entwickelt, welches auf CGI-Technik basiert und im wesentlichen aus einer drei-kanaligen Frontsicht mit einem Blickwinkel von 170° horizontal und ca. 40° vertikal besteht (ein Frontkanal 1024 x 768 Pixel, zwei Seitenkanäle 640 x 496 Pixel). Als weitere Sichtmittel stehen zwei Monitore, die als Rückspiegel fungieren, zur Verfügung (Abb. 1). Die Bildwiederholrate beträgt 25 Hz bei ca. 1500 Polygonen pro Bild und Sichtkanal.

Die Fahrerkabine vom Typ DB 1017 ist mit all ihren Bedien- und Anzeigeelementen voll funktionsfähig, auch in Bezug auf die erforderlichen Stellkräfte, z.B. für Lenkbewegungen, Pedale etc. Ein Bewegungssystem erzeugt sowohl die typischen Kabinenschwingungen während der Fahrt, als auch situationsbezogene Ruck- und Nickbewegungen. Zur Erhöhung der Realitätsnähe trägt zusätzlich eine Geräuschsimulation bei.

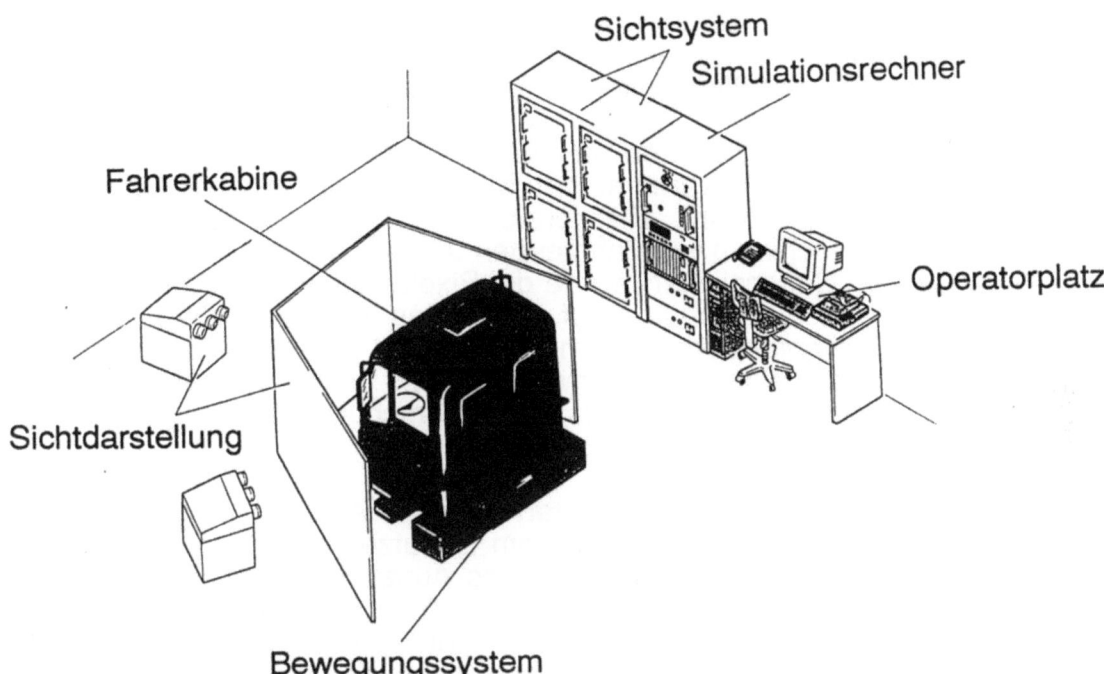

Abb. 1. Schematischer Aufbau des von der Krauss-Maffei AG entwikkelten LKW-Fahrsimulators. Die Fahrerkabine vom Typ DB 1017 befindet sich auf einer Bewegungsplattform zur Simulation aller typischen Kabinenbewegungen. Die Außensicht (ein Frontkanal, zwei Seitenkanäle) aus dem Fahrzeug heraus umfaßt einen Blickwinkel von 170° horizontal. Zwei zusätzliche Sichtkanäle sind für die Ansteuerung der Rückspiegel erforderlich.

Das dem Fahrzeug zugrunde liegende dynamische Modell beinhaltet Bodenunebenheiten und Bodenart unter allen vier Rädern, eine Modellierung des kompletten Antriebsstranges und der Lenkgeometrie sowie Brems- bzw. Beschleunigungsbewegungen.

Auslegung der Frontsichtdarstellung mit Kanalsynchronisation

Wie oben erwähnt, erfolgt die Einspielung der Frontsicht in drei getrennten Sichtkanälen. Jeder Kanal wird auf einer Grafikworkstation in einem eigenen Window gerechnet, mit Hilfe der Videosplitting-Technik isoliert und auf Videoleitungen an Großbildprojektoren übertragen. Diese projizieren das Bild über Spiegel auf große Mattscheiben, die um die Fahrzeugkabine angeordnet sind. Dieses Rückprojektionsverfahren bietet den Vorteil, daß der normalerweise erforderliche große Abstand zwischen Projektor und Bildwand halbiert werden kann; somit ist der Gesamtaufbau sehr platzsparend und bedingt keine besonderen Räumlichkeiten zur Unterbringung.

Der Gesamtblickwinkel des Fahrschülers beträgt aufgrund der Bildwandanordnung vertikal ca. 40° und horizontal 170°. Für die speziellen Anforderungen der Fahrschulausbildung (Sicht beim Linksabbiegen!) ist dieses Sichtfeld nicht symmetrisch um den Fahrerplatz herum angeordnet. Von der Mittelachse nach rechts wird ein Blickfeld von 75° abgebildet, auf der linken Seite beträgt der Blickwinkel der dargestellten Szene 95°.

Um das dargestellte Szenario in der Hauptblickrichtung nach vorn möglichst gut abzubilden, wurde für den Mittelkanal eine höhere Auflösung von 1024x768 Pixel gewählt. Dies ermöglicht sehr gutes Erkennen und Identifizieren von Objekten wie Fahrzeugen und Verkehrszeichen in Fahrtrichtung. Bei den Seitensichten wurde die Pixelauflösung reduziert (640 x 496 Pixel) und der Schwerpunkt auf ein großes Blickfeld gelegt, um die Sicht aus den Seitenfenstern zu ermöglichen und gute Anhaltspunkte für die Abschätzung der eigenen Geschwindigkeit zu geben. Ferner vermittelt das große Sichtfeld links und rechts dem Fahrschüler das Gefühl sich in der dargestellten Szene zu befinden.

Die auf den Bildwänden abgebildeten Szenen ergeben sich aus der verwendeten Geländedatenbasis, den am Benutzerinterface eingestellten Umweltbedingungen und den Aktionen des Auszubildenden (Beschleunigen, Bremsen, Lenken). Mit einer Rate von 25 Hz werden alle Fahrzeugparameter ausgelesen und dann mittels einer Dynamikberechnung der Fahrzeugbewegung auf die nächste darzustellende Fahrzeug- bzw. Augenpunktposition umgerechnet. Diese Positionsdaten bilden für die Grafikworkstation die Grundlage der neuen Sichtdarstellung, die berechnet und dem Fahrschüler dann wieder auf den Displaymedien eingespielt wird.

Um nun in der Frontsicht einen homogenen Bewegungseindruck zu erzeugen, müssen die dargestellten Szenen der einzelnen Sichtkanäle untereinander synchronisiert werden. Damit wird vermieden, daß die Szenenteile auf den Sichtkanälen von unterschiedlichen Positionsdatensätzen stammen oder miteinander konsistente Szenenbilder zu unterschiedlichen Zeiten dargestellt werden. Dies bedeutet, daß zwei unterschiedliche Synchronisationsmechanismen greifen müssen: Daten- und Grafiksynchronisation.

Die Datensynchronisation sorgt dafür, daß die Szene jedes Kanalwindows (rechts, links, Mitte) auf der gleichen Augenpunktposition basiert. Erreicht wird dies dadurch, daß vor Einlesen des nächsten Host-Datensatzes die beiden Applikationsprogramme (Mittelkanal und Seitensichten) über Semaphoren im Shared-Memory-Bereich sich aufeinander synchronisieren. Danach werden die Augenpunktdaten ermittelt und in die Bildberechnung eingespeist.

Für die Grafiksynchronisation wird das Genlock-Feature der verwendeten Grafik-Hardware (SGI SkyWriter VGXT) benützt, das den Zeitpunkt der Grafikdarstellung (Bufferswap und Vertical Retrace) für beide eingesetzten Grafikpipelines synchronisiert.

Durch die beiden beschriebenen Mechanismen ist zu jeder Zeit gewährleistet, daß in der Frontsicht die gezeigten Szenen ruckfrei, konsistent und ohne Verzögerungen ablaufen.

Nachbildung des virtuellen Augenpunktes bei der Rückspiegelsicht

Speziell für das Einsatzgebiet des Krauss-Maffei-Fahrsimulators, der LKW-Fahrschulausbildung, ist es unerläßlich, neben der Darstellung der Frontsicht dem Auszubildenden auch das Äquivalent einer Rückspiegelsicht einzuspielen.

Im Gegensatz zum PKW sind beim LKW wegen der Fahrzeugabmaße beide Außenspiegel ein unverzichbares Hilfsmittel zur Fahrzeugbeherrschung, z.B. für das Rückwärtsrangieren oder das Fahren mit Anhänger.

Um für das Firmenversuchsmuster eine qualitativ hochwertige und zugleich kostengünstige Realisierung zu erreichen, wird die Sicht der Rückspiegel auf zwei Monitoren dargestellt, die links und rechts von der Fahrzeugkabine an den vorhandenen Rückspiegelhalterungen angebracht sind. Die Monitore sind jeweils handelsübliche VGA-Monitore, die um 90° gedreht angeordnet sind, um das Bild in einem Aspektverhältnis wie bei LKW-Außenspiegeln typisch darzustellen. Weiter bietet der Einsatz von Monitoren für die Szenendarstellung auch Bilder hoher Qualität und Brillianz, die zur Akzeptanz des Gerätes seitens des Fahrschülers beitragen.

Auch bei Spiegelsichten muß sich die dargestellte Szene wieder entsprechend der Fahrzeugbewegung verändern, jedoch treten bei Rückspiegelsichten noch zusätzliche Anforderungen auf. Der Sichteindruck wie im echten LKW kann nur dann erreicht werden, wenn jeder Spiegelsichtkanal mit eigenem Augenpunkt gerechnet wird. Dieser ist beim Krauss-Maffei-Simulator identisch mit dem virtuellen Augenpunkt, der sich aufgrund von Optik und Anordnung des jeweiligen Spiegels ergibt. Die Spiegelanordnung bzw. Entfernung vom Fahrerplatz bedingt auch unterschiedliche Perspektivparameter, die bei Öffnungswinkel und Orientierung des entsprechenden Sichtkanals in die Bildberechnung mit einbezogen werden. Ferner muß zusätzlich zum veränderten Augenpunkt auch die Spiegelung der Szene berücksichtigt werden.

Die Orientierung beider Spiegelsichten ist in der Krauss-Maffei-Realisierung vom Bedienerplatz veränderbar, um ein Einstellen der Rückspiegel zu ermöglichen. Dieser Einstellvorgang läuft nach Kriterien wie im echten Fahrzeug ab. Auch hier dienen als Anhaltspunkte die Längsseite des eigenen Fahrzeuges, der Anhänger, die Hinterräder etc.

Interaktive Verkehrsszenarien durch virtuelle Verkehrsteilnehmer

Eine Grundforderung des LKW-Fahrsimulators ist es, den Fahrschüler realitätsnah im Führen eines LKW, auch und besonders im Stadtverkehr, zu trainieren. Dazu ist es erforderlich, Szenarien des Stadtverkehrs wirklichkeitsgetreu und in ihrer ganzen Komplexität nachzubilden. Unter anderem soll der Auszubildende mit Situationen konfrontiert werden, die sich spontan ergeben und ihn zum Beispiel zu Reaktionen (Bremsen, Rangieren) zwingen. Aber auch die Aktionen des Fahrschülers sollten ihrerseits wieder Einfluß auf den Ablauf der Verkehrsszenen haben. Dies bereitet in einigen konventionellen Implementationen immer wieder Probleme, da der Lösungsansatz oft die Integration von nicht-intelligenten Verkehrsteilnehmern ist, die einem starren Bewegungsschema folgen und nicht reagieren können. Solches Verhalten führt unweigerlich zu unrealistischen Ausbildungssituationen wie z.B. Nichtbeachten der Vorfahrt, Kollisionen mit dem eigenen LKW oder anderen Fremdfahrzeugen. Als weitere Konsequenz dieses Ansatzes ergibt sich eine Vorhersehbarkeit der Aktionen anderer Fremdfahrzeuge, was beim Auszubildenden zu einem Gewöhnungseffekt führt und nicht mehr mit der Ausbildung am echten Fahrzeug vergleichbar ist.

Um diese nichttrivialen Probleme zu lösen, wird bei der Krauss-Maffei AG das Konzept der "virtuellen Verkehrsteilnehmer" angewandt. Grundlage dieses Konzeptes ist ein Pool von vorgegebenen Fahrzeugbahnen und von ver-fügbaren Fahrzeugtypen. Dieser wird nun von einem eigenen Prozess "Fremdfahrzeugsteuerung" benützt, um bis zu 30 Fremdfahrzeuge zu ver-walten und im Szenario zu bewegen.

Für alle beweglichen Objekte erfolgt die Auswahl von Fahrzeugtyp und Fahrzeugbahn seitens des Steuerungsprozesses zufällig und weitgehend unabhängig voneinander. Die einzige Einschränkung hierbei ist die Koppelung von bestimmten Fahrzeugtypen an bestimmte Wege, wie z.B. Radfahrer auf Radwegen.

Nach Auswahl eines Fahrzeuges X und der dazugehörigen Bahn wird dann das Objekt X entlang des vorgebenenen Pfades bewegt. Hierbei werden die Bewegungsparameter (Geschwindigkeit) den Fahrzeugcharakteristika angepaßt. Das Fahrzeug bewegt sich nun auf seiner Bahn vom Bahnanfang bis zum Endpunkt. Bei dieser Bewegung stellt jedoch der Steuerprozess die relative Lage aller anderen Objekte fest. Querende, beim Linksabbiegen entgegenkommende oder auf der eigenen Bahn befindliche, langsamere andere Fahrzeuge führen zu einer Geschwindigkeitsminderung oder zum Stillstand von Fahrzeug X, was zu einem verkehrsgerechten Verhalten führt. Zu den weiteren Faktoren, die die Bewegung von Fahrzeug X beeinflussen, gehören Vorfahrtsregeln und Ampelstellungen.

Letztendlich überprüft der Steuerprozess noch Lage und Bewegung von Fahrzeug X relativ zum vom Fahrschüler bewegten LKW. Auch hierbei werden eventuell für die Bewegung von X entsprechende Reaktionen eingeleitet. Neben dem schon geschilderten Abbremsen sei hier die Warnung per Lichthupe bei gefährlichem Fahrverhalten seitens des Auszubildenden erwähnt.

In bezug auf ein realistisches Verkehrsszenario ist weiter anzuführen, daß auch Lichtzeichen an den Fremdfahrzeugen beim Bremsen und Abbiegen durch Farbänderung der entsprechenden Fahrzeugteile nachgebildet werden.

Wenn ein Fremdfahrzeug das Ende seiner Bewegungsbahn erreicht hat, deaktiviert es der Steuerprozess und setzt nach obigen Kriterien wieder ein neues Fahrzeug in die Szene ein.

All die beschriebenen Mechanismen der Fremdfahrzeugverwaltung und -bewegung führen im Ausbildungsbetrieb zu einem sehr hohen Maß an Dynamik, Komplexität, Interaktivität und Veränderlichkeit der ablaufenden Verkehrsszenen, was für den Fahrschüler eine Ausbildung in realistischen Fahrsituationen bedeutet.

Problematik von gerichteten Lichtquellen am Beispiel der LKW-Scheinwerfer

Entsprechend den Verhältnissen in der Realität müssen auch im Simulator die Fahrsituationen in bezug auf Umweltverhältnisse variabel sein. Dies schließt auch bei der Simulatorfahrausbildung Nachtfahrten mit ein, in denen das Streben nach Realitätsnähe die Darstellung von unterschiedlichen Lichtverhältnissen bedingt. Besonders soll hier auf die Darstellung von Lichtquellen und deren Auswirkungen auf das Szenario eingegangen werden, mit Schwerpunkt auf der Beleuchtungswirkung der Scheinwerfer des eigenen LKW.

Eine vollrealistische Darstellung mit Spiegelungen etc. läßt sich dabei aber nur mit Raytracing-Techniken erzielen, die (derzeit noch) in der Echtzeit-Simulation zu zeitaufwendig sind.

Ein weit weniger aufwendiger Ansatz ist, lediglich die Aufhellung von Szenenelementen durch den eigenen Scheinwerfer abzubilden. Hierzu müßte die Aufhellung jedes Bildpunktes entsprechend seiner Entfernung von den Lichtquellen und den Scheinwerfercharakteristika (Abstrahlform, Intensität, Farbe, Orientierung) ermittelt werden.

Aber auch dieser Ansatz scheitert an der Aufwendigkeit des Rechenvorgangs, da alle Berechnungen in spezieller Grafikhardware ablaufen müßten und die eingesetzten SGI-Workstations nicht für diese Grafikberechnungen ausgelegt sind.

Von der SGI-Grafikhardware aus wäre es im nächsten Ansatz möglich, lokale Lichtquellen zu definieren, wobei die Szenenbeleuchtung durch Helligkeitsermittlung an den Flächeneckpunkten und einfacher Helligkeitsinterpolation über der Fläche geschieht.

Eben diese Berechnungen gehen jedoch wieder zu Lasten der Gesamtgrafikleistung, was Abstriche bei Bilderneuerungsrate und/oder Szenenkomplexität zur Folge hat. Ferner führt die vertexbezogene, einfache Helligkeitsinterpolation besonders bei großen Flächen zu einem unrealistischen Eindruck bezüglich der Helligkeitsabnahme.

Da eine pixelweise Berechnung unverzichtbar scheint und auch Leistungseinbußen nicht hinnehmbar sind, wird beim LKW-Fahrsimulator für Beleuchtungsrechnungen der Nebelalgorithmus der SGI-Hardware eingesetzt. Dieser basiert bei der eingesetzten VGXT-Grafik auf dem Pixelraster, ist wegen Einsatz des Depthbuffers entfernungsabhängig und beansprucht keine Rechenzeit, da er in der Grafikhardware parallel abläuft. Um nun einen Nacht- und Beleuchtungseffekt zu erzielen, wird die Nebelfarbe auf schwarz eingestellt, was die Szene im Nahbereich normal (tag-)hell und mit zunehmender Entfernung immer mehr abgedunkelt erscheinen läßt. Auch Unterschiede in der Beleuchtungsintensität lassen sich mit diesem Modell realisieren, z.B. wird durch erhöhte (erniedrigte) Nebeldichte der Eindruck einer schwächeren (stärkeren) Lichtquelle im Vergleich z.B. zum eigenen Abblend- oder Fernlicht erweckt.

Obwohl im beschriebenen Modell Vereinfachungen gemacht worden sind, wie z.B. die Vernachlässigung des Abstrahlkegels, lassen sich auf diese Weise auch die Aufhellung von Szenenteilen in Fahrtrichtung und das "Auftauchen" von Objekten aus der Dunkelheit mit sehr großer Realitätsnähe darstellen.

Stimulation der vestibulären und haptischen Wahrnehmung

Für die Einsetzbarkeit und die Akzeptanz eines Fahrsimulators hat neben der Ansprache der audiovisuellen Wahrnehmung auch die Stimulation von solchen Wahrnehmungskanälen große Bedeutung, die dem Auszubildenden auch körperlich den Eindruck geben, daß er sich tatsächlich in einem Fahrzeug befindet und bewegungskonsistente Beschleunigungen erfährt.

Als erstes sei hier der vestibuläre Kanal aufgeführt, über den vom Gleichgewichtssinn Bewegungseindrücke wahrgenommen werden. Im hier beschriebenen LKW-Fahrsimulator befindet sich der Auszubildende in einer Original-LKW-Kabine, die auf einer Hydraulikplattform angebracht ist. Die Hydraulikanlage ermöglicht es, die gesamte Kabineneinheit nach vorn zu neigen und damit ein Nicken des Fahrzeugs nachzubilden. Die Geschwindigkeit des Kippvorgangs ergibt sich aus dem Betrag der Beschleunigung/Verzögerung, die bei der simulierten LKW-Fahrt auftreten. Die Simulation der Gierbewegung, einer Fahrzeugquerneigung, wird dadurch simuliert, daß nach Ermittlung des Gierwinkels seitens des Dynamikmodells der Augenpunkt für die Szenenberechnung um denselben Betrag in die entgegengesetzte Richtung gekippt wird. Diese gibt im Verhältnis Kabine zu Bild den gleichen Effekt, wie eine echte Neigung der Kabine relativ zum statischen Bild. Auf eine Bewegungssimulation weiterer Freiheitsgrade konnte verzichtet werden, da der Simulator nicht zur Ausbildung im Bereich kritischer Fahrzustände vorgesehen ist.

Als weiterer wichtiger Informationskanal ist die haptische Wahrnehmung zu nennen, über die alle taktilen Reize und Gegenkräfte auf Berührungen vermittelt werden. Aus der Tatsache, daß im beschriebenen LKW-Fahrsimulator eine Originalkabine verwendet wird, ergibt sich, daß alle taktilen Reize der Situation dem echten Fahrschulfahrzeug entsprechen. Mittels kleiner mechanischer Modifikationen am LKW-Führerhaus wurde auch für die Stellkräfte von Pedalen, Bedienungs- und Schalthebeln eine wirklichkeitsgetreue Nachbildung erreicht. Als Hauptfaktor bezüglich haptischer Wahrnehmung ist jedoch das Lenkrad zu nennen. Hierüber wird ein großer Teil der beim Fahrzeuglenken auftretenden fühlbaren Kräfte übertragen, die sowohl von der Geschwindigkeit, der Beladung, dem Lenkwinkel als auch von der Fahrbahnbeschaffenheit abhängen. Um bezüglich des Lenkrads eine realitätsgetreue Simulation zu erzeugen, müßte eine Logik die momentanen Sollstellkräfte ermitteln, die dann über Stellmotoren direkt an die Lenkachse übertragen werden müßten. Diese Problematik schien für ein Firmenversuchsmuster zu aufwendig zu sein, und so wurde ein einfacherer Ansatz gewählt. Dabei erfolgt die Rückstellung über eine Feder, die das Lenkrad mit einer bestimmten Kraft immer wieder in Richtung Nullstellung zu drehen versucht. Ein Nachteil dieser Lösung ist zwar die von der Fahrgeschwindigkeit unabhängige Rückstellkraft, jedoch hat sich auch hier gezeigt, daß eine einfache Nachbildung eines Effekts besser ist als der komplette Verzicht.

Resümierend ist festzustellen, daß der Verzicht auf die Einspielung von vestibulärer und haptischer Stimulation wohl dem Realitätseindruck sehr abträglich wäre, daß aber mit relativ einfachen Mitteln eine akzeptable Nachbildung zu erreichen ist.

Praxisbericht einer Fahrschulerprobung

Abschließend seien noch einige Ergebnisse aus einer praktischen Erprobung genannt, die im Rahmen einer Studie der Bundeswehr-Universität Hamburg ermittelt wurden. Ziel dieser Studie war ein Vergleich von LKW-Ausbildung am echten Fahrzeug und am Simulator. Hierzu wurden jeweils acht Fahrschüler aus dem normalen Bundeswehr-Fahrschulzyklus herausgenommen, die über keinerlei Vorerfahrungen am Lastwagen verfügten. Diese Soldaten absolvierten dann jeweils acht Fahrstunden zu 30 Minuten am echten LKW bzw. am Simulator.

Als Schulungsziele wurden 12 Ausbildungspunkte von insgesamt 45 aus dem Ausbildungskatalog ausgewählt, darunter z.B. Linksabbiegen, Befahren von Steigungen und Gefällen sowie Rangieren mit Anhänger. Die Ausbildung fand statt mit einem Fahrlehrer und einem Beobachter in der Kabine und einer Beobachtergruppe, die über Monitore die Fahrszenen und über Mithöreinrichtungen die Gespräche mitverfolgen konnten. Neben den Lernerfolgen und Fehlern wurden auch physiologische Messwerte der Fahrschüler mitprotokolliert. Somit entstanden auch Ergebnisse über Ermüdung, Anstrengung und sonstiges körperliches Befinden. Abschließend fand noch im Stadtgebiet von München eine Erprobungsfahrt auf einem LKW mit Anhänger statt.

Obwohl zum jetzigen Zeitpunkt die Studie noch nicht endgültig abgeschlossen ist, konnten während und nach der Erprobung doch einige erste Auswertungen vorgenommen werden. Als generelles Faktum wurde festgestellt, daß die Akzeptanz des Simulators seitens der Fahrschüler und der Fahrlehrer sehr hoch war. Darüberhinaus waren beide Gruppen, evtl. wegen des Reizes der eingesetzten Technologie, hoch motiviert.

Bezüglich der Qualität der Ausbildung war festzuhalten, daß die Fahrt im Simulator als anspruchsvoll und durchaus fordernd angesehen wurde, ohne jedoch über die Maßen anzustrengen. Dies liegt wohl zum Großteil an der Vielfalt und Komplexität der "erfahrenen" Situationen. Auch wurde bemerkt, daß die Ausbildung am Simulator wesentlich straffer durchgeführt werden konnte. Grund hierfür ist sicher auch, daß die zu befahrende 3D-Landschaft sehr kompakt gestaltet war und somit im Gegensatz zur "echten" Ausbildung wenig Leerzeiten auftraten.

Im Hinblick auf das Befinden der Fahrschüler gab es nur geringe Probleme bei den Personen, die auch sonst leicht unter Reisekrankheit leiden. Ansonsten konnte jeder Soldat das vorgesehene Lernprogramm ohne jegliche Probleme absolvieren.

Sehr hervorgehoben wurden die Lernerfolge bei der Fahrzeugbeherrschung, auch beim Fahren mit Anhänger. Lernschritte, wie das Befahren von Kurven, wurden ohne Schwierigkeiten gemeistert, was für den Realismus der gesamten Übungsumgebung und insbesondere die Qualität der eingespielten Sichtinformation spricht.

Diese Beurteilung fand dann ihre Bestätigung bei der Erprobungsfahrt, die vom Leiter einer Fahrschulkompanie begutachtet wurde. Ungeachtet sehr schwieriger Verhältnisse (dichter Stadtverkehr, enge Straßen, Fahrt mit Anhänger) wurde den Soldaten eine sehr gute Beherrschung des Fahrzeugs bescheinigt. Beim Vergleich mit ihren konventionell ausgebildeten Kollegen schnitten sie sogar in vielen Fällen besser ab.

VODIS

Virtual Office Design

Ein Systemkonzept für die ganzheitliche Bürogestaltung

Virtual Office Design ist ein Systemkonzept zur ganzheitlichen, multidisziplinären und anwendungsorientierten Planung und Gestaltung von Bürohäusern, Büroräumen und Büroarbeitsplätzen unter Verwendung der Methoden und Werkzeuge der Virtuellen Realität. Der Beitrag diskutiert Notwendigkeit und Zielsetzung des **VODIS**-Konzeptes und zeigt die Anwendungsgebiete, Einsatzvoraussetzungen, Methoden, Werkzeuge und Tools theoretisch und exemplarisch auf.

Dipl.-Ing. **Wilhelm Bauer**

Fraunhofer-Institut für Arbeitswirtschaft und Organisation (IAO)
Nobelstr. 12, 7000 Stuttgart 80

Office Design - Wo liegt das Problem?

Die Gestaltung funktionaler, effizienter, wirtschaftlicher und gleichzeitig menschengerechter und das Wohlbefinden der Menschen förderlicher Büroarbeitsplätze und Bürogebäude ist eine multidimensionale Planungsaufgabe. Zur Erzielung optimaler Planungsergebnisse müssen eine Vielzahl von Gestaltungsbereichen zusammenwirken und harmonieren. Ganzheitliche Gestaltung ist erforderlich, wenngleich oder gerade weil durch eine starke Disziplinarisierung der Arbeitsgebiete sehr viele verschiedene Planungspartizipanten beteiligt sind (Bild 1).

● stark beteiligt
○ beteiligt

			Architekt	Bauingenieur	Klimatechniker	Lichttechniker	Akustiker	Innenarchitekt	Elektroingenieur	EDV-Planer	Sicherheitstechniker	Ergonome	Nutzer	Bauherr
GESTALTUNGSBEREICHE	Architektur und Raumgestaltung	Gebäudeentwurf	●							○	○			●
		Konstruktion	●	●										
		Ausbautechnologie	○	○		○		○	○					○
		Baubiologie	○	○		○	○	●				○	○	○
		Beleuchtung	○			●		○	○		○	●	○	○
		Klimatisierung	○		●								○	○
		Akustik	○				●						○	○
		Farbgestaltung					○	●			○	●	○	○
	Einrichtung	Büromöbel						○	○		○	●	●	●
		Raumgliederung	○			○	○	○	○			●	○	○
		Kunst	○					●					●	●
	Technik	Elektroinstallation	○			○			●		○			○
		Bürogeräte			○	○	○		○		○	○	○	●
		EDV-Systeme			○				○	●	○	●	○	●
		Netze	○						●	●				○

BETEILIGTE AM GESTALTUNGSPROZESS

Bild 1: Gestaltungsbereiche und am Gestaltungsprozeß Beteiligte bei der Bürogestaltung

In der Vergangenheit führten die zunehmenden Anforderungen an die Bürogestaltung, wie z. B. der Wandel der Büroabläufe und der Bürotätigkeiten oder die Einführung moderner Informations- und Kommunikationstechniken zu einer neuen Stufe der Problemkomplexität und damit zu einer zunehmenden Spezialisierung der Fachdisziplinen und gleichzeitig zu immer komplexeren Planungs- und Gestaltungsprozessen. Dies führte bei den an der Bürogestaltung beteiligten Fachdisziplinen zur Herausbildung eines höchst fachspezifischen Methodeninventars, das eine integrative Handhabung von Informationen und Gestaltungsergebnissen nur noch bedingt zuläßt.

Das umfassende Wissen des Baumeisters der Antike ist heute bei keinem der Planungsbeteiligten mehr vorhanden. Auch bei Neubauprojekten gibt es diesen "Alleswisser" längst nicht mehr und wird dabei doch so sehr vermißt. Das "babylonische Sprachengewirr" ist längst Realität in Bauvorhaben. So hat sich bereits eine Spezialdisziplin herausgebildet, die koordinierende und "dolmetschende" Funktionen wahrnehmen soll: der Baumoderator (Bild 2).

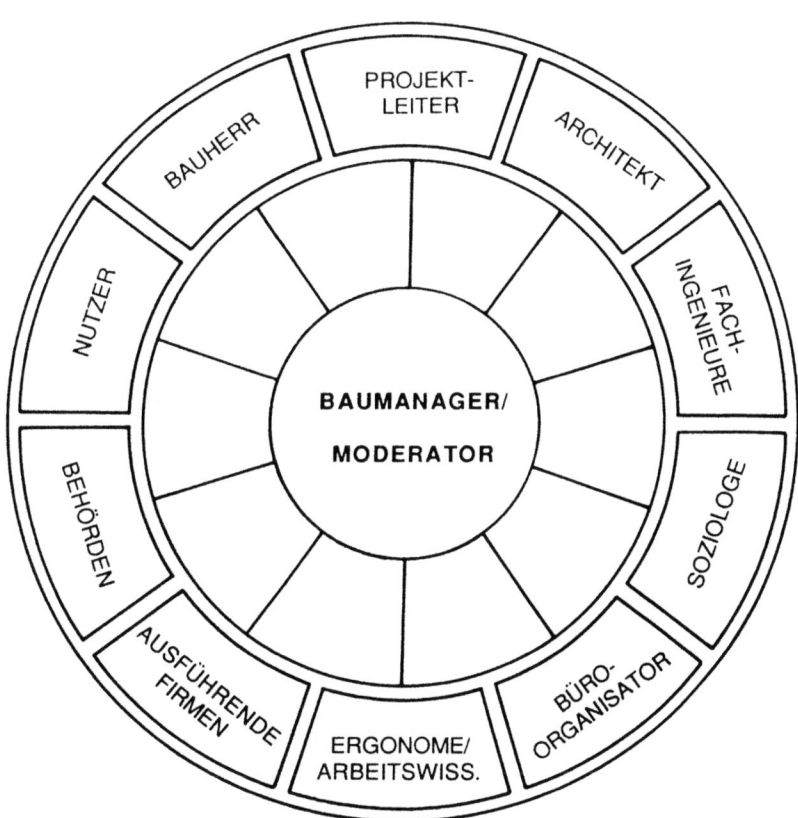

Bild 2: Multidisziplinäre Zusammenarbeit bei der Bürogestaltung (beispielhaft)

Und auch bei den angewandten Planungsmethoden herrscht alles andere als Ganzheitlichkeit oder Einheitlichkeit. Die Architekten zeichnen in der Regel zuerst am Brett - fortschrittliche auch schon am CAD -, dann werden Holz- oder Plastik-Modelle gebaut, weil der Bauherr oder Entscheider die "tollen" Zeichnungen nicht interpretieren kann oder will. Und weil es sich um ein Modell eben "rumstehen" läßt, also auch Entscheidergremien besseren Zugang haben.

Der Büroplaner erstellt dann einen Grundriß, entweder auf dem Papier unter Verwendung von 1:50-Möbelmodellen oder den entsprechenden Magnetkärtchen. Das Planungsergebnis wird den Abteilungsleitern der betreffenden Abteilungen per Papierkopie zur Kenntnis gegeben mit der Bitte, gewünschte Korrekturen per Rotstift vorzunehmen. Dann wird das Planungsergebnis wieder mit dem CAD vom Planer verändert und am Ende noch vom Betriebsrat oder Betriebsarzt abgenommen.

Die Innenarchitektin macht einen Vorschlag zur farblichen Gestaltung von Teppichboden, Raumwänden und -decken und erstellt dann für die Entscheidungsfindung einen Materialkatalog mit sauber in sich stimmigen Kollagen.

Der Beleuchtungplaner nimmt mit einem speziellen Beleuchtungsberechnungsprogramm eine Berechnung der Lichtverhältnisse im Raum vor, wobei er aus Ermangelung verläßlicher Daten von einer "Standardeinrichtung" ausgeht, weil er auf die Daten von Innenarchitekur und Büroeinrichtungsplanung zu diesem Zeitpunkt noch keinen Zugang hat.

Stellt sich die Frage, ob dies so sein muß, oder ob sich durch den Einsatz geeigneter Hilfsmittel eine deutliche Verbesserung der beschriebenen Planungs- und Gestaltungsvorgänge erzielen lassen.

Virtual Reality - Visionen der Gestalter

Das Planen und Gestalten solch komplexer Produkte und Systeme wie es ein Bürogebäude, ein Büroraum und auch ein Büroarbeitsplatz sind, erfordert ganzheitliche und integrative Methoden. Außer Zweifel steht, daß moderne Industriebauten nur noch unter massivem Einsatz von Computerleistung zu planen, zu berechnen, zu gestalten, zu realisieren und zu betreiben sind. Computerunterstützung muß sich dabei aber unbedingt an die Vorstellungen, Kenntnisse, Arbeitsweisen und intuitiven Handlungsmuster der Planungsbeteiligten anpassen. Nur dann kann sie effizient, kooperativ und im Sinne einer Ergebnisoptimierung sinnvoll angewandt werden.

Das Erlebbarmachen von Gebäuden, Räumen und Gegenständen, die im Computer mit Hilfe entsprechender Grafik- und Designprogramme erzeugt werden, ist schon lange der Wunsch von Computerentwicklern aber vor allem der Anwender von entsprechenden Anwendungsprogrammen. Bislang war der Wahrnehmungseindruck beim Betrachten von 3-D-Computerbilder aber noch eher "eben", also mehr oder weniger 2-dimensional (weil bildschirmorientiert). Akustische Eindrücke fehlten dabei gänzlich. Einen realistischen audio-visuellen Eindruck konnte man erst erhalten, wenn man ein physikalisches Modell des Gegenstandes baute, also z. B. ein Architekturmodell eines geplanten Bürohauses, oder das Designmodell für ein neues Büromöbel, oder einen Simulator für ein Facility-Managementsystem.

Eine der derzeit interessantesten Lösungen des beschriebenen Wahrnehmungsproblems ist die **Virtuelle Realität (VR)**. Dieses neue Interaktions- und Darstellungsverfahren bietet dem Anwender der Computergrafik die Möglichkeit, seine im Computer dreidimensional generierten Welten zu begehen, zu begreifen, zu manipulieren, mit ihnen zu interagieren und somit letztlich erlebbar zu machen. "Sinnliches Erleben" von informatorischen Welten kann möglich werden:

- **visuelles Erleben** (optische Informationen werden in räumlicher Perspektive wahrgenommen),
- **auditives Erleben** (physikalisch richtiger akustischer Raumeindruck),
- **olfaktorisches Erleben** (Simulation von Raumluftqualitäten und Gerüchen),
- **thermorezeptives Erleben** (Wahrnehmung thermischer Kenngrößen wie Temperatur, Luftfeuchte, Luftbewegung),
- **taktiles Erleben** (Berührungsempfindung über Hautkontakt) und

kinästhetisches Erleben (Bewegungs- und Haltungswahrnehmung des menschlichen Bewegungsapparates, "Tiefensensibilität").

Welche der o. g. Wahrnehmungskanäle des Menschen mit Hilfe der Virtuellen Realität angesprochen werden sollte, hängt von der Gestaltungs- und Planungsaufgabe ab. Für die überwiegende Mehrzahl der Fälle wird Sehen und Hören genügen. Oft wäre jedoch auch der Geruch und das Temperaturempfinden für die Beurteilung von virtuellen Situationen sinnvoll. Sehr häufig sind taktile Wahrnehmungen für eine realistische Gesamtwahrnehmung von großer Bedeutung. Immer dann, wenn der Mensch direkte Interaktionen mit Teilen der virtuellen Welten vornehmen möchte, ist die Wahrnehmung des Aktionserfolges äußerst hilfreich bzw. oft zwingend notwendig. Bild 3 zeigt ein Systemkonzept zur mehrsinnlichen Virtuellen Realität.

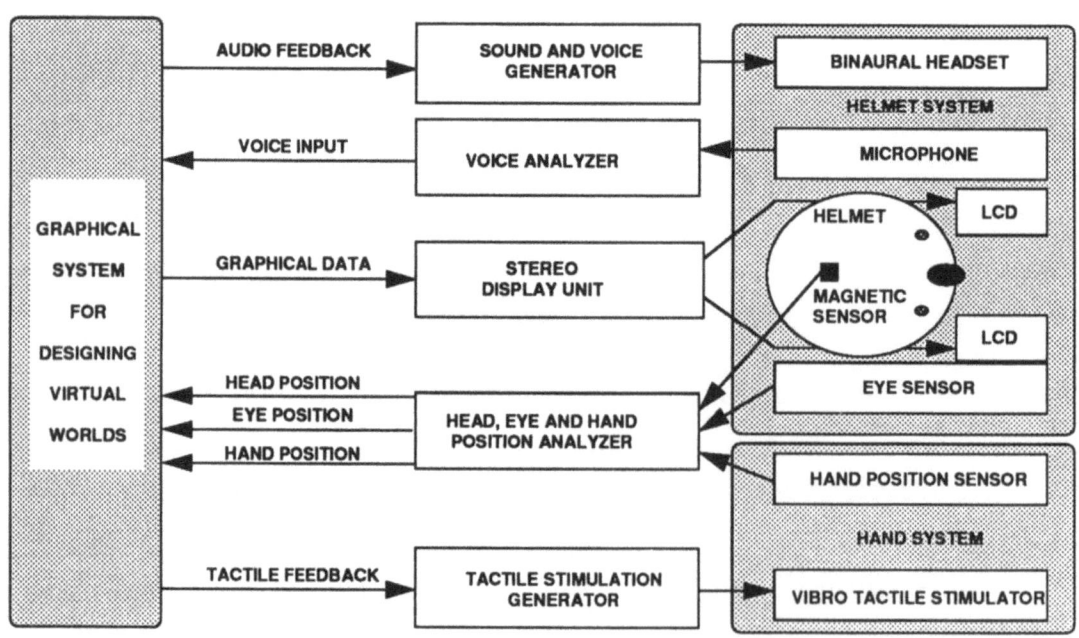

Bild 3: Systemkonzept zur mehrsinnlichen Wahrnehmung virtueller Welten

Virtual Office Design - Die Ziele

Die zunehmende Notwendigkeit zur Beschleunigung von Entwicklungs- und Planungsprozessen in der Bürogestaltung erfordert effiziente und effektive Methoden. Begriffe wie Simultaneous Engineering und Rapid Prototyping stehen heute für eine neue Qualität zur Reduzierung von Planungsdauern bei gleichzeitiger Erhöhung der Planungsqualität und -transparenz. Zusammenfassend können die Ansprüche und Ziele eines neuen Planungsverfahrens auf Basis der Technologien zur Virtuellen Realität folgendermaßen charakterisiert werden:

- Verkürzung der Innovationszyklen durch Verminderung der Entwicklungszeiten und Steigerung der Planungseffizienz, also

    ♦ von der **Iteration** zur **Integration**.

- Teamorientierte Planung, Konzeption und Gestaltung durch Einbindung interdisziplinärer Beteiligungen, also

    ♦ vom **Fachspezialistenplanen** zum **Teamgestalten**.

- Kostenreduzierung durch Planungs- und Gestaltungsoptimierung in der informationellen Repräsentation mit sehr spätem Übergang zur externalen/gegenständlichen Form, also

    ♦ vom **Rapid Prototyping** zum **Virtual Prototyping**.

- Kompetenz in der Anwendung von Highend Computertechniken für die 4D-Darstellung zeitvarianter Vorgänge, also

    ♦ vom **Betrachten** des Grafikbildschirmes zum **Erleben** virtueller Welten.

Virtual Office Design (VODIS) ist als Systemkonzept zu verstehen, das es erlaubt, mit einem Set verschiedener Planungs- und Gestaltungstools unterschiedliche Planungs- und Gestaltungsaufgaben von einer oder mehreren Personen durchzuführen, diese in Gruppen zu diskutieren oder auch alleine wahrzunehmen mit dem Ziel, Büroplanung und

-gestaltung wirtschaftlich und human zu machen und zwar das Ergebnis wie auch den Gestaltungsprozeß.

Virtual Office Design - Die Anwendungsgebiete

Betrachtet man die "klassischen" Stufen der Büroplanung stellt man fest, daß sich die VR-Methoden für die Mehrzahl der Planungsaufgaben anbieten. Insbesondere in den konzeptionellen und den bewertenden Stufen des Planungsprozesses kann **VODIS** effizient eingesetzt werden (Bild 4).

Nr.	Stufe	Eignung
1.	Formulierung der **Unternehmensstrategie**	○
2.	Entwicklung von **organisat. und technischen Bewältigungskonzepten**	◐
3.	Entwicklung von **baulichen Bewältigungskonzepten**	●
4.	Erstellen und Gewichten des **Zielsystems**	○
5.	Aufstellen des **Funktionsprogramms**	●
6.	Ermittlung des **Raumprogramms**	●
7.	Erstellen des **Pflichtenheftes für Architekten**	◐
8.	Prüfung und Bewertung der **Architekturkonzepte**	●
9.	Durchführung der **Detailplanung für Gebäude und Einrichtung**	●
10.	Begleitung bei der **Realisierung**	◐
11.	Planung und Begleitung des **Umzugs**	◐
12.	Kontinuierliche **Weiterentwicklung und Betreuung**	◐

● sehr geeignet ◐ geeignet ○ nicht geeignet

Bild 4: Virtuelle Realität für die Raum- und Gebäudeplanung

Neben der Anwendung der Virtuellen Realität in der Planung von Bauobjekten ist seine Anwendung beim **Produktdesign** möglich und sinnvoll. Hierbei ist zunächst an die Unterstützung von Designern und Konstrukteuren gedacht, die neue Büroprodukte entwerfen, gestalten und entwickeln. Die Nachbildung des Methodenspektrums und der "klassischen" Werkzeuge von Gestaltern ist mehr als denkbar. Direkt manipulatives Gestalten am virtuellen Objekt ist auch hier mehr als eine Vision. Der Büromöbelgestalter, der mit virtueller Feile und Schmirgelpapier seinen "Prototypen" bearbeitet und mit der virtuellen Airbrushpistole das finisch am fertig geformten Produkt vornimmt, nimmt Gestalt an. Denkbar ist die ganze Palette der gängigen, aus der Modellbauwerkstatt bekannten Be- und Verarbeitungsverfahren, sowie die in der CAD-Technik gängigen zusätzlichen "Operationen" (z.B. Bool'sche Operationen).

Bild 5 zeigt das gesamte weite Spektrum der möglichen Anwendungsgebiete des Virtual Office Design.

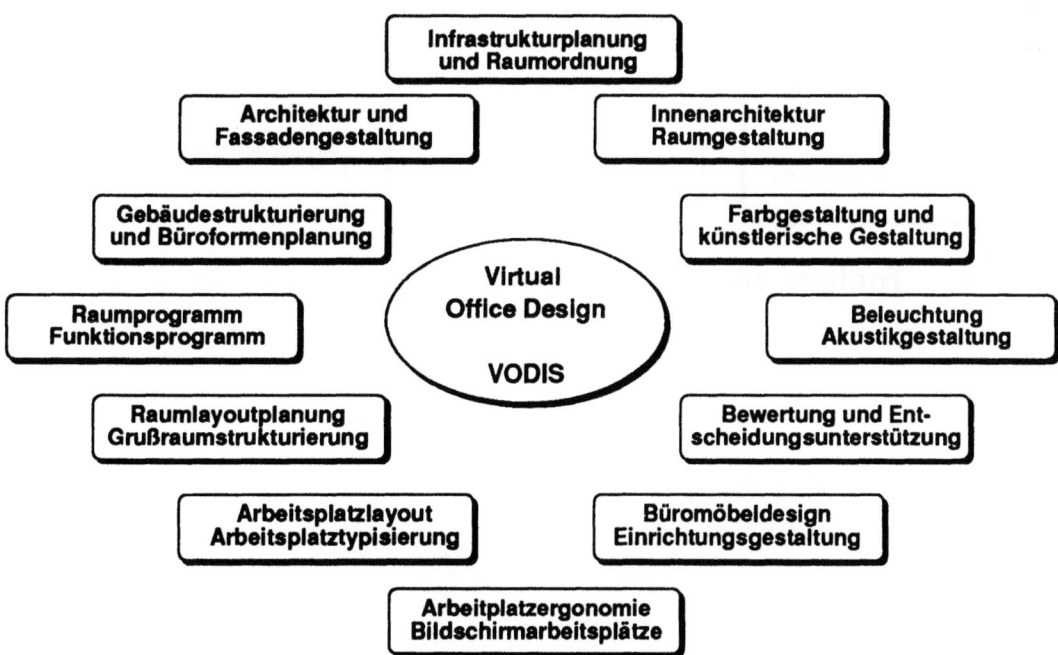

Bild 5: Mögliche VODIS-Anwendungsgebiete

Die VODIS-Werkzeuge

Für die interaktive Planung und Gestaltung von Bürohäusern, -räumen, -arbeitsplätzen, -einrichtungen und -möbeln existieren bzw. sind eine Reihe unterschiedlicher **VODIS**-Tools geplant. Sie nehmen Bezug zu den in Bild 5 dargestellten **VODIS**-Anwendungsgebieten und sind in Verbindung mit den am IAO verfügbaren Hard- und Softwaresystemen einsetzbar.

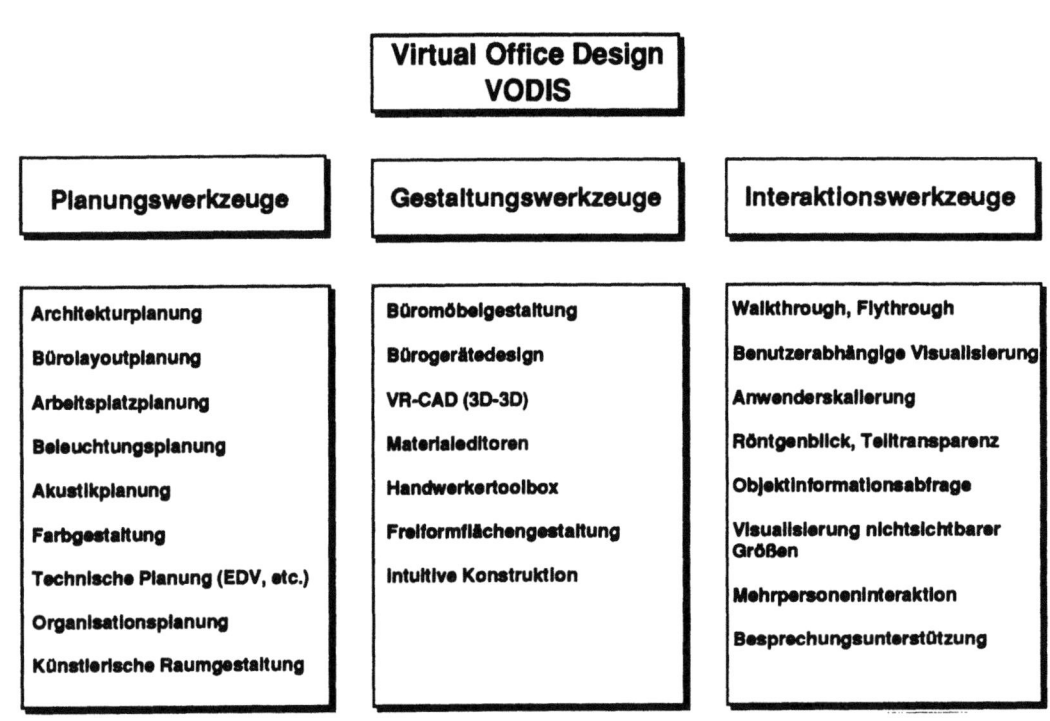

Bild 6: Toolset für VODIS-Anwendungen

Demonstrations- und Kompetenzzentrum Virtuelle Realität am IAO

Am Fraunhofer-Institut für Arbeitswirtschaft und Organisation (IAO), Stuttgart, stehen interessierten Anwendern der neuen VR-Technologien spezielle Einrichtungen zur themenpezifischen Nutzung zur Verfügung:

- das **Virtual Reality Labor,**
- das **Demonstrationszentrum Virtuelle Realität,**
- das **Kompetenzzentrum Virtuelle Realität.**

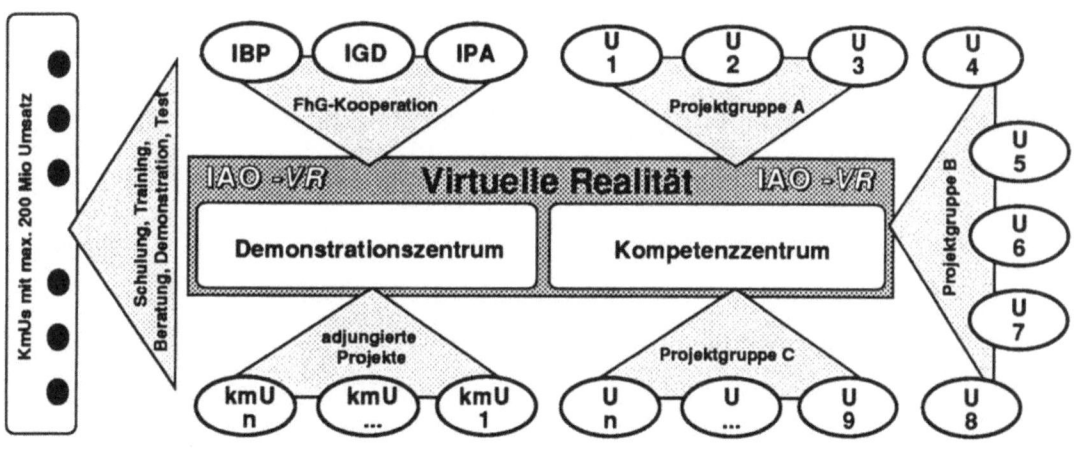

IBP	... Fh-Institut für Bauphysik
IGD	... Fh-Institut für Graphische Datenverarbeitung
IPA	... Fh-Institut für Produktionstechnik und Automatisierung
U	... Unternehmen unterschiedlicher Größe
kmU	... Kleinere und mittlere Unternehmen < 200 Mio Umsatz

Bild 7: Struktur des Demonstrations- und Kompetenzzentrums Virtuelle Realität am IAO

Das **Virtual Reality Labor** des IAO verfügt über eine umfassende Geräteausstattung und Netzinfrastruktur für eine Vielzahl von VR-Anwendungen:

- SiliconGraphics *SkyWriter 4D/440IG2* (dual head stereographic machine), (4 x 40 MHz RISC-CPU, 64 MB, 2 T-VGX-Graphik pipelines bzw. Reality Engine, 2 x 1,2 GB SCSI-Disk, 150 MB Streamer, Video Splitter Board),
- SGI- Graphikrechner, SGI *Indigos*,
- SUN Unix-Rechner, Apple *Macintosh*, PC 386/486,
- VR-System VPL *RB2 ProfessionalSystem* mit Polhemus *Fasttrack*,
- VPL *EyePhone LX* (Stereodisplay), Virtual Research *Flight Helmet* und StereoGraphics *ShutterGlas*,
- VPL *DataGlove Model 2+* (Interaktionssystem) und Virtex Technologies *CyberGlove*,
- SGI *6D-Spaceball* (Interaktionssystem).

Als Erweiterung der verfügbaren VR-Technologien sind in nächster Zeit folgende Systeme geplant:

- Aufrüstung der vorhandenen Highend-Systeme auf den jeweiligen Stand der Technik
    - Austausch der Riscprozessoren von R3000 auf R4000,
    - Anschaffung eines Sound-Systems für VR (z. B. Crystal River *Convolvotron*).

- Lowend-VR-Hard- und -Software (z. B. Division*ProVision*).

- Taktiles Eingabesystem, ggf. Datasuit.

Das **Demonstrationszentrums Virtuelle Realität** hat die Aufgabe, kleineren und mittleren Unternehmen (kmU) neue Technologien zur Virtuellen Realität zu präsentieren, die Berührungsangst zwischen der industriellen Praxis und der VR-Forschung zu reduzieren und in praxisnaher und anschaulicher Weise VR-Anwendungen prototypisch aufzuzeigen. Durch eine intensive akquisitionsorientierte Verbreitung des VR-

Wissens und der in den am Demonstrationszentrum beteiligten 4 Fraunhofer-Instituten verfügbaren technischen und personellen Ressourcen, soll eine verstärkte Zusammenarbeit zwischen den Instituten und den kleineren und mittleren Unternehmen resultieren und eine raschere Anwendung der Technologie in den kmU unterstützt werden.

Das IAO wird über das **Demonstrationszentrum Virtuelle Realität** Leistungen der folgenden Art anbieten:

- **Schulung und Training**

  KmUs, die an der Virtuellen Realität im allgemeinen und an einer zukünftigen Eigennutzung interessiert sind, können anhand der Hard- und Software des IAO-Demonstrationszentrums in die Anwendungs- und Nutzungsmöglichkeiten der Geräte eingewiesen und darauf geschult werden. Insbesondere gilt dies für Systemhäuser und Softwareanbieter, die ihre spezifischen Anwendungen VR-fähig machen wollen.

- **Präsentation von Demonstrationsgeräten und -verfahren**

  Das IAO wird die aktuellen neuen Entwicklungen (zugekauft und selbstentwickelt) im Demonstrationszentrum jederzeit präsentierfähig halten und auch spezielle Präsentationstermine über entsprechende Verteiler ankündigen. Das IAO wird bemüht sein, nicht nur die Demonstration von Höchstleistungs- und Highend-Anwendungen zu zeigen, sondern auch Anwendungen mit kostengünstiger Technik vorführen zu können (z.B. Indigo-Graphikworkstation, VR-Equipment etc.).

- **Beratung von Firmen und Anwendern**

  Die Firmenberatung zielt auf Systemhersteller, -vermarkter und -anwender ab. Die Firmen sollen bei der Auswahl von Hard- und Softwarekomponenten beraten werden und für geeignete Anwendungen entsprechende Beratungsunterstützung erhalten.

- **Applikation und Test von Geräten**

  Das IAO wird neue Systeme auf ihre Anwendbarkeit und Effizienz sowie Wirtschaftlichkeit hin überprüfen und für die Anwendung in speziellen VR-Applikationen testen. Ziel dabei ist es, die jeweils technisch anspruchsvollste und gleichzeitig wirtschaftlichste Lösung in den Beratungen empfehlen und anbieten zu können.

- **Entwicklung und Demonstration von Beispielanwendungen**
Das IAO wird im Rahmen des Demonstrationszentrums im Auftrag von Systemhäusern und Anwendern entsprechende Beispielanwendungen erarbeiten, über die zusätzliche Industrieerträge erwirtschaftet werden. Die Demonstration und Weiterverbreitung solcher Beispielanwendungen soll ebenfalls über das Demonstrationszentrum erfolgen.

Der Zugang zur VR-Technologie ist derzeit noch mit relativ hohen Investitionskosten verbunden. Da zu erwarten ist, daß schon in sehr naher Zukunft die Hardwarekosten stark fallen, wird es entscheidend sein, schon frühzeitig über geeignetes Know-How und anwendungsspezifische Softwarelösungen zu verfügen.

Um interessierten Unternehmen die Möglichkeit zu geben, diesen Innovationsschub massiv mitzugestalten, bietet das Fraunhofer-Institut für Arbeitswirtschaft und Organisation (IAO), Stuttgart, über das **Kompetenzzentrum Virtuelle Realität** seine Unterstützung bei der themenzentrierten Entwicklung des Themas **Virtual Office Design** an. Damit sollen die technisch-organisatorischen, methodischen und qualifikatorischen Voraussetzungen in den jeweiligen Unternehmen geschaffen und der wirtschaftliche Einsatz von VR in den spezifischen Anwendungsbereichen frühzeitig vorbereitet werden.

Im Rahmen verschiedener Forschungsprojekte und innerhalb des **Kompetenzzentrums Virtuelle Realität** werden am IAO Methoden und Tools entwickelt, die zur raschen Realisierung einzelner für VODIS notwendiger Features beitragen:

- Grundlagenuntersuchungen zu VR
    - Schleusenproblem beim Eintritt und Verlassen der virtuellen Welten (sozial-psychologische Fragen, Gleichgewicht etc.),

- Verhaltenskonformität beim Aufenthalt in virtuellen Welten (Verhaltenslogik, Erwartungshaltung etc.),
- Aktions- und Manipulationstreue in virtuellen Welten (Körperhaltung, manuelle Verrichtungen, Bewegungen etc.),
- Untersuchung der Wahrnehmungsqualität (Geschwindigkeit, optisch-visuell, akustisch-auditiv, Farbtreue etc.),
- Human models in virtual environments.

• Modellierungs- und Designwerkzeuge
- Modellierung von dreidimensionalen Strukturen mit Hilfe von VR-Sprachkonstrukten,
- Algorithmen zum Aufbau dreidimensionaler Strukturen aus VR-geeigneten Grundelementen,
- Schnittstellen zu Standardprogrammen (CAD, Simulation, Animation) für die Modellierung virtueller Welten durch Übernahme von Konstruktionsdaten,
- Integration von fotografischen Daten (ggf. Videodaten) für Raumgestaltungsaufgaben (Texturen, Kunstgegenstände etc.).

• Visualisierungs- und Präsentationswerkzeuge
- Neue problembezogene Algorithmen für die Bilderzeugung (Radiosity, Ray-Tracing usw.) mit jeweils verschiedenen Bildqualitätsstufen,
- Verbesserung der Visualisierungsverfahren durch z.B. Parallelisierung und Teilszenenrendering,
- Integration von visueller und akustischer Präsentation insbesondere bei der Bürogestaltung,
- Algorithmen zur dreidimensionalen Visualisierung mehrdimensionaler Vorgänge und Einbeziehung physikalischer Randbedingungen in virtuelle Welten (z.B. Kollisionen, Kräfte, Bewegungsmodelle insbesondere bei der Menschmodellierung).

• Interaktionsverfahren und -werkzeuge
- Entwicklung von Interaktionstechniken (Spaceball, Flyball etc.),
- Abbildung 3-dimensionaler Eingaben auf 2-dimensionale Geräte,

- Entwicklung einer Interaktions- und Echobibliothek für mehrdimensionale Eingabe im 3D-Raum (z.B. als Modellierungshelfer für Innen- und Außenarchitektur) zum Betreiben von Eingabegeräten wie DataGlove, Spaceball etc.

* Simulationsverfahren
  - Echtzeitgrafik,
  - Beleuchtungssimulation,
  - Parallelisierung von Simulationsprozessen.

* Beurteilungs- und Bewertungsverfahren
  - Analyse- und Beurteilungschecklisten,
  - Auditive Fragesysteme,
  - Qualitative Entscheidungsunterstützungssysteme.

Literatur

Bauer, W.; Maile, M.: Büromöbel - eine nutzwertanalystische Auswahlhilfe. büro 1/1992, S. 12 - 15.

Bauer, W.; Ruf, F.: Arbeitsplatzgestaltung gegen innere Kündigung. In: Der Karriereberater, VBU-Verlag Beste Unternehmensführung GmbH, Bonn 1992, Heft 4, S. 35 - 41.

Bauer, W.: Der intelligente Arbeitsplatz - Szenarien für innovative Büroarbeitsplätze, In: Building Automation '92, Forum Büroplanung, Tagungsunterlagen zum Facility Management Congress 92, Wiesbaden 6. - 7. Mai, 1992.

Borchers, U.: Dialog mit simulierten Welten. Der Fraunhofer 2/1992, S. 28 - 31.

Brooks, F. P. : Walkthrough - A Dynamic Graphics System for Simulating Virtual Buildings, Proceedings 1986 ACM Workshop on Interactive Graphics, Oct 23-24, 1986, S. 9 - 21.

Brooks, Jr F.P. : Grasping Reality Through Illusion - Interacting Graphics Serving Science, Proceedings CHI 88, May 15-19, 1988, S. 1 - 11.

Chung, J.C.; Harris, M.R.; Brooks, Jr F.P.; Fuchs, H.; Kelley, M.T; Hughes, J.; Ouh-young, M.; Chung, C.; Halloway, R.L.; Pique, M. : Exploring Virtual Worlds with Head-mounted Display, Non-Holographics True 3-Dimensional Display Technology, SPIE Proceedings, Vol 1083, Los Angeles CA, January 15-10, 1989.

Franke, H. W.: Welten aus Bits und Bytes. VDI nachrichten magazin 9/1992, S. 13 - 17.

Froitzheim, U. J. : Virtual Reality. TopBusiness 11/1992, S. 162 - 168.

Furness, T.A. : Designing in Virtual Space, Chapter in "System Design", Editors: Rouse W.B., Boff K.R., North-Holland, 1987, S. 127 - 143.

Iwata, H.: Virtual Reality with Force-feedback: Development of Desktop Virtual Space with Compact Master Manipulator, Proceeding SIGGRAPH 1990, Vol 24(4), S. 165 - 170.

Jackoby, R.: More Virtual Reality Work at NASA ames, usenet paper, group sci. virtual worlds, 11/1990.

Riedel, O.; Bauer, W.: Virtuelle Realität als Werkzeug für die Bürogestaltung. Office Design 1/1992, S. 36 - 41.

Seemann, H.: Cyberspace: Der künstliche Himmel auf Erden? Psychologie Heute 1/1992, S. 60 - 69.

Stewart D.: Through the Looking Glass into an Artificial World Via Computer. Smithonian Magazine 1/1991, S. 36 - 45.

Einsatz von Transputersystemen zur Simulation und Steuerung von Industrierobotersystemen

Thomas Flaig

Der Aufsatz beschreibt eine neue Methode in der Robotersimulation und -steuerung mit Hilfe der Virtual Reality Technologie auf Basis einer Parallelrechnerarchitektur. Eine Virtual Reality Workstation auf Transputerbasis wurde entwickelt und in ein bestehendes Testbed am IPA Stuttgart integriert. Mit diesem Testbed ist es möglich, Simulationskonzepte für Industrieroboter, wie Off-line-Programmierung, Off-line-Steuerung und Einsatzplanung zu zeigen. Ein Realtime System Manager sorgt für die schnelle Verarbeitung der Sensordaten.

Dipl.-Ing. Thomas Flaig, wissenschaftlicher Mitarbeiter des Fraunhofer-Instituts für Produktionstechnik und Automatisierung, Stuttgart

1. Einleitung

Industrieroboter spielen eine grundlegende Rolle in der Produktion. Von 1982 bis 1990 wuchs die Anzahl in Europa von 900 auf 80 000 Einheiten. Mehr und mehr Aufgaben werden durch Industrieroboter übernommen, die genauer, verläßlicher und schneller arbeiten, als es Menschen möglich ist. Die Automobilindustrie, als hervorragendes Beispiel, hat bereits Produktionsbereiche ohne Menschen realisiert.

Um eine kosteneffizite Roboteranwendung in Produktionsprozessen zu erreichen, ist eine detaillierte Planung und Vorbereitung notwendig. Bevor Roboteranwendungen realisiert werden, müssen zwei vorbereitende Aufgaben durchgeführt werden:

1.) Design der Roboterarbeitszelle
Diese Aufgabe beinhaltet die Anordnung von Maschinen und Robotern in der Arbeitszelle mit dem Ziel, den Energie- und Zeitaufwand zu minimieren.
2.) Roboterprogrammierung
Das Roboterprogramm muß erstellt und in die Robotersteuerung geladen werden. Dieses Programm enthält alle Befehle und Informationen für die Bewegung und Aufgaben des Roboters und wird in einer roboterspezifischen Sprache geschrieben.

Die Ergebnisse beider Aufgaben haben großen Einfluß auf die Kosteneffizienz der Arbeitszelle und müssen deswegen optimiert werden. Computerunterstützte Simulation dieser Aufgaben hilft, erste Informationen über die Anwendbarkeit der Anlage und der Handhabungsprozesse zu erhalten und unterstützt die Entwicklung einer optimalen Lösung. Desweiteren können diese Systeme dazu beitragen, die Zeit zur Einführung eines Produktes durch eine frühe Integration der Produktionsplanung in die Produktentwicklung zu reduzieren (simultaneous engineering).

Virtual Reality bietet mit einer erweiterten Mensch-Maschine-Schnittstelle eine ideale Ergänzung zu den herkömmlichen Simulations- und Off-line Programmierwerkzeugen. Mit Hilfe von Stereodisplay und Datenhandschuh kann eine Simulation "erlebt" werden. Die am IPA Stuttgart entwickelte Virtual Reality Workstation zeigt die Funktionalität der Virtual-Reality-Technologie in der Robotersimulation.

Mit der Virtual Reality Workstation erschließen sich folgende Anwendungen im Bereich des industriellen Robotereinsatzes :

1.) Simulation zur Einsatzplanung
Planung von zukünftigen Produktionsabläufen mit Robotern wird mit Virtual Reality verbessert. Durch virtuelles Teachen der Roboter lassen sich schnell Tauglichkeit und Effizienz der Arbeitszelle überprüfen.

2.) Off-line Programmierung und Teachen
Off-line lassen sich die Bahndaten völlig frei durch Handbewegungen des Bedieners (in allen 6 Freiheitsgraden) in der 3D-Simulation vorgeben. Kollisionserkennung kann durch die 3D-Wiedergabe und dem dadurch verbesserten räumlichen Vorstellungsvermögen auch visuell erfolgen.
3.) Teleoperation
Durch verbesserte Steuerungsmöglichkeiten mittels Datenhandschuh lassen sich Anwendungen in für Menschen unzugänglichen Bereichen einfacher realisieren.

2. Das Bedienerkonzept

Den Einsatz dieser Technik zeigt das am IPA Stuttgart entwickelt Testbed für Virtual Reality in der Robotik. Mit diesem Testbed wird es dem Bediener ermöglicht, in einer virtuellen Welt zu agieren. *Bild 1* zeigt die Struktur des Testbeds.

Herkömmliche Virtual-Reality-Konzepte erlauben Bewegungen in der virtuellen Welt, indem der Benutzer in der realen Welt umherläuft, während seine Kopfposition durch Sensoren erfaßt und in die Simulation einbezogen wird. Weiterhin kann der Datenhandschuh dazu benutzt werden, die Bewegungen in der virtuellen Welt zu steuern. Indem der Benutzer in die Richtung zeigt, in welche er "fliegen" will, wird ihm ein virtuelles "Reisen" ermöglicht. Die Nachteile dieses Konzepts sind die Kalibrierung des Handschuhs und die Tatsache, daß zu viele Operationen durch Gesten der Hand gesteuert werden müssen.

Weiterhin ist es nicht möglich, den Roboter zu steuern und sich gleichzeitig durch Gesten in der virtuellen Welt zu bewegen. Desweiteren ist es sehr gefährlich, sich in der realen Umgebung zu bewegen, ohne diese tatsächlich zu sehen, da der Bediener über Kabel und Geräte der realen Welt stolpern kann.

Um diesen Anforderungen gerecht zu werden, wurde am IPA ein neues Bedienerkonzept entwickelt. Der sicherere Weg, sich in der virtuellen Welt zu bewegen und zu handeln, ist es, dem Bediener einen ortsfesten Sitzplatz zur Verfügung zu stellen. Die Bewegungen von Kopf und Hand werden von Sensoren abgetastet und in die Simulation in Echtzeit eingespielt. Durch Gesten mit dem Datenhandschuh und Steuersignalen von der 6D-Steuerkugel, kann der Bediener sich in der virtuellen Welt bewegen ohne seine reale Position zu verändern.

Mit einer Zweihandsteuerung wird die Virtual Reality Workstation bedient. Mit der linken Hand erfolgt mittels 6D-Steuerkugel die Steuerung des Betrachterstandortes in allen 6 Freiheitsgraden. Die rechte Hand befindet sich weiter im Datenhandschuh und ist von der Standortsteuerung befreit. Mit

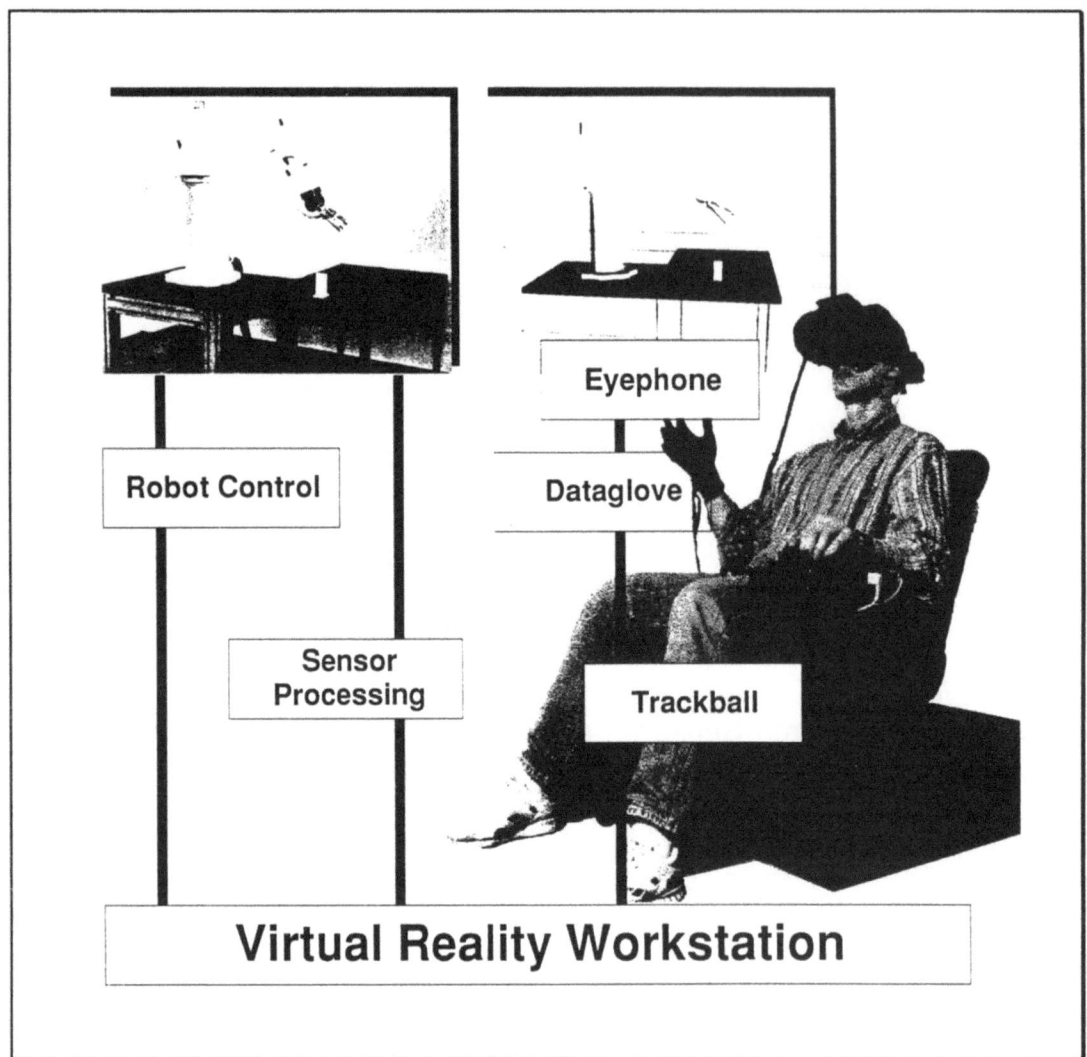

Bild 1: Das Virtual Reality Testbed am IPA Stuttgart

dem Datenhandschuh werden Bewegungen direkt in Bahndaten für einen virtuellen Roboter übersetzt oder virtuelle Menues bedient. Weiter können mittels eines Interfaces zu einem realen Roboter die Bahndaten zu einem Industrieroboter übertragen werden. Auf diese Weise kann eine Bahn in allen 6 Freiheitsgraden in Echtzeit generiert werden. Konventionelle Teachpanels und aufwendige Bahnprogrammierungen eines Roboters entfallen.

Ein weiterer Vorteil des Bedienerkonzeptes ist die Vermeidung von Unfällen durch Verhaken mit den Peripheriekabeln während einer Sitzung. Das Agieren in der virtuellen Welt erlaubt dem Bediener keinen Blick auf die reale Welt.

3. Die Hardware der Virtual Reality Workstation

Für den industriellen Einsatz der Virtual Reality Workstation müssen optimales Echtzeitverhalten, skalierbare Rechenleistung und ein modularer Aufbau gegeben sein.

1.) Optimales Echtzeitverhalten
Ein gutes Echtzeitverhalten bedingt kurze Reaktionszeiten auf Sensorsignale. Dies muß auch dann noch möglich sein, wenn sehr viele Ein- bzw. Ausgangssignale verarbeitet werden müssen. Desweiteren sollte innerhalb des Systems eine Synchronisation zwischen dem Rechner und den Peripheriegeräten möglich sein.
2.) Skalierbare Rechenleistung
Eine freie Skalierbarkeit der Rechenleistung schafft die Möglichkeit, die Virtual Reality Workstation den speziellen Randbedingungen des Benutzers anzupassen. Es besteht jedoch weiterhin die Möglichkeit, bei späterem Bedarf an weiterer Rechenleistung, die Anlage zu erweitern.
3.) Modularer Aufbau
Eine modulare Struktur in Hardware und Software erlaubt es, mehr als nur einen Bediener oder mehr als nur einem Roboter mit der Virtual Reality Workstation zu bedienen.

Herkömmliche Rechnertechnologie, mit nur einem Prozessor kann meist nicht alle Anforderungen gleichzeitig erfüllen. Besser geeignet ist eine Parallelrechnerarchitektur. Ein paralleler Aufbau ist Grundlage für einen modularen Aufbau und skalierbare Rechenleistung.

Eine ideale Lösung für einen Parallelrechneransatz bietet die Transputertechnologie. Aufgabenverteilung auf mehrere Prozessoren erlaubt einen modularen Aufbau und gewährleistet eine einfache Erweiterung. Weitere Bediener bzw. Applikationen werden durch Hardwaremodule mit entsprechenden Steckkarten zugeschaltet. Transputer bieten aufgrund ihrer Architektur die Möglichkeit die Rechenleistung zu skalieren. Die Rechenleistung kann der Anwendung entsprechend angepaßt werden und bietet so auch eine ökonomische Lösung.

Am IPA Stuttgart wurde eine Virtual Reality Workstation auf Transputerbasis entwickelt, die den industriellen Anforderungen gerecht wird. *Bild 2* zeigt die Topologie der Virtual Reality Workstation mit den Verbindungen zur virtuellen und realen Welt sowie zum Bediener. Die virtuelle Welt wird durch die Simulation vom Transputernetzwerk erzeugt und mittels Eyephone dem Bediener vermittelt. Die reale Welt entspricht der Applikation mit der das Transputernetzwerk in beiden Richtungen kommuniziert. Der Operator bedient das Transputernetzwerk mit herkömmlichen Eingabegeräten wie Keyboard und Joystick als auch Virtual Reality spezifischen Mitteln wie Tracker, Dataglove und 6D-Steuerkugel. Die Kommunikation erfolgt ebenfalls in beiden Richtungen. Das Transputernetzwerk ist die zentrale Steuerstelle mit unterschiedlichen Aufgabenbereichen, die von unterschiedlichen Prozessoren parallel bearbeitet werden.

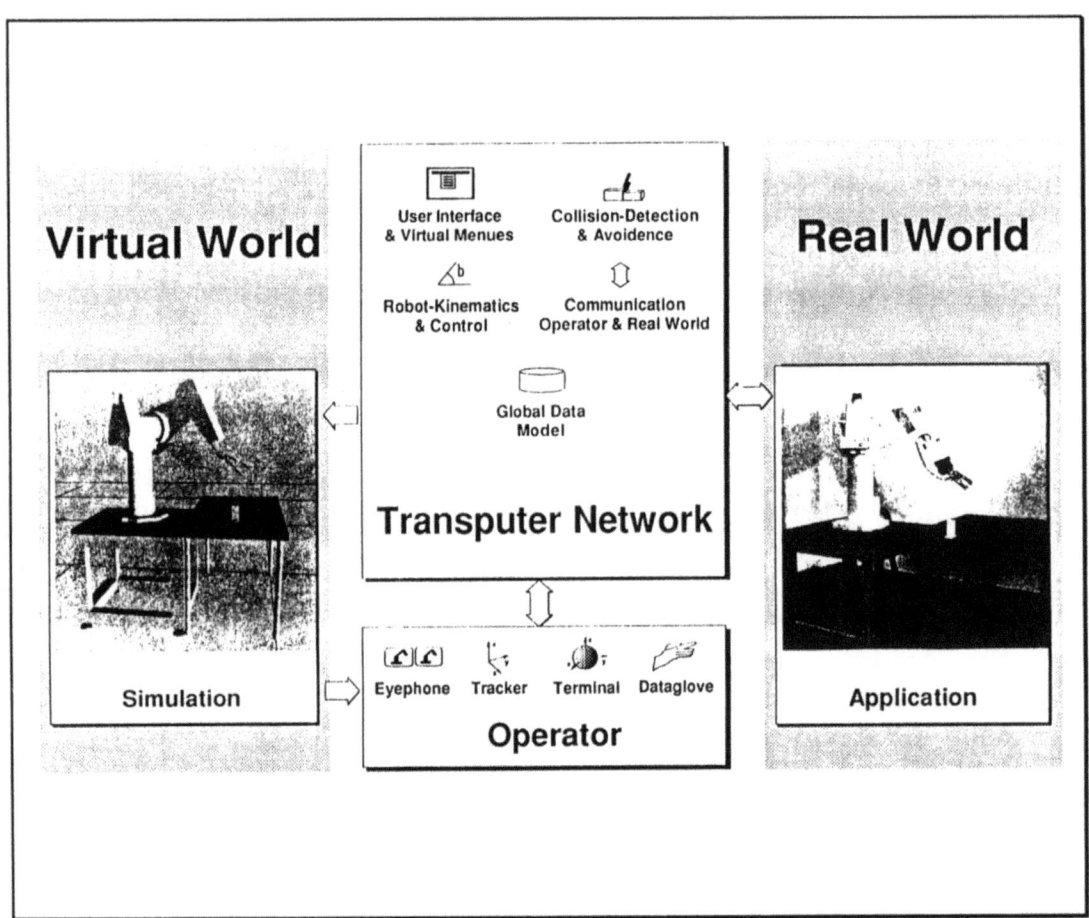

Bild 2: Topologie der Virtual Reality Workstation

1.) Benutzerschnittstelle und virtuelle Menues
In einer 3D-Simulation werden spezielle Anforderungen an die Bedienerschnittstelle gestellt, denen die Menues in bisherigen 2D-Applikationen nicht genügen. Am IPA Stuttgart wurde eine Benutzeroberfläche entwickelt, die den Anforderungen einer 3D-Simulation gerecht wird.
2.) Kollisionserkennung und -vermeidung
Für den Einsatz der Virtual Reality Workstation in der Roboterprogrammierung und Robotersteuerung wurde eine Kollisionserkennung auf Basis von 3D-Modellen entwickelt. Die Kollisionsvermeidung kann wahlweise vom

Benutzer selbst, durch Umfahren des Hindernisses mit Sichtkontakt, durchgeführt werden.

3.) Inverse Kinematik und Robotersteuerung
Das Transputernetzwerk verfügt über verschiedene Algorithmen zur Berechnung der inversen Kinematik unterschiedlicher Roboter sowie deren Bahngenerierung.

4.) Kommuniation mit Bediener und realer Welt
Für den Datenaustausch stellt das Transputernetzwerk eine Vielzahl von Verbindungsmöglichkeiten zur Verfügung, die durch die Parallelarchitektur schnellstmöglich bedient werden. Jede Ein-/Ausgabeeinheit besitzt einen eigenen Prozessor.

Die Realisierung der neuen Virtual Reality Workstation erfolgte mit Komponenten der Firma Parsytec Industriesysteme. *Bild 3* zeigt die Hardwarearchitektur in vereinfachter Form.

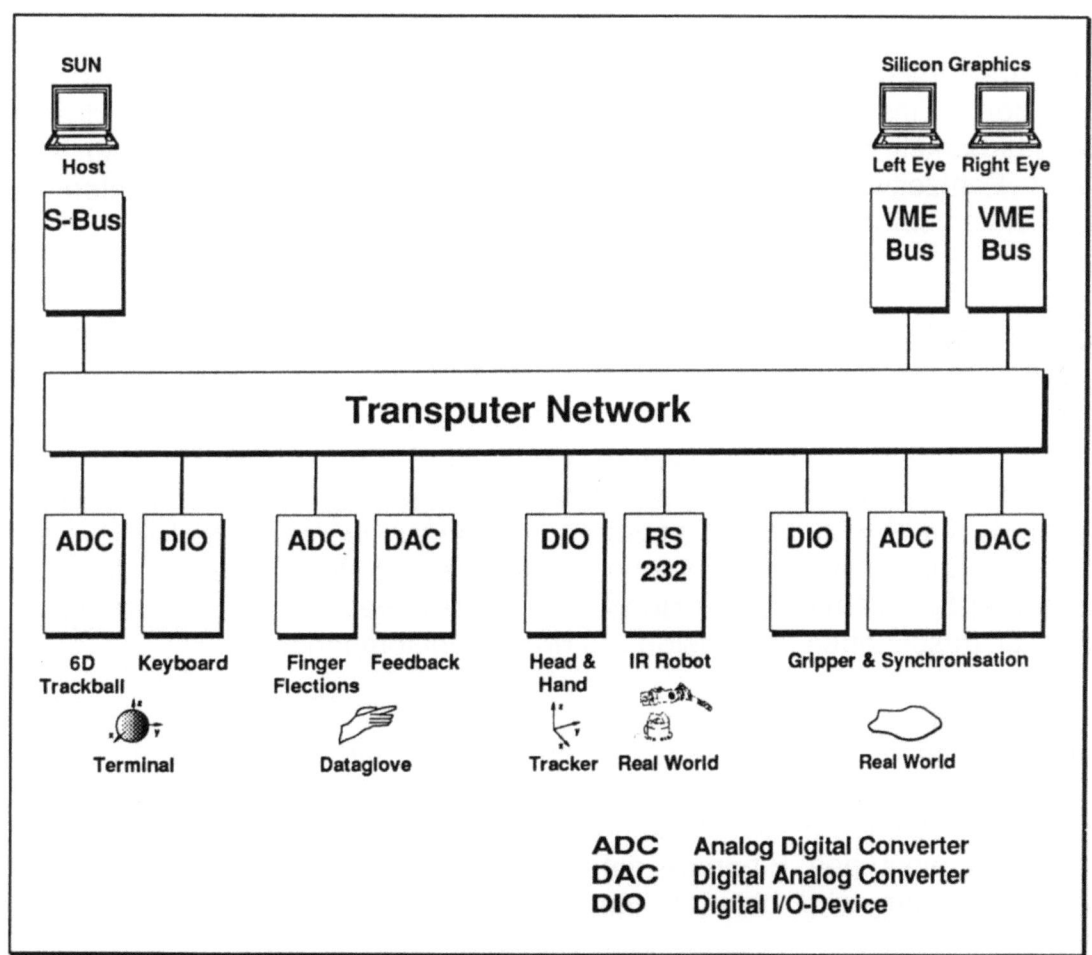

Bild 3: Hardwarearchitektur der Virtual Reality Workstation

Sensor- und Aktorsignale werden über spezielle Ein-/Ausgabeeinheiten mit dem Transputernetzwerk verbunden. Diese Einheiten besitzen jeweils eigene Prozessoren und können selbst erste Datenoperationen durchführen. Die Möglichkeit des Hinzufügens von weiteren Ein-/Ausgabeeinheiten gewährleistet der modulare Aufbau in Form eines Steckkartensystems. Das Transputernetzwerk ist die zentrale Steuereinheit, deren Rechenleistung entsprechend den Randbedingungen skaliert werden kann. Die Aufgaben werden auf mehrere Prozessoren verteilt. Über VME-Bus ist das Netzwerk mit zwei Graphikrechnern verbunden, welche die Bilder des Stereodisplays rendern und so die virtuelle Welt erzeugen. Eine S-Busverbindung zu einem Hostrechner bietet der Virtual Reality Workstation den Zugang zu Massenspeicher und Drucker.

Die Echtzeitverarbeitung wird von der Hardware unterstützt. Eine Realtimesynchronisation aller Ein-/Ausgabeeinheiten erfolgt über eine R-Sync Leitung. Sie ermöglicht äußerst kurze Reaktionszeiten auf Eingangssignale.

Die Parallelarchitektur der Virtual Reality Workstation des IPA Stuttgart ist ein Parallelrechner auf Transputerbasis und bietet ideale Voraussetzungen für den Einsatz der Virtual-Reality-Technologie in der Industrie. Erweiterbarkeit durch modularen Aufbau, skalierbare Rechenleistung, sehr gutes Echtzeitverhalten und homogene Rechnerarchitektur schaffen die Möglichkeit einer idealen Applikationsanpassung.

5. Die Software der Virtual Reality Workstation: VR4RobotS (Version 2.0)

Das Roboter Simulationssystem VR4RobotS (Virtual Reality for Robot Simulation) ist das "Herz" der Softwareumgebung des Virtual Reality Testbeds am IPA Stuttgart. Das Simulationssystem wurde entwickelt, um den Anforderungen einer allgemeinen Testumgebung für die neue Mensch-Computer-Schnittstelle in der Robotik gerecht zu werden. Das Softwarepaket ist in ´C´ geschrieben und basiert auf drei Hauptkomponenten.

1.) Renderer
Realtimerendern von schattierten Modellen (Gourand Schattierung) oder als Gittermodelle sind realisiert. Für die dynamische Animation ist eine Bildrate von min. 15 Bildern pro Sekunde erforderlich. Andernfalls würde die Animation nicht den Eindruck einer bewegten virtuellen Welt vermitteln. Texturemapping wird benutzt, um Informationen in virtuelle Menues zu zeichnen.

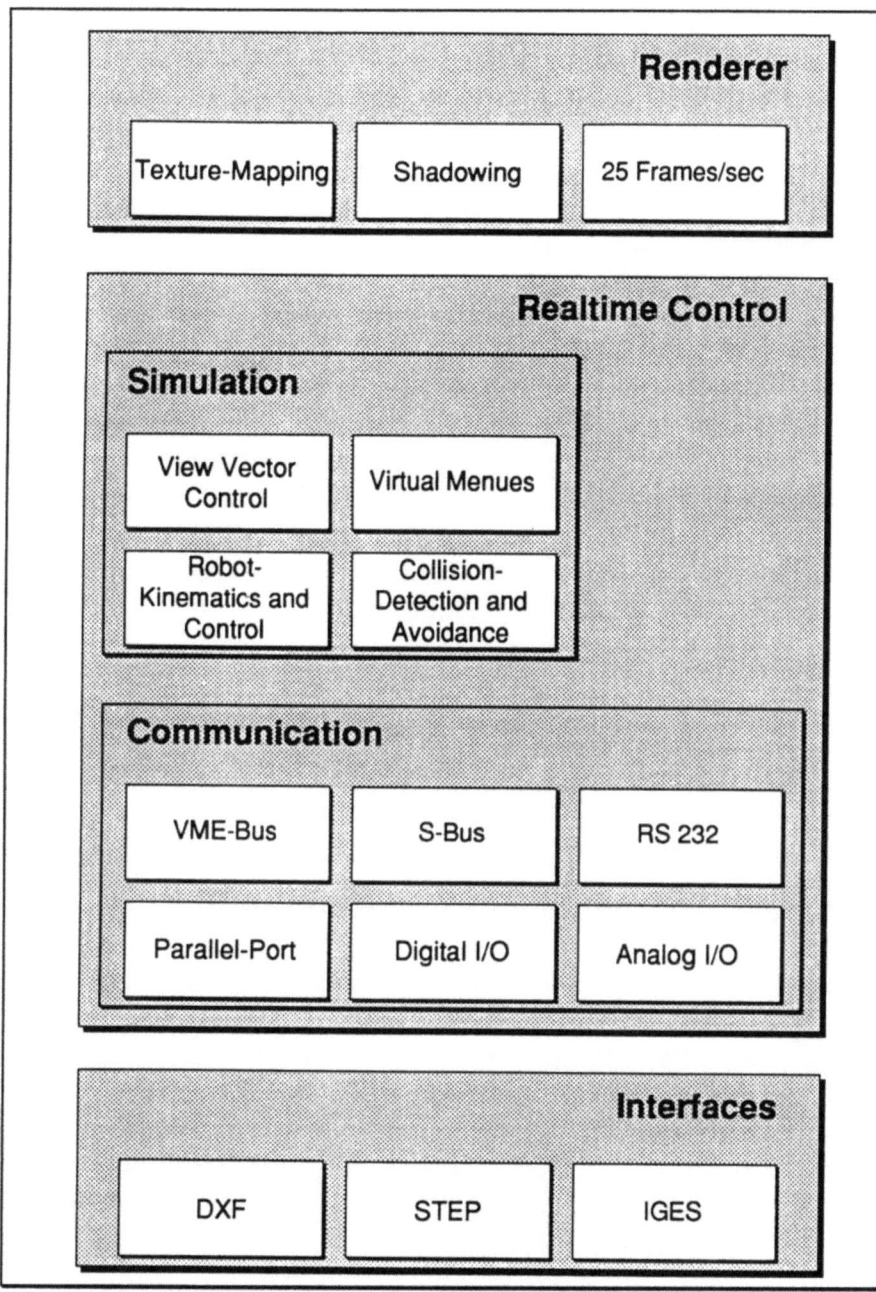

Bild 4: Softwarearchitektur VR4RobotS

2.) *Echtzeitsteuerung*
Der Realtime-System-Manager(RTSM) bildet die Basis für die Simulation und die Kommunikation.

In der Simulation kann der Sichtvektor frei durch den Positionstracker und die 6D-Steuerkugel bestimmt werden. Die Daten des Positionstrackers werden durch entsprechende Transformationen so umgewandelt, daß die Illusion der Bewegung in einer virtuellen Welt entsteht.

Virtuelle Menues erlauben es dem Bediener, mit unterschiedlichen Softwarefunktionen zu kommunizieren. Durch einfaches Bewegen der Hand im Datenhandschuh können Menuepunkte ausgewählt und aktiviert werden. Diese Möglichkeiten werden eingesetzt, um Roboter zu aktivieren, um die Optik des Stereodisplays zu kalibrieren, Bewegungen aufzuzeichnen zur Off-line-Programmierung und mehr.

Der Bediener kann kinematische Strukturen des Roboters in offenen oder geschlossenen kinematischen Ketten vorgeben. Ebenfalls realisiert ist die inverse Kinematik.

Die Kollisionsvermeidung bei VR4RobotS unterscheidet sich von konventionellen Simulatoren. Wurde eine Kollision erkannt, so wird die Kollisionsvermeidung durch den Bediener selbst durchgeführt, in dem der Roboter "von Hand" aus dem Kollisionsbereich geführt wird.

Zur Kommunikation mit der Umwelt werden sechs verschiedene Möglichkeiten von VR4RobotS genutzt : VME-Bus zur Kommunikation mit den Graphikrechnern, S-Bus zur Kommunikation mit dem Hostrechner, RS232 Schnittstelle zur Übertragung der Steuerdaten des Roboters, Parallelport zur Datenaufnahme des Positionstrackers, digitale Ein-/Ausgabekanäle zur Kommunikation mit dem Keyboard und dem Robotergreifer und analoge Kanäle zur Kommunikation mit der 6D-Steuerkugel, dem Datenhandschuh und dem Robotergreifer.

3.) Schnittstellen

Verschiedene Schnittstellenformate stehen zur Verfügung, um CAD-Daten in VR4RobotS einzulesen. DXF, STEP und IGES Schnittstellen erleichtern es dem Benutzer, die virtuelle Welt zu erzeugen.

6. Off-line-Programmierung mit der Virtual Reality Workstation

Mit der Virtual Reality Workstation werden am IPA Off-line-Files wie folgt erzeugt:

Der Bediener wählt den gewünschten Roboter im virtuellen Menue der Simulation und aktiviert ihn. Daraufhin bewegt sich der Benutzer in der Simulation in eine Position, die ihm einen ungestörten Einblick in die Roboterzelle ermöglicht. Durch Drücken einer Totmanntaste wird die Verbindung zwischen der Hand des Bedieners und dem Tool-Center-Point des Roboters hergestellt. Nun folgt der Roboter der Handbewegung. Der Bediener kann den Roboter nun auf jeder gewünschten Bahn führen, sofern keine Kollision vorliegt oder Achsendschalter ansprechen.

Um eine gewünschte Position des Tool-Center-Points des Roboters zu speichern, muß der Bediener mit seiner linken Hand einen weiteren Schalter betätigen. Nachdem der Punkt gespeichert wurde, springt der simulierte Roboter auf seine ursprüngliche Position und bewegt sich von dort auf der vorgegebenen Bahn im Interpolationsmodus zum neuen Punkt. Während des Verfahrens des Roboters überwacht die Kollisionserkennung die Bahnkoordinaten und stopt gegebenenfalls den Ablauf. Wurde eine Kollision erkannt, so wird der neue Punkt automatisch gelöscht und der Benutzer muß einen anderen Punkt definieren. Bei einem fehlerfreien Ablauf wird der gewünscht Punkt in das Off-line-File übernommen. Sind alle Positionen im Teachfile gespeichert, wird das File der Robotersteuerung übertragen und der reale Roboter verfährt in gewünschter Weise.

7. Weitere Entwicklungen innerhalb der Virtual Reality Workstation

Die Parallelarchitektur der Virtual Reality Workstation des IPA Stuttgart schafft die Basis für weiterreichende Verbesserungen, die den Einsatz in der Industrie erleichtern sollen. Drei Bereiche werden hierbei weiterentwickelt :

1.) Rendern
Das Rendern auf den Graphikrechnern wird ersetzt durch Transputergraphikboards. Diese Graphikboards ermöglicht das Erstellen eines kompakten und preisgünstigen Gesamtsystems und werden den Ansprüchen an das Erleben einer Simulation gerecht.
2.) Hostrechner
Für den Hostrechner wird anstelle einer Workstation ein Personal Computer eingesetzt.
3.) Synchronisation
Die Synchronisation zwischen virtueller und realer Welt wird mittels Bildverarbeitungssystem und weiterer Sensorik verbessert.

8. Menschliche Faktoren

Experimente am IPA haben folgende interessante Ergebnisse geliefert.

1.) Die geringe Auflösung am Display ist nicht ausreichend:
Alle Experimente wurden mit einem Stereodisplay durchgeführt, welches eine Auflösung von ca. 320 x 240 Pixel pro Auge besitzt. Dadurch werden die graphischen Kapazitäten des Graphikrechners nur zum Teil genutzt. (Die Bildschirme der Rechner haben eine Auflösung von ca. 1400 x 1200 Pixel.) Obwohl die Funktionsfähigkeit der virtuellen Roboterwelt nicht durch die geringe Auflösung des Displays eingeschränkt wird, ist die visuelle Wahrnehmung noch unbefriedigend. Die Bilder sind verschwommen und ermüden den Benutzer. Wenn man die rapide Entwicklung von LCD Displays für die Unterhaltungsindustrie in Betracht zieht, sollten sehr bald bessere Geräte zu erwarten sein.

2.) Der konventionelle Datenhandschuh bietet zu viele Freiheitsgrade für die Robotersteuerung:
Der Datenhandschuh ist mit zwei Arten von Sensoren ausgestattet: Einen Positionssensor, um Ort und Orientierung zu bestimmen sowie zehn Fiberoptikkabeln um die Fingergestik zu bestimmen. Ausgehend von der Annahme, daß der Tool-Center-Point des Roboters mit dem Positionstracker korrespondiert, stehen somit zehn weitere Freiheitsgrade zur Robotersteuerung zur Verfügung. Da in den meisten industriellen Anwendungen das Roboterwerkzeug nur einen Freiheitsgrad besitzt, ist der Datenhandschuh überproportioniert. In diesen Fällen kann der Datenhandschuh durch einen frei beweglichen Joystick ersetzt werden und das Roboterwerkzeug mit einem einfacheren Schalter bedient werden.

3.) Die realitätsgetreue Nachbildung ist nicht notwendig:
Für die Robotersimulation ist eine einfache Darstellung der Welt ausreichend, um die Funktionsfähigkeit der Simulation, wie das Greifen der Gegenstände, mit dem Greifer des Roboters zu ermöglichen. Die Roboterumgebung ist nur von Interesse, wenn die Handhabungsaufgabe betroffen ist. Die Peripherie, Schaltpulte und -schränke können durch eine begrenzte Anzahl von Polygonen erzeugt werden, während das Werkstück, das vom Roboter gehandhabt wird, genauer modelliert werden sollte. Die photorealistische Übertragung von virtuellen Welten benötigt mehr Rechnerkapazität und ist geeigneter für Anwendungen in Architektur und Design. Für die räumliche Wahrnehmung der Umgebung ist es hilfreicher, mit Schattierungen zu arbeiten. Speziell bei sich bewegenden Gegenständen kann so der Standort visuell besser bestimmt werden. Wenn ein Gegenstand auf eine bestimmte Position auf dem Tisch plaziert werden soll, wird die räumliche Wahrnehmung dadurch unterstützt, daß der Schatten des Gegenstandes auf den Tisch fällt.

4.) Räumliche Wahrnehmung bei direkter visueller Steuerung:
Versuche, den realen Roboter mit dem Datenhandschuh durch direktes visuelles Feedback zu steuern, haben gezeigt, daß bei geringen Entfernungen (1 - 2 m) die räumliche Wahrnehmung ohne Hilfsmittel nicht ausreichend ist.

9. Zusammenfassung

Industrielle Robotersimulationssysteme für die Planung, Konstruktion und Programmierung von Roboterarbeitszellen sind Hilfsmittel um den Robotereinsatz effizienter zu gestalten. Betrachtet man den schnellen Anstieg der Zahl von Robotern in der Industrie, so werden die Simulationswerkzeuge auch im Hinblick auf Off-line Programmierung in Zukunft immer wichtiger werden.

Die Parallelarchitektur auf Transputerbasis in der neuen Virtual Reality Workstation bietet dem Anwender die Möglichkeit, das für ihn notwendige und ökonomisch sinnvolle System zusammenzustellen. Eine spätere Erweiterung ist jederzeit auf einfache Weise möglich.

Die Erweiterung des Simulationssytems für Roboter VR4RobotS auf Basis des Realtime System Managers ist auf den industriellen Einsatz zugeschnitten und bietet Echtzeitverhalten, Bedienerfreundlichkeit sowie die Möglichkeit CAD Daten einzulesen.

Literatur

W.-M. Strommer, J.-G. Neugebauer: *Industrial Applications Of Virtual Reality: Virtual Reality Applied to Industrial Robots.* Proceedings International Conference Informatique '92, March 1992, Montpellier, France

D. W. Wloka: *Robotersimulation.* Springerverlag 1991

Die Erweiterung der VPL VR-Umgebung um alternative Rendering-Technologien

Dipl.-Ing. Henrik Tramberend

Art+Com e.V.

Einleitung

Das Virtual Reality System der Firma VPL ist relativ weit verbreitet, und wird für die unterschiedlichsten Anwendungen eingesetzt. Ein Nachteil ist die fehlende Erweiterbarkeit durch den Anwender. Es wird ein Lösungsansatz vorgestellt, der in Zusammenarbeit mit VPL verwirklicht wurde. Eine erste Anwendung ist die Anbindung eines Radiosity-Renderers an das VPL System.

Das VPL VR-System

Die Software des VPL Virtual-Reality-Systems setzt sich aus drei Komponenten zusammen: Das Macintosh-basierte Softwarepaket *Swivel* ist ein hirachisches 3D-Modelierungswerkzeug, das zur Erstellung der geometrischen Beschreibung einer virtuellen Welt verwendet wird. Die Steuerung des VR-Systems zur Laufzeit geschieht durch das ebenfalls Macintosh-basierte Programm *BodyElectric*. Der Renderer ISAAC sorgt auf einer Silicon Graphics Workstation für die Erzeugung der Einzelbilder.

Die einzelnen Objekte einer mit Swivel erzeugten Szenenbeschreibung sind hierarchisch in einem Baum organisiert. Die Objekte bilden die Knoten des Baums und sind über symbolische Namen identifizierbar. Zur Laufzeit liest BodyElectric die Szenenbeschreibung ein und stellt eine Verknüpfung zwischen den Objekten der virtuellen Welt und den Sensordaten, die von DataGlove und Eyephone geliefert werden, her. Gleichzeitig wird die mit Swivel erzeugte Szenenbeschreibung von ISAAC eingelesen und für das Rendering vorbereitet. Für die stereoskopische Darstellung der virtuellen Welt werden zwei getrennte ISAAC-Renderer auf verschiedenen Rechnern eingesetzt, so daß im gesamten VR-System zur Laufzeit drei Kopien der Szenenbeschreibung existieren. BodyElectric verwaltet den Referenzbaum, der durch die Sensordaten ständig manipuliert wird, und übermittelt die sich ergebenden Veränderungen der einzelnen Objekte an die beiden ISAAC-Renderer. Diese gleichen dann ihre Kopie des Objektbaums an den Referenzbaum an und bringen die Szene zur Darstellung.

Das VR-System von VPL wurde als geschlossenes System konzipiert, das dem Anwender keinerlei Modifizierung oder Erweiterung der einzelnen Komponenten gestattet. Besonders störend ist dies im Fall des ISAAC-Renderes. ISAAC bietet nur eine sehr beschränkte Auswahl an Möglichkeiten zur Objektdarstellung. Die gesamte Szene wird von einer oder mehreren Lichtquellen beleuchtet, einzelne Objekte werden entweder als Drahtmodel, flach-schattiert oder gouraud-schattiert dargestellt.

Die Wahl dieser Rendering-Modi orientiert sich an den Möglichkeiten der Grafik-Hardware der einfachsten Silicon Graphics Workstations. In den letzten Jahren hat aber in diesem Bereich eine rasante Entwicklung stattgefunden, die die Verwendung von Transparenz, Textur, Nebel, Depth-Cueing und Anti-Aliasing in der Echtzeit-Darstellung erlaubt. Hinzu kommt die Entwicklung neuerer Algorithmen im Bereich der Beleuchtungsmodelle und des Renderings. Beispiele sind das Radiosity-Verfahren, Splat-Renderer zur Volumenvisualisierung und Renderer, die die darzustellenden Objekte prozedural erzeugen.

Nach Installation eines VPL VR-Systems Anfang 1991 entstand bei Art+Com schnell der Wunsch, das schon vorhandene Radiosity-System benutzen zu können, um den Realitätseindruck der virtuellen Welten durch eine verbesserte Beleuchtung zu erhöhen. Aufgrund eines sehr eng gesteckten Zeitrahmens kam die Neuentwicklung eines eigenen VR-Systems nicht in Frage, so daß das VPL System um die benötigte Funktionalität erweitert werden mußte.

Erweiterung des ISAAC-Renderes

Ein Hauptanliegen war es, die gesamte Ablaufsteuerung des VPL-Systems unverändert weiterverwenden zu können und die notwendigen Änderungen der VPL-Software möglichst zu begrenzen. Abbildung 1 zeigt wie das Radiosity-System, bestehend aus Analyseprogramm und speziellem Renderer, mit dem VPL-System kombiniert wurde.

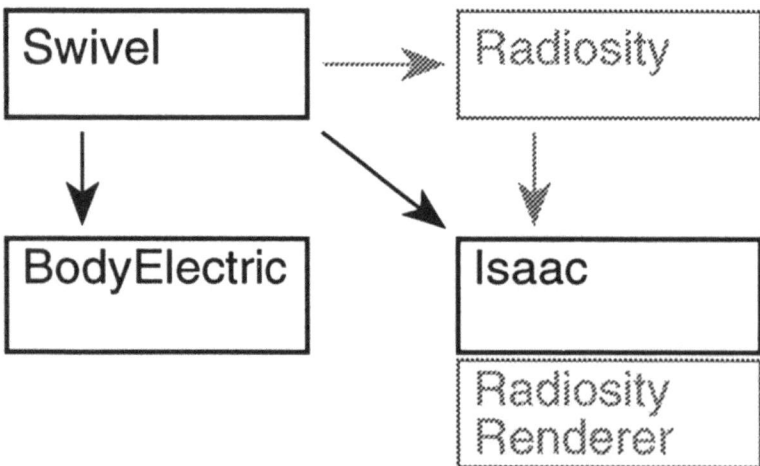

Abbildung 1: Das erweiterte VPL-System

Der ISAAC-Renderer wurde in Zusammenarbeit mit VPL um die Fähigkeit erweitert, ein zusätzliches Renderer-Modul aufzunehmen. Konzeptionell entspricht dies der Ergänzung der hierarchischen Szenenbeschreibung um einen weiteren Knoten (Abbildung 2). Der Knoten wird als Kind des Wurzelknotens in die Objekthierarchie eingehängt. Da diese Ergänzung nur bei der Kopie der Szenenbeschreibung geschieht, die der ISAAC-Renderer verwaltet, ergeben sich für den Rest der VPL-Software keinerlei Veränderungen.

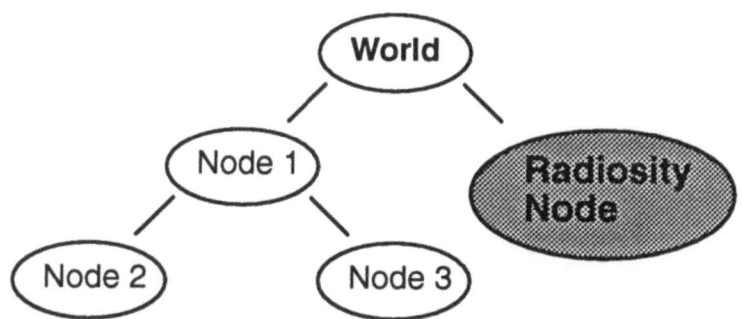

Abbildung 2: Ergänzung der Szenenbeschreibung

Trifft ISSAC während des Rendering-Vorgangs im Objektbaum auf den Knoten, der durch das zusätzliche Renderer-Modul repräsentiert wird, so wird die Kontrolle an das Modul abgegeben. Dieses Modul kann nun die Szene um Objekte ergänzen, die von dem ISAAC-Renderer nicht dargestellt werden können. Danach wird die Kontrolle wieder an ISAAC zurückübergeben und der normale Renderingvorgang fortgesetzt.

Zur Ankopplung des Moduls wurde ein einfaches prozedurales Interface implementiert. Abbildung 3 zeigt die Ablaufsteuerung des Renderers. Zu Begin erfolgt ein Aufruf zur Initialisierung. Anschließend wird das Rendering-Modul angewiesen, seine Daten zu laden und für die Darstellung vorzubereiten. Dann erfolgt der periodische Aufruf des Moduls in der Rendering-Schleife von ISAAC.

Init
Load Setup
Load
Render Setup
Cull
Draw
Clean Up

Abbildung 3: Ablaufsteuerung

Eine Szenenbeschreibung des erweiterten VPL-Systems besteht nun aus zwei voneinander unabhängigen Teilen. Der eine Teil ist die mit Swivel erzeugte Objekthierarchie, die von BodyElectric und ISAAC in der gewohnten Weise verwendet wird. Der andere Teil steht vollständig unter der Kontrolle des Anwenders und ist nicht an die Beschränkungen gebunden, die sich das VPL-System bei der Darstellung von Objekten auferlegt.

Im folgenden Abschnitt wird das Radiosity-Rendering-Modul beschrieben, das für die Verwendung im VPL VR-System entwickelt wurde.

Der Radiosity-Renderer

Die Struktur einer nach dem Radiosity-Verfahren bearbeiteten Szene weist einige Besonderheiten auf, die beim Entwurf eines speziellen Renderers berücksichtigt werden müssen:

- Das Radiosity-Verfahren liefert nur korrekte Ergebnisse, wenn es auf eine statische Szene angewendet wird, d.h. nach der Analyse durch das Radiosity-Programm dürfen die einzelnen Objekte in der Szene relativ zueinander nicht mehr bewegt werden.

- Das Ergebnis der Radiosity-Analyse ist die Beleuchtung der Szene. Während des Renderings ist also keine Hardware-Beleuchtung der Objekte mehr notwendig.

- Während der Analyse werden die Objekte in eine Vielzahl von einzelnen Polygonen bzw. Polygonnetzen unterteilt. Eine solche Szene enthält ein Vielfaches an Polgonen im Vergleich zu einer entsprechenden Szene, die mit einem normalen Beleuchtungsmodel gerendert wird.

- Radiosity-Szenen sind zum überwiegenden Teil geschlossene Räume, die von Standpunkten aus betrachtet werden, die im Innern dieser Räume liegen.

Die ersten beiden Einschränkungen lassen sich ohne großen Aufwand bei der Implementation eines speziellen Renders zur Geschwindigkeitsoptimierung ausnutzen. Für den Fall, daß die Szene als Objekthierarchie mit geschachtelten Transformationen vorliegt, kann auf den meisten Hardware-Plattformen durch Auflösen der Hierarchie ein Geschwindigkeitsvorteil erreicht werden. Dies geschieht durch fortgesetzte Akkumulation der lokalen Objekttransformationen mit gleichzeitiger Anwendung auf die jeweiligen Objektkoordinaten. Danach sind alle Objekte direkt in globalen Koordinaten beschrieben, und während des Renderings sind keine Matrixoperationen zur Transformation von lokalen Koordinatensystemen mehr notwendig.

Da keine Hardwarebeleuchtung der Szene notwendig ist, können alle Beleuchtungsoptionen der Grafik-Hardware ausgeschaltet werden. Abhängig von der verwendeten Hardware wird das Rendering dadurch weiter beschleunigt.

Ein Problem ist die große Anzahl von Polygonen, die durch die Radiosity-Analyse entstehen. Einige Untersuchungen von durchschnittlich komplexen Szenen ergaben eine Vervielfachung der Polygon-Anzahl um den

Faktor zehn bis zwanzig. Mit Szenen von angemessener Komplexität lassen sich somit durch direktes Rendern aller Polygone keine ausreichenden Darstellungsgeschwindigkeiten mehr erreichen.

Ein Ausweg aus dieser Situation ergibt sich wenn man beachtet, daß aufgrund des besonderen Aufbaus einer Radiosity-Szene für einen speziellen Betrachterstandpunkt und einer Blickrichtung nur ein Bruchteil aller Polygone sichtbar sein wird. Wenn es möglich ist, vor dem Rendering jedes Einzelbildes alle Polygone zu finden, die in diesem Moment nicht sichtbar sein können und diese auszusortieren, dann wird die Grafik-Hardware nur noch mit den Polygonen belastet, die auch tatsächlich zum Aufbau dieser einen Ansicht notwendig sind.

Abbildung 4 zeigt ein Beispiel für dieses Vorgehen. Zu sehen sind die Umrisse eines Sichtpyramidenstumpfes in Seitenansicht und Aufsicht. Nur Polygone die innerhalb der Sichtpyramide liegen, tragen zuBildaufbau bei. Hier ist ein Würfel zu sehen, dessen Seitenflächen in mehrere kleinere Polygone unterteilt sind. Die grau eingefärbten Polygone liegen innerhalb der Pyramide und müßen gerendert werden, während die restlichen Polygone nicht zum Bildaufbau beitragen.

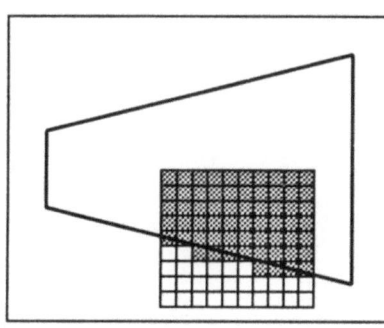 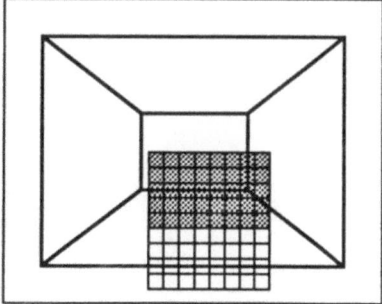

Abbildung 4

Der Zeitaufwand zur Sortierung der Polygone durch Testen jedes einzelnen Polygons gegen die Sichtpyramide wäre aber unvertretbar hoch. Aus diesem Grund werden alle Polygone in einem hierarchischen BSP Baum räumlich vorsortiert. Dazu wird die achsenparallele Bounding Box aller Polygone berechnet. Sie bildet die Wurzel des BSP Baums. Diese Bounding Box wird dann orthogonal zu ihrer längsten Kante in zwei kleinere Bounding Boxes zerlegt. Diese bilden die Blätter des Ursprungsknotens. Alle Polygone, die in der Bounding Box des Ursprungsknotens enthalten sind, werden nach Zugehörigkeit auf die beiden neuen Bounding Boxes verteilt. Dieser Vorgang wird rekursiv für die neuen Knoten des BSP Baums wiederholt, bis ein geeignetes Abbruchkriterium erreicht ist (Abbildung 5).

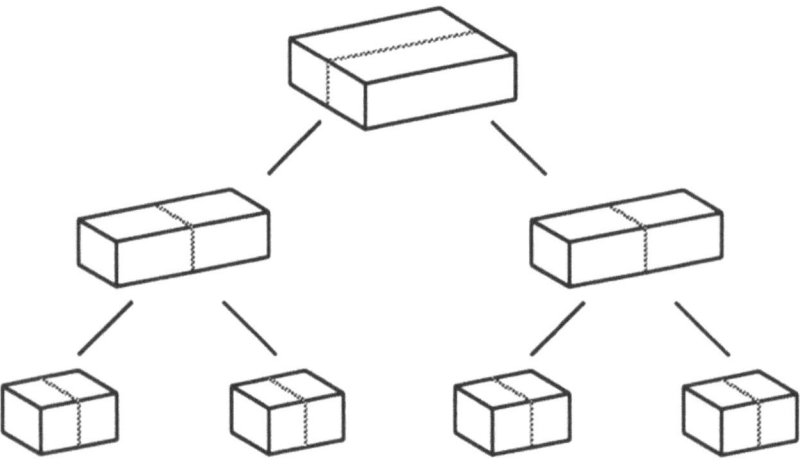

Abbildung 5

Nach dem Aufbau des BSP Baums müssen die Bounding Boxes von den Blättern her justiert werden, da die Polygone unter Umständen nicht vollständig innerhalb der sie umschließenden Bounding Box liegen. Abbildung 6 zeigt ein Beispiel für diesen Vorgang. Der resultierende Baum ist kein reiner BSP Baum mehr, stellt aber sicher, daß jede Bounding Box im Baum alle Bounding Boxes ihrer Zweige, und somit alle darin enthalten Polygone komplett umschließt.

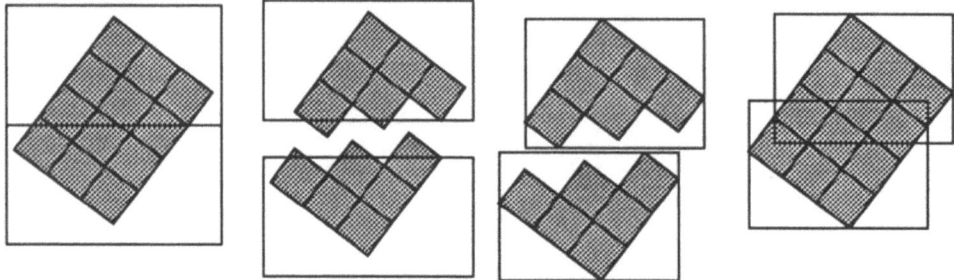

Abbildung 6: Justierung der Bounding Boxes

Mit Hilfe der räumlichen Vorsortierung der Polygone kann die Entscheidung welche Polygone in einer Darstellung zu sehen sind wesentlich beschleunigt werden. Dazu wird der Baum ausgehend von der Wurzel rekursiv mit der Sichtpyramide geschnitten (Abbildung 7).

CullTest: (Bounding Box B, Frustrum F)			
Intersect F with B			
no	F in B	B in F	maybe
forget B	test B´s children or draw geometry	draw geometry	test B´s children or draw geometry

Abbildung 7: Feststellung der Sichtbarkeit.

Liegt eine Bounding Box außerhalb der Pyramide, so braucht der gesamte Zweig des Baums nicht weiter betrachtet zu werden. Alle in diesem Zweig enthaltenen Polygone liegen außerhalb der Sichtpyramide und brauchen nicht gerendert zu werden. Liegt die Bounding Box komplett innerhalb der Sichtpyramide, so wird die Traversion dieses Zweiges ebenfalls abgebrochen und alle Polygone des Zweiges werden gerendert. Trifft keiner dieser Fälle zu, wird der Test mit den Zweigen des Bounding Box Knotens wiederholt. Läßt sich für die Bounding Box eines Blattes des Baums nicht entscheiden ob sie innerhalb oder außerhalb der Sichtpyramide liegt, werden die Polygone dieses Knotens ebenfalls gerendert.

Durch dieses Verfahren kann die Anzahl der Polygone einer komplexen Szene, die an die Grafik-Hardware übergeben werden müssen, wirksam reduziert werden. Die für den Test benötigte Zeit liegt bei etwa 1% - 5% der für den gesamten Bildaufbau benötigten Zeit.

Schluß

Es ist gelungen eine einfach und schnell zu realisierende Erweiterung der Darstellungsmöglichkeiten des VPL VR-Systems durchzuführen. Dadurch wird der Anwender in die Lage versetzt eigene Render-Module in das System zu integrieren. Es wurde das Design eines solchen Moduls erläutert, das die speziellen Anforderungen die an einen Radiosity-Renderer gestellt werden müssen, erfüllt.

GENESIS
Eine interaktive Forschungsumgebung zur Entwicklung effizienter und parallelisierter Algorithmen für VR-Anwendungen

Stefan Müller

Matthias Unbescheiden

Martin Göbel

Das System GENESIS bietet eine objektorientierte, hierarchische Datenstruktur, deren Traversierung zur Beschleunigung vieler VR-Aufgaben benutzt wird, wie Rendering, Radiosity, Ray-Tracing und Kollisionstest. Desweiteren bietet diese Objekthierarchie eine effiziente Verteilungsmöglichkeit auf verschiedene, parallele Rechnerarchitekturen (distributed und shared memory). In diesem Artikel wird der Aufbau von GENESIS beschrieben; insbesondere wird aufgezeigt, wie das Radiosity-Problem auf ein Ray-Tracing-Problem zurückgeführt werden kann. Am Beispiel des parallelisierten Ray-Tracers werden dann verschiedene Testergebnisse auf den jeweiligen Architekturen vorgestellt.

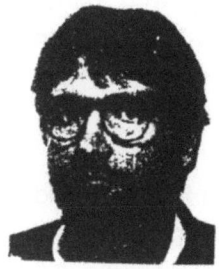

Stefan Müller, Fraunhofer-Institut für Graphische Datenverarbeitung (IGD), Darmstadt.

Matthias Unbescheiden, Hilfswissenschaftler beim Fraunhofer-Institut für Graphische Datenverarbeitung (IGD), Darmstadt.

Dr. Martin Göbel, Abteilungsleiter Visualisierung und Simulation, Fraunhofer-Institut für Graphische Datenverarbeitung (IGD), Darmstadt.

Einleitung

Herkömmliche Darstellungsverfahren der Computer-Graphik projizieren die Geometrie einer gegebenen Szene auf einen Bildschirm in Richtung eines virtuellen Beobachters (*Scan-Konvertierung*). Dort werden die einzelnen Flächen der Reihe nach ausgefüllt und mit Hilfe eines z-Buffer-Algorithmus nur die vordersten Flächen dargestellt. Für jede darzustellende Fläche werden außerdem die Winkel zwischen der Normalen dieser Fläche und den in der Szene definierten Lichteinfallsrichtungen berücksichtigt. Dadurch wird die Beleuchtung grob simuliert und der Realitätseindruck der erzeugten Bilder gesteigert. Dieses Verfahren wird heutzutage von einer Vielzahl computer-graphischer Hardware-Architekturen unterstützt.

Will man allerdings auch Schatten und blickpunkt-abhängige Reflexionen oder Transparenzen darstellen, so muß das Ray-Tracing-Verfahren eingesetzt werden. Entgegen dem projektiven Scan-Konvertierungsverfahren wird hier das Bild mit Hilfe von Sehstrahlen abgetastet. Durch jedes Pixel der Bildschirmebene wird ein Strahl verschickt und dessen vorderster Schnittpunkt mit der Szene ermittelt. Ist das getroffene Objekt ein Spiegel oder ein transparenter Körper, so werden die reflektierten bzw. gebrochenen Strahlen weiterverfolgt. Zusätzlich werden von jedem Schnittpunkt aus Schattenfühler zu allen Punktlichtquellen versendet und mit Hilfe eines Beleuchtungsmodells dessen Farbe bestimmt.

In GENESIS sind beide Verfahren integriert. Mit Hilfe einer Navigationskomponente kann ein Benutzer den Ort und die Blickrichtung eines virtuellen Beobachters steuern. Während mit dem Scan-Konvertierungs-Verfahren unter Einsatz spezieller Hardware heute selbst komplexe Szenen mit mehreren Bildern pro Sekunde berechnet werden können, benötigt das Ray-Tracing-Verfahren selbst unter Einsatz paralleler Hardware eher Minuten und Stunden zur Berechnung eines Bildes. Ray-Tracing wird daher hauptsächlich zur Berechnung von qualitativ hochwärtigen Präsentations-Einzelbildern verwendet. Für die Simulation der Raumakustik ist es aber nach wie eines der wichtigsten Verfahren.

Bei beiden Darstellungs-Verfahren fällt allerdings auf, daß die Beleuchtung für jedes Bild neu simuliert werden muß. Goral et al [7] haben 1984 ein neues Beleuchtungsverfahren, das sogenannte *Radiosity-Verfahren* vorgeschlagen. Hierbei wird die Beleuchtung ein einziges Mal für eine Szene vorab simuliert. Die berechneten Daten werden dann in beide Darstellungs-Verfahren integriert und erlauben eine sehr viel realistischere Darstellung bei bis zu ein Zehntel der Darstellungszeit. Außerdem können mit Hilfe des Radiosity-Verfahrens erstmals flächige Lichtquellen und die Beleuchtung der Objekte untereinander simuliert werden. Radiosity ist damit eine unabdingbare Komponente für heutige VR-Systeme geworden.

Radiosity-Verfahren

Grundsätzlich werden die Oberflächen der Objekte einer Szene in kleinere Flächen (*Patches*) unterteilt. Für einige Patches (*Lichtquellen-Patches*) wird in einer Eingabedatei zusätzlich eine spezifische Ausstrahlung (*Radiosity* oder kurz *Strahlung* genannt) mit der lichttechnischen Einheit *lux* angegeben. Jedes Patch wird als diffuser Strahler betrachtet, der seine Strahlung über alle Raumwinkel gleichverteilt in den Halbraum abgibt. Der Anteil der von einem Sender-Patch *s* abgegeben, diffusen Strahlung B_s, der bei einem Empfänger-Patch *e* als Beleuchtungsstärke (ebenfalls lux) auftrifft, wird durch den Formfaktor F_{es} beschrieben. Das Empfänger-Patch gibt die um den Reflexionskoeffizienten ρ_e geschwächte, eingestrahlte Beleuchtungsstärke wieder als diffuse Strahlung B_e an den Raum ab:

$$B_e = \rho_e \cdot B_s \cdot F_{es}$$

Auf die Berechnung der Formfaktoren wird später noch näher eingegangen. Hier sei nur festgehalten, daß der Formfaktor Werte zwischen 0 und 1 annimmt und rein von der Geometrie der beiden Patches abhängt. Die gesamte Strahlung, die jedes Patch *e* an die Umgebung abgibt, setzt sich zusammen aus der von *e* selbst emittierten Strahlung E_e und der um den Reflexionskoeffizienten ρ_e verminderten Beleuchtungsstärke, die von allen anderen Patches *s* bewirkt wird.

$$B_e = E_e + \rho_e \sum_{s=1}^{N} B_s F_{es}$$

Daraus ergibt sich ein Gleichungssystem bestehend aus n Gleichungen mit n Unbekannten (n ist die Anzahl der Patches in der Szene). Zuerst müssen alle n^2 Formfaktoren berechnet werden. Danach werden die Radiosity-Werte der einzelnen Patches übergeben. Aufgrund der Diagonaldominaz der Matrix (die Summe der Formfaktoren einer Zeile ist kleiner/gleich eins) bietet sich das Gauß-Seidel-Verfahren zur Lösung des Gleichungssystems an. Im Gegensatz zum Formfaktor enthält der Reflexionskoeffizient die Farbinformation des Patches. Deshalb ist das Gleichungssystem für jede Farbvalenz neu aufzustellen und zu lösen (in der Regel für r,g,b). Als Resultat erhält man die Radiosity-Verteilung der einzelnen Patches. Dieses Radiosity-Verfahren (*Formfaktor-Matrix-Methode* oder kurz *FM-Methode* genannt) hat zwei große Nachteile: einerseits ist der Speicheraufwand durch die Bestimmung der n^2 Formfaktoren unnötig hoch und andererseits ist durch die hohe Berechnungszeit jegliche Interaktivität ausgeschlossen. Deshalb wird dieses Verfahren heute kaum mehr verwendet.

Eine starke Verbesserung gegenüber der FM-Methode stellt die Methode des *progressive refinement* (*PR-Methode*) dar [5]. Hierbei wird das Patch mit dem größten zu versendenden Radiosity ermittelt (*Sender-* oder *Shooting-*Patch *s*). Ausgehend von diesem Patch werden n Formfaktoren von *s* zu allen anderen Patches der Umgebung berechnet und anschließend der Radiosity von *s* anteilmäßig an alle Patches verteilt. Schließlich wird das nächste Sender-Patch ermittelt und der Algorithmus konvergiert, wenn die zu versendende Strahlung unter einem Schwellwert liegt. Dieses Verfahren macht die Speicherung von zwei Radiosity-Werten pro Patch nötig: einerseits ein absoluter Radiosity, der sich mit den Iterationen immer erhöht, und andererseits der zu versendende Radiosity-Wert, der auf Null gesetzt wird, nachdem dieses Patch seine zu versendende Strahlung abgegeben hat. Die PR-Methode löst die Probleme der FM-Methode: es müssen immer nur n Formfaktoren berechnet und im Speicher gehalten werden. Zeigt man die Teilergebnisse nach jeder Iteration an, so kann der Benutzer die Lichtentwicklung in seiner Szene mitverfolgen und frühzeitig Änderungen vornehmen. In diesem Artikel beziehen sich alle Bezeichnungen auf die PR-Methode.

Formfaktoren

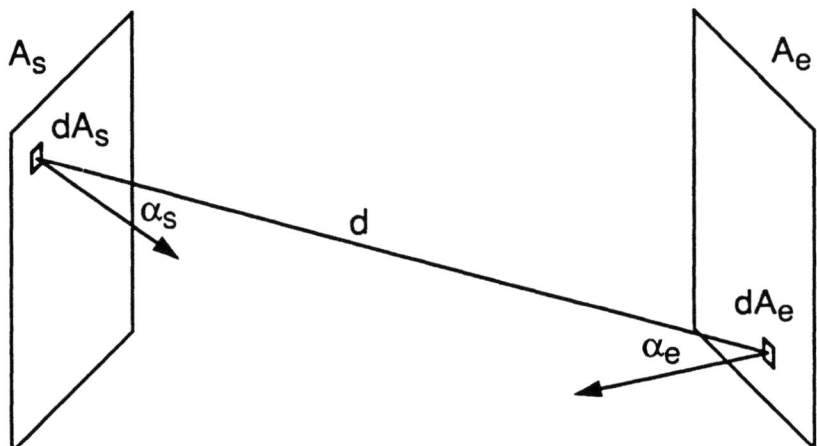

Abb.1: Radiosity-Austausch zwischen zwei Flächen.

Betrachtet man Abb. 1, so kann die Berechnung des Formfaktors zwischen zwei finiten Flächen folgendermaßen interpretiert werden: man nehme ein Flächenelement dA_e und integriere von diesem aus über alle Flächenelemente dA_s, indem man den Abstand d und die Winkel α_e und α_s zwischen den Normalen und der Verbindung der beiden Elemente bestimmt; dies wird für alle Elemente aus A_e wiederholt.

$$F_{es} = \frac{1}{A_e} \int_{A_s} \int_{A_e} \frac{\cos\alpha_e \cos\alpha_s \, dA_e \, dA_s}{\pi d^2}$$

Obwohl sich dieses Oberflächenintegral mit Hilfe des Satzes von Stokes in ein Konturintegral umformen läßt, ist bislang keine analytische Lösung für zwei beliebige Polygone bekannt. In Müller [12] wurden Lösungen für zwei senkrecht oder parallel zueinander stehende Patches hergeleitet, die allerdings jeweils eine volle DIN A4-Seite ausfüllen. Deshalb betrachtet man in der Regel zwei verschiedene Vereinfachungen.

Erste Formfaktorvereinfachung

Man geht davon aus, daß eines der beiden Patches sehr klein ist. Im Zusammenhang mit der PR-Methode ist dies in der Regel das Sender-Patch. In diesem Fall muß die Integration über A_e ausgeführt werden, liefert aber für jedes Flächenelement dA_s einen konstanten Wert. Dadurch ergibt sich:

$$F_{A_e dA_s} = \frac{A_s}{A_e} \int_{A_e} \frac{\cos\alpha_e \cos\alpha_s \, dA_e}{\pi \, d^2}$$

Für dieses Integral gibt es eine sehr effiziente Lösung, die auch Prisma-Lösung genannt wird [2,9]. Es müssen nur vier Vektoren zwischen je zwei patches berechnet und die Summe von vier Skalarprodukten ausgewertet werden.

Eine weitere Betrachtung dieses Integrals führte zu einer Vielzahl von numerischen Berechnungsverfahren: die Integration über A_e kann genauso gut über die Projektion von A_e auf einer beliebigen Projektionsfläche durchgeführt werden. Das bekannteste Verfahren ist das *Hemi-Cube-Verfahren* [4]. Hierbei wird um ein Sender-Patch s ein Einheits-Halbwürfel gelegt, dessen fünf Seiten in kleine Flächen, sog. Hemi-Cube-Pixel zerlegt sind. Als nächstes werden alle Patches der Umgebung auf die fünf HC-Seiten um s projiziert und für jedes HC-Pixel die Nummer des Patches eingetragen, das durch dieses Pixel sichtbar ist. Ein bestehendes Scan-Konvertierungs-Programm mit eingebautem z-Buffering muß nur geringfügig geändert werden: statt der Farbe einer Fläche wird die Nummer dieser Fläche für das Pixel eingetragen. Für jedes HC-Pixel kann vorab in einer Tabelle ein kleiner Formfaktor (*Delta-Formfaktor*) berechnet werden. Schließlich wird für jedes HC-Pixel der dazugehörige Delta-Formfaktor auf den Formfaktor des durch das Pixel sichtbaren Patches aufaddiert. Das Resultat sind die n Formfaktoren von s zu allen Patches der Umgebung.

Der Vorteil dieses Verfahrens liegt in seiner Effizienz, da das Programm, das zur Darstellung des Bildes verwendet wird, gleichzeitig auch für die Formfaktor-Berechnung gebraucht werden kann. Hierfür wird computer-grafische Hardware eingesetzt. Außerdem wird die Sichbarkeit zwischen zwei Patches berücksichtigt und nur über solche Flächenelemente integriert, die sich gegenseitig sehen.

Eine Reihe von weiteren Projektionsflächen wie Halbkugel, Tetraeder, einfache Fläche, verschieden gerasterter Flächen usw. wurden vorgeschlagen, um die Güte der Formfaktoren und den Projektionsaufwand auf die fünf HC-Flächen zu reduzieren. Alle diese Verfahren (einschließlich HC-Verfahren) faßt man mit dem Begriff *projektive Radiosity-Verfahren* zusammen. Der große Nachteil dieser Verfahren liegt in der diskreten Aufteilung der Projektionsflächen, die immer zu Aliasing-Effekten führt. Die Wahl der Auflösung der Projektionsflächen ist nicht für beliebige Szenen entscheidbar und führt in der Regel immer zu Schachbrettmustern auf den beleuchteten Flächen [2].

Zweite Formfaktorvereinfachung

Zusätzlich zu der Annahme, daß das Sender-Patch sehr klein ist, geht man bei dieser Vereinfachung davon aus, daß auch die Empfängerfläche genügend klein sei. Dann liefert die Integration über A_e ebenfalls konstante Werte für jedes dA_e:

$$F_{dA_e dA_s} = \frac{\cos\alpha_e \cos\alpha_s}{\pi d^2} \Delta A_s$$

Diese Formel wird z.B. zur Berechnung der Delta-Formfaktoren der HC-Pixel verwendet oder wenn die Distanz zweier Patches sehr groß im Vergleich zu der Ausbreitung der Patches ist.

Hybride Formfaktor-Berechnungs-Verfahren

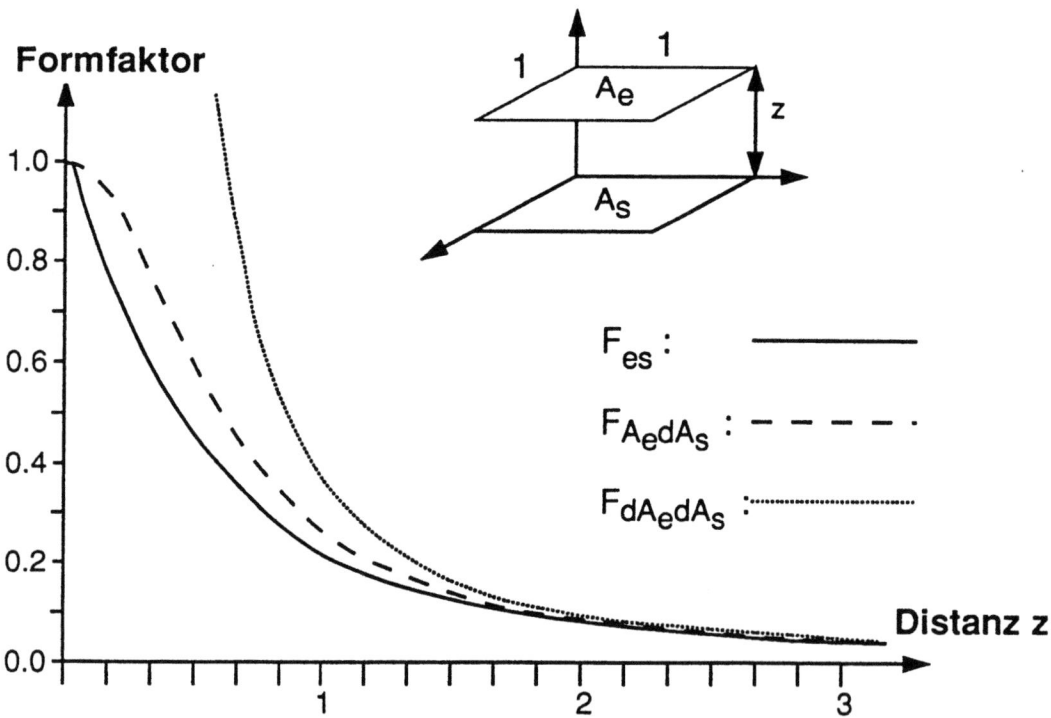

Abb. 2: Die verschiedenen Formfaktoren für zwei gleich große, parallele Patches in Abhängigkeit von ihrer Distanz.

In Abb. 2 sind die vorgestellten Formfaktor-Gleichungen für zwei parallele Patches in Abhängigkeit von ihrer Distanz aufgetragen. Wie man sieht, nähern sich alle Verfahren bei genügend großer Distanz zwischen den Patches dem gleichen Formfaktorwert an. Da der Rechenaufwand stark von der verwendeten Vereinfachung abhängt, haben Baum & Winget [2] eine hybride Berechnungs-Methode für projektive Radiosity-Verfahren vorgeschlagen. Je nach Flächen-Abstandsverhältnis zwischen zwei Patches wird entschieden, welche der oben beschriebenen Gleichungen zu verwenden ist. Eine eigenes hybrides Verfahren ist in GENESIS implementiert und wird derzeit noch verbessert und einigen Tests unterzogen. Besonders bemerkt werden soll, daß die gestrichelte Linie in Abb. 2 die maximale Formfaktor-Güte des HC-Verfahrens darstellt, selbst wenn die HC-Auflösung unendlich groß gewählt werden könnte. Wie man sieht, ist bei sehr nahe aneinanderliegenden Patches sogar mit Formfaktor-Fehlern über 10% zu rechnen.

Ray-Tracing-basierte Radiosity-Verfahren

Wallace et al [17] trennten bei ihrem Ray-Tracing-basierten Verfahren die Formfaktor-Berechnung von der Sichtbarkeitsentscheidung. In GENESIS wurde eine modifizierte Version implementiert. Der Kern des PR-Algorithmus sieht dann wie folgt aus:

- ermittle das Sender-Patch s,
- versende einen Teststrahl von s zu jedem Patch e der Umgebung, der die Sichtbarkeit der beiden entscheidet,
- berechne jeweils den Formfaktor F_{es}, falls e und s nicht von anderen Patches verdeckt werden und tausche den Radiosity aus.

Wie man sieht, ist die Verteilung der Radiosity-Werte auf ein Ray-Tracing-Problem zurückgeführt worden. Diese Vorgehensweise hat mehrere Vorteile:

- das Aliasing-Problem ist gelöst, da zur Berechnung der Formfaktoren keine diskretisierten Projektionsflächen mehr eingesetzt werden müssen,
- neben der versendeten Strahlung ist auch deren Richtung bekannt, was eine Integration von realen Lichtquellen-Charakteristiken und eine Verteilung der Radiosities über Spiegel hinweg ermöglicht,
- der gleiche Ray-Tracer kann in einem *two-pass-Verfahren* [16] auch zur Darstellung der Szene verwendet werden, um die blickpunkt-abhängigen Spiegelungen darzustellen,
- dieses Verfahren läßt sich im Gegensatz zu den anderen Methoden sehr einfach parallelisieren.

Auf den ersten Blick fällt auf, daß bei diesem Verfahren keine teilweise Verdeckung zwischen zwei Patches mehr berücksichtigt wird. Wallace et al [17] haben hierfür eine Lösung vorgeschlagen. Allerdings liegt ein Empfänger-Patch dann auf einer Schattenkante; in diesem Fall muß dieses Patch ohnehin in kleinere Patches unterteilt werden, um die Beleuchtungsstärke-Gradienten innerhalb eines Patches möglichst gering zu halten.

Der zweite Punkt, die Integration von realen Lichtquellen-Charakteristiken und der Radiosity-Austausch über Spiegel hinweg ist in GENESIS noch nicht vollständig integriert. Die entsprechenden Grundlagen für Ray-Tracing-basierte Radiosity-Verfahren finden sich in [3,10,15].

Der gegenüber den projektiven Verfahren höhere Rechenaufwand des Ray-Tracers läßt sich durch die Verwendung von effizienten Datenstrukturen, Algorithmen und paralleler Hardware drastisch reduzieren. Im folgenden werden diese Komponenten und ihre Integration in GENESIS erklärt und deren Verwendbarkeit für weitere VR-Aufgaben aufgezeigt.

Beschleunigung des Ray-Tracing-Verfahrens

Das Grundproblem eines Ray-Tracers ist eine effiziente Schnittpunkt-Findung. Während bei einem herkömmlichen Ray-Tracer entlang eines Sehstrahls der vorderste Schnittpunkt ermittelt werden muß, beschränkt sich dessen Aufgabe in einem Radiosity-Verfahren auf die Feststellung, ob entlang eines Strahls zwischen s und e überhaupt ein Objekt getroffen wird.

Prinzipiell müßten zur Schnittpunktfindung alle Patches der Szene getestet werden, um den vordersten Schnittpunkt bestimmen können (dies vereinfacht sich bei der Radiosity-Aufgabe allerdings). In der Literatur finden sich eine Reihe von Algorithmen, die die Komplexität $O(n)$ der Schnittpunktfindung reduzieren sollen. Der wohl bekannteste Algorithmus ist die von Glassner vorgeschlagene Aufteilung des Raums mittels *Octrees* [6]. Hierbei wird anfangs die die Szene umgebende Bounding-Box durch eine horizontale und eine vertikale Trennwand in acht Teilwürfel (*voxel*) unterteilt. Befinden sich in einem Voxel 'zu viele' Objekte, so wird dieser Raumbereich rekursiv nach dem gleichen Verfahren in Teilwürfel unterteilt, bis sich in jedem Voxel nur eine vorher festgelegte Anzahl von Objekten befindet. Entlang eines Seh- oder Teststrahls werden dann nur die Voxel von vorne nach hinten berücksichtigt, die von diesem Strahl geschnitten werden und die vom Voxel umschloßenen Objekte auf einen Schnittpunkt getestet.

Arvo & Kirk [1] schlugen vor, die Strahlen in einem 5D-Raum zu klassifizieren. Im Laufe des Verfahrens wird diese Klassifizierung automatisch an den Stellen detaillierter, an denen tatsächlich Strahlen auftreten. Generell hängt die Effizienz des gewählten Beschleunigungs-Verfahrens von der Implementierung und der gewählten Testszene ab. Deshalb lassen sich die einzelnen Methoden nur sehr schwer miteinander vergleichen.

In GENESIS ist das P-Queue-Verfahren von Kay & Kayija [11] implementiert, das später noch näher erklärt wird. Bei diesem Verfahren wird nicht der Raum an sich aufgeteilt, sondern die Objekte der Szene in übergeordnete Objektgruppen (*composite objects*) zusammengefaßt. Die diesem Verfahren zugrunde liegende objekt-basierte Bounding-Volume-Hierarchie stellt den Kern dieser Methode dar und läßt sich auch für andere Aufgaben aus dem Bereich der virtuellen Realität nutzen.

Die Objekt-Struktur von GENESIS

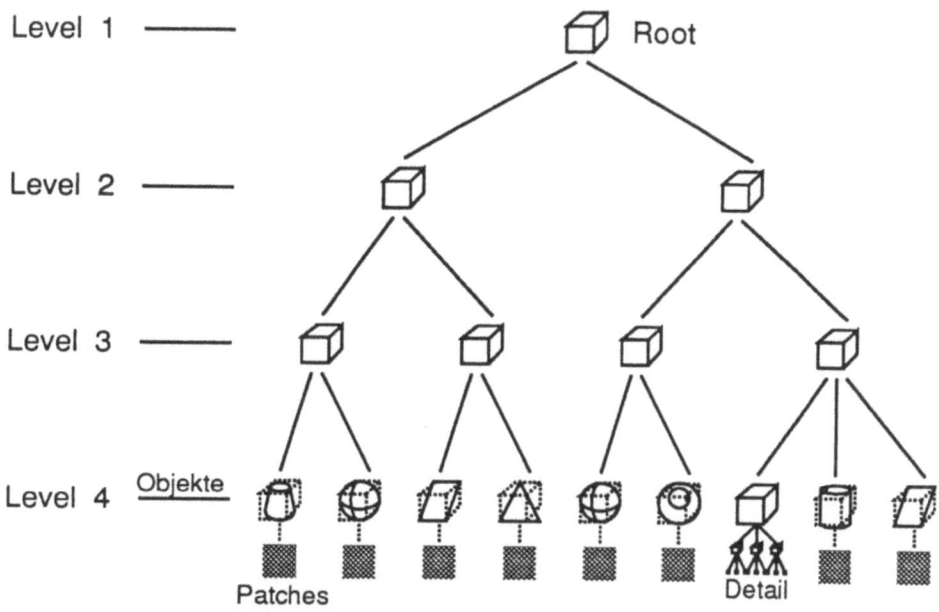

Abb. 3: Die Objekthierarchie von GENESIS.

In Abb. 3 ist in Level 4 die Liste der Objekte angedeutet, die mit GENESIS dargestellt werden können (Kugeln, Kegel, Tori, Dreiecke, Vierecke usw.). Für jedes dieser Objekte ist auch ein Bounding-Volume gespeichert, das nicht unbedingt eine achsenparallele Bounding-Box sein muß (s. [11]). Nach dem Einlesen der Daten wird diese Objektliste bzgl. einer Koordinatenachse sortiert und in der Mitte durchgeschnitten. Jede Teilliste wird nach einer anderen Koordinatenachse sortiert und mit dem gleichen Algorithmus solange rekursiv weiterunterteilt, bis die Anzahl der Objekte einer Teilliste unter einer vorab definierten Grenze liegt. In diesem Fall wird ein neues Bounding-Volume um diese Objektgruppe berechnet und die Objekte der Teilliste als Kinder des neuen *Composite-Objekts* eingetragen (Level 3 in Abb. 3). Das Sortierverfahren der Teillisten stellt sicher, daß innerhalb eines Composite-Objekts nur räumlich benachbarte Objekte zusammengefaßt werden (*räumliche Objektaufteilung*). Der gleiche Algorithmus wird für die neu definierten Composite-Objekte rekursiv wiederholt, bis schließlich nur noch ein einziges Root-Objekt generiert wurde: das Bounding-Volume der gesamten Szene.

Neben der automatisch generierten, räumlichen Objektaufteilung gibt es noch eine benutzergesteuerte, *topologische* Objektaufteilung. Ein Benutzer kann selbst in der Eingabedatei eine Liste von Objekten zu einem einzigen Objekt (*Detail-Objekt*) zusammenfassen. Ein Detail-Objekt wird als eine Einheit betrachtet, die geschlossen selektiert und bewegt werden kann. Die Objektliste eines Detail-Objekts wird ebenfalls erst in eine lokale Objekthierarchie umgeformt und dessen Wurzel als Objekt in die normale Objektliste eingereiht (Level 4 in Abb. 3).

Für jedes 'Blatt'-Objekt dieses Objektbaums wird neben der Geometriebeschreibung (z.B. Mittelpunkt und Radius einer Kugel) auch dessen Oberflächenbeschreibung abgespeichert (z.B. Farbe, Beleuchtungsparameter, Radiosity-Wert, Textur). In einer Eingabedatei wird außerdem für jedes Objekt bestimmt, in wie viele Patches dessen Oberfläche zerlegt werden soll. Diese Patches werden beim Einlesen des Objekts automatisch generiert und sind ebenfalls Bestandteil der Oberflächenbeschreibung der Objekt-Datenstruktur.

Die Verwendung der hierarchischen Objekt-Struktur

Im Folgenden wird die Verwendung dieser Datenstruktur für die verschiedenen VR-Aufgaben und deren Parallelisierungsmöglichkeiten aufgezeigt. Da sich viele Probleme auf ein Ray-Tracing-Problem zurückführen lassen, wird auch auf dieses näher eingegangen.

Ray-Tracing (das P-Queue-Verfahren)

Ein gegebener Seh- oder Teststrahl wird zuerst mit dem Bounding-Volume der Wurzel der Hierarchie auf einen Schnittpunkt getestet. Liegt kein Schnittpunkt vor, so kann der Algorithmus abbrechen; andernfalls werden alle Kinder des Wurzel-Composite-Objekts getestet. Für jedes getroffene Objekt wird der Abstand zwischen dem Strahlursprung und dem Schnittpunkt berechnet und das getroffene Objekt gemäß dieser Distanz in eine Priority-Queue (*P-Queue*) einsortiert. Als nächstes wird das erste Element (und damit entlang der Blickrichtung das vorderste Objekt) aus der P-Queue herausgenommen. Ist es wieder ein Composite-Objekt, so müssen alle Kinder nach dem gleichen Algorithmus getestet werden, bis ein Schnittpunkt mit einem tatsächlichen Objekt gefunden wurde. Der Algorithmus terminiert, wenn ein weiteres Objekt hinter diesem Schnittpunkt getroffen wurde, oder keine Einträge mehr in der P-Queue vorhanden sind (näheres hierzu s. [11] oder [12]).

Der Vorteil dieses Verfahrens liegt darin, daß ein Strahl sehr schnell in die für ihn interessanten Raumzonen vordringt und damit rasch einen eventuellen Schnittpunkt finden kann.

Radiosity

Von dem Mittelpunkt eines ermittelten Sender-Patches werden zu den Mittelpunkten aller anderer Patches Teststrahlen verschickt. Zeigt ein Teststrahl in den vorderen Halbraum des Sender-Patches, so wird unter Zuhilfenahme der P-Queue die Objekthierarchie traversiert und getestet, ob sich ein Objekt zwischen Sender und Empfänger befindet. Ist dies nicht der Fall, wird der Formfaktor zwischen den beiden berechnet und der Radiosity ausgetauscht. Wichtig hierbei ist, daß nicht die Patches auf einen Schnittpunkt getestet werden müssen, sondern das übergeordnete Objekt berücksichtigt werden kann. Z.B. wird ein Fußboden-Polygon nur einmal auf einen Schnittpunkt geprüft, egal in wieviele Patches es unterteilt wurde. Die Komplexität des Schnittpunkttests ist damit unabhängig von der Patchauflösung der Szene (dies gilt natürlich auch für das Ray-Tracing-Verfahren, falls dieses anschließend zur Darstellung der Szene gewählt wird).

Scan-Konvertierung

Zur Beschleunigung der Scan-Konvertierung einer komplexen Szene gibt es prinzipiell zwei Möglichkeiten, die beide in GENESIS realisiert sind:

- Es müssen nur die Objekte dargestellt werden, die sich innerhalb der Betracher-Pyramide befinden; diese ergibt sich aus dem Standort des Betrachters, dessen Blickrichtung sowie dem horizontalen und vertikalen Blickwinkel.
- Objekte müssen nur dann detailliert dargestellt werden, wenn sie im Bild eine große Fläche einnehmen. Ist der Betrachter weit von einem Objekt entfernt, dann ist die Objektfläche im Bild in der Regel sehr klein und es genügt, eine einfachere Abstraktion des Objekts darzustellen (*Level of Detail*).

Zur Realisierung des ersten Verfahrens wird zuerst geprüft, ob die Betrachter-Pyramide das Bounding-Volume des Wurzel-Composite-Objektes schneidet oder beinhaltet. Unter Verwendung homogener Koordinaten kann dies auf einen Test zwischen zwei Quadern zurückgeführt werden. Ist der Test erfolgreich, dann werden rekursiv alle Kinder nach dem gleichen Verfahren getestet und ggf. auf Blattebene die Patches der Objekte dargestellt. Ist der Test nicht erfolgreich, dann ist eine weitere Traversierung des Teilbaums nicht mehr nötig und alle darunterliegenden Objekte müssen nicht weiter berücksichtigt werden.

Trifft man bei der Traversierung auf ein Detail-Objekt (z.B. einen Stuhl, der aus vielen Polygonen zusammengesetzt ist), so wird erst die Fläche des umgebenden Bounding-Volumes im Bildraum berechnet und ins Verhältnis mit der Größe des Gesamtbildes gesetzt. Liegt dieses Verhältnis über einer vorab definierten Schwelle, so wird der darunterliegende Teilbaum traversiert. Im anderen Fall wird ein weniger detaillierter Datensatz des Objekts dargestellt, der bei der Wurzel eines Detail-Objektes abgespeichert ist. An dieser Stelle wäre es sinnvoll, vom Benutzer definierte, nicht so detaillierte Datenmodelle für weit entfernte Detail-Objekte zu verwenden. Denkbar wäre auch eine automatische Datenabstraktion, bei der vor allem rechnergenerierte Texturen eingesetzt werden können. In vielen Simulationsprogrammen ist es üblich, weit entfernte Objekte ganz wegzulassen. In GENESIS wird derzeit das Bounding-Volume dargestellt, das das Detail-Objekt umgibt.

Mit Hilfe dieser Beschleunigungsverfahren konnten in GENESIS die Bildraten im Schnitt verdreifacht werden. Allerdings ist die ursprünglich konstante Bildrate nun blickpunktabhängig geworden. Sieht ein Betrachter beispielsweise in eine Ecke eines Zimmers, so können weit mehr Bilder pro Sekunde berechnet werden, als wenn er in den gesamten Raum blickt. Bewegt sich der Betrachter mit einer konstanten Schrittweite durch die Szene, so werden die unterschiedlichen Bildraten als unruhige Bewegungsgeschwindigkeiten wahrgenommen. Deshalb müßte die Schrittweite der Navigationskomponente mit der aktuellen Bildrate gekoppelt werden.

Einen weiteren Geschwindigkeitszuwachs bei der Bilddarstellung bietet in GENESIS die Verwendung sogenannter *Radiosity-Texturen.* Zerlegt man z.B. ein Fußboden-Polygon in 100x100 Patches, so generiert man 10 000 neue Flächen, die nach der Radiosity-Simulation alle eine Farbinformation beinhalten. Anstatt alle diese Patches bei der Scan-Konvertierung auf die Bildebene zu transformieren und ihre Farbinformation innerhalb der Linienzüge zu interpolieren, werden die Farbinformationen in einem Bild der Größe 100x100 abgespeichert. Dieses Bild wird mit Hilfe eines Textur-Mapping-Verfahrens auf das umgebende Polygon aufgetragen; auf die Transformation der Patches wird vollständig verzichtet. Somit ist die Scan-Konvertierungszeit ebenfalls unabhängig von der Patch-Auflösung der Szene. Allerdings kann dieses Verfahren nur auf Computern eingesetzt werden, die in der Lage sind, Texturen perspektivisch verzerrt auf Objekte aufzutragen.

Auf einer SGI 380/VGX werden mit GENESIS Bildraten von bis zu 3 Bildern/sec bei Szenen erreicht, die aus mehr als 200 000 Dreiecken zusammengesetzt sind.

Kollisionstest sich bewegender Objekte

Um Bewegungen einzelner Objekte in einer Szene zu ermöglichen, speichert man in der Regel eine Transformationsmatrix für jedes Objekt ab, die vor der Darstellung auf dessen Weltkoordinaten angewendet wird. Prinzipiell gibt es drei verschiedene Ursachen, die eine Veränderung der Matrizen nach sich ziehen:

- ein Objekt folgt den Bewegungen eines Eingabegerätes,
- ein Objekt bewegt sich selbstständig nach physikalischen Gesetzen (z.B. eine losgelassene Tasse oder eine angestoßene Kugel),
- ein Simulationsprogramm steuert die Bewegung eines Objekts.

Um eine Durchdringung von Objekten zu verhinden, muß erst geprüft werden, ob ein sich bewegendes Objekt (auch *aktives* Objekt genannt) in seiner Bewegungsrichtung mit einem anderen Objekt kollidiert; in diesem Fall darf die Transformation nur bis zu dem Kollisionspunkt ausgeführt werden. Wie man sieht, ist dieses Problem dem Ray-Tracing-Problem sehr ähnlich, da widerum alle Objekte der Szene getestet werden müßten. Deshalb bietet sich auch hierfür obige Traversierung der Objekthierarchie unter Verwendung der P-Queue an, um möglichst schnell das in Bewegungsrichtung vorderste Objekt zu erkennen.

Die diskutierten Beschleunigungsverfahren von Ray-Tracing mit Hilfe von Raum- oder Objektweltaufteilungen sind aber nur für statische Szene ausgerichtet. Eine Bewegung eines Objekts würde einen Neuaufbau der gesamten Hierarchie nach sich ziehen. Am Beispiel der Objekt-Hierarchie von GENESIS läßt sich dieses Problem durch das

Einführen einer separaten Liste von aktiven Objekten lösen. Wird die Bewegung eines Objektes gestartet (ein Benutzer 'greift' es, stößt es an oder eine Bewegungssimulation beginnt), dann wird das Objekt aus der Hierarchie herausgetrennt und in eine aktive Liste eingereiht. Für jedes Objekt dieser Liste wird zusätzlich eine Transformationsmatrix abgespeichert; bevor die entsprechende Simulation versucht, diese Matrix zu verändern, wird mit Hilfe der Hierarchie-Traversierung getestet, ob sich durch die Bewegung zwischen der alten und der neuen Transformationsmatrix eine Kollision mit anderen Objekten ergibt und ggf. eine neue Matrix bestimmt. Wird ein Objekt wieder deaktiviert, so wird diese Matrix auf dessen Weltkoordinaten angewendet und das Objekt wieder in die Hierarchie eingereiht.

Der Vorteil dieses Verfahrens ist, daß innerhalb der Hierarchie keine Matrizen nötig sind und dort alle Objekte in ihren gültigen Weltkoordinaten vorliegen. Dies erspart einigen Aufwand bei der Traversierung der Hierarchie. Außerdem beinhaltet die Hierarchie alle statischen Objekte und dies ermöglicht uneingeschränkt alle bisher diskutierten Verfahren zur Beschleunigung von Ray-Tracing, Radiosity, Scan-Konvertierung und Kollisionstest. Hinzugekommen ist jeweils eine Extrabehandlung der aktiven Liste bei allen Verfahren.

Parallelisierung

Die Schnittpunkttests verschiedener Seh- oder Teststrahlen des Ray-Tracing- oder Ray-Tracing-basierten Radiosity-Verfahrens stellen unabhängige Ereignisse dar und können daher parallel auf verschiedenen Prozessoren bearbeitet werden. Das gleiche gilt auch für die Kollisionstest verschiedener aktiver Objekte. Die Verwendung paralleler Algorithmen ermöglicht für komplexe VR-Umgebungen den nötigen Performance-Gewinn; die Auswahl der Algorithmen hängt allerdings von der zur Verfügung stehenden Hardware ab. Man unterscheidet hauptsächlich zwei Typen von Hardware-Architekturen: Systeme mit gemeinsamem oder verteiltem Hauptspeicher (*shared* und *distributed memory*).

In GENESIS wurde die Schnittpunktfindung für die Seh- oder Teststrahlen des Ray-Tracing- und des Radiosity-Verfahrens für beide Rechnerarchitekturen parallelisiert. Im Folgenden wird auf die jeweilige Parallelisierungsstrategie für beide Verfahren näher eingegangen und eine effiziente Verteilung der Objekthierarchie für verteilte Speichersysteme vorgestellt. Anhand der Testergebnisse eines parallelisierten Ray-Tracers wird der zu erwartende Performance-Gewinn eines parallelen VR-Systems diskutiert.

Systeme mit gemeinsamem Hauptspeicher

Hier wurde speziell ein Computer der Firma Silicon Graphics mit acht Prozessoren (SGI 380) und gemeinsamem Hauptspeicher verwendet. Bei diesem System können alle Prozessoren auf den gleichen Datensatz zugreifen. Unterprogramme, die sonst sequenziell aufgerufen werden, können hier mittels besonderer Befehle als parallele Prozesse gestartet werden. Das Betriebssystem übernimmt dann die Verteilung der

Prozesse auf die Prozessoren. Der Vorteil dieser Strategie ist, daß die gleiche Software auch auf einer Einprozessor-Maschine läuft; das Betriebssystem arbeitet dann alle Prozesse quasiparallel im time-sharing-Verfahren auf einem Prozessor ab.

Prozeßglobale Variablen werden vom Betriebssystem mit Hilfe von Semaphoren vor der gleichzeitigen Veränderung von mehreren Prozessen geschützt. Neben dem gemeinsamen Hauptspeicher besitzt jeder Prozessor noch einen kleinen, sehr schnellen Cache-Speicher. Das Ein- und Auslagern von Daten in und aus dem Cache wird ebenfalls vom Betriebssystem übernommen.

Ein sehr wichtiges Kriterium bei der Parallelisierung von Algorithmen ist, daß die Bearbeitungszeit eines Problems auf einem Prozessor sehr viel höher sein muß, als die Kommunikationszeit zwischen den Prozessen. Deshalb werden im Falle von **Ray-Tracing** nicht einzelne Pixel (und die damit verbundenen Sehstrahlen) parallel verarbeitet, sondern ganze Bildausschnitte oder wie im Falle von GENESIS Bildschirmzeilen. Es gibt einen besonderen Prozeß (*Master*-Prozeß), der die Szenendaten läd, die einzelnen Arbeitsprozesse (*Worker*-Prozesse) erzeugt und deren Kontrolle übernimmt. Jeder Worker berechnet eine ihm zugeteilte Bildschirmzeile und gibt diese anschließend an den Master zurück mit der Bitte ihm eine neue Zeile zuzuteilen. Während keine Anforderungen an den Master vorliegen, kopiert dieser die empfangenen Bildzeilen in das Endbild.

	821 Kugeln		7381 Kugeln	
#Worker	Zeit (sec)	Faktor	Zeit (sec)	Faktor
1	437.81	1.00	835.64	1.00
2	310.50	1.41	480.25	1.74
3	205.54	2.13	349.64	2.39
4	154.74	2.83	279.67	2.99
5	119.03	3.68	213.63	3.91
6	103.65	4.22	187.28	4.46
7	95.41	4.59	179.02	4.67
8	96.37	4.54	178.03	4.69
9	90.21	4.85	172.68	4.84
10	88.75	4.93	168.32	4.96
11	88.48	4.95	164.11	5.09
12	89.19	4.91	168.03	4.97
16	88.28	4.96	158.63	5.27

Abb. 4: Testergebnisse auf einer shared-memory-Architektur.

Für das beschriebene Verfahren sind in Abb. 4 für zwei verschiedene Szenen die Bildberechnungszeiten von GENESIS in Abhängigkeit von der Worker-Anzahl aufgetragen. In der letzten Zeile ist jeweils der Beschleunigungsfaktor dargestellt: die Bildberechnungszeit von einem Worker dividiert durch die Bildberechnungszeit von n Workern. Bei den beiden Testszenen handelt es sich um die in der Literatur oft verwendeten *sphere-flake*-Modelle aus Abb. 7; die erste Szene besteht aus 821 und die zweite Szene aus 7381 spiegelnden Kugeln. In beiden Szene wurden drei virtuelle Lichtquellen definiert; die Bildauflösung betrug jeweils 500x500 Pixel.

Wenn man bedenkt, daß bei den obigen Beispielen nur acht Prozessoren zur Verfügung standen, ist es erstaunlich, daß bei mehr als 7 Workern immer noch Rechenzeitgewinne zu verbuchen sind. Der Grund hierfür liegt in einem effizienten Prozeßwechsel des Betriebssystems. Z.B. kostet eine Anforderung von Daten aus dem Hauptspeicher relativ viel Zeit, die das Betriebssystem für die Abarbeitung eines anderen Prozesses nutzen kann.

Wie erwartet, fällt der erzielte Beschleunigungsfaktor bei der komplexen Szene besser aus, als bei der weniger komplexen. Hier ist die Bearbeitungszeit der Prozesse im Gegensatz zum konstant gebliebenen Kommunikationsaufwand gestiegen. Dennoch läßt sich der erwartete Faktor 7 (ein Master, sieben Worker) bei einem solchen System in der Realität kaum erzielen, da durch die Kommunikation und die Synchronisation der Speicherzugriffe immer etwas Zeit verloren geht.

Im Falle von **Radiosity** werden ebenfalls nicht einzelne Teststrahlen, sondern ganze Objekte parallel abgearbeitet (s. auch [8]). Hat der Master ein Sender-Patch ermittelt, dann ordnet er der Reihe nach alle Objekte der Szene den Workern zu. Jeder Worker verschickt vom Mittelpunkt des Senders aus Teststrahlen an alle Patches des ihm übergebenen Objekts und bestimmt deren neue Radiosity-Werte. Danach fordert er ein neues Objekt vom Master an. Zusätzlich merkt sich jeder Worker seinen lokalen, maximal zu versendenden Radiosity-Wert. Am Ende einer Iteration bestimmt der Master aus diesen lokalen Maximalwerten das nächste Sender-Patch.

Tests haben gezeigt, daß die Beschleunigungsfaktoren beim parallelen Radiosity-Verfahren unter den obigen Ergebnissen des Ray-Tracers liegen. Der Grund hierfür liegt ebenfalls in dem gegenüber dem Ray-Tracing-Verfahren höheren Kommunikationsaufwand.

Systeme mit verteiltem Speicher

Die Transputer sind wohl die bekanntesten Vertreter dieser Hardware-Architektur. Ein Transputer ist ein Prozessor, der einen eigenen ein, zwei oder vier MB-großen Speicher besitzt und über vier Kommunikations-Links mit anderen Transputern verbunden werden kann. Verwendet man z.B. ein Transputer-basiertes Meiko-System, so stehen dem Programmierer ein C-Compiler und zusätzliche Befehle wie 'sende Nachricht an Prozessor i' oder 'empfange Nachricht' usw. zur Verfügung. Das Übersenden der Nachricht selbst wird von einer Art Betriebssystem übernommen. Auf einem speziellen

Host-Rechner (im Falle des Meiko-Systems eine Sparc-Station) stehen die üblichen Unix-Resources zur Verfügung (Festplatte, Dateisystem, Compiler usw.). Von hier aus werden die auszuführenden Programme sowie deren Daten über das Transputernetz an die einzelnen Transputer verschickt.

Generell läd man anfangs ein ausführbares Programm auf jeden Transputer (oft auf allen Transputern das gleiche Programm). Jeder Transputer beginnt dann mit seiner Arbeit, übermittelt Ergebnisse an andere Transputer oder reagiert auf empfangene Daten.

Die Schnittpunktberechnung von GENESIS wurde auf einem mit bis zu 20 Transputern bestückten Meiko-System der University of Manchester parallelisiert [12]. Hierzu wurde wieder ein Master-Worker-Prinzip gewählt. Ein spezieller Transputer übernimmt den Master-Prozeß und teilt den Workern einzelne Pixel und die damit verbundenen Sehstrahlen zu. Jeder Worker berechnet die Farbe des Pixels, schickt diese zurück an den Master und fordert ein neues Pixel zur Bearbeitung an.

Ein Problem bei verteilten Systemen ist, daß die lokalen Speicher der einzelnen Prozessoren in der Regel nicht groß genug sind, um die gesamte Szeneninformation allen Prozessoren zur Verfügung stellen zu können. Deshalb versucht man, den Prozessoren auch nur die Daten zuzuteilen, die sie zur Lösung ihrer Aufgaben brauchen (*lokale Referenzen*).

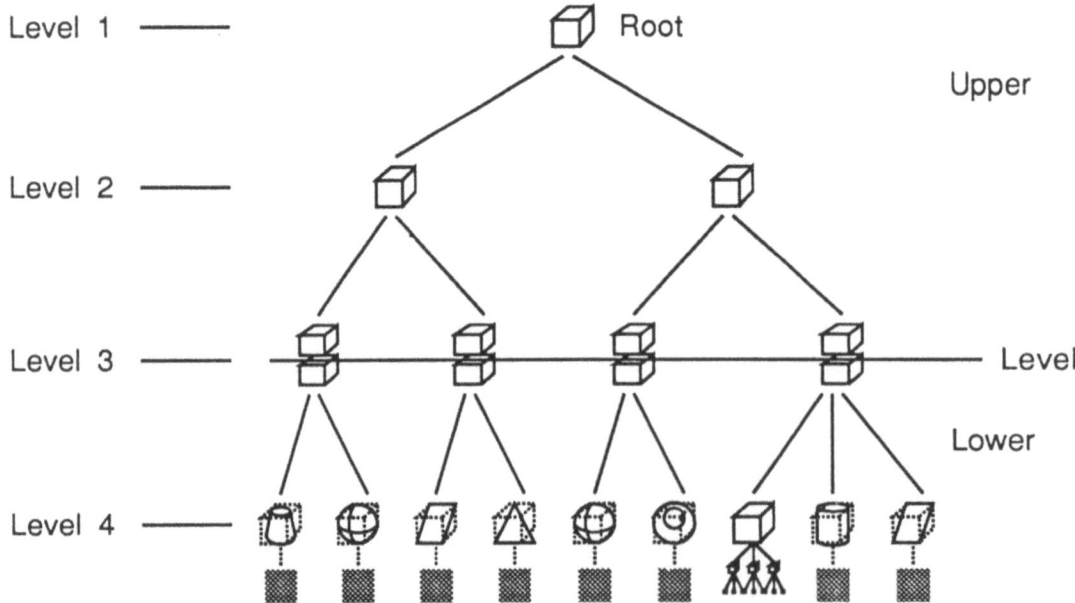

Abb. 5: Verteilung der Hierarchie auf die lokalen Speicher der Prozessoren.

Betrachtet man noch einmal die Traversierung der Objekthierarchie etwas genauer, so stellt man fest, daß das Wurzel-Objekt und dessen Kinder praktisch von allen Sehstrahlen auf einen Schnittpunkt getestet werden müssen. Die unteren Teilbäume und damit auch die tatsächlichen Objektdaten werden in der Regel nur vereinzelt von Strahlen getroffen. Salmon & Goldsmith [13] und Scherson & Caspary [14] schlugen unabhängig voneinander vor, den Objektbaum in der Mitte längs durchzuschneiden (*Level* in Abb. 5). Während die Informationen der oberen Baumhälfte (*Upper*) bei allen Transputern gespeichert werden, teilt man die unteren Teilbäume (*Lower*) unter den einzelnen Transputern auf. Statt der Liste der Kinder eines Composite-Objektes wird in den Objekten von Level die Nummer des Prozessors eingetragen, bei dem sich der Teilbaum befindet.

Für die Wahl von Level gilt: so tief im Baum wie möglich. Wird Level beispielsweise auf Blattebene festgelegt, so ist auf jedem Prozessor die gesamte Szeneninformation verfügbar und die Datenkommunikation minimiert. Sind die Speicher der Prozessoren hierfür zu klein, so wird der nächst höhere Level ausprobiert, bis die Daten in die lokalen Speicher passen.

Somit kann jeder Worker mit der Traversierung der Hierarchie bzgl. eines ihm vom Master zugeteilten Strahls beginnen. Benötigt er bei Level die Daten eines Teilbaums, die lokal nicht verfügbar sind, so schickt er eine Nachricht an den zuständigen Worker mit der Aufforderung, diesen Strahl weiterzuverfolgen. Anstatt auf das Ergebnis zu warten, beantwortet der Worker in der Zwischenzeit die Anforderungen an seinen eigenen Lower-Prozeß oder beginnt mit der Bearbeitung eines neuen vom Master zugeteilten Strahls.

Eine effiziente Implementierung erreicht man durch die Verwendung von Datenpuffern. Z.B. ist es sinnvoller, wenn ein Worker sich die neuen Strahlen aus einem bei ihm liegenden Puffer abholt, den der Master automatisch immer füllt, als jedesmal einen neuen Strahl anzufordern. Genauso übersendet der Worker ein fertiges Pixel an einen Puffer des Masters und wartet nicht, bis dieser ihm die Information explizit abgenommen hat. Auf einem Meiko-System stehen hierfür spezielle Kommandos zur Verfügung.

Jeder Worker besitzt somit drei Puffer, die in folgender Reihenfolge abgearbeitet werden müssen (nur wenn der erste Puffer leer ist, darf eine Nachricht aus dem zweiten entnommen werden usw.):

P1: Anforderung, einen Strahl bzgl. eines Lower-Teilbaums weiterzutesten, dessen Daten nur bei diesem Prozessor verfügbar sind. Nach Beendigung dieser Arbeit wird das Ergebnis an P2 des anfordernden Workers gesendet.

P2: Antwort eines Workers bzgl. eines Lower-Teilbaums. Die unterbrochene Verfolgung des Strahls kann fortgesetzt werden.

P3: Neue Strahlen vom Master. Der Worker beginnt mit der Traversierung der Objekt-Hierarchie. Trifft er auf einen Teilbaum, dessen Daten lokal nicht verfügbar sind, dann schickt er eine Anforderung an P3 des zuständigen Workers und bekommt in P2 die Antwort. Nach erfolgreicher Abarbeitung eines Strahls wird dessen Pixelfarbe an den Master zurückgeschickt, der daraufhin einen neuen Strahl an P1 übersendet.

	821 Kugeln		7381 Kugeln	
#Worker	Zeit (sec)	Faktor	Zeit (sec)	Faktor
1	5055	1.00	8669	1.00
2	3174	1.59	5171	1.68
3	2254	2.24	3592	2.41
4	1798	2.81	2826	3.07
5	1459	3.46	2278	3.81
6	1255	4.03	1942	4.46
7	1087	4.65	1684	5.15
8	964	5.24	1485	5.84
9	867	5.83	1334	6.50
10	791	6.39	1213	7.15
11	718	7.04	1103	7.86
12	667	7.58	1019	8.51
16	536	9.43	800	10.84
20	457	11.06	637	13.61

Abb. 6: Testergebnisse auf einem System mit verteilten Daten.

In Abb. 6 sind die Bildberechnungszeiten in Abhängigkeit von der Worker-Anzahl unter Verwendung des oben beschriebenen Verfahrens auf einem Transputer-Netzwerk (Meiko-System) aufgetragen. Es wurden die gleichen Szenen verwendet, die auch den Tests von Abb. 4 zugrunde lagen.

Wie man sieht ist die Rechengeschwindigkeit eines Transputers sehr viel langsamer, als die des vorher beschriebenen Risc-Prozessors. Andererseits lassen sich gegenüber der shared-memory-Architektur höhere Beschleunigungsfaktoren erzielen. Ansonsten können die gleichen Beobachtungen gemacht werden, wie im vorherigen Beispiel. Bei der komplexen Szene liegt der Faktor höher, als bei der weniger komplexen Szene; der erwartete Wert von 20 bei einem Einsatz von 20 Workern kann wegen des hohen Kommunikationsaufwands bei solchen Anwendungen nicht erreicht werden.

Die beschriebene Datenverteilung wird oft auch als *selbst-balancierend* bezeichnet. Prozessoren, die für im Bild sehr groß erscheinende Objekte verantwortlich sind, berechnen hauptsächlich die Schnittpunkte mit diesen Objekten, wogegen andere, weniger ausgelastete Prozessoren hauptsächlich mit Strahlen des Upper-Prozesses beschäftigt sind. Füllen allerdings nur ein paar Objekte der Szene das gesamte Bild aus, so sind die meisten Prozessoren hauptsächlich mit Warten beschäftigt. Vorschläge zur Lösung dieses Problems finden sich in [12] und [13].

Nicht zu unterschätzen ist auch die hohe Prozeßladezeit. So brauchte es allein ca. 60 Sekunden, um die Programme und Daten der komplexen Szene auf die 20 Worker zu verteilen. Dies entspricht ungefähr einem Zehntel der Bildberechnungszeit, wobei der Aufwand mit der Verwendung weiterer Transputer noch ansteigen würde.

Zusammenfassung

In diesem Artikel wurde beschrieben, wie eine Radiosity-Simulation mit Hilfe eines Ray-Tracers durchgeführt werden kann. Eine effiziente Objekthierarchie wurde am Beispiel von GENESIS erklärt und deren Traversierung zur Beschleunigung verschiedener VR-Anwendungen diskutiert. Außerdem wurden die Parallelisierungsmöglichkeiten dieser Hierarchie für shared- und distributed-memory-Maschinen an den Beispielen Radiosity und Ray-Tracing aufgezeigt.

Da bei den meisten Hardware-Architekturen immer nur ein einziger Prozessor Zugriff auf die grafische Ausgabekomponente hat, läßt sich die Scankonvertierung durch eine parallelisierte Baumtraversierung kaum beschleunigen.

Die diskutierte parallelisierte Kollisionsüberprüfung verschiedener aktiver Objekte ist derzeit noch nicht in GENESIS implementiert. Das Ziel ist es, auch dieses Modul auf verschiedenen Hardwaresystemen zu optimieren, um den Echtzeitanforderungen der virtuellen Realität genügen zu können.

Abb. 7: Die fraktal erzeugten Sphere-Flake-Modelle. Die obere Szene besteht aus 821 und die untere aus 7381 spiegelnden Kugeln.

Literatur

1) Arvo J., Kirk D.: *Fast Ray Tracing by Ray Classification*, ACM Computer Graphics (SIGGRAPH '87 Proceedings) 21(4), pp. 55-64, July 1987.

2) Baum D.R., Rushmeier H.E., Winget J.M.: *Improving Radiosity Solutions Through the Use of Analytical Determined Form-Factors*, ACM Computer Graphics (SIGGRAPH '89 Proceedings), 23(3), pp. 325-334, July 1989.

3) Clavé S., Groß M.: *A Rendering Pipeline for Street Lighting Simulation*, 2nd Eurographics Workshop on Rendering, Barcelona 1991.

4) Cohen M.F., Greenberg D.P.: *The Hemi-Cube, A Radiosity Solution for complex Environments*, ACM Computer Graphics (SIGGRAPH '85 Proceedings), 19(3), pp. 31-40, July 1985.

5) Cohen M.F., Chen S.E., Wallace J.R., Greenberg D.P.: *A Progressive Refinement Approach to Fast Radiosity Image Generation*, ACM Computer Graphics (SIGGRAPH '88 Proceedings), 22(4), pp. 75-84, August 1988.

6) Glassner A.S.: *Space Subdivision for Fast Ray Tracing*, IEEE Computer Graphics & Application, Vol. 4, No. 10, October 1984, pp. 15-22.

7) Goral C.M., Torrance K.E., Greenberg D.P., Battaile B.: *Modelling the Interaction of Light Between Diffuse Surfaces*, ACM Computer Graphics (SIGGRAPH '84 Proceedings), 18(3), pp. 213-222, July 1984.

8) Guitton P., Roman J., Schlick C.: *Two Parallel Approaches for a Progressive Radiosity*, 2nd Eurographics Workshop on Rendering, Barcelona 1991.

9) Hottel J.R., Sarofim A.F.: *Radiative Transfer*, McGraw-Hill, New York, 1967.

10) Jessel J.P., Paulin M., Caubet R.: *An extended Radiosity using parallel Ray-Traced specular Transfers*, 2nd Eurographics Workshop on Rendering, Barcelona 1991.

11) Kay T.L., Kajiya J.T.: *Ray Tracing Complex Scenes*, ACM Computer Graphics (SIGGRAPH '86 Proceedings), 20(4), pp. 269-278, August 1986.

12) Müller S.: *Radiosity und Ray-Tracing, Integration und Parallelisierung*, Diplomarbeit an der TH-Darmstadt, Februar 1992.

13) Salmon J., Goldsmith J.: *A Hypercube Ray Tracer*, in G.C. Fox (editor): Proceedings of the Third Conference on Hypercube Computers and Applications 1988, pp. 1194-1206.

14) Scherson I.D., Caspary E.: *Multiprocessing for Ray Tracing: a Hierarchical Selfbalancing Approach*, The Visual Computer (1988) 4, Springer Verlag, pp. 188-196.

15) Sillion F., Puech C.: *A General Two-Pass Method Integrating Specular and Diffuse Reflection*, ACM Computer Graphics (SIGGRAPH '89 Proceedings), 23(3), pp. 335-344, July 1989.

16) Wallace J.R., Cohen M.F., Greenberg D.P.: *A two-pass solution to the rendering equation: a sythesis of ray tracing and radiosity methods*, ACM Computer Graphics (SIGGRAPH '87 Proceedings), 21(4), pp. 311-320, July 1987.

17) Wallace J.R., Elmquist K.A., Haines E.A.: *A ray tracing algorithm for progressive radiosity*, ACM Computer Graphics (SIGGRAPH '89 Proceedings), 23(3), pp. 315-324, July 1989.

MIX
Papier aus verantwortungsvollen Quellen
Paper from responsible sources
FSC® C105338

If you have any concerns about our products,
you can contact us on
ProductSafety@springernature.com

In case Publisher is established outside the EU,
the EU authorized representative is:
**Springer Nature Customer Service Center GmbH
Europaplatz 3, 69115 Heidelberg, Germany**

Printed by Libri Plureos GmbH
in Hamburg, Germany